2010年

上海海关统计年鉴

SHANGHAI HAIGUAN TONGJI NIANJIAN

上海海关　编

上海文化出版社

编辑委员会

序

海关统计是国民经济统计的重要组成部分，是海关工作的基本职能之一，它既是国家宏观决策的重要依据，也是为企业、院校以及公众服务的重要参考资料。

2010年是国家“十一五”规划的收官之年，我国经济在成功应对国际金融危机冲击后进一步企稳回升，对外贸易恢复快速增长态势，上海市的外贸发展亦取得可喜成绩，全年进出口总值再创历史新高。上海海关汇集关区统计监测预警工作的成果，采用国际通用的贸易统计标准，编撰出版《2010年上海海关统计年鉴》。该年鉴通过真实可靠的数据展示，全面客观地反映2010年上海市外贸运行的总体情况和结构特点，是进一步发挥海关统计反映外贸发展的“晴雨表”和“风向标”作用、主动支持上海加快实现“四个率先”、建设“四个中心”的具体体现。衷心希望该年鉴为社会各界提供重要的信息支持和决策辅助。

“十二五”时期是我国加快转变经济发展方式的攻坚阶段。海关将继续主动适应新形势与新任务的要求，进一步深化海关统计的监测预警职能，跟踪、反馈和提供外经贸领域的发展变化情况，为上海市实现“创新驱动、转型发展”做出更大的贡献。

二〇一一年三月

编 制 说 明

海关统计是海关依法对进出口货物贸易的统计，是国民经济统计的组成部分。进出口货物贸易统计数据的收集、整理、编制和发布均由海关负责。海关采用国际通用的贸易统计标准，其数据具有全面性、可靠性和国际可比性。

《2010 年上海海关统计年鉴》由上海海关编制，是一本信息密集的资料性工具书。本《年鉴》全面介绍了 2010 年上海关区对外经济贸易的情况。同时，增列了海关统计条例、贸易方式分类说明、报关单填制规范等一系列内容，便于读者全面了解、认识海关统计，准确使用海关统计数据。

一、统计范围

海关统计包括实际进出中华人民共和国关境的货物。保税仓库、保税区或经济特区进出境的货物、加工贸易进出口的货物、租赁期一年及以上的租赁贸易货物、外商投资企业进出口的货物、国际间无偿援助的物资以及捐赠品等，均列入海关统计。

海关统计不包括暂时进出口货物、租赁期一年以下的租赁进出境货物、进出境旅客的自用物品（汽车除外）、进出境运输工具在境外添装的燃料、物料和食品以及经过中国领土的直接过境货物等。

二、商品分类

凡列入海关统计范围的进出口货物均根据《中华人民共和国海关统计商品目录》归类统计。1980—1991 年该《目录》均以联合国《国际贸易标准分类》第二次修订本为基础编制，1992 年起改以海关合作理事会制定的《商品名称和编码协调制度》（The Harmonized Commodity Description and Coding System）为基础编制，采用八位数商品编码，前六位数是《商品名称和编码协调制度》编码，后两位数是根据中国关税、统计和贸易管理方面的需要而增设的本国子目录。全目录共计 7800 余个八位数编号。

进出口货物均按照《中华人民共和国海关统计商品目录》规定的计量单位统计数（重）量，统计的重量一律按净重计算。

三、统计价格

进口货物按到岸价格(CIF)统计,出口货物按离岸价格(FOB)统计。

进口货物的价格,按照货价、货物运抵中华人民共和国境内输入地点起卸前的运输及其相关费用、保险费之和统计。

出口货物的价格,按照货价、货物运抵中华人民共和国境内输出地点装卸前的运输及其相关费用、保险费之和统计,其中包含的出口关税税额应当予以扣除。

海关统计价格分别以人民币和美元计算。进出境货物的到岸价格(CIF)或离岸价格(FOB)以其他外币计价的,按照国家外汇管理部门发布的人民币基准汇价表的买卖中间价和各种货币对美元的折算率,分别折算成人民币和美元统计。

四、统计国别(地区)

进口货物统计原产国(地),出口货物统计最终目的国(地)。

原产国指进口货物的生产、开采或加工制造的国家。对经过几个国家加工制造的进口货物,以最后一个对货物进行经济上可以视为实质性加工的国家作为该货物的原产国。原产国确实不详时,按"国家不详"统计。

最终目的国指出口货物已知的消费、使用或进一步加工制造的国家。最终目的国不能确定时,按货物出口时尽可能预知的最后运往国统计。

五、统计时间

进口货物的日期,按照海关放行的日期统计;出口货物的日期,按照办结海关手续的日期统计。海关年度统计数据按公历年汇总编制。

六、资料来源

海关统计的原始凭证是《中华人民共和国海关进口货物报关单》、《中华人民共和国海关出口货物报关单》或经海关核发的其他申报单证。

七、由于计数四舍五入,各统计表内分项数字之和可能与总数略有出入。

八、关于表中使用符号

1. "—"表示该项没有数字。

2. "0"表示该项数字极小。

目　　录

上海关区进出口商品总值表

单位:万美元

年份	进出口总值	出口总值	进口总值
1985 年	1487077	490854	996223
1986 年	1606652	547622	1059030
1987 年	1563496	660083	903413
1988 年	1864963	731954	1133009
1989 年	1943749	771052	1172697
1990 年	1728914	866206	862709
1991 年	2040906	1015110	1025796
1992 年	2515548	1197455	1318093
1993 年	3093082	1397716	1695366
1994 年	3624157	1893358	1730799
1995 年	4813717	2560732	2252985
1996 年	5287031	2721295	2565736
1997 年	5868394	3345151	2523243
1998 年	6365166	3742620	2622546
1999 年	7615067	4428764	3186303
2000 年	10931082	6157146	4773936
2001 年	12048747	6800670	5248077
2002 年	14250052	8180277	6069775
2003 年	20120109	11230642	8889467
2004 年	28257542	16126814	12130728
2005 年	35067833	21243029	13824804
2006 年	42875390	26656452	16218938
2007 年	52090835	19242850	32847985
2008 年	60655683	21290739	39364944
2009 年	51548885	32512822	19036063
2010 年	68464499	42333977	26130522

2010年上海关区进口主要商品总值表

单位：万美元

商　　品	总值
冻鱼	3869
鲜、干水果及坚果	23391
＊香蕉（包括芭蕉）	7327
＊鲜龙眼	872
粮食	39262
＊谷物及谷物粉	3162
＊＊玉米	1036
＊＊小麦	941
＊＊＊小麦粉	40
＊＊大麦	215
＊＊稻谷和大米	608
＊大豆	35122
食用植物油	13520
＊豆油	4458
＊花生油	8
＊橄榄油	4276
＊棕榈油	2522
＊菜子油和芥子油	42
食糖	3022
酒类	80356
＊啤酒	2489
＊葡萄酒	65237
饲料用鱼粉	40672
豆饼、豆粕	687
纸烟	1311
天然橡胶（包括胶乳）	61559
合成橡胶（包括胶乳）	106975
原木	63028
锯材	106433
胶合板及类似多层板	1979
＊木质薄板制胶合板	1703
纸浆	169019
羊毛	92528
毛条	5305
棉花	155802
二醋酸纤维丝束	38689
纺织用合成纤维	37447
＊聚酯纤维	7383

2010年上海关区进口主要商品总值表

单位:万美元

商　　　　品	总值
＊聚丙烯腈纤维	19685
人造纤维短纤	12473
铁矿砂及其精矿	230727
锰矿砂及其精矿	244
铜矿砂及其精矿	2643
铬矿砂及其精矿	48415
氧化铝	1792
煤	51813
原油	0
成品油	325067
＊汽油	11
＊煤油	186547
＊柴油	31863
＊其他燃料油	51268
液化石油气及其他烃类气	55393
＊液化天然气	52494
甲苯	12
二甲苯	24472
苯乙烯	1976
乙二醇	14873
异氰酸酯	16635
对苯二甲酸	34817
己内酰胺	72726
医药品	386338
＊抗菌素(制剂除外)	18930
＊抗菌素制剂	29120
美容化妆品及护肤品	56723
肥料	2329
＊矿物肥料及化肥	2262
＊＊尿素	29
＊＊氮、磷、钾复合肥	2032
＊＊磷酸氢二铵	1
＊＊氯化钾	129
＊＊硫酸钾	0
合成有机染料	16625
钛白粉	19481
聚合物油漆及清漆	26044
感光材料	21800

2010年上海关区进口主要商品总值表

单位:万美元

商品	总值
初级形状的塑料	1158962
＊初级形状的聚乙烯	216479
＊初级形状的线型低密度聚乙烯	112734
＊初级形状的聚丙烯	77088
＊初级形状的苯乙烯聚合物	104923
＊＊ABS树脂	67295
＊初级形状的聚氯乙烯	23537
＊初级形状的聚酯	140462
＊＊聚酯切片(PET)	6464
＊聚酰胺切片	75929
非泡沫塑料的板、片、膜、箔	234098
废塑料	84135
农药	21163
牛皮革及马皮革	49064
废纸	45360
纸及纸板(未切成形的)	104542
＊新闻纸	222
＊牛皮纸	18120
＊瓦楞原纸	266
＊涂布纸	51672
纺织纱线、织物及制品	504517
＊毛纱线	3320
＊棉纱线	49028
＊合成纤维纱线	45924
＊＊聚酰胺纤维长丝(缝纫线除外)	23201
＊＊聚酯纤维长丝(缝纫线除外)	9691
＊丝织物	2399
＊棉机织物	48741
＊合成纤维长丝机织物	86586
＊合成短纤与棉混纺机织物	7340
＊化纤起绒、绳绒及毛圈机织物	2801
＊涂覆浸渍塑料的织物	25749
＊针织或钩编织物	58693
服装及衣着附件	130480
玻璃纤维及其制品	30447
钻石	175618
废金属	144636
＊废钢	11718

2010年上海关区进口主要商品总值表

单位:万美元

商　　品	总值
* 废铜	37095
* 废铝	95732
钢坯及粗锻件	20251
钢材	465759
* 钢铁棒材	52533
* 角钢及型钢	7044
* 钢铁板材	306492
* 钢铁管材及空心异形材	46538
钢铁制标准紧固件	68910
未锻造的铜及铜材	1441706
* 未锻造的铜(包括铜合金)	1291127
* 铜材	150579
未锻造的铝及铝材	79561
* 未锻造的铝(包括铝合金)	8346
* 铝材	71215
钢铁或铝制结构体及其部件	6323
蒸汽锅炉及过热水锅炉	3543
活塞式内燃机的零件	92322
涡轮喷气发动机	18146
液泵及液体提升机	139633
制冷设备用压缩机	30072
空气调节器	5291
冷冻机和制冷设备	31716
非家用型水的过滤、净化机器	4872
饮料及液体食品灌装设备	5797
机械提升搬运装卸设备及零件	110289
* 载客电梯	8033
建筑及采矿用机械及零件	140702
食品、饮料工业用加工机械及零件	7539
制造纸及纸制品用机械及零件	14382
印刷、装订机械及零件	235365
纺织机械及零件	112649
* 纺织纱线生产及预处理机	10104
* 织机	19594
* 针织机及缝编机	28016
* 纱线织物等后整理机器	11775
工业用缝纫机	11737
金属加工机床	236123

2010年上海关区进口主要商品总值表

单位：万美元

商　　品	总值
＊加工中心	83041
＊数控机床	92754
金属轧机及零件	18730
橡胶或塑料加工机械及零件	66955
型模及金属铸造用型箱	31429
阀门	194720
自动数据处理设备及其部件	855549
＊自动数据处理设备	29082
＊中央处理部件	22768
＊存储部件	667509
自动数据处理设备的零件	411402
制造单晶柱或晶圆用的机器及装置	53849
制造半导体器件或集成电路用的机器及装置	135591
制造平板显示器用的机器及装置	4186
电动机及发电机	110490
发电机组及旋转式变流机	32973
＊风力发电机组	475
变压、整流、电感器及零件	248927
蓄电池	132971
电话机	3469
数字式程控电话或电报交换机	271
无线电导航雷达及遥控设备	21056
激光视盘放像机	2279
电视摄像机、数字照相机及视频摄录一体机	178913
声音录制或重放设备	1141
收音设备(包括收录音组合机及整套散件)	5238
电视机(包括整套散件)	568
＊彩色电视机(包括整套散件)	568
电视、收音机及无线电讯设备的零附件	92252
电容器	141336
电阻器	32928
印刷电路	164677
通断保护电路装置及零件	582370
电视显像管	26
＊彩色显像管	23
二极管及类似半导体器件	339460
集成电路	4026631
电线和电缆	94585

2010年上海关区进口主要商品总值表

单位:万美元

商　　　　品	总值
汽车(包括整套散件)	998182
＊小轿车(包括整套散件)	543751
＊四轮驱动轻型越野车(包括整套散件)	390274
＊小客车(九座及以下的)(包括整套散件)	27651
＊货车(包括整套散件)	18094
＊非公路用自卸车(包括整套散件)	2329
＊专用汽车	5086
＊30座及以上的客车	326
＊10座至29座的客车	6232
装有引擎的汽车底盘	3980
汽车零件	393624
飞机	244984
航空器零件	14108
船舶	14688
液晶显示板	529341
医疗仪器及器械	156014
计量检测分析自控仪器及器具	598924
手表	111376
＊机械手表	77977
＊电动手表	33399
已组装的完整表芯	343
印刷品	35024
塑料制品	114619
农产品	851636
机电产品	15753202
＊金属制品	429768
＊机械设备	4638191
＊电器及电子产品	7167895
＊运输工具	1704779
＊仪器仪表	1640699
＊其他	171870
高新技术产品	9288682
＊生物技术	19134
＊生命科学技术	467336
＊光电技术	666559
＊计算机与通信技术	1978814
＊电子技术	4843077
＊计算机集成制造技术	801021

2010年上海关区进口主要商品总值表

单位:万美元

商　　　　品	总值
*材料技术	130615
*航空航天技术	354956
*其他技术	27170

2010 年上海关区出口主要商品总值表

单位:万美元

商　　品	总值
肉及杂碎	35530
＊牛肉	7
＊猪肉	705
＊冻鸡	6
水海产品	21694
＊活鱼	8256
＊冻鱼、冻鱼片	3388
＊鲜、冻对虾	372
＊冻虾仁	1700
粮食	5112
＊谷物及谷物粉	4478
＊＊稻谷和大米	4302
＊＊玉米	15
＊薯类及含有淀粉的块茎	439
＊豆类	195
蔬菜	45286
＊鲜或冷藏蔬菜	8848
＊干的食用菌类	6647
鲜、干水果及坚果	2023
＊橘、橙	400
乳品	1019
果蔬汁	574
＊橙汁	133
＊苹果汁	49
食用油籽	66
＊大豆	4
＊花生、花生仁	0
食用植物油(包括棕榈油)	135
＊豆油	2
＊菜子油和芥子油	3
＊花生油	2
烘焙花生	40
食糖	12
天然蜂蜜	1661
茶叶	21710
辣椒干	47
猪肉罐头	2784
番茄酱	2035

2010年上海关区出口主要商品总值表

单位:万美元

商　　品	总值
蘑菇罐头	1167
啤酒	614
肠衣	34674
填充用羽毛;羽绒	21699
药材	5061
烤烟	971
纸烟	11057
肥料	2083
＊矿物肥料及化肥	1457
＊＊尿素	53
锯材	2203
胶合板及类似多层板	54179
印刷品	38490
生丝	23982
山羊绒	351
棉花	227
粘土及其他耐火矿物	638
＊天然石墨	90
＊天然碳酸镁;氧化镁	27
萤石(氟石)	274
天然硫酸钡(重晶石)	82
滑石	9
钼矿砂及其精矿	5561
煤	5
成品油	288550
＊汽油	17102
＊煤油	144119
＊柴油	55169
＊其他燃料油	66394
液化石油气及其他烃类气	333
石蜡	6047
稀土	45843
氧化铝	383
钨品	4414
＊钨矿砂	41
＊仲钨酸铵	15
＊钨及其制品	2327
氧化锌及过氧化锌	318

2010年上海关区出口主要商品总值表

单位:万美元

商品	总值
碳酸钠(纯碱)	516
柠檬酸	5218
合成有机染料	72781
锌钡白(立德粉)	104
医药品	386694
* 维生素C	17024
* 抗菌素(制剂除外)	124257
* 中式成药	2404
* 医用敷料	44980
美容化妆品及护肤品	45015
口腔及牙齿清洁剂	4985
洗衣粉	3656
烟花、爆竹	22944
松香及树脂酸	51
农药	138569
初级形状的聚氯乙烯	3156
新的充气橡胶轮胎	190120
家用或装饰用木制品	15174
纸及纸板(未切成形的)	61884
* 新闻纸	5
* 牛皮纸	1443
纺织纱线、织物及制品	3069488
* 棉纱线	54820
* 丝织物	70664
* 毛纺机织物	39670
* 棉机织物	442763
* 亚麻及苎麻机织物	33419
* 合成短纤与棉混纺机织物	90366
* 地毯	56198
塑料编织袋(周转袋除外)	12390
水泥及水泥熟料	313
花岗岩石材及制品	1467
平板玻璃	4332
玻璃制品	54521
家用陶瓷器皿	9367
珍珠、钻石、宝石及半宝石	44902
生铁及镜铁	14
铁合金	24271

2010年上海关区出口主要商品总值表

单位:万美元

商　　　品	总值
钢坯及粗锻件	269
钢材	842268
* 钢铁棒材	68985
* 角钢及型钢	14310
* 钢铁板材	392765
* 钢铁线材	39886
* 钢铁管配件	66043
废钢	163
未锻造的铜及铜材	144974
* 未锻造的铜(包括铜合金)	24718
* 铜材	120256
未锻造的铝及铝材	227702
* 未锻造的铝(包括铝合金)	50504
* 铝材	177198
未锻造的锌及锌合金	6752
未锻造的锡及锡合金	67
镁及其制品(包括废碎料)	4783
未锻造的锰	1946
钢铁或铜制标准紧固件	185241
不锈钢厨具、餐具等家用器具	33643
餐桌、厨房及其他家用搪瓷器	9437
手用或机用工具	239016
电扇	38544
空气调节器	96901
冰箱	37148
洗衣机	74902
微波炉	25807
纺织机械及零件	75141
家用型缝纫机	14820
工业用缝纫机	27311
金属加工机床	78288
* 车床	14036
* 铣床	2485
电子计算器(包括具有计算功能的袖珍数据记录重现机)	8427
自动数据处理设备及其部件	5823176
* 自动数据处理设备	4997103
* * 便携式电脑	4605932
* * 微型电脑	382801

2010年上海关区出口主要商品总值表

单位:万美元

商　　品	总值
*中央处理部件	166855
*显示器	159821
**液晶显示器	159672
**阴极射线管显示器	52
*存储部件	119299
*键盘、鼠标器	40958
自动数据处理设备的零件	511996
打印机(包括多功能一体机)	203078
液晶显示板	667978
轴承	124071
电动机及发电机	248792
变压器	94401
静止式变流器	183832
原电池	27129
蓄电池	130565
电话机	151592
*手持或车载无线电话机	133272
扬声器	63532
激光唱机	1077
录、放像机	111588
*DVD播放机	10403
声音录制或重放设备	20863
收音设备(包括收录音组合机及整套散件)	32961
电视机(包括整套散件)	414908
*彩色电视机(包括整套散件)	414363
*黑白电视机(包括整套散件)	545
录放音、像机及唱机的零附件	24934
电视、收音机及无线电讯设备的零附件	320735
电容器	69632
印刷电路	257809
通断保护电路装置及零件	480658
节能灯	105299
二极管及类似半导体器件	1446353
集成电路	1422260
*处理器及控制器	834284
*存储器	234941
*放大器	8070
电线和电缆	337907

2010年上海关区出口主要商品总值表

单位:万美元

商　　品	总值
集装箱	145869
汽车(包括整套散件)	195190
＊小轿车(包括整套散件)	41294
＊四轮驱动轻型越野车(包括整套散件)	7440
＊小客车(九座及以下的)(包括整套散件)	8773
＊货车(包括整套散件)	50162
装有引擎的汽车底盘	1033
汽车零件	584069
摩托车	50463
自行车	79738
摩托车及自行车的零件	107342
船舶	718963
＊液货船(包括成品油船、原油船和液化石油及天然气船)	173873
＊集装箱船	84898
＊散货船	319636
照相机	126051
＊数字式相机	120522
医疗仪器及器械	209402
手表	2202
＊机械手表	136
＊电动手表	2066
日用钟	1688
家具及其零件	743487
床垫、寝具及类似品	327434
灯具、照明装置及类似品	141462
箱包及类似容器	377033
体育用品及设备	152995
服装及衣着附件	4902806
＊织物制服装	4147108
＊＊非针织钩编织物服装	2306224
＊＊针织或钩编的服装	1840884
＊皮革服装	35301
＊裘皮服装	10443
＊皮革手套	20702
＊织物制手套	93315
＊织物制袜子	220023
＊帽类	111068
鞋类	359790

2010年上海关区出口主要商品总值表

单位:万美元

商　　品	总值
＊鞋	341040
＊＊外底及鞋面均以橡胶或塑料制的鞋	126796
＊＊皮面鞋	86660
＊＊橡胶或塑料底纺织材料为面的鞋	93255
＊鞋靴零件;护腿及类似品	18750
塑料制品	406954
玩具	138071
游戏机	7293
圣诞用品	6733
足球、篮球、排球	12419
打火机	13473
艺术品、收藏品及古董	369
贵金属或包贵金属的首饰	5703
伞	6599
竹编结品	2170
藤编结品	107
草编结品	502
柳编结品	689
农产品	405473
机电产品	25454888
＊金属制品	1565837
＊机械设备	10457720
＊电器及电子产品	9291093
＊运输工具	2022440
＊仪器仪表	1549235
＊其他	568563
高新技术产品	14275841
＊生物技术	10512
＊生命科学技术	722164
＊光电技术	748121
＊计算机与通信技术	8837112
＊电子技术	3400499
＊计算机集成制造技术	309087
＊材料技术	152543
＊航空航天技术	82293
＊其他技术	13509

2010年上海关区进出口商品国别（地区）总值表

单位:万美元

国别（地区）	进口总值	出口总值
总计	26130522	42333977
阿富汗	24	2854
巴林	2321	12944
孟加拉国	11704	269607
不丹	—	38
文莱	25	2696
缅甸	4260	65737
柬埔寨	2777	67404
塞浦路斯	93	12737
朝鲜	66	1933
中国香港	170456	2104564
印度	306935	1399706
印度尼西亚	204448	636944
伊朗	68311	231747
伊拉克	58	47235
以色列	69480	128404
日本	4738426	4428204
约旦	526	43002
科威特	7148	40497
老挝	7509	2647
黎巴嫩	107	24957
中国澳门	685	10487
马来西亚	1176342	730833
马尔代夫	1	553
蒙古	1673	2488
尼泊尔联邦民主共和国	523	2857
阿曼	3913	26912
巴基斯坦	32416	161237
巴勒斯坦	9	484
菲律宾	364698	294250
卡塔尔	11064	17440
沙特阿拉伯	82833	199229
新加坡	516124	947988
韩国	2798703	1388316
斯里兰卡	2715	58543
叙利亚	1504	47330
泰国	631879	611834
土耳其	54039	368562

2010年上海关区进出口商品国别（地区）总值表

单位:万美元

国别（地区）	进口总值	出口总值
阿拉伯联合酋长国	18478	449716
也门共和国	3303	21118
越南	114048	516624
中华人民共和国	1206426	—
中国台湾	2108579	1125163
东帝汶	19	1673
哈萨克斯坦	18713	19157
吉尔吉斯斯坦	9	1297
塔吉克斯坦	649	1344
土库曼斯坦	1059	2248
乌兹别克斯坦	25837	7989
亚洲其他国家(地区)	—	37
阿尔及利亚	49	81693
安哥拉	20	31398
贝宁	2953	27413
博茨瓦那	6	20653
布隆迪	1	659
喀麦隆	3653	11892
加那利群岛	—	65
佛得角	—	170
中非	76	706
塞卜泰(休达)	—	1
乍得	154	3895
科摩罗	2	590
刚果(布)	10146	7910
吉布提	16	7496
埃及	13102	121108
赤道几内亚	—	26016
埃塞俄比亚	608	32190
加蓬	1174	6352
冈比亚	106	2098
加纳	4825	40861
几内亚	4663	8500
几内亚比绍	16	430
科特迪瓦	1717	14238
肯尼亚	631	35613
利比里亚	6	121155
利比亚	1547	29735

2010 年上海关区进出口商品国别（地区）总值表

单位:万美元

国别（地区）	进口总值	出口总值
马达加斯加	2332	8244
马拉维	668	2468
马里	309	3746
毛里塔尼亚	3	2808
毛里求斯	416	8032
摩洛哥	5346	39523
莫桑比克	4793	7481
纳米比亚	21741	6132
尼日尔	2	1581
尼日利亚	2122	163368
留尼汪	9	3800
卢旺达	3	1593
圣多美和普林西比	0	21
塞内加尔	227	13736
塞舌尔	1	219
塞拉利昂	337	1393
索马里	0	989
南非	165961	264937
西撒哈拉	—	1
苏丹	1197	43863
坦桑尼亚	1118	22218
多哥	2668	18146
突尼斯	4696	22372
乌干达	533	3594
布基纳法索	438	1221
刚果(金)	58465	10465
赞比亚	88573	11177
津巴布韦	10692	5804
莱索托	233	3674
梅利利亚	—	70
斯威士兰	165	1144
厄立特里亚	1	1063
马约特	0	46
非洲其他国家(地区)	1	165
比利时	293283	419180
丹麦	69145	162794
英国	376916	1178827
德国	2482819	2146714

2010年上海关区进出口商品国别（地区）总值表

单位:万美元

国别（地区）	进口总值	出口总值
法国	537239	1104204
爱尔兰	72215	79540
意大利	510691	1183412
卢森堡	5962	83339
荷兰	151948	1548948
希腊	3818	93682
葡萄牙	14425	62928
西班牙	109809	512428
阿尔巴尼亚	1357	3920
安道尔	3	21
奥地利	139525	55053
保加利亚	16320	15567
芬兰	97079	161819
直布罗陀	—	110
匈牙利	44018	116113
冰岛	386	1341
列支敦士登	3963	480
马耳他	9921	75465
摩纳哥	705	211
挪威	98478	98594
波兰	87719	262972
罗马尼亚	27350	57700
圣马力诺	17	405
瑞典	287513	202601
瑞士	374184	89100
爱沙尼亚	3067	22889
拉脱维亚	1166	26836
立陶宛	2027	35450
格鲁吉亚	283	5819
亚美尼亚	104	2493
阿塞拜疆	667	8289
白俄罗斯	14983	40815
摩尔多瓦	275	2154
俄罗斯联邦	229330	599505
乌克兰	23690	109954
斯洛文尼亚	7874	53286
克罗地亚	1613	18986
捷克	72212	232082

2010年上海关区进出口商品国别（地区）总值表

单位:万美元

国别（地区）	进口总值	出口总值
斯洛伐克	17924	70047
前南马其顿	180	887
波黑	1006	818
梵蒂冈城国	2	—
法罗群岛	23	4
塞尔维亚	944	7464
黑山	19	1357
安提瓜和巴布达	1	25487
阿根廷	27187	185309
阿鲁巴	14	300
巴哈马	0	2447
巴巴多斯	69	4392
伯利兹	4	325
多民族玻利维亚国	2374	5615
博内尔	—	1
巴西	190264	754368
开曼群岛	0	19
智利	638203	204714
哥伦比亚	19410	124781
多米尼克	166	528
哥斯达黎加	72708	17550
古巴	232	25619
库腊索岛	—	707
多米尼加共和国	3190	25362
厄瓜多尔	3161	41639
法属圭亚那	—	38
格林纳达	1	179
瓜德罗普	0	370
危地马拉	778	30370
圭亚那	419	1676
海地	184	5555
洪都拉斯	723	7920
牙买加	192	4994
马提尼克	0	329
墨西哥	162366	587916
蒙特塞拉特	0	1
尼加拉瓜	489	11383
巴拿马	868	142279

2010年上海关区进出口商品国别（地区）总值表

单位：万美元

国别（地区）	进口总值	出口总值
巴拉圭	1800	28780
秘鲁	84233	96629
波多黎各	11661	15642
萨巴	—	0
圣卢西亚	2	94
圣马丁岛	—	77
圣文森特和格林纳丁斯	2	2982
萨尔瓦多	286	11020
苏里南	154	2313
特立尼达和多巴哥	2311	9995
特克斯和凯科斯群岛	—	3
乌拉圭	10025	38411
委内瑞拉	5154	66293
英属维尔京群岛	0	20
圣基茨和尼维斯	1	17
圣皮埃尔和密克隆	7	—
荷属安地列斯	—	1816
拉丁美洲其他国家(地区)	0	12
加拿大	278868	748117
美国	2687637	9105355
格陵兰	1478	14
百慕大	—	1300
北美洲其他国家(地区)	—	1
澳大利亚	453546	984548
库克群岛	1	87
斐济	73	2812
盖比群岛	—	18
马克萨斯群岛	—	1
瑙鲁	—	0
新喀里多尼亚	4	7062
瓦努阿图	1	214
新西兰	83270	98668
诺福克岛	1	1
巴布亚新几内亚	394	13787
社会群岛	—	44
所罗门群岛	35	799
汤加	1	290
萨摩亚	2	4902

2010年上海关区进出口商品国别（地区）总值表

单位:万美元

国别（地区）	进口总值	出口总值
基里巴斯	0	49
图瓦卢	—	7
密克罗尼西亚联邦	—	50
马绍尔群岛	0	74286
帕劳	—	49
法属波利尼西亚	0	898
瓦利斯和浮图纳	—	7
大洋洲其他国家(地区)	—	168
国别(地区)不详	2942	—

2010年上海关区进出口商品贸易方式分类总值表

单位:万美元

贸易方式	进口总值	出口总值
总计	26130522	42333977
一般贸易	12094215	21839787
国家间、国际组织无偿援助和赠送的物资	610	6242
其他境外捐赠物资	70	30
补偿贸易	—	12
来料加工贸易	1693582	1785189
进料加工贸易	5528346	16397003
寄售、代销贸易	—	6
加工贸易进口设备	27543	—
对外承包工程出口货物	—	605488
租赁贸易	185597	72
外商投资企业作为投资进口的设备、物品	438070	—
出料加工贸易	1035	877
免税外汇商品	86	—
保税监管场所进出境货物	814883	330974
海关特殊监管区域物流货物	5251445	1365993
海关特殊监管区域进口设备	40965	—
其他贸易	54076	2305

2010年上海关区进出口商品运输方式分类总值表

单位:万美元

运输方式	进口总值	出口总值
总计	26130522	42333977
水路运输	14684572	31313155
铁路运输	13369	71997
公路运输	184574	84818
航空运输	11193627	10808549
邮件运输	8606	12784
其它运输	45774	42675

2010年上海关区进出口商品收（发）货单位省（市）分类总值表

单位:万美元

地区	进口总值	出口总值
总计	26130522	42333977
北京市	1729709	721424
天津市	51004	81541
河北省	15337	64102
山西省	4302	10863
内蒙古自治区	2040	8540
辽宁省	39453	64141
吉林省	8609	7359
黑龙江省	9815	56889
上海市	16703080	17108066
江苏省	4875422	14246717
浙江省	1353942	6850957
安徽省	162972	591558
福建省	139553	157474
江西省	87949	274428
山东省	119192	339174
河南省	41236	136109
湖北省	147099	378984
湖南省	79320	174067
广东省	303864	370493
广西壮族自治区	1764	24746
海南省	22186	10429
重庆市	39866	101528
四川省	124194	387092
贵州省	7102	9734
云南省	20497	22990
西藏自治区	427	79
陕西省	21415	83173
甘肃省	4119	15980
青海省	210	4103
宁夏回族自治区	798	18351
新疆维吾尔自治区	14047	12888

2010年上海关区对部分国家(地区)进出口商品分章总值表

单位:万美元

	商　品	进口总值	出口总值
香港 总计		170456	2104564
第1章	活动物	0	0
第2章	肉及食用杂碎	—	17
第3章	鱼、甲壳动物、软体动物及其他水生无脊椎动物	—	150
第4章	乳品;蛋品;天然蜂蜜;其他食用动物产品	—	124
第5章	其他动物产品	8	213
第6章	活树及其他活植物;鳞茎、根及类似品;插花及装饰用簇叶	—	2
第7章	食用蔬菜、根及块茎	—	366
第8章	食用水果及坚果;甜瓜或柑橘属水果的果皮	—	147
第9章	咖啡、茶、马黛茶及调味香料	0	408
第10章	谷物	—	974
第11章	制粉工业产品;麦芽;淀粉;菊粉;面筋	—	92
第12章	含油子仁及果实;杂项子仁及果实;工业用或药用植物;稻草、秸秆及饲料	—	294
第13章	虫胶;树胶、树脂及其他植物液、汁	3	87
第14章	编结用植物材料;其他植物产品	—	2
第15章	动、植物油、脂及其分解产品;精制的食用油脂;动、植物蜡	—	66
第16章	肉、鱼、甲壳动物、软体动物及其他水生无脊椎动物的制品	—	1618
第17章	糖及糖食	0	642
第18章	可可及可可制品	3	273
第19章	谷物、粮食粉、淀粉或乳的制品;糕饼点心	107	1327
第20章	蔬菜、水果、坚果或植物其他部分的制品	4	584
第21章	杂项食品	63	2910
第22章	饮料、酒及醋	42	7569
第23章	食品工业的残渣及废料;配制的动物饲料	—	39
第24章	烟草、烟草及烟草代用品的制品	291	5094
第25章	盐;硫磺;泥土及石料;石膏料、石灰及水泥	1	49
第26章	矿砂、矿渣及矿灰	—	64
第27章	矿物燃料、矿物油及其蒸馏产品;沥青物质;矿物蜡	4589	33127
第28章	无机化学品;贵金属、稀土金属、放射性元素及其同位素的有机及无机化合物	360	3144
第29章	有机化学品	102	10643
第30章	药品	7789	2517
第31章	肥料	—	2
第32章	鞣料浸膏及染料浸膏;鞣酸及其衍生物;染料、颜料及其他着色料;油漆及清漆;油灰及其他类似胶粘剂;墨水、油墨	791	3348
第33章	精油及香膏;芳香料制品及化妆盥洗品	2123	2590

2010年上海关区对部分国家(地区)进出口商品分章总值表

单位:万美元

	商　　品	进口总值	出口总值
第34章	肥皂、有机表面活性剂、洗涤剂、润滑剂、人造蜡、调制蜡、光洁剂、蜡烛及类似品、塑型用膏、"牙科用蜡"及牙科用熟石膏制剂	292	3095
第35章	蛋白类物质;改性淀粉;胶;酶	74	2940
第36章	炸药;烟火制品;火柴;引火合金;易燃材料制品	2	7
第37章	照相及电影用品	42	4233
第38章	杂项化学产品	4787	4635
第39章	塑料及其制品	10837	77464
第40章	橡胶及其制品	290	5718
第41章	生皮(毛皮除外)及皮革	127	682
第42章	皮革制品;鞍具及挽具;旅行用品、手提包及类似容器;动物肠线(蚕胶丝除外)制品	183	6085
第43章	毛皮、人造毛皮及其制品	128	1769
第44章	木及木制品;木炭	84	586
第45章	软木及软木制品	—	5
第46章	稻草、秸秆、针茅或其他编结材料制品;篮筐及柳条编结品	0	40
第47章	木浆及其他纤维状纤维素浆;回收(废碎)纸及纸板	2	1
第48章	纸及纸板;纸浆、纸或纸板制品	1067	9244
第49章	书籍、报纸、印刷图画及其他印刷品;手稿、打字稿及设计图纸	1201	396
第50章	蚕丝	350	3132
第51章	羊毛、动物细毛或粗毛;马毛纱线及其机织物	88	38892
第52章	棉花	3393	41300
第53章	其他植物纺织纤维;纸纱线及其机织物	35	2056
第54章	化学纤维长丝;化学纤维纺织材料制扁条及类似品	627	19322
第55章	化学纤维短纤	166	22825
第56章	絮胎、毡呢及无纺织物;特种纱线;线、绳、索、缆及其制品	629	2305
第57章	地毯及纺织材料的其他铺地制品	48	967
第58章	特种机织物;簇绒织物;花边;装饰毯;装饰带;刺绣品	895	3607
第59章	浸渍、涂布、包覆或层压的纺织物;工业用纺织制品	470	13235
第60章	针织物及钩编织物	2691	14923
第61章	针织或钩编的服装及衣着附件	1423	11203
第62章	非针织或非钩编的服装及衣着附件	2966	18873
第63章	其他纺织制成品;成套物品;旧衣着及旧纺织品;碎织物	771	3281
第64章	鞋靴、护腿和类似品及其零件	42	2125
第65章	帽类及其零件	2	508
第66章	雨伞、阳伞、手杖、鞭子、马鞭及其零件	4	23
第67章	已加工羽毛、羽绒及其制品;人造花;人发制品	1	19

2010年上海关区对部分国家(地区)进出口商品分章总值表

单位:万美元

	商　　品	进口总值	出口总值
第68章	石料、石膏、水泥、石棉、云母及类似材料的制品	34	713
第69章	陶瓷产品	6	395
第70章	玻璃及其制品	698	7188
第71章	天然或养殖珍珠、宝石或半宝石、贵金属、包贵金属及其制品;仿首饰;硬币	3243	31317
第72章	钢铁	270	16201
第73章	钢铁制品	344	11282
第74章	铜及其制品	2853	14160
第75章	镍及其制品	36	5331
第76章	铝及其制品	1232	10774
第78章	铅及其制品	1	9
第79章	锌及其制品	19	302
第80章	锡及其制品	0	123
第81章	其他贱金属、金属陶瓷及其制品	10	1249
第82章	贱金属工具、器具、利口器、餐匙、餐叉及其零件	151	4615
第83章	贱金属杂项制品	303	1693
第84章	核反应堆、锅炉、机器、机械器具及零件	12079	230164
第85章	电机、电气设备及其零件;录音机及放声机、电视图像、声音的录制和重放设备及其零件、附件	91950	1135697
第86章	铁道及电车道机车、车辆及其零件;铁道及电车道轨道固定装置及其零件;附件;各种机械(包括电动机械)交通信号设备	0	25758
第87章	车辆及其零件、附件,但铁道及电车道车辆除外	21	2474
第88章	航空器、航天器及其零件	6	53
第89章	船舶及浮动结构体	3	82303
第90章	光学、照相、电影、计量、检验、医疗或外科用仪器及设备、精密仪器及设备;上述物品的零件、附件	4890	104049
第91章	钟表及其零件	75	696
第92章	乐器及其零件、附件	6	1145
第94章	家具;寝具、褥垫、弹簧床垫、软坐垫及类似的填充制品;未列名灯具及照明装置;发光标志、发光铭牌及类似品;活动房屋	203	8931
第95章	玩具、游戏品、运动用品及其零件、附件	197	2277
第96章	杂项制品	1301	7049
第97章	艺术品、收藏品及古物	3	84
第98章	特殊交易品及未分类商品	531	4554
日本　总计		4738426	4428204
第1章	活动物	6	172
第3章	鱼、甲壳动物、软体动物及其他水生无脊椎动物	440	14293

2010年上海关区对部分国家(地区)进出口商品分章总值表

单位:万美元

	商　品	进口总值	出口总值
第4章	乳品;蛋品;天然蜂蜜;其他食用动物产品	42	1437
第5章	其他动物产品	539	5264
第6章	活树及其他活植物;鳞茎、根及类似品;插花及装饰用簇叶	182	5271
第7章	食用蔬菜、根及块茎	3	17310
第8章	食用水果及坚果;甜瓜或柑橘属水果的果皮	103	1419
第9章	咖啡、茶、马黛茶及调味香料	175	1487
第10章	谷物	—	23
第11章	制粉工业产品;麦芽;淀粉;菊粉;面筋	35	104
第12章	含油子仁及果实;杂项子仁及果实;工业用或药用植物;稻草、秸秆及饲料	188	2896
第13章	虫胶;树胶、树脂及其他植物液、汁	141	5000
第14章	编结用植物材料;其他植物产品	1	549
第15章	动、植物油、脂及其分解产品;精制的食用油脂;动、植物蜡	544	317
第16章	肉、鱼、甲壳动物、软体动物及其他水生无脊椎动物的制品	59	5563
第17章	糖及糖食	365	210
第18章	可可及可可制品	383	34
第19章	谷物、粮食粉、淀粉或乳的制品;糕饼点心	2187	5499
第20章	蔬菜、水果、坚果或植物其他部分的制品	163	14989
第21章	杂项食品	5097	2973
第22章	饮料、酒及醋	1281	1363
第23章	食品工业的残渣及废料;配制的动物饲料	55	1157
第24章	烟草、烟草及烟草代用品的制品	99	429
第25章	盐;硫磺;泥土及石料;石膏料、石灰及水泥	3433	633
第26章	矿砂、矿渣及矿灰	30	136
第27章	矿物燃料、矿物油及其蒸馏产品;沥青物质;矿物蜡	65416	6480
第28章	无机化学品;贵金属、稀土金属、放射性元素及其同位素的有机及无机化合物	34497	73850
第29章	有机化学品	123452	105076
第30章	药品	19022	9505
第31章	肥料	12	225
第32章	鞣料浸膏及染料浸膏;鞣酸及其衍生物;染料、颜料及其他着色料;油漆及清漆;油灰及其他类似胶粘剂;墨水、油墨	37304	10132
第33章	精油及香膏;芳香料制品及化妆盥洗品	22107	14529
第34章	肥皂、有机表面活性剂、洗涤剂、润滑剂、人造蜡、调制蜡、光洁剂、蜡烛及类似品、塑型用膏、“牙科用蜡”及牙科用熟石膏制剂	26173	6407
第35章	蛋白类物质;改性淀粉;胶;酶	19720	2646
第36章	炸药;烟火制品;火柴;引火合金;易燃材料制品	126	916

2010年上海关区对部分国家（地区）进出口商品分章总值表

单位：万美元

	商　　品	进口总值	出口总值
第37章	照相及电影用品	28674	1395
第38章	杂项化学产品	105219	23551
第39章	塑料及其制品	342433	122643
第40章	橡胶及其制品	56778	20957
第41章	生皮（毛皮除外）及皮革	3491	82
第42章	皮革制品；鞍具及挽具；旅行用品、手提包及类似容器；动物肠线（蚕胶丝除外）制品	577	70547
第43章	毛皮、人造毛皮及其制品	18	6728
第44章	木及木制品；木炭	663	21840
第45章	软木及软木制品	9	54
第46章	稻草、秸秆、针茅或其他编结材料制品；篮筐及柳条编结品	11	6184
第47章	木浆及其他纤维状纤维素浆；回收（废碎）纸及纸板	27491	2
第48章	纸及纸板；纸浆、纸或纸板制品	28886	26372
第49章	书籍、报纸、印刷图画及其他印刷品；手稿、打字稿及设计图纸	16046	4842
第50章	蚕丝	646	7383
第51章	羊毛、动物细毛或粗毛；马毛纱线及其机织物	12321	10829
第52章	棉花	25506	5285
第53章	其他植物纺织纤维；纸纱线及其机织物	936	2296
第54章	化学纤维长丝；化学纤维纺织材料制扁条及类似品	54566	9660
第55章	化学纤维短纤	40933	7906
第56章	絮胎、毡呢及无纺织物；特种纱线；线、绳、索、缆及其制品	14651	12932
第57章	地毯及纺织材料的其他铺地制品	391	22792
第58章	特种机织物；簇绒织物；花边；装饰毯；装饰带；刺绣品	8549	3404
第59章	浸渍、涂布、包覆或层压的纺织物；工业用纺织制品	14364	5471
第60章	针织物及钩编织物	19613	1770
第61章	针织或钩编的服装及衣着附件	2661	511207
第62章	非针织或非钩编的服装及衣着附件	4173	562929
第63章	其他纺织制成品；成套物品；旧衣着及旧纺织品；碎织物	1006	97770
第64章	鞋靴、护腿和类似品及其零件	977	118134
第65章	帽类及其零件	73	12949
第66章	雨伞、阳伞、手杖、鞭子、马鞭及其零件	5	1371
第67章	已加工羽毛、羽绒及其制品；人造花；人发制品	124	1322
第68章	石料、石膏、水泥、石棉、云母及类似材料的制品	17119	4030
第69章	陶瓷产品	5384	11497
第70章	玻璃及其制品	59661	31391
第71章	天然或养殖珍珠、宝石或半宝石、贵金属、包贵金属及其制品；仿首饰；硬币	22826	3428

2010年上海关区对部分国家(地区)进出口商品分章总值表

单位:万美元

商　　品		进口总值	出口总值
第72章	钢铁	230065	25710
第73章	钢铁制品	64800	88239
第74章	铜及其制品	119714	14747
第75章	镍及其制品	4596	4311
第76章	铝及其制品	32908	58585
第78章	铅及其制品	2314	858
第79章	锌及其制品	2307	527
第80章	锡及其制品	1616	101
第81章	其他贱金属、金属陶瓷及其制品	11736	5438
第82章	贱金属工具、器具、利口器、餐匙、餐叉及其零件	33252	13205
第83章	贱金属杂项制品	7821	15215
第84章	核反应堆、锅炉、机器、机械器具及零件	961205	757390
第85章	电机、电气设备及其零件;录音机及放声机、电视图像、声音的录制和重放设备及其零件、附件	1232924	854124
第86章	铁道及电车道机车、车辆及其零件;铁道及电车道轨道固定装置及其零件;附件;各种机械(包括电动机械)交通信号设备	3707	2007
第87章	车辆及其零件、附件,但铁道及电车道车辆除外	284638	128515
第88章	航空器、航天器及其零件	167	58
第89章	船舶及浮动结构体	434	1781
第90章	光学、照相、电影、计量、检验、医疗或外科用仪器及设备、精密仪器及设备;上述物品的零件、附件	427326	168273
第91章	钟表及其零件	1240	1968
第92章	乐器及其零件、附件	3784	1370
第93章	武器、弹药及其零件、附件	0	0
第94章	家具;寝具、褥垫、弹簧床垫、软坐垫及类似的填充制品;未列名灯具及照明装置;发光标志、发光铭牌及类似品;活动房屋	3793	135160
第95章	玩具、游戏品、运动用品及其零件、附件	2188	37254
第96章	杂项制品	20605	29639
第97章	艺术品、收藏品及古物	48	28
第98章	特殊交易品及未分类商品	5079	14448
韩国	总计	2798703	1388316
第1章	活动物	—	218
第3章	鱼、甲壳动物、软体动物及其他水生无脊椎动物	96	1886
第4章	乳品;蛋品;天然蜂蜜;其他食用动物产品	1	125
第5章	其他动物产品	41	2289
第6章	活树及其他活植物;鳞茎、根及类似品;插花及装饰用簇叶	2	93
第7章	食用蔬菜、根及块茎	10	2182

2010年上海关区对部分国家(地区)进出口商品分章总值表

单位:万美元

	商　品	进口总值	出口总值
第8章	食用水果及坚果;甜瓜或柑橘属水果的果皮	13	—
第9章	咖啡、茶、马黛茶及调味香料	2	65
第11章	制粉工业产品;麦芽;淀粉;菊粉;面筋	—	16
第12章	含油子仁及果实;杂项子仁及果实;工业用或药用植物;稻草、秸秆及饲料	270	455
第13章	虫胶;树胶、树脂及其他植物液、汁	93	989
第14章	编结用植物材料;其他植物产品	—	32
第15章	动、植物油、脂及其分解产品;精制的食用油脂;动、植物蜡	37	184
第16章	肉、鱼、甲壳动物、软体动物及其他水生无脊椎动物的制品	7	959
第17章	糖及糖食	2890	113
第18章	可可及可可制品	1	70
第19章	谷物、粮食粉、淀粉或乳的制品;糕饼点心	189	405
第20章	蔬菜、水果、坚果或植物其他部分的制品	41	222
第21章	杂项食品	887	627
第22章	饮料、酒及醋	374	18
第23章	食品工业的残渣及废料;配制的动物饲料	40	370
第24章	烟草、烟草及烟草代用品的制品	87	—
第25章	盐;硫磺;泥土及石料;石膏料、石灰及水泥	358	245
第26章	矿砂、矿渣及矿灰	105	4321
第27章	矿物燃料、矿物油及其蒸馏产品;沥青物质;矿物蜡	166138	4716
第28章	无机化学品;贵金属、稀土金属、放射性元素及其同位素的有机及无机化合物	27749	21197
第29章	有机化学品	64393	64803
第30章	药品	1567	3893
第31章	肥料	6	114
第32章	鞣料浸膏及染料浸膏;鞣酸及其衍生物;染料、颜料及其他着色料;油漆及清漆;油灰及其他类似胶粘剂;墨水、油墨	11021	18976
第33章	精油及香膏;芳香料制品及化妆盥洗品	4012	2250
第34章	肥皂、有机表面活性剂、洗涤剂、润滑剂、人造蜡、调制蜡、光洁剂、蜡烛及类似品、塑型用膏、"牙科用蜡"及牙科用熟石膏制剂	3981	2185
第35章	蛋白类物质;改性淀粉;胶;酶	4120	1909
第36章	炸药;烟火制品;火柴;引火合金;易燃材料制品	—	113
第37章	照相及电影用品	562	5457
第38章	杂项化学产品	22707	17288
第39章	塑料及其制品	213198	49228
第40章	橡胶及其制品	22383	5074
第41章	生皮(毛皮除外)及皮革	2668	317

2010年上海关区对部分国家(地区)进出口商品分章总值表

单位:万美元

	商　　品	进口总值	出口总值
第42章	皮革制品;鞍具及挽具;旅行用品、手提包及类似容器;动物肠线(蚕胶丝除外)制品	327	8815
第43章	毛皮、人造毛皮及其制品	57	572
第44章	木及木制品;木炭	15	6605
第45章	软木及软木制品	0	9
第46章	稻草、秸秆、针茅或其他编结材料制品;篮筐及柳条编结品	0	492
第47章	木浆及其他纤维状纤维素浆;回收(废碎)纸及纸板	1204	50
第48章	纸及纸板;纸浆、纸或纸板制品	8938	10435
第49章	书籍、报纸、印刷图画及其他印刷品;手稿、打字稿及设计图纸	248	768
第50章	蚕丝	478	7924
第51章	羊毛、动物细毛或粗毛;马毛纱线及其机织物	834	4632
第52章	棉花	3401	10146
第53章	其他植物纺织纤维;纸纱线及其机织物	354	6868
第54章	化学纤维长丝;化学纤维纺织材料制扁条及类似品	24401	25399
第55章	化学纤维短纤	9980	9898
第56章	絮胎、毡呢及无纺织物;特种纱线;线、绳、索、缆及其制品	1362	7507
第57章	地毯及纺织材料的其他铺地制品	45	1127
第58章	特种机织物;簇绒织物;花边;装饰毯;装饰带;刺绣品	2836	1787
第59章	浸渍、涂布、包覆或层压的纺织物;工业用纺织制品	5819	11069
第60章	针织物及钩编织物	9493	2982
第61章	针织或钩编的服装及衣着附件	1742	27488
第62章	非针织或非钩编的服装及衣着附件	2753	25576
第63章	其他纺织制成品;成套物品;旧衣着及旧纺织品;碎织物	1062	6332
第64章	鞋靴、护腿和类似品及其零件	311	4948
第65章	帽类及其零件	98	498
第66章	雨伞、阳伞、手杖、鞭子、马鞭及其零件	2	71
第67章	已加工羽毛、羽绒及其制品;人造花;人发制品	40	39
第68章	石料、石膏、水泥、石棉、云母及类似材料的制品	2389	3777
第69章	陶瓷产品	610	5169
第70章	玻璃及其制品	4030	17971
第71章	天然或养殖珍珠、宝石或半宝石、贵金属、包贵金属及其制品;仿首饰;硬币	1165	109
第72章	钢铁	45111	85106
第73章	钢铁制品	24090	49923
第74章	铜及其制品	57207	27622
第75章	镍及其制品	239	20801
第76章	铝及其制品	10979	14930

2010 年上海关区对部分国家(地区)进出口商品分章总值表

单位:万美元

	商　　品	进口总值	出口总值
第 78 章	铅及其制品	1	586
第 79 章	锌及其制品	4002	868
第 80 章	锡及其制品	600	67
第 81 章	其他贱金属、金属陶瓷及其制品	818	8190
第 82 章	贱金属工具、器具、利口器、餐匙、餐叉及其零件	7986	3407
第 83 章	贱金属杂项制品	2857	2905
第 84 章	核反应堆、锅炉、机器、机械器具及零件	416484	224921
第 85 章	电机、电气设备及其零件;录音机及放声机、电视图像、声音的录制和重放设备及其零件、附件	1287979	351860
第 86 章	铁道及电车道机车、车辆及其零件;铁道及电车道轨道固定装置及其零件;附件;各种机械(包括电动机械)交通信号设备	211	2532
第 87 章	车辆及其零件、附件,但铁道及电车道车辆除外	70154	52070
第 88 章	航空器、航天器及其零件	—	179
第 89 章	船舶及浮动结构体	1848	16592
第 90 章	光学、照相、电影、计量、检验、医疗或外科用仪器及设备、精密仪器及设备;上述物品的零件、附件	222784	69175
第 91 章	钟表及其零件	63	74
第 92 章	乐器及其零件、附件	265	595
第 94 章	家具;寝具、褥垫、弹簧床垫、软坐垫及类似的填充制品;未列名灯具及照明装置;发光标志、发光铭牌及类似品;活动房屋	5034	24296
第 95 章	玩具、游戏品、运动用品及其零件、附件	142	4791
第 96 章	杂项制品	906	4294
第 97 章	艺术品、收藏品及古物	3	1
第 98 章	特殊交易品及未分类商品	4898	67
英国	总计	376916	1178827
第 1 章	活动物	1	0
第 3 章	鱼、甲壳动物、软体动物及其他水生无脊椎动物	126	43
第 4 章	乳品;蛋品;天然蜂蜜;其他食用动物产品	165	338
第 5 章	其他动物产品	27	709
第 6 章	活树及其他活植物;鳞茎、根及类似品;插花及装饰用簇叶	4	16
第 7 章	食用蔬菜、根及块茎	52	443
第 8 章	食用水果及坚果;甜瓜或柑橘属水果的果皮	1	1
第 9 章	咖啡、茶、马黛茶及调味香料	193	1568
第 11 章	制粉工业产品;麦芽;淀粉;菊粉;面筋	3	—
第 12 章	含油子仁及果实;杂项子仁及果实;工业用或药用植物;稻草、秸秆及饲料	1	74
第 13 章	虫胶;树胶、树脂及其他植物液、汁	15	207

2010年上海关区对部分国家（地区）进出口商品分章总值表

单位：万美元

	商　　品	进口总值	出口总值
第14章	编结用植物材料；其他植物产品	—	10
第15章	动、植物油、脂及其分解产品；精制的食用油脂；动、植物蜡	10	157
第16章	肉、鱼、甲壳动物、软体动物及其他水生无脊椎动物的制品	11	112
第17章	糖及糖食	48	91
第18章	可可及可可制品	25	424
第19章	谷物、粮食粉、淀粉或乳的制品；糕饼点心	398	612
第20章	蔬菜、水果、坚果或植物其他部分的制品	28	354
第21章	杂项食品	539	336
第22章	饮料、酒及醋	9556	47
第23章	食品工业的残渣及废料；配制的动物饲料	33	1489
第24章	烟草、烟草及烟草代用品的制品	0	—
第25章	盐；硫磺；泥土及石料；石膏料、石灰及水泥	244	20
第26章	矿砂、矿渣及矿灰	0	0
第27章	矿物燃料、矿物油及其蒸馏产品；沥青物质；矿物蜡	430	4963
第28章	无机化学品；贵金属、稀土金属、放射性元素及其同位素的有机及无机化合物	7601	3553
第29章	有机化学品	6738	29753
第30章	药品	23530	4657
第31章	肥料	24	2
第32章	鞣料浸膏及染料浸膏；鞣酸及其衍生物；染料、颜料及其他着色料；油漆及清漆；油灰及其他类似胶粘剂；墨水、油墨	4790	5360
第33章	精油及香膏；芳香料制品及化妆盥洗品	3295	6926
第34章	肥皂、有机表面活性剂、洗涤剂、润滑剂、人造蜡、调制蜡、光洁剂、蜡烛及类似品、塑型用膏、“牙科用蜡”及牙科用熟石膏制剂	2466	1259
第35章	蛋白类物质；改性淀粉；胶；酶	827	291
第36章	炸药；烟火制品；火柴；引火合金；易燃材料制品	9	692
第37章	照相及电影用品	13	94
第38章	杂项化学产品	9590	2239
第39章	塑料及其制品	18706	24129
第40章	橡胶及其制品	4656	9545
第41章	生皮（毛皮除外）及皮革	1558	27
第42章	皮革制品；鞍具及挽具；旅行用品、手提包及类似容器；动物肠线（蚕胶丝除外）制品	108	26112
第43章	毛皮、人造毛皮及其制品	0	284
第44章	木及木制品；木炭	26	8806
第45章	软木及软木制品	2	35
第46章	稻草、秸秆、针茅或其他编结材料制品；篮筐及柳条编结品	0	248

2010年上海关区对部分国家(地区)进出口商品分章总值表

单位:万美元

	商　　品	进口总值	出口总值
第47章	木浆及其他纤维状纤维素浆;回收(废碎)纸及纸板	535	9
第48章	纸及纸板;纸浆、纸或纸板制品	3638	5381
第49章	书籍、报纸、印刷图画及其他印刷品;手稿、打字稿及设计图纸	979	3006
第50章	蚕丝	18	760
第51章	羊毛、动物细毛或粗毛;马毛纱线及其机织物	1458	425
第52章	棉花	173	616
第53章	其他植物纺织纤维;纸纱线及其机织物	18	177
第54章	化学纤维长丝;化学纤维纺织材料制扁条及类似品	2798	3764
第55章	化学纤维短纤	2471	2785
第56章	絮胎、毡呢及无纺织物;特种纱线;线、绳、索、缆及其制品	435	2031
第57章	地毯及纺织材料的其他铺地制品	68	633
第58章	特种机织物;簇绒织物;花边;装饰毯;装饰带;刺绣品	108	3128
第59章	浸渍、涂布、包覆或层压的纺织物;工业用纺织制品	859	2757
第60章	针织物及钩编织物	19	4084
第61章	针织或钩编的服装及衣着附件	145	102902
第62章	非针织或非钩编的服装及衣着附件	993	131600
第63章	其他纺织制成品;成套物品;旧衣着及旧纺织品;碎织物	146	35670
第64章	鞋靴、护腿和类似品及其零件	24	22202
第65章	帽类及其零件	16	7937
第66章	雨伞、阳伞、手杖、鞭子、马鞭及其零件	0	321
第67章	已加工羽毛、羽绒及其制品;人造花;人发制品	8	331
第68章	石料、石膏、水泥、石棉、云母及类似材料的制品	562	767
第69章	陶瓷产品	544	1371
第70章	玻璃及其制品	772	5522
第71章	天然或养殖珍珠、宝石或半宝石、贵金属、包贵金属及其制品;仿首饰;硬币	35284	2195
第72章	钢铁	4429	1739
第73章	钢铁制品	5453	19751
第74章	铜及其制品	3954	3451
第75章	镍及其制品	3120	57
第76章	铝及其制品	4699	7459
第78章	铅及其制品	8	4
第79章	锌及其制品	7	71
第80章	锡及其制品	16	3
第81章	其他贱金属、金属陶瓷及其制品	422	1143
第82章	贱金属工具、器具、利口器、餐匙、餐叉及其零件	1039	12366
第83章	贱金属杂项制品	829	8948

2010年上海关区对部分国家(地区)进出口商品分章总值表

单位:万美元

	商　品	进口总值	出口总值
第84章	核反应堆、锅炉、机器、机械器具及零件	64074	317955
第85章	电机、电气设备及其零件;录音机及放声机、电视图像、声音的录制和重放设备及其零件、附件	28160	167931
第86章	铁道及电车道机车、车辆及其零件;铁道及电车道轨道固定装置及其零件;附件;各种机械(包括电动机械)交通信号设备	245	14612
第87章	车辆及其零件、附件,但铁道及电车道车辆除外	85015	20953
第88章	航空器、航天器及其零件	585	1776
第89章	船舶及浮动结构体	1526	1600
第90章	光学、照相、电影、计量、检验、医疗或外科用仪器及设备、精密仪器及设备;上述物品的零件、附件	23670	23973
第91章	钟表及其零件	14	169
第92章	乐器及其零件、附件	13	1132
第93章	武器、弹药及其零件、附件	9	71
第94章	家具;寝具、褥垫、弹簧床垫、软坐垫及类似的填充制品;未列名灯具及照明装置;发光标志、发光铭牌及类似品;活动房屋	1275	70019
第95章	玩具、游戏品、运动用品及其零件、附件	79	18483
第96章	杂项制品	281	8311
第97章	艺术品、收藏品及古物	72	147
第98章	特殊交易品及未分类商品	—	298
德国	总计	2482819	2146714
第1章	活动物	39	7
第2章	肉及食用杂碎	184	—
第3章	鱼、甲壳动物、软体动物及其他水生无脊椎动物	140	51
第4章	乳品;蛋品;天然蜂蜜;其他食用动物产品	865	154
第5章	其他动物产品	57	14242
第6章	活树及其他活植物;鳞茎、根及类似品;插花及装饰用簇叶	1	149
第7章	食用蔬菜、根及块茎	1	1103
第8章	食用水果及坚果;甜瓜或柑橘属水果的果皮	4	66
第9章	咖啡、茶、马黛茶及调味香料	83	1443
第11章	制粉工业产品;麦芽;淀粉;菊粉;面筋	589	0
第12章	含油子仁及果实;杂项子仁及果实;工业用或药用植物;稻草、秸秆及饲料	93	97
第13章	虫胶;树胶、树脂及其他植物液、汁	128	1059
第14章	编结用植物材料;其他植物产品	7	20
第15章	动、植物油、脂及其分解产品;精制的食用油脂;动、植物蜡	167	165
第16章	肉、鱼、甲壳动物、软体动物及其他水生无脊椎动物的制品	1	328
第17章	糖及糖食	329	38

2010年上海关区对部分国家(地区)进出口商品分章总值表

单位:万美元

	商　　品	进口总值	出口总值
第18章	可可及可可制品	835	1655
第19章	谷物、粮食粉、淀粉或乳的制品;糕饼点心	1709	72
第20章	蔬菜、水果、坚果或植物其他部分的制品	306	485
第21章	杂项食品	338	355
第22章	饮料、酒及醋	1611	17
第23章	食品工业的残渣及废料;配制的动物饲料	3	678
第24章	烟草、烟草及烟草代用品的制品	153	24
第25章	盐;硫磺;泥土及石料;石膏料、石灰及水泥	1498	139
第26章	矿砂、矿渣及矿灰	176	10
第27章	矿物燃料、矿物油及其蒸馏产品;沥青物质;矿物蜡	3902	9647
第28章	无机化学品;贵金属、稀土金属、放射性元素及其同位素的有机及无机化合物	23075	8747
第29章	有机化学品	29942	64163
第30章	药品	43586	7553
第31章	肥料	146	—
第32章	鞣料浸膏及染料浸膏;鞣酸及其衍生物;染料、颜料及其他着色料;油漆及清漆;油灰及其他类似胶粘剂;墨水、油墨	23381	10458
第33章	精油及香膏;芳香料制品及化妆盥洗品	3092	2197
第34章	肥皂、有机表面活性剂、洗涤剂、润滑剂、人造蜡、调制蜡、光洁剂、蜡烛及类似品、塑型用膏、“牙科用蜡”及牙科用熟石膏制剂	19752	1142
第35章	蛋白类物质;改性淀粉;胶;酶	4843	2061
第36章	炸药;烟火制品;火柴;引火合金;易燃材料制品	20	3382
第37章	照相及电影用品	673	560
第38章	杂项化学产品	44732	7941
第39章	塑料及其制品	114470	24161
第40章	橡胶及其制品	21145	8995
第41章	生皮(毛皮除外)及皮革	1352	41
第42章	皮革制品;鞍具及挽具;旅行用品、手提包及类似容器;动物肠线(蚕胶丝除外)制品	757	26155
第43章	毛皮、人造毛皮及其制品	15	1273
第44章	木及木制品;木炭	5422	3974
第45章	软木及软木制品	0	74
第46章	稻草、秸秆、针茅或其他编结材料制品;篮筐及柳条编结品	0	699
第47章	木浆及其他纤维状纤维素浆;回收(废碎)纸及纸板	842	8
第48章	纸及纸板;纸浆、纸或纸板制品	7759	3636
第49章	书籍、报纸、印刷图画及其他印刷品;手稿、打字稿及设计图纸	2006	1782

2010年上海关区对部分国家(地区)进出口商品分章总值表

单位:万美元

	商　品	进口总值	出口总值
第50章	蚕丝	87	2644
第51章	羊毛、动物细毛或粗毛;马毛纱线及其机织物	1375	2706
第52章	棉花	422	2346
第53章	其他植物纺织纤维;纸纱线及其机织物	11	176
第54章	化学纤维长丝;化学纤维纺织材料制扁条及类似品	2764	13322
第55章	化学纤维短纤	6579	5223
第56章	絮胎、毡呢及无纺织物;特种纱线;线、绳、索、缆及其制品	1950	2781
第57章	地毯及纺织材料的其他铺地制品	139	933
第58章	特种机织物;簇绒织物;花边;装饰毯;装饰带;刺绣品	492	4062
第59章	浸渍、涂布、包覆或层压的纺织物;工业用纺织制品	5169	5966
第60章	针织物及钩编织物	646	2424
第61章	针织或钩编的服装及衣着附件	45	128141
第62章	非针织或非钩编的服装及衣着附件	128	167000
第63章	其他纺织制成品;成套物品;旧衣着及旧纺织品;碎织物	330	31067
第64章	鞋靴、护腿和类似品及其零件	48	13017
第65章	帽类及其零件	52	8008
第66章	雨伞、阳伞、手杖、鞭子、马鞭及其零件	23	363
第67章	已加工羽毛、羽绒及其制品;人造花;人发制品	0	230
第68章	石料、石膏、水泥、石棉、云母及类似材料的制品	4032	975
第69章	陶瓷产品	3897	1167
第70章	玻璃及其制品	7856	10298
第71章	天然或养殖珍珠、宝石或半宝石、贵金属、包贵金属及其制品;仿首饰;硬币	5314	3543
第72章	钢铁	26849	3034
第73章	钢铁制品	55950	39274
第74章	铜及其制品	24794	2247
第75章	镍及其制品	1818	246
第76章	铝及其制品	8805	11284
第78章	铅及其制品	142	4
第79章	锌及其制品	436	100
第80章	锡及其制品	92	1
第81章	其他贱金属、金属陶瓷及其制品	2383	1158
第82章	贱金属工具、器具、利口器、餐匙、餐叉及其零件	23103	19337
第83章	贱金属杂项制品	6496	10175
第84章	核反应堆、锅炉、机器、机械器具及零件	732414	536620
第85章	电机、电气设备及其零件;录音机及放声机、电视图像、声音的录制和重放设备及其零件、附件	362922	636972

2010年上海关区对部分国家（地区）进出口商品分章总值表

单位:万美元

	商　　品	进口总值	出口总值
第86章	铁道及电车道机车、车辆及其零件;铁道及电车道轨道固定装置及其零件;附件;各种机械(包括电动机械)交通信号设备	13245	10490
第87章	车辆及其零件、附件,但铁道及电车道车辆除外	610346	33831
第88章	航空器、航天器及其零件	26993	272
第89章	船舶及浮动结构体	159	53463
第90章	光学、照相、电影、计量、检验、医疗或外科用仪器及设备、精密仪器及设备;上述物品的零件、附件	162251	92786
第91章	钟表及其零件	892	350
第92章	乐器及其零件、附件	1087	2644
第93章	武器、弹药及其零件、附件	0	136
第94章	家具;寝具、褥垫、弹簧床垫、软坐垫及类似的填充制品;未列名灯具及照明装置;发光标志、发光铭牌及类似品;活动房屋	16103	46183
第95章	玩具、游戏品、运动用品及其零件、附件	250	19020
第96章	杂项制品	3522	9132
第97章	艺术品、收藏品及古物	37	4
第98章	特殊交易品及未分类商品	145	552
法国	总计	537239	1104204
第1章	活动物	10	—
第2章	肉及食用杂碎	2979	—
第3章	鱼、甲壳动物、软体动物及其他水生无脊椎动物	439	57
第4章	乳品;蛋品;天然蜂蜜;其他食用动物产品	2097	149
第5章	其他动物产品	170	340
第6章	活树及其他活植物;鳞茎、根及类似品;插花及装饰用簇叶	4	2
第7章	食用蔬菜、根及块茎	7	312
第8章	食用水果及坚果;甜瓜或柑橘属水果的果皮	153	4
第9章	咖啡、茶、马黛茶及调味香料	42	499
第11章	制粉工业产品;麦芽;淀粉;菊粉;面筋	372	2
第12章	含油子仁及果实;杂项子仁及果实;工业用或药用植物;稻草、秸秆及饲料	29	73
第13章	虫胶;树胶、树脂及其他植物液、汁	684	178
第14章	编结用植物材料;其他植物产品	—	29
第15章	动、植物油、脂及其分解产品;精制的食用油脂;动、植物蜡	150	0
第16章	肉、鱼、甲壳动物、软体动物及其他水生无脊椎动物的制品	16	245
第17章	糖及糖食	101	2
第18章	可可及可可制品	844	1628
第19章	谷物、粮食粉、淀粉或乳的制品;糕饼点心	256	202
第20章	蔬菜、水果、坚果或植物其他部分的制品	272	177

2010年上海关区对部分国家(地区)进出口商品分章总值表

单位:万美元

	商　　品	进口总值	出口总值
第21章	杂项食品	2518	151
第22章	饮料、酒及醋	53036	256
第23章	食品工业的残渣及废料;配制的动物饲料	789	315
第24章	烟草、烟草及烟草代用品的制品	448	223
第25章	盐;硫磺;泥土及石料;石膏料、石灰及水泥	300	1
第26章	矿砂、矿渣及矿灰	28	—
第27章	矿物燃料、矿物油及其蒸馏产品;沥青物质;矿物蜡	2923	8285
第28章	无机化学品;贵金属、稀土金属、放射性元素及其同位素的有机及无机化合物	1398	4047
第29章	有机化学品	20276	16298
第30章	药品	25034	1726
第31章	肥料	—	0
第32章	鞣料浸膏及染料浸膏;鞣酸及其衍生物;染料、颜料及其他着色料;油漆及清漆;油灰及其他类似胶粘剂;墨水、油墨	5179	1247
第33章	精油及香膏;芳香料制品及化妆盥洗品	27560	8724
第34章	肥皂、有机表面活性剂、洗涤剂、润滑剂、人造蜡、调制蜡、光洁剂、蜡烛及类似品、塑型用膏、“牙科用蜡”及牙科用熟石膏制剂	7074	421
第35章	蛋白类物质;改性淀粉;胶;酶	2042	719
第36章	炸药;烟火制品;火柴;引火合金;易燃材料制品	2	309
第37章	照相及电影用品	145	472
第38章	杂项化学产品	10305	1869
第39章	塑料及其制品	23268	17996
第40章	橡胶及其制品	10823	5182
第41章	生皮(毛皮除外)及皮革	1217	11
第42章	皮革制品;鞍具及挽具;旅行用品、手提包及类似容器;动物肠线(蚕胶丝除外)制品	27153	17963
第43章	毛皮、人造毛皮及其制品	63	1841
第44章	木及木制品;木炭	2562	5840
第45章	软木及软木制品	5	14
第46章	稻草、秸秆、针茅或其他编结材料制品;篮筐及柳条编结品	41	572
第47章	木浆及其他纤维状纤维素浆;回收(废碎)纸及纸板	1346	—
第48章	纸及纸板;纸浆、纸或纸板制品	4287	1500
第49章	书籍、报纸、印刷图画及其他印刷品;手稿、打字稿及设计图纸	565	562
第50章	蚕丝	10	1778
第51章	羊毛、动物细毛或粗毛;马毛纱线及其机织物	1159	169
第52章	棉花	152	1090

2010年上海关区对部分国家(地区)进出口商品分章总值表

单位:万美元

	商　品	进口总值	出口总值
第53章	其他植物纺织纤维;纸纱线及其机织物	3040	624
第54章	化学纤维长丝;化学纤维纺织材料制扁条及类似品	410	2508
第55章	化学纤维短纤	162	2055
第56章	絮胎、毡呢及无纺织物;特种纱线;线、绳、索、缆及其制品	277	1090
第57章	地毯及纺织材料的其他铺地制品	14	550
第58章	特种机织物;簇绒织物;花边;装饰毯;装饰带;刺绣品	452	1232
第59章	浸渍、涂布、包覆或层压的纺织物;工业用纺织制品	385	751
第60章	针织物及钩编织物	134	2461
第61章	针织或钩编的服装及衣着附件	423	97952
第62章	非针织或非钩编的服装及衣着附件	4201	120908
第63章	其他纺织制成品;成套物品;旧衣着及旧纺织品;碎织物	75	17025
第64章	鞋靴、护腿和类似品及其零件	168	9001
第65章	帽类及其零件	85	4473
第66章	雨伞、阳伞、手杖、鞭子、马鞭及其零件	11	294
第67章	已加工羽毛、羽绒及其制品;人造花;人发制品	6	303
第68章	石料、石膏、水泥、石棉、云母及类似材料的制品	895	402
第69章	陶瓷产品	565	938
第70章	玻璃及其制品	4377	4150
第71章	天然或养殖珍珠、宝石或半宝石、贵金属、包贵金属及其制品;仿首饰;硬币	4852	1334
第72章	钢铁	11044	632
第73章	钢铁制品	7556	11945
第74章	铜及其制品	5458	1286
第75章	镍及其制品	1321	253
第76章	铝及其制品	2299	4959
第78章	铅及其制品	0	10
第79章	锌及其制品	363	28
第80章	锡及其制品	3	0
第81章	其他贱金属、金属陶瓷及其制品	689	224
第82章	贱金属工具、器具、利口器、餐匙、餐叉及其零件	1625	9181
第83章	贱金属杂项制品	1344	6043
第84章	核反应堆、锅炉、机器、机械器具及零件	71912	451005
第85章	电机、电气设备及其零件;录音机及放声机、电视图像、声音的录制和重放设备及其零件、附件	67520	161904
第86章	铁道及电车道机车、车辆及其零件;铁道及电车道轨道固定装置及其零件;附件;各种机械(包括电动机械)交通信号设备	383	1088
第87章	车辆及其零件、附件,但铁道及电车道车辆除外	16068	13341

2010 年上海关区对部分国家(地区)进出口商品分章总值表

单位:万美元

	商　　品	进口总值	出口总值
第 88 章	航空器、航天器及其零件	56962	2073
第 89 章	船舶及浮动结构体	567	763
第 90 章	光学、照相、电影、计量、检验、医疗或外科用仪器及设备、精密仪器及设备;上述物品的零件、附件	26989	12687
第 91 章	钟表及其零件	182	133
第 92 章	乐器及其零件、附件	2	999
第 93 章	武器、弹药及其零件、附件	—	71
第 94 章	家具;寝具、褥垫、弹簧床垫、软坐垫及类似的填充制品;未列名灯具及照明装置;发光标志、发光铭牌及类似品;活动房屋	2613	40186
第 95 章	玩具、游戏品、运动用品及其零件、附件	129	8971
第 96 章	杂项制品	1279	4701
第 97 章	艺术品、收藏品及古物	27	8
第 98 章	特殊交易品及未分类商品	42	183
意大利	总计	510691	1183412
第 1 章	活动物	0	—
第 3 章	鱼、甲壳动物、软体动物及其他水生无脊椎动物	1	323
第 4 章	乳品;蛋品;天然蜂蜜;其他食用动物产品	281	15
第 5 章	其他动物产品	113	935
第 6 章	活树及其他活植物;鳞茎、根及类似品;插花及装饰用簇叶	7	11
第 7 章	食用蔬菜、根及块茎	6	341
第 8 章	食用水果及坚果;甜瓜或柑橘属水果的果皮	89	30
第 9 章	咖啡、茶、马黛茶及调味香料	470	23
第 11 章	制粉工业产品;麦芽;淀粉;菊粉;面筋	3	1
第 12 章	含油子仁及果实;杂项子仁及果实;工业用或药用植物;稻草、秸秆及饲料	103	4
第 13 章	虫胶;树胶、树脂及其他植物液、汁	141	270
第 14 章	编结用植物材料;其他植物产品	—	15
第 15 章	动、植物油、脂及其分解产品;精制的食用油脂;动、植物蜡	2688	33
第 16 章	肉、鱼、甲壳动物、软体动物及其他水生无脊椎动物的制品	20	9
第 17 章	糖及糖食	19	7
第 18 章	可可及可可制品	1280	—
第 19 章	谷物、粮食粉、淀粉或乳的制品;糕饼点心	679	38
第 20 章	蔬菜、水果、坚果或植物其他部分的制品	414	52
第 21 章	杂项食品	328	48
第 22 章	饮料、酒及醋	2024	12
第 23 章	食品工业的残渣及废料;配制的动物饲料	25	181
第 24 章	烟草、烟草及烟草代用品的制品	—	0
第 25 章	盐;硫磺;泥土及石料;石膏料、石灰及水泥	1343	17

2010年上海关区对部分国家(地区)进出口商品分章总值表

单位:万美元

	商　　品	进口总值	出口总值
第26章	矿砂、矿渣及矿灰	136	0
第27章	矿物燃料、矿物油及其蒸馏产品;沥青物质;矿物蜡	218	449
第28章	无机化学品;贵金属、稀土金属、放射性元素及其同位素的有机及无机化合物	533	4039
第29章	有机化学品	10533	41117
第30章	药品	37018	5237
第31章	肥料	45	—
第32章	鞣料浸膏及染料浸膏;鞣酸及其衍生物;染料、颜料及其他着色料;油漆及清漆;油灰及其他类似胶粘剂;墨水、油墨	2633	5554
第33章	精油及香膏;芳香料制品及化妆盥洗品	1038	1283
第34章	肥皂、有机表面活性剂、洗涤剂、润滑剂、人造蜡、调制蜡、光洁剂、蜡烛及类似品、塑型用膏、“牙科用蜡”及牙科用熟石膏制剂	1015	627
第35章	蛋白类物质;改性淀粉;胶;酶	1060	243
第36章	炸药;烟火制品;火柴;引火合金;易燃材料制品	—	731
第37章	照相及电影用品	30	237
第38章	杂项化学产品	4490	2148
第39章	塑料及其制品	21518	15427
第40章	橡胶及其制品	10085	6186
第41章	生皮(毛皮除外)及皮革	16278	349
第42章	皮革制品;鞍具及挽具;旅行用品、手提包及类似容器;动物肠线(蚕胶丝除外)制品	29868	19474
第43章	毛皮、人造毛皮及其制品	560	2612
第44章	木及木制品;木炭	912	5380
第45章	软木及软木制品	0	29
第46章	稻草、秸秆、针茅或其他编结材料制品;篮筐及柳条编结品	15	860
第47章	木浆及其他纤维状纤维素浆;回收(废碎)纸及纸板	162	—
第48章	纸及纸板;纸浆、纸或纸板制品	2083	2005
第49章	书籍、报纸、印刷图画及其他印刷品;手稿、打字稿及设计图纸	409	320
第50章	蚕丝	652	19658
第51章	羊毛、动物细毛或粗毛;马毛纱线及其机织物	7810	3273
第52章	棉花	2786	20834
第53章	其他植物纺织纤维;纸纱线及其机织物	456	5173
第54章	化学纤维长丝;化学纤维纺织材料制扁条及类似品	2380	11647
第55章	化学纤维短纤	985	11104
第56章	絮胎、毡呢及无纺织物;特种纱线;线、绳、索、缆及其制品	534	1649
第57章	地毯及纺织材料的其他铺地制品	142	311

2010年上海关区对部分国家(地区)进出口商品分章总值表

单位:万美元

	商　　品	进口总值	出口总值
第58章	特种机织物;簇绒织物;花边;装饰毯;装饰带;刺绣品	448	4511
第59章	浸渍、涂布、包覆或层压的纺织物;工业用纺织制品	1633	5973
第60章	针织物及钩编织物	1185	13547
第61章	针织或钩编的服装及衣着附件	7219	73235
第62章	非针织或非钩编的服装及衣着附件	18705	106753
第63章	其他纺织制成品;成套物品;旧衣着及旧纺织品;碎织物	517	10847
第64章	鞋靴、护腿和类似品及其零件	17060	8415
第65章	帽类及其零件	174	3759
第66章	雨伞、阳伞、手杖、鞭子、马鞭及其零件	14	129
第67章	已加工羽毛、羽绒及其制品;人造花;人发制品	5	348
第68章	石料、石膏、水泥、石棉、云母及类似材料的制品	719	457
第69章	陶瓷产品	1091	623
第70章	玻璃及其制品	1583	6345
第71章	天然或养殖珍珠、宝石或半宝石、贵金属、包贵金属及其制品;仿首饰;硬币	6199	1161
第72章	钢铁	10837	17421
第73章	钢铁制品	10332	20691
第74章	铜及其制品	2169	2472
第75章	镍及其制品	730	65
第76章	铝及其制品	1554	5759
第78章	铅及其制品	4	3
第79章	锌及其制品	14	80
第80章	锡及其制品	0	0
第81章	其他贱金属、金属陶瓷及其制品	144	561
第82章	贱金属工具、器具、利口器、餐匙、餐叉及其零件	2492	5117
第83章	贱金属杂项制品	1793	4771
第84章	核反应堆、锅炉、机器、机械器具及零件	169466	200841
第85章	电机、电气设备及其零件;录音机及放声机、电视图像、声音的录制和重放设备及其零件、附件	44323	364001
第86章	铁道及电车道机车、车辆及其零件;铁道及电车道轨道固定装置及其零件;附件;各种机械(包括电动机械)交通信号设备	1112	455
第87章	车辆及其零件、附件,但铁道及电车道车辆除外	12750	19786
第88章	航空器、航天器及其零件	788	431
第89章	船舶及浮动结构体	490	61658
第90章	光学、照相、电影、计量、检验、医疗或外科用仪器及设备、精密仪器及设备;上述物品的零件、附件	16879	16631
第91章	钟表及其零件	131	332

2010年上海关区对部分国家(地区)进出口商品分章总值表

单位:万美元

	商　　品	进口总值	出口总值
第92章	乐器及其零件、附件	87	748
第93章	武器、弹药及其零件、附件	—	29
第94章	家具;寝具、褥垫、弹簧床垫、软坐垫及类似的填充制品;未列名灯具及照明装置;发光标志、发光铭牌及类似品;活动房屋	10107	23299
第95章	玩具、游戏品、运动用品及其零件、附件	487	7843
第96章	杂项制品	939	3942
第97章	艺术品、收藏品及古物	92	19
第98章	特殊交易品及未分类商品	—	35
荷兰	总计	151948	1548948
第1章	活动物	224	—
第2章	肉及食用杂碎	3	—
第3章	鱼、甲壳动物、软体动物及其他水生无脊椎动物	5	76
第4章	乳品;蛋品;天然蜂蜜;其他食用动物产品	1212	28
第5章	其他动物产品	328	5095
第6章	活树及其他活植物;鳞茎、根及类似品;插花及装饰用簇叶	872	293
第7章	食用蔬菜、根及块茎	0	1019
第8章	食用水果及坚果;甜瓜或柑橘属水果的果皮	0	35
第9章	咖啡、茶、马黛茶及调味香料	40	372
第11章	制粉工业产品;麦芽;淀粉;菊粉;面筋	440	30
第12章	含油子仁及果实;杂项子仁及果实;工业用或药用植物;稻草、秸秆及饲料	122	48
第13章	虫胶;树胶、树脂及其他植物液、汁	6	155
第14章	编结用植物材料;其他植物产品	—	3
第15章	动、植物油、脂及其分解产品;精制的食用油脂;动、植物蜡	136	16
第16章	肉、鱼、甲壳动物、软体动物及其他水生无脊椎动物的制品	—	282
第17章	糖及糖食	205	232
第18章	可可及可可制品	329	535
第19章	谷物、粮食粉、淀粉或乳的制品;糕饼点心	3412	879
第20章	蔬菜、水果、坚果或植物其他部分的制品	134	725
第21章	杂项食品	3141	674
第22章	饮料、酒及醋	300	17
第23章	食品工业的残渣及废料;配制的动物饲料	504	468
第24章	烟草、烟草及烟草代用品的制品	0	291
第25章	盐;硫磺;泥土及石料;石膏料、石灰及水泥	61	27
第26章	矿砂、矿渣及矿灰	—	486
第27章	矿物燃料、矿物油及其蒸馏产品;沥青物质;矿物蜡	952	2966
第28章	无机化学品;贵金属、稀土金属、放射性元素及其同位素的有机及无机化合物	315	6946

2010年上海关区对部分国家(地区)进出口商品分章总值表

单位:万美元

	商　　品	进口总值	出口总值
第29章	有机化学品	6517	57150
第30章	药品	9803	1171
第31章	肥料	31	—
第32章	鞣料浸膏及染料浸膏;鞣酸及其衍生物;染料、颜料及其他着色料;油漆及清漆;油灰及其他类似胶粘剂;墨水、油墨	2445	9974
第33章	精油及香膏;芳香料制品及化妆盥洗品	177	3107
第34章	肥皂、有机表面活性剂、洗涤剂、润滑剂、人造蜡、调制蜡、光洁剂、蜡烛及类似品、塑型用膏、"牙科用蜡"及牙科用熟石膏制剂	1314	964
第35章	蛋白类物质;改性淀粉;胶;酶	1885	1101
第36章	炸药;烟火制品;火柴;引火合金;易燃材料制品	—	886
第37章	照相及电影用品	278	809
第38章	杂项化学产品	3543	1841
第39章	塑料及其制品	21688	16951
第40章	橡胶及其制品	4145	11321
第41章	生皮(毛皮除外)及皮革	720	20
第42章	皮革制品;鞍具及挽具;旅行用品、手提包及类似容器;动物肠线(蚕胶丝除外)制品	9	16397
第43章	毛皮、人造毛皮及其制品	—	224
第44章	木及木制品;木炭	183	4535
第45章	软木及软木制品	8	14
第46章	稻草、秸秆、针茅或其他编结材料制品;篮筐及柳条编结品	0	418
第47章	木浆及其他纤维状纤维素浆;回收(废碎)纸及纸板	508	—
第48章	纸及纸板;纸浆、纸或纸板制品	606	2232
第49章	书籍、报纸、印刷图画及其他印刷品;手稿、打字稿及设计图纸	47	699
第50章	蚕丝	0	54
第51章	羊毛、动物细毛或粗毛;马毛纱线及其机织物	619	80
第52章	棉花	36	1050
第53章	其他植物纺织纤维;纸纱线及其机织物	173	1561
第54章	化学纤维长丝;化学纤维纺织材料制扁条及类似品	3145	6662
第55章	化学纤维短纤	200	2189
第56章	絮胎、毡呢及无纺织物;特种纱线;线、绳、索、缆及其制品	976	1606
第57章	地毯及纺织材料的其他铺地制品	90	531
第58章	特种机织物;簇绒织物;花边;装饰毯;装饰带;刺绣品	48	1258
第59章	浸渍、涂布、包覆或层压的纺织物;工业用纺织制品	546	4083
第60章	针织物及钩编织物	67	1442
第61章	针织或钩编的服装及衣着附件	5	51708

2010年上海关区对部分国家(地区)进出口商品分章总值表

单位:万美元

	商　　品	进口总值	出口总值
第62章	非针织或非钩编的服装及衣着附件	13	57770
第63章	其他纺织制成品;成套物品;旧衣着及旧纺织品;碎织物	17	13662
第64章	鞋靴、护腿和类似品及其零件	24	6744
第65章	帽类及其零件	20	3805
第66章	雨伞、阳伞、手杖、鞭子、马鞭及其零件	3	258
第67章	已加工羽毛、羽绒及其制品;人造花;人发制品	0	430
第68章	石料、石膏、水泥、石棉、云母及类似材料的制品	315	739
第69章	陶瓷产品	44	541
第70章	玻璃及其制品	415	2952
第71章	天然或养殖珍珠、宝石或半宝石、贵金属、包贵金属及其制品;仿首饰;硬币	4	898
第72章	钢铁	243	3223
第73章	钢铁制品	1403	28305
第74章	铜及其制品	693	1565
第75章	镍及其制品	570	18
第76章	铝及其制品	5698	4189
第78章	铅及其制品	—	0
第79章	锌及其制品	7	29
第80章	锡及其制品	1	166
第81章	其他贱金属、金属陶瓷及其制品	56	4983
第82章	贱金属工具、器具、利口器、餐匙、餐叉及其零件	445	7722
第83章	贱金属杂项制品	234	3594
第84章	核反应堆、锅炉、机器、机械器具及零件	36503	591189
第85章	电机、电气设备及其零件;录音机及放声机、电视图像、声音的录制和重放设备及其零件、附件	14040	474405
第86章	铁道及电车道机车、车辆及其零件;铁道及电车道轨道固定装置及其零件;附件;各种机械(包括电动机械)交通信号设备	247	4672
第87章	车辆及其零件、附件,但铁道及电车道车辆除外	698	16404
第88章	航空器、航天器及其零件	118	—
第89章	船舶及浮动结构体	9366	33781
第90章	光学、照相、电影、计量、检验、医疗或外科用仪器及设备、精密仪器及设备;上述物品的零件、附件	7956	17204
第91章	钟表及其零件	3	123
第92章	乐器及其零件、附件	5	933
第93章	武器、弹药及其零件、附件	—	13
第94章	家具;寝具、褥垫、弹簧床垫、软坐垫及类似的填充制品;未列名灯具及照明装置;发光标志、发光铭牌及类似品;活动房屋	177	30095

2010年上海关区对部分国家(地区)进出口商品分章总值表

单位:万美元

	商　　品	进口总值	出口总值
第95章	玩具、游戏品、运动用品及其零件、附件	26	10356
第96章	杂项制品	53	4385
第97章	艺术品、收藏品及古物	1	3
第98章	特殊交易品及未分类商品	—	51
美国　总计		2687637	9105355
第1章	活动物	269	205
第2章	肉及食用杂碎	5645	—
第3章	鱼、甲壳动物、软体动物及其他水生无脊椎动物	3323	1694
第4章	乳品;蛋品;天然蜂蜜;其他食用动物产品	6396	220
第5章	其他动物产品	3357	13587
第6章	活树及其他活植物;鳞茎、根及类似品;插花及装饰用簇叶	53	230
第7章	食用蔬菜、根及块茎	541	4926
第8章	食用水果及坚果;甜瓜或柑橘属水果的果皮	5117	274
第9章	咖啡、茶、马黛茶及调味香料	962	3391
第10章	谷物	966	8
第11章	制粉工业产品;麦芽;淀粉;菊粉;面筋	351	62
第12章	含油子仁及果实;杂项子仁及果实;工业用或药用植物;稻草、秸秆及饲料	27148	191
第13章	虫胶;树胶、树脂及其他植物液、汁	665	2199
第14章	编结用植物材料;其他植物产品	230	89
第15章	动、植物油、脂及其分解产品;精制的食用油脂;动、植物蜡	751	613
第16章	肉、鱼、甲壳动物、软体动物及其他水生无脊椎动物的制品	54	3073
第17章	糖及糖食	1226	2016
第18章	可可及可可制品	449	355
第19章	谷物、粮食粉、淀粉或乳的制品;糕饼点心	755	1369
第20章	蔬菜、水果、坚果或植物其他部分的制品	8417	3668
第21章	杂项食品	2770	4287
第22章	饮料、酒及醋	2097	101
第23章	食品工业的残渣及废料;配制的动物饲料	13122	13419
第24章	烟草、烟草及烟草代用品的制品	3667	266
第25章	盐;硫磺;泥土及石料;石膏料、石灰及水泥	7337	121
第26章	矿砂、矿渣及矿灰	6513	182
第27章	矿物燃料、矿物油及其蒸馏产品;沥青物质;矿物蜡	8026	18195
第28章	无机化学品;贵金属、稀土金属、放射性元素及其同位素的有机及无机化合物	37601	25242
第29章	有机化学品	64300	224978
第30章	药品	39494	41633
第31章	肥料	59	6

2010年上海关区对部分国家（地区）进出口商品分章总值表

单位：万美元

	商　品	进口总值	出口总值
第32章	鞣料浸膏及染料浸膏；鞣酸及其衍生物；染料、颜料及其他着色料；油漆及清漆；油灰及其他类似胶粘剂；墨水、油墨	15600	20781
第33章	精油及香膏；芳香料制品及化妆盥洗品	13391	19575
第34章	肥皂、有机表面活性剂、洗涤剂、润滑剂、人造蜡、调制蜡、光洁剂、蜡烛及类似品、塑型用膏、“牙科用蜡”及牙科用熟石膏制剂	28941	4895
第35章	蛋白类物质；改性淀粉；胶；酶	11420	9158
第36章	炸药；烟火制品；火柴；引火合金；易燃材料制品	3077	9670
第37章	照相及电影用品	3015	1051
第38章	杂项化学产品	113439	17750
第39章	塑料及其制品	255348	160998
第40章	橡胶及其制品	38659	66540
第41章	生皮（毛皮除外）及皮革	10252	215
第42章	皮革制品；鞍具及挽具；旅行用品、手提包及类似容器；动物肠线（蚕胶丝除外）制品	158	128395
第43章	毛皮、人造毛皮及其制品	55	1207
第44章	木及木制品；木炭	34373	77073
第45章	软木及软木制品	39	188
第46章	稻草、秸秆、针茅或其他编结材料制品；篮筐及柳条编结品	6	3658
第47章	木浆及其他纤维状纤维素浆；回收（废碎）纸及纸板	41879	6
第48章	纸及纸板；纸浆、纸或纸板制品	29713	23876
第49章	书籍、报纸、印刷图画及其他印刷品；手稿、打字稿及设计图纸	4417	13150
第50章	蚕丝	19	3237
第51章	羊毛、动物细毛或粗毛；马毛纱线及其机织物	985	1513
第52章	棉花	63685	16162
第53章	其他植物纺织纤维；纸纱线及其机织物	9	1350
第54章	化学纤维长丝；化学纤维纺织材料制扁条及类似品	5972	21631
第55章	化学纤维短纤	29978	18375
第56章	絮胎、毡呢及无纺织物；特种纱线；线、绳、索、缆及其制品	10985	14428
第57章	地毯及纺织材料的其他铺地制品	1775	7606
第58章	特种机织物；簇绒织物；花边；装饰毯；装饰带；刺绣品	649	20268
第59章	浸渍、涂布、包覆或层压的纺织物；工业用纺织制品	4101	19268
第60章	针织物及钩编织物	361	39392
第61章	针织或钩编的服装及衣着附件	746	633743
第62章	非针织或非钩编的服装及衣着附件	456	639453
第63章	其他纺织制成品；成套物品；旧衣着及旧纺织品；碎织物	721	295583
第64章	鞋靴、护腿和类似品及其零件	390	103912

2010年上海关区对部分国家(地区)进出口商品分章总值表

单位:万美元

	商　　品	进口总值	出口总值
第65章	帽类及其零件	17	37376
第66章	雨伞、阳伞、手杖、鞭子、马鞭及其零件	4	2482
第67章	已加工羽毛、羽绒及其制品;人造花;人发制品	56	2686
第68章	石料、石膏、水泥、石棉、云母及类似材料的制品	6001	8430
第69章	陶瓷产品	4389	18948
第70章	玻璃及其制品	21588	35709
第71章	天然或养殖珍珠、宝石或半宝石、贵金属、包贵金属及其制品;仿首饰;硬币	16756	18942
第72章	钢铁	16434	35290
第73章	钢铁制品	32824	196122
第74章	铜及其制品	35911	13241
第75章	镍及其制品	7705	473
第76章	铝及其制品	75738	43746
第78章	铅及其制品	23	52
第79章	锌及其制品	427	413
第80章	锡及其制品	150	535
第81章	其他贱金属、金属陶瓷及其制品	8366	3758
第82章	贱金属工具、器具、利口器、餐匙、餐叉及其零件	11552	70939
第83章	贱金属杂项制品	5304	54677
第84章	核反应堆、锅炉、机器、机械器具及零件	416569	2833583
第85章	电机、电气设备及其零件;录音机及放声机、电视图像、声音的录制和重放设备及其零件、附件	499429	1694167
第86章	铁道及电车道机车、车辆及其零件;铁道及电车道轨道固定装置及其零件;附件;各种机械(包括电动机械)交通信号设备	1812	60761
第87章	车辆及其零件、附件,但铁道及电车道车辆除外	128195	236081
第88章	航空器、航天器及其零件	172196	17752
第89章	船舶及浮动结构体	509	1223
第90章	光学、照相、电影、计量、检验、医疗或外科用仪器及设备、精密仪器及设备;上述物品的零件、附件	238938	284112
第91章	钟表及其零件	202	1584
第92章	乐器及其零件、附件	272	7292
第93章	武器、弹药及其零件、附件	9	2331
第94章	家具;寝具、褥垫、弹簧床垫、软坐垫及类似的填充制品;未列名灯具及照明装置;发光标志、发光铭牌及类似品;活动房屋	5885	483225
第95章	玩具、游戏品、运动用品及其零件、附件	1937	122395
第96章	杂项制品	1662	51526
第97章	艺术品、收藏品及古物	213	14

2010 年上海关区对部分国家(地区)进出口商品分章总值表

单位:万美元

	商　　品	进口总值	出口总值
第 98 章	特殊交易品及未分类商品	288	4788
澳大利亚	总计	453546	984548
第 1 章	活动物	193	—
第 2 章	肉及食用杂碎	2051	—
第 3 章	鱼、甲壳动物、软体动物及其他水生无脊椎动物	2226	63
第 4 章	乳品;蛋品;天然蜂蜜;其他食用动物产品	3055	120
第 5 章	其他动物产品	263	86
第 6 章	活树及其他活植物;鳞茎、根及类似品;插花及装饰用簇叶	6	48
第 7 章	食用蔬菜、根及块茎	183	1320
第 8 章	食用水果及坚果;甜瓜或柑橘属水果的果皮	81	57
第 9 章	咖啡、茶、马黛茶及调味香料	99	399
第 10 章	谷物	1443	—
第 11 章	制粉工业产品;麦芽;淀粉;菊粉;面筋	86	104
第 12 章	含油子仁及果实;杂项子仁及果实;工业用或药用植物;稻草、秸秆及饲料	409	62
第 13 章	虫胶;树胶、树脂及其他植物液、汁	7	428
第 14 章	编结用植物材料;其他植物产品	—	8
第 15 章	动、植物油、脂及其分解产品;精制的食用油脂;动、植物蜡	4442	37
第 16 章	肉、鱼、甲壳动物、软体动物及其他水生无脊椎动物的制品	12	73
第 17 章	糖及糖食	233	1031
第 18 章	可可及可可制品	18	229
第 19 章	谷物、粮食粉、淀粉或乳的制品;糕饼点心	6174	2350
第 20 章	蔬菜、水果、坚果或植物其他部分的制品	81	617
第 21 章	杂项食品	1135	916
第 22 章	饮料、酒及醋	4587	244
第 23 章	食品工业的残渣及废料;配制的动物饲料	2364	258
第 24 章	烟草、烟草及烟草代用品的制品	—	411
第 25 章	盐;硫磺;泥土及石料;石膏料、石灰及水泥	2283	47
第 26 章	矿砂、矿渣及矿灰	161023	42
第 27 章	矿物燃料、矿物油及其蒸馏产品;沥青物质;矿物蜡	11114	5337
第 28 章	无机化学品;贵金属、稀土金属、放射性元素及其同位素的有机及无机化合物	9019	5832
第 29 章	有机化学品	57	21952
第 30 章	药品	8200	5047
第 31 章	肥料	0	51
第 32 章	鞣料浸膏及染料浸膏;鞣酸及其衍生物;染料、颜料及其他着色料;油漆及清漆;油灰及其他类似胶粘剂;墨水、油墨	4887	2706
第 33 章	精油及香膏;芳香料制品及化妆盥洗品	387	2235

2010年上海关区对部分国家(地区)进出口商品分章总值表

单位:万美元

	商　　品	进口总值	出口总值
第34章	肥皂、有机表面活性剂、洗涤剂、润滑剂、人造蜡、调制蜡、光洁剂、蜡烛及类似品、塑型用膏、“牙科用蜡”及牙科用熟石膏制剂	793	2994
第35章	蛋白类物质;改性淀粉;胶;酶	842	948
第36章	炸药;烟火制品;火柴;引火合金;易燃材料制品	—	80
第37章	照相及电影用品	0	1790
第38章	杂项化学产品	364	9238
第39章	塑料及其制品	4955	25210
第40章	橡胶及其制品	228	8906
第41章	生皮(毛皮除外)及皮革	4180	24
第42章	皮革制品;鞍具及挽具;旅行用品、手提包及类似容器;动物肠线(蚕胶丝除外)制品	2	10246
第43章	毛皮、人造毛皮及其制品	0	292
第44章	木及木制品;木炭	6319	7328
第45章	软木及软木制品	0	13
第46章	稻草、秸秆、针茅或其他编结材料制品;篮筐及柳条编结品	—	284
第47章	木浆及其他纤维状纤维素浆;回收(废碎)纸及纸板	1868	—
第48章	纸及纸板;纸浆、纸或纸板制品	508	7339
第49章	书籍、报纸、印刷图画及其他印刷品;手稿、打字稿及设计图纸	95	1358
第50章	蚕丝	1	529
第51章	羊毛、动物细毛或粗毛;马毛纱线及其机织物	61891	826
第52章	棉花	10946	1197
第53章	其他植物纺织纤维;纸纱线及其机织物	1	90
第54章	化学纤维长丝;化学纤维纺织材料制扁条及类似品	73	3121
第55章	化学纤维短纤	106	2023
第56章	絮胎、毡呢及无纺织物;特种纱线;线、绳、索、缆及其制品	4	2541
第57章	地毯及纺织材料的其他铺地制品	20	2282
第58章	特种机织物;簇绒织物;花边;装饰毯;装饰带;刺绣品	12	1079
第59章	浸渍、涂布、包覆或层压的纺织物;工业用纺织制品	149	3451
第60章	针织物及钩编织物	55	914
第61章	针织或钩编的服装及衣着附件	7	90820
第62章	非针织或非钩编的服装及衣着附件	4	77061
第63章	其他纺织制成品;成套物品;旧衣着及旧纺织品;碎织物	5	25119
第64章	鞋靴、护腿和类似品及其零件	23	6237
第65章	帽类及其零件	2	2622
第66章	雨伞、阳伞、手杖、鞭子、马鞭及其零件	2	188
第67章	已加工羽毛、羽绒及其制品;人造花;人发制品	0	125

2010年上海关区对部分国家(地区)进出口商品分章总值表

单位:万美元

	商　　品	进口总值	出口总值
第68章	石料、石膏、水泥、石棉、云母及类似材料的制品	109	1959
第69章	陶瓷产品	91	2284
第70章	玻璃及其制品	211	4780
第71章	天然或养殖珍珠、宝石或半宝石、贵金属、包贵金属及其制品;仿首饰;硬币	389	751
第72章	钢铁	1409	12017
第73章	钢铁制品	744	57390
第74章	铜及其制品	71174	3558
第75章	镍及其制品	21961	13
第76章	铝及其制品	2504	7721
第78章	铅及其制品	2170	10
第79章	锌及其制品	10837	73
第80章	锡及其制品	0	1
第81章	其他贱金属、金属陶瓷及其制品	27	309
第82章	贱金属工具、器具、利口器、餐匙、餐叉及其零件	78	6485
第83章	贱金属杂项制品	68	5228
第84章	核反应堆、锅炉、机器、机械器具及零件	10744	259818
第85章	电机、电气设备及其零件;录音机及放声机、电视图像、声音的录制和重放设备及其零件、附件	6154	150210
第86章	铁道及电车道机车、车辆及其零件;铁道及电车道轨道固定装置及其零件;附件;各种机械(包括电动机械)交通信号设备	1003	3601
第87章	车辆及其零件、附件,但铁道及电车道车辆除外	964	21293
第88章	航空器、航天器及其零件	1	5
第89章	船舶及浮动结构体	27	3001
第90章	光学、照相、电影、计量、检验、医疗或外科用仪器及设备、精密仪器及设备;上述物品的零件、附件	2902	10156
第91章	钟表及其零件	6	96
第92章	乐器及其零件、附件	9	417
第93章	武器、弹药及其零件、附件	—	9
第94章	家具;寝具、褥垫、弹簧床垫、软坐垫及类似的填充制品;未列名灯具及照明装置;发光标志、发光铭牌及类似品;活动房屋	280	69423
第95章	玩具、游戏品、运动用品及其零件、附件	39	11328
第96章	杂项制品	6	4138
第97章	艺术品、收藏品及古物	14	4
第98章	特殊交易品及未分类商品	50	84

2010年上海关区进口总值前100位经营单位总值表

单位:万美元

经营单位	总值
三星电子(苏州)半导体有限公司	710619
全球物流(上海)有限公司	590766
达功(上海)电脑有限公司	425156
丹沙物流(上海)有限公司	303169
宝山钢铁股份有限公司	294291
梅赛德斯-奔驰(中国)汽车销售有限公司	243517
上海新金桥国际物流分拨有限公司	242012
英运物流(上海)有限公司	236517
宝马(中国)汽车贸易有限公司	234541
金士顿科技(上海)有限公司	223861
星科金朋(上海)有限公司	219040
世天威物流(上海外高桥保税物流园区)有限公司	198324
日月光封装测试(上海)有限公司	191070
东方航空进出口有限公司	177775
上海大众汽车有限公司	172753
上海浦东国际机场进出口有限公司	170185
上海通用汽车有限公司	155664
达丰(上海)电脑有限公司	145550
上海贝尔股份有限公司	119904
保时捷(中国)汽车销售有限公司	119655
晟碟半导体(上海)有限公司	117074
环旭电子股份有限公司	116617
国基电子(上海)有限公司	109738
上海中储临港物流有限公司	108918
友达光电(上海)有限公司	104371
上海汽车进出口有限公司	103085
达伟(上海)物流仓储有限公司	99186
苏州三星电子液晶显示器有限公司	96699
安靠封装测试(上海)有限公司	95034
上海三凯进出口有限公司	90980
南京夏普电子有限公司	88833
上海近铁国际物流有限公司	85738
丰田汽车(中国)投资有限公司	84399
惠普贸易(上海)有限公司	81417
无锡夏普电子元器件有限公司	80775
索尼(中国)有限公司	78141
上海京鸿实业有限公司	77315
中国烟草国际有限公司	76389

2010年上海关区进口总值前100位经营单位总值表

单位:万美元

经营单位	总值
英业达科技有限公司	75841
昌硕科技(上海)有限公司	70375
英华达(上海)科技有限公司	70164
上海大众国际仓储物流有限公司	69696
西门子(中国)有限公司	68624
中博世金科贸有限责任公司	68270
索尼物流贸易(中国)有限公司	66014
捷普科技(上海)有限公司	63923
江苏苏美达国际技术贸易有限公司	63456
英顺达科技有限公司	62825
威宏电子(上海)有限公司	59559
豪威半导体(上海)有限责任公司	59196
江苏林洋新能源有限公司	58209
南京爱立信熊猫通信有限公司	57158
拜耳材料科技(中国)有限公司	56781
尼康映像仪器销售(中国)有限公司	56689
沃尔沃汽车销售(上海)有限公司	56616
瑞表企业管理(上海)有限公司	56292
捷开依(上海)物流有限公司	53705
上海液化天然气有限责任公司	52494
洋山申港国际石油储运有限公司	49544
上海索广映像有限公司	48270
上海航空进出口有限公司	46013
佳能(中国)有限公司	45156
联合汽车电子有限公司	44807
小松(常州)工程机械有限公司	44116
创见资讯(上海)有限公司	43555
上海怡世翔物流有限公司	43339
上海松下等离子显示器有限公司	42858
永裕(上海)医药物流营运有限公司	42239
瞻航物流(上海)有限公司	41685
上海惠普有限公司	41627
新世电子(常熟)有限公司	41581
上海松下半导体有限公司	41538
东芝电子(上海)有限公司	41396
上海外高桥保税区玖益物资贸易有限公司	40941
三菱电机自动化(中国)有限公司	40670
阿斯利康制药有限公司	39829

2010 年上海关区进口总值前 100 位经营单位总值表

单位:万美元

经营单位	总值
中国进口汽车贸易有限公司	39803
叶水福临江物流(上海)有限公司	39244
上海新发展国际物流有限公司	39035
庄信万丰(上海)催化剂有限公司	38988
上海国药外高桥医药有限公司	38931
苏州爱普生有限公司	38742
上海罗氏制药有限公司	38637
南通富士通微电子股份有限公司	37059
博世汽车柴油系统股份有限公司	37049
路威酩轩时装(上海)贸易有限公司	36745
上海海棕榈进出口有限公司	36415
无锡尚德太阳能电力有限公司	35903
明尼苏达矿业制造(上海)国际贸易有限公司	34770
上海振华重工(集团)股份有限公司	34585
上海新发展进出口贸易实业有限公司	34286
五矿有色金属股份有限公司	34213
村田电子贸易(上海)有限公司	32994
上海华力微电子有限公司	32882
上海良友(集团)有限公司	31822
常州天合光能有限公司	31554
沪东中华造船(集团)有限公司	31229
上海新格有色金属有限公司	31065
上海市工艺品珠宝首饰进出口有限公司	30749
罗氏诊断产品(上海)有限公司	30698

2010年上海关区出口总值前100位经营单位总值表

单位:万美元

经营单位	总值
达功(上海)电脑有限公司	2253702
达丰(上海)电脑有限公司	947128
昌硕科技(上海)有限公司	556134
英顺达科技有限公司	453206
英源达科技有限公司	363839
达富电脑(常熟)有限公司	335413
苏州三星电子电脑有限公司	290032
无锡尚德太阳能电力有限公司	211713
上海振华重工(集团)股份有限公司	209891
星科金朋(上海)有限公司	205070
日月光封装测试(上海)有限公司	194761
晟碟半导体(上海)有限公司	184220
宝山钢铁股份有限公司	180737
金士顿科技(上海)有限公司	168524
丹沙物流(上海)有限公司	155792
苏州乐轩科技有限公司	153954
上海外高桥造船有限公司	151081
沪东中华造船(集团)有限公司	142950
仁宝光电科技(昆山)有限公司	137143
英华达(上海)科技有限公司	132378
索尼物流贸易(中国)有限公司	120575
上海江南长兴造船有限责任公司	116244
苏州佳世达电通有限公司	116166
国基电子(上海)有限公司	116107
上海浦东国际机场进出口有限公司	115535
捷普科技(上海)有限公司	111845
山东电力建设第三工程公司	109919
英业达科技有限公司	105699
无锡夏普电子元器件有限公司	99516
威宏电子(上海)有限公司	98046
上海贝尔股份有限公司	90426
苏州三星电子液晶显示器有限公司	88751
中国国际石油化工联合有限责任公司	80197
四海电子(昆山)有限公司	80001
泰金宝光电(苏州)有限公司	78194
索尼数字产品(无锡)有限公司	77058
常熟阿特斯阳光电力科技有限公司	74181
上海近铁国际物流有限公司	74008

2010年上海关区出口总值前100位经营单位总值表

单位:万美元

经营单位	总值
瑞中电子(苏州)有限公司	72653
杭州中策橡胶有限公司	72344
上海电气集团股份有限公司	72217
安靠封装测试(上海)有限公司	69697
日通国际物流(上海)有限公司	65449
叶水福临江物流(上海)有限公司	64856
南京爱立信熊猫通信有限公司	64358
帝艾斯光电(苏州)有限公司	64037
豪威半导体(上海)有限责任公司	63484
环旭电子股份有限公司	61997
上海索广电子有限公司	61599
昶虹电子(苏州)有限公司	60274
江苏林洋新能源有限公司	59166
微盟电子(昆山)有限公司	58792
英运物流(上海)有限公司	56350
上海船厂船舶有限公司	55628
富士通将军(上海)有限公司	55439
超威半导体技术(中国)有限公司	54107
上海夏普电器有限公司	52876
苏州佳世达光电有限公司	52861
达人(上海)电脑有限公司	51178
泰山光电(苏州)有限公司	48929
乐金显示(南京)有限公司	48486
上海松下半导体有限公司	47711
创见资讯(上海)有限公司	47539
常州亿晶光电科技有限公司	46894
中芯国际集成电路制造(上海)有限公司	46002
中国长江航运集团对外经济技术合作总公司	45657
中国机械设备进出口总公司	43885
联建(中国)科技有限公司	43510
友达光电(上海)有限公司	42913
无锡市佳诚太阳能科技有限公司	41783
伟创力电子科技(上海)有限公司	41552
苏州三星电子有限公司	40588
东方电气股份有限公司	40173
先锋电子科技(上海)有限公司	39512
苏州松下半导体有限公司	38871
东方电气集团国际合作有限公司	38517

2010 年上海关区出口总值前 100 位经营单位总值表

单位:万美元

经营单位	总值
泰通(泰州)工业有限公司	38396
上海晶澳太阳能科技有限公司	38108
菱翔光电(苏州)有限公司	37814
江南造船(集团)有限责任公司	37663
中国中材国际工程股份有限公司	37249
苏州恒润进出口有限公司	36505
晶科进出口有限公司	36458
上海富士施乐有限公司	36442
柯尼卡美能达商用科技(无锡)有限公司	36152
世天威物流(上海外高桥保税物流园区)有限公司	36070
宁波申洲针织有限公司	35411
苏州维信电子有限公司	35043
江苏国泰国际集团国贸股份有限公司	34802
英飞凌科技(无锡)有限公司	34515
友达光电(苏州)有限公司	34505
庄信万丰(上海)催化剂有限公司	34221
富翔精密工业(昆山)有限公司	33926
日立显示器件(苏州)有限公司	33490
上海中集冷藏箱有限公司	33403
展讯通信(上海)有限公司	33081
江苏汇鸿国际集团土产进出口股份有限公司	32624
日产(中国)投资有限公司	32349
东方国际集团上海利泰进出口有限公司	32292
上海凯虹科技电子有限公司	32287

2010年上海关区进出口商品量值表

单位:万美元

商品	计量单位	进口		出口	
		数量	金额	数量	金额
总计	价值	211453159290	26130522	312203715058	42333977
01019010 其他马,改良种用除外	千克	52000	328	—	—
01021000 改良种用牛	千克	69600	109	—	—
01051110 改良种用鸡,重量≤185g	千克	5644	181	—	—
01061190 其他灵长目动物,改良种用除外	只	—	—	3109	607
01061200 鲸、海豚及鼠海豚(鲸目哺乳动物);海牛及儒艮(海牛目哺乳动物)	只	9	105	—	—
01061910 其他改良种用哺乳动物	只	290	130	—	—
01061990 未列名哺乳动物	只	9603	44	17608	8
01062020 食用爬行动物	只	3608	11	131774	116
01062090 未列名爬行动物	只	230146	48	55600	2
01063910 其他改良种用鸟	只	163	44	—	—
01063990 未列名鸟	只	9476	14	65	0
01069090 其他非食用活动物	只	2532	7	936956	16
02012000 鲜、冷带骨牛肉	千克	35980	49	—	—
02013000 鲜、冷去骨牛肉	千克	280653	553	—	—
02022000 冻带骨牛肉	千克	601311	256	—	—
02023000 冻去骨牛肉	千克	2234289	1435	15000	7
02032110 冻整头及半头乳猪肉	千克	—	—	1073230	696
02032190 其他冻整头及半头猪肉	千克	174	0	23881	9
02032200 冻带骨猪前腿、猪后腿及其肉块	千克	1638907	250	—	—
02032900 其他冻猪肉	千克	31155756	2901	—	—
02042200 鲜、冷带骨绵羊肉	千克	35558	50	—	—
02042300 鲜、冷去骨绵羊肉	千克	4835	7	—	—
02044200 冻带骨绵羊肉	千克	78031	68	—	—
02044300 冻去骨绵羊肉	千克	8988	13	—	—
02061000 鲜、冷牛杂碎	千克	1	0	—	—
02062900 其他冻牛杂碎	千克	304018	56	—	—
02064100 冻猪肝	千克	78195	7	—	—
02064900 其他冻猪杂碎	千克	79545416	7861	—	—
02071411 带骨的冻鸡块	千克	7750628	884	—	—
02071419 其他冻鸡块	千克	—	—	25980	6
02071421 冻鸡翼(不包括翼尖)	千克	27378871	6337	—	—

2010年上海关区进出口商品量值表

单位:万美元

商品		计量单位	进口数量	进口金额	出口数量	出口金额
02071422	冻鸡爪	千克	59928449	11367	—	—
02071429	其他冻鸡杂碎	千克	9772977	1161	—	—
02072500	整只火鸡,冻的	千克	61625	15	—	—
02072700	火鸡块及杂碎,冻的	千克	6003331	897	—	—
02073610	冻的鸭块及杂碎	千克	73482	8	15000	3
02089090	其他鲜、冷、冻肉及食用杂碎	千克	2295	5	—	—
02090000	未炼制或其他方法提取的不带瘦肉的肥猪肉、猪脂肪及家禽脂肪,鲜、冷、干、熏、盐腌或盐渍的	千克	447890	32	—	—
02101110	干、熏、盐腌或盐渍带骨猪腿	千克	—	—	24000	9
02101900	其他干、熏、盐腌或盐渍猪肉	千克	1105	4	750	1
03011000	观赏鱼	千克	2388	25	116791	204
03019210	鳗鱼苗	千克	21836	284	—	—
03019290	活鳗鱼,鱼苗除外	千克	—	—	4639394	8132
03019919	其他鱼苗	千克	60	0	—	—
03019991	活罗非鱼	千克	1200	0	—	—
03019999	其他活鱼	千克	636479	319	120191	125
03021100	鲜、冷鳟鱼	千克	555	1	—	—
03021210	鲜、冷大西洋鲑鱼	千克	4793709	4093	—	—
03021900	其他鲜、冷鲑鱼	千克	20022	5	—	—
03022200	鲜、冷鲽鱼	千克	1160	2	—	—
03022900	其他鲜、冷比目鱼	千克	1965	4	200	1
03023200	鲜、冷黄鳍金枪鱼	千克	6428	6	—	—
03023300	鲜、冷鲣鱼	千克	107	0	—	—
03023400	鲜、冷大眼金枪鱼	千克	27862	71	—	—
03023500	鲜、冷蓝鳍金枪鱼	千克	595	3	—	—
03023900	其他鲜、冷金枪鱼	千克	18	0	—	—
03024000	鲜、冷鲱鱼(大西洋鲱鱼、太平洋鲱鱼),但鱼肝及鱼卵除外	千克	79	0	—	—
03025000	鲜、冷鳕鱼,但鱼肝及鱼卵除外	千克	1611	2	—	—
03026100	鲜、冷沙丁鱼、黍鲱鱼	千克	3025	5	—	—
03026200	鲜、冷黑线鳕鱼	千克	25	0	—	—
03026600	鲜、冷鳗鱼	千克	153	0	—	—
03026910	鲜、冷带鱼	千克	1073	2	5374	2
03026920	鲜、冷黄鱼	千克	25	0	12576	9
03026930	鲜、冷鲳鱼	千克	26	0	—	—
03026950	鲜、冷鲀	千克	—	—	480	0

2010年上海关区进出口商品量值表

单位:万美元

商品		计量单位	进口数量	进口金额	出口数量	出口金额
03026990	未列名鲜、冷鱼	千克	70155	119	683863	350
03027000	鲜、冷鱼肝及鱼卵	千克	14	0	734264	491
03031100	冻红大马哈鱼	千克	130367	46	—	—
03031900	其他冻大马哈鱼	千克	107	0	—	—
03032100	冻鳟鱼	千克	1252742	650	—	—
03032210	冻大西洋鲑鱼	千克	207916	120	—	—
03032900	其他冻鲑鱼	千克	74665	41	550	1
03033110	冻格陵兰庸鲽鱼	千克	6223794	1175	—	—
03033200	冻鲽鱼	千克	48554	8	—	—
03033300	冻鳎鱼	千克	123950	22	—	—
03033900	其他冻比目鱼	千克	41285	13	—	—
03034100	冻长鳍金枪鱼	千克	359479	87	—	—
03034200	冻黄鳍金枪鱼	千克	20050	9	20000	10
03034300	冻鲣鱼	千克	751	1	—	—
03034500	冻蓝鳍金枪鱼	千克	234	1	—	—
03035100	冻鲱鱼(大西洋鲱鱼、太平洋鲱鱼)	千克	83015	9	—	—
03035200	冻鳕鱼(大西洋鳕鱼、太平洋鳕鱼、格陵兰鳕鱼)	千克	79716	35	3107	5
03036100	冻剑鱼	千克	966	1	—	—
03037100	冻沙丁鱼、黍鲱鱼	千克	16523	4	—	—
03037200	冻黑线鳕鱼	千克	4	0	—	—
03037400	冻鲭鱼	千克	15033	3	55604	17
03037500	冻角鲨及其他鲨鱼	千克	29361	17	—	—
03037600	冻鳗鱼	千克	784993	106	—	—
03037910	冻带鱼	千克	3256866	458	2700	1
03037920	冻黄鱼	千克	64614	13	213854	52
03037930	冻鲳鱼	千克	61221	28	44525	19
03037990	未列名冻鱼	千克	7291775	934	5151428	1370
03038000	冻鱼肝及鱼卵	千克	122345	88	92516	86
03041100	鲜、冷剑鱼片及其他鱼肉	千克	77	0	—	—
03041900	未列名鲜、冷鱼片及其他鱼肉	千克	81766	92	35926	22
03042910	冻罗非鱼片	千克	1027	2	227	0
03042921	冻斑点叉尾鮰鱼片	千克	—	—	3323558	1418
03042929	其他冻叉尾鮰鱼片	千克	1665	1	—	—
03042990	其他冻鱼片	千克	1216268	329	899999	408
03049900	其他冻鱼肉	千克	771117	267	1332714	454
03051000	适合供人食用的鱼的细粉、粗粉及团粒	千克	32352	53	110845	39

2010 年上海关区进出口商品量值表

单位:万美元

商品		计量单位	进口		出口	
			数量	金额	数量	金额
03052000	干、熏、盐腌或盐渍的鱼肝及鱼卵	千克	1003	3	42278	37
03053000	干、盐腌或盐渍的鱼片,但熏制的除外	千克	1822	1	21028	25
03054110	熏大西洋鲑鱼	千克	4688	13	—	—
03054120	熏大马哈鱼及多瑙哲罗鱼	千克	24	0	70725	46
03054900	其他熏鱼	千克	112928	69	248427	247
03055920	干鱼翅	千克	—	—	27679	50
03055990	其他干鱼	千克	490	1	996	0
03056100	盐腌及盐渍鲱鱼(大西洋鲱鱼、太平洋鲱鱼)	千克	206	0	—	—
03056990	未列名盐腌及盐渍的鱼	千克	123	0	—	—
03061100	冻龙虾	千克	119707	193	3996	9
03061200	冻大螯虾	千克	14386	28	—	—
03061311	冻小虾仁	千克	9121	5	2113208	870
03061312	冻北方长额虾	千克	1	0	—	—
03061319	其他冻带壳小虾	千克	8523853	2267	59446	2
03061321	冻对虾仁	千克	3303	4	1037379	830
03061329	冻带壳对虾	千克	1183113	696	740812	372
03061410	冻梭子蟹	千克	10170	4	1231095	355
03061490	其他冻蟹	千克	466586	189	203904	143
03061990	其他冻甲壳动物	千克	20790	14	4000	2
03062190	未冻的龙虾,种苗除外	千克	1710187	2678	—	—
03062290	未冻的大螯虾,种苗除外	千克	136538	267	—	—
03062310	小虾及对虾种苗	千克	1465	1	24918	53
03062391	鲜、冷对虾	千克	42	0	—	—
03062399	其他未冻的小虾及对虾	千克	2420982	993	212295	179
03062491	未冻的中华绒毛蟹(大闸蟹)	千克	—	—	160639	442
03062492	未冻的梭子蟹	千克	—	—	12263	32
03062499	其他未冻蟹	千克	10546262	6655	8511	20
03062990	未列名未冻甲壳动物;适合供人食用的甲壳动物的细粉、粗粉及团粒	千克	12556	8	2018	7
03071090	牡蛎,种苗除外	千克	333585	354	69473	62
03072190	活、鲜、冷扇贝,种苗除外	千克	1753	2	—	—
03072900	冻、干、盐腌或盐渍扇贝	千克	28670	51	75200	71
03073190	活、鲜、冷贻贝,种苗除外	千克	3317	2	3957	3
03073900	冻、干、盐腌或盐渍贻贝	千克	25666	12	—	—
03074190	活、鲜、冷墨鱼及鱿鱼,种苗除外	千克	3570	7	—	—

2010 年上海关区进出口商品量值表

单位:万美元

商品		计量单位	进口		出口	
			数量	金额	数量	金额
03074900	冻、干、盐腌或盐渍墨鱼及鱿鱼	千克	5877490	735	337182	79
03075100	活、鲜、冷章鱼	千克	1	0	1	0
03075900	冻、干、盐腌或盐渍章鱼	千克	11500	3	103958	40
03076090	活、鲜、冷、冻、干、盐腌或盐渍蜗牛及螺,种苗除外	千克	615	1	617815	185
03079191	活、鲜、冷鲍鱼	千克	363156	1137	99038	207
03079192	活、鲜、冷沙蚕	千克	—	—	1199940	2591
03079193	活、鲜、冷蛤	千克	2416	3	4835601	1223
03079199	未列名活、鲜、冷软体动物及水生无脊椎动物	千克	1507280	2918	6991511	205
03079910	冻、干、盐腌或盐渍鲍鱼	千克	9696	64	8000	6
03079920	冻、干、盐腌或盐渍海参	千克	285	33	—	—
03079930	冻、干、盐腌或盐渍蛤	千克	633	1	45190	11
03079990	未列名冻、干、盐腌或盐渍的软体动物及水生无脊椎动物;供人食用的水生无脊椎动物的细粉、粗粉及团粒	千克	27464	29	1392037	277
04011000	未浓缩及未加糖或其他甜物质的的乳及奶油,含脂量≤1%	千克	1209767	98	—	—
04012000	未浓缩及未加糖或其他甜物质的乳及奶油,1% <含脂量≤6%	千克	5671804	511	—	—
04013000	未浓缩及未加糖或其他甜物质的乳及奶油,含脂量 >6%	千克	4894967	1341	150000	57
04021000	粉状、粒状或其他固状乳及奶油,含脂量≤1.5%	千克	23119114	6992	4	0
04022100	粉状、粒状或其他固状乳及奶油,含脂量 >1.5%,未加糖或其他甜物质	千克	35056674	11725	48000	26
04022900	粉状、粒状或其他固状乳及奶油,含脂量 >1.5%,加糖或其他甜物质	千克	15132	14	52539	21
04029100	非固状乳及奶油,未加糖或其他甜物质	千克	846363	193	—	—
04029900	非固状乳及奶油,加糖或其他甜物质	千克	478543	114	—	—
04031000	酸乳	千克	756512	247	—	—
04039000	其他酪乳、结块的乳及奶油、酸乳酒及其他发酵或酸化的乳和奶油	千克	199340	63	1426	0
04041000	乳清及改性乳清,不论是否浓缩、加糖或其他甜物质	千克	68162186	6314	163870	36

2010 年上海关区进出口商品量值表

单位:万美元

商品		计量单位	进口数量	进口金额	出口数量	出口金额
04049000	未列名含天然乳产品,不论是否加糖或其他甜物质	千克	55	0	178423	33
04051000	黄油	千克	8839843	3354	2717125	828
04052000	乳酱	千克	50	0	—	—
04059000	其他	千克	1477985	576	39200	18
04061000	鲜乳酪(未熟化或固化的)包括乳清乳酪;凝乳	千克	2270353	949	—	—
04062000	各种磨碎或粉化的乳酪	千克	2747558	1289	—	—
04063000	经过加工的乳酪(但磨碎或粉化的除外)	千克	1906728	1212	—	—
04064000	蓝纹乳酪和娄地青霉生产的带纹理的其他乳酪	千克	26814	32	—	—
04069000	其他乳酪	千克	3670044	1612	—	—
04070010	种用禽蛋	千克	1076	17	—	—
04070029	未列名带壳鲜禽蛋	千克	1274	1	—	—
04070091	咸蛋	千克	—	—	177057	60
04070092	皮蛋	千克	—	—	313280	77
04070099	未列名腌制或煮过的带壳禽蛋	千克	—	—	10752	5
04081100	干蛋黄	千克	1	0	4032	5
04081900	其他蛋黄	千克	—	—	553	1
04089100	干去壳禽蛋	千克	22000	8	58000	28
04090000	天然蜂蜜	千克	158116	104	9659895	1661
04100010	燕窝	千克	733	114	—	—
04100041	鲜蜂王浆	千克	—	—	372998	802
04100042	鲜蜂王浆粉	千克	—	—	138925	896
04100043	蜂花粉	千克	13	0	373900	148
04100049	其他蜂产品	千克	2944	18	52808	66
04100090	未列名食用动物产品	千克	1914	3	—	—
05010000	未经加工的人发,不论是否洗涤;废人发	千克	—	—	7560	26
05021010	猪鬃	千克	—	—	3999978	4928
05021020	猪毛	千克	7120	1	85562	4
05029011	制刷用山羊毛	千克	448	1	9176	56
05029019	未列名制刷用兽毛	千克	—	—	89	3
05040011	盐渍猪肠衣(猪大肠头除外)	千克	25407093	2812	28480905	22678
05040012	盐渍绵羊肠衣	千克	13784891	835	7704152	11836
05040013	盐渍山羊肠衣	千克	—	—	61550	151

2010年上海关区进出口商品量值表

单位:万美元

商品		计量单位	进口数量	进口金额	出口数量	出口金额
05040019	其他动物肠衣	千克	—	—	2030	8
05040021	冷、冻的鸡肫	千克	497554	63	—	—
05040029	其他动物的胃	千克	244787	49	7920	10
05040090	其他动物肠、膀胱及胃,整个或切块	千克	—	—	80220	115
05051000	填充用羽毛;羽绒	千克	1466528	2835	14141721	21699
05059090	其他羽毛;带有羽毛或绒的鸟皮及鸟体其他部分	千克	507928	89	252	1
05069090	其他未经加工或经脱脂等加工的骨及角柱	千克	48	0	24	0
05079020	鹿茸及其粉末	千克	—	—	1000	22
05080010	软体、甲壳或棘皮动物壳及墨鱼骨的粉末及废料	千克	204	1	326881	20
05080090	珊瑚及类似品;软体、甲壳或棘皮动物壳,墨鱼骨	千克	4598133	255	343931	39
05100040	斑蝥	千克	—	—	825	7
05100090	未列名配药用腺体及其他动物产品	千克	—	—	10356	158
05119119	其他鱼产品	千克	640253	68	203840	24
05119910	动物精液(牛的精液除外)	千克	300	0	—	—
05119920	动物胚胎	千克	6549	5	—	—
05119930	蚕种	千克	—	—	31	1
05119940	马毛及废马毛,不论是否制成有或无衬垫的毛片	千克	6000	4	157669	123
05119990	其他品目未列名动物产品;不适合供人食用的第1章的死动物	千克	1488	35	262274	165
06011021	种用百合球茎	个	17235550	460	—	—
06011091	种用休眠的鳞茎、块茎、块根、球茎、根颈及根茎	个	19674477	328	311565	13
06011099	未列名休眠的鳞茎、块茎、块根、球茎、根颈及根茎	个	—	—	2000478	41
06012000	生长或开花的鳞茎、块茎、块根、球茎、根颈及根茎;菊苣植物及其根	个	—	—	23760	1
06021000	无根插枝及接穗植物	株	116850	16	2874200	3
06022010	食用水果或坚果种用苗木	株	2000	0	—	—
06023010	种用杜鹃	株	285	1	—	—
06023090	其他杜鹃	株	1017	2	7812	3
06024010	种用玫瑰	株	14011	4	—	—
06024090	其他玫瑰	株	—	—	164970	7

2010年上海关区进出口商品量值表

单位:万美元

商品		计量单位	进口数量	进口金额	出口数量	出口金额
06029010	蘑菇菌丝	千克	365	0	2381631	145
06029091	其他种用苗木	株	4494779	343	126386935	1081
06029092	兰花,种用除外	株	220	1	86130	2
06029094	百合,种用除外	株	—	—	2080	0
06029099	未列名活植物	株	1593484	66	6019601	176
06031100	鲜的制花束或装饰用的玫瑰插花及花蕾	千克	3498	1	120	0
06031200	鲜的制花束或装饰用的康乃馨插花及花蕾	千克	—	—	1160248	644
06031300	鲜的制花束或装饰用的兰花插花及花蕾	千克	1025065	242	—	—
06031400	鲜的制花束或装饰用的菊花插花及花蕾	千克	232	0	1740526	660
06031910	鲜的制花束或装饰用的百合花插花及花蕾	千克	124	0	805	1
06031990	其他鲜的制花束或装饰用的插花及花蕾	千克	56687	20	386576	286
06039000	制花束或装饰用的插花及花蕾(鲜的除外)	千克	5987	29	319782	297
06041000	苔藓及地衣	千克	4	0	205803	71
06049100	鲜的制花束或装饰用的不带花及花蕾的植物枝、叶及其他部分、草	千克	97343	13	10046381	2662
06049900	其他制花束或装饰用的不带花及花蕾的植物枝、叶及其他部分、草	千克	41	0	610794	205
07031010	鲜或冷藏的洋葱	千克	1	0	193735	10
07031020	鲜或冷藏的青葱	千克	3	0	—	—
07032010	鲜或冷藏的蒜头	千克	—	—	290730	77
07032090	其他鲜或冷藏的大蒜	千克	—	—	20	0
07039020	鲜或冷藏的大葱	千克	—	—	105875	8
07041000	鲜或冷藏的菜花及硬花甘蓝	千克	543	0	—	—
07049010	鲜或冷藏的卷心菜	千克	700	0	921084	27
07049020	鲜或冷藏的西兰花	千克	—	—	173322	20
07051100	鲜或冷藏的结球莴苣(包心生菜)	千克	—	—	108984	8
07061000	鲜或冷藏的胡萝卜及萝卜	千克	—	—	150000	6
07069000	其他鲜或冷藏的食用根茎	千克	—	—	73944	5
07089000	其他鲜或冷藏的豆类蔬菜	千克	—	—	200	0
07092000	鲜或冷藏的芦笋	千克	9620	1	11609	4

2010年上海关区进出口商品量值表

单位:万美元

商品		计量单位	进口		出口	
			数量	金额	数量	金额
07093000	鲜或冷藏的茄子	千克	162	0	—	—
07094000	鲜或冷藏的芹菜(块根芹除外)	千克	—	—	18000	14
07095100	鲜活冷藏的伞菌属蘑菇	千克	7	0	—	—
07095910	鲜或冷藏的松茸	千克	—	—	620097	3027
07095920	鲜或冷藏的香菇	千克	—	—	10672431	3526
07095930	鲜或冷藏的金针菇	千克	147640	11	263430	58
07095960	鲜或冷藏的块菌	千克	23	2	4940	28
07095990	其他鲜或冷藏的蘑菇	千克	—	—	1591510	573
07097000	鲜或冷藏的菠菜	千克	500	0	—	—
07099010	鲜或冷藏的竹笋	千克	—	—	1625187	514
07099090	未列名鲜或冷藏的蔬菜	千克	—	—	610142	507
07101000	冷冻马铃薯	千克	4398	1	29122	3
07102100	冷冻豌豆	千克	2852319	224	3688229	408
07102290	冷冻豇豆及其他菜豆	千克	13195	2	2051859	260
07102900	其他冷冻豆类蔬菜	千克	28	0	12413053	1619
07103000	冷冻菠菜	千克	4943	2	2203147	274
07104000	冷冻甜玉米	千克	5430938	491	524184	69
07108010	冷冻松茸	千克	—	—	344160	483
07108020	冷冻蒜苔及蒜苗(青蒜)	千克	—	—	898686	158
07108090	冷冻未列名蔬菜	千克	50615	5	32459132	3830
07109000	冷冻什锦蔬菜	千克	3394	1	2928122	420
07112000	暂时保藏的油橄榄	千克	180072	24	—	—
07114000	暂时保藏的黄瓜及小黄瓜	千克	417426	34	4351890	240
07115112	盐水小白蘑菇	千克	—	—	152375	26
07115119	盐水的其他伞菌属蘑菇	千克	—	—	503591	84
07115911	盐水松茸	千克	—	—	145067	150
07115990	其他暂时保藏的蘑菇及块菌	千克	—	—	85120	17
07119031	盐水竹笋	千克	—	—	13700	2
07119034	盐水大蒜	千克	5	0	11950	2
07119039	盐水的其他蔬菜及什锦蔬菜	千克	21278	2	11907978	802
07119090	未列名暂时保藏的蔬菜及什锦蔬菜	千克	922	0	766776	13
07122000	干洋葱	千克	40471	16	5446029	1901
07123100	干伞菌属蘑菇	千克	—	—	156578	184
07123200	干木耳	千克	—	—	677055	1038
07123300	干银耳	千克	—	—	28030	43
07123910	干香菇	千克	70	1	3165356	4796
07123920	干金针菇	千克	—	—	16374	8

2010年上海关区进出口商品量值表

单位:万美元

商品		计量单位	进口 数量	进口 金额	出口 数量	出口 金额
07123950	干牛肝菌	千克	1	0	92333	222
07123990	未列名干蘑菇及块菌	千克	2592	1	221077	357
07129010	笋干丝	千克	—	—	66672	33
07129020	紫萁(薇菜干)	千克	—	—	243320	328
07129030	金针菜(黄花菜)	千克	—	—	11047	8
07129040	蕨菜干	千克	—	—	244160	167
07129050	干大蒜	千克	21968	7	17248441	3175
07129060	干甜椒	千克	63802	26	4646820	2086
07129090	未列名干蔬菜及什锦蔬菜	千克	73008	38	24797289	5917
07131010	种用豌豆	千克	—	—	18220	2
07131090	其他干豌豆	千克	5186495	224	15408	6
07132090	其他干鹰嘴豆	千克	13447	1	—	—
07133190	其他绿豆	千克	1555605	226	121369	20
07133211	种用红小豆	千克	—	—	4080	1
07133290	其他赤豆	千克	250	0	579593	85
07133390	其他干芸豆	千克	100100	7	298440	43
07133900	未列名干豇豆及干菜豆	千克	—	—	1545	1
07134090	其他干扁豆	千克	2321	1	9950	3
07135010	种用蚕豆	千克	2060	2	8637	10
07135090	其他干蚕豆	千克	—	—	163350	10
07139090	未列名脱荚干豆	千克	4480055	513	49100	10
07141020	木薯干	千克	270	0	—	—
07142020	甘薯干	千克	30	0	22580	4
07142030	冷或冻甘薯	千克	2000	0	2	0
07149010	荸荠	千克	—	—	98177	13
07149029	其他藕	千克	—	—	3377686	377
07149030	芋头	千克	7	0	135305	17
07149090	鲜、冷、冻或干的竹芋、兰科植物块茎、菊芋及未列名含有高淀粉或菊粉的类似根茎;西谷茎髓	千克	16868	5	61407	27
08011100	椰子干	千克	372238	68	255	0
08011990	其他椰子	千克	233087	35	—	—
08013100	未去壳腰果	千克	16004	1	—	—
08013200	去壳腰果	千克	483040	267	—	—
08021200	巴旦杏仁	千克	454658	249	102292	57
08022100	未去壳榛子	千克	401000	43	—	—
08022200	榛子仁	千克	5637	4	—	—

2010年上海关区进出口商品量值表

单位：万美元

商品		计量单位	进口数量	进口金额	出口数量	出口金额
08023100	未去壳核桃	千克	835873	270	—	—
08023200	核桃仁	千克	210759	139	232891	231
08024010	板栗	千克	99075	16	1732920	255
08024090	其他栗子	千克	142	0	—	—
08025000	阿月浑子果（开心果）	千克	4027	9	—	—
08026090	其他马卡达姆坚果（夏威夷果）	千克	219755	88	—	—
08029010	槟榔	千克	25200	2	2170	1
08029020	白果	千克	—	—	3025000	295
08029030	松子仁	千克	22	0	—	—
08029090	未列名鲜或干坚果	千克	497889	200	—	—
08030000	鲜或干的香蕉，包括芭蕉	千克	157510513	7327	6112	10
08041000	椰枣	千克	1494080	32	—	—
08042000	无花果	千克	23672	12	—	—
08043000	菠萝	千克	4980411	315	60	0
08044000	鳄梨	千克	1932	1	—	—
08045010	番石榴	千克	18420	2	—	—
08045020	芒果	千克	198573	75	—	—
08045030	山竹果	千克	724787	127	—	—
08051000	橙	千克	18523309	1750	184938	11
08052020	阔叶柑橘	千克	472248	56	—	—
08052090	其他鲜或干的柑橘及杂交柑橘	千克	—	—	5989314	389
08054000	葡萄柚，包括柚	千克	2254898	239	—	—
08055000	柠檬及酸橙	千克	1947163	261	—	—
08059000	未列名柑橘属水果	千克	50	0	—	—
08061000	鲜葡萄	千克	7811081	1852	—	—
08062000	葡萄干	千克	1545280	370	717200	125
08071100	鲜西瓜	千克	1165967	58	—	—
08071910	鲜哈密瓜	千克	54	0	—	—
08072000	鲜木瓜	千克	329843	35	—	—
08081000	鲜苹果	千克	5165474	704	—	—
08082019	其他鲜梨	千克	11735	6	—	—
08092000	鲜樱桃	千克	3192040	2577	—	—
08093000	鲜桃，包括油桃	千克	500	0	—	—
08094000	鲜梅及李	千克	494273	93	27796	18
08105000	鲜猕猴桃	千克	16726008	2332	203735	20
08106000	鲜榴莲	千克	1630359	143	—	—
08109010	鲜荔枝	千克	232480	26	153316	42

2010年上海关区进出口商品量值表

单位:万美元

商品		计量单位	进口 数量	进口 金额	出口 数量	出口 金额
08109030	鲜龙眼	千克	8966293	872	—	—
08109040	鲜红毛丹	千克	7805	1	—	—
08109050	鲜番荔枝	千克	39572	9	—	—
08109060	鲜杨桃	千克	14624	1	—	—
08109070	鲜莲雾	千克	36767	10	—	—
08109080	鲜火龙果	千克	10335357	560	—	—
08109090	未列名鲜果	千克	25603	6	—	—
08111000	冷冻草莓	千克	71494	10	817340	114
08112000	冷冻木莓、黑莓、桑葚、罗甘莓、醋栗(加仑子)及鹅莓	千克	1156002	292	2559448	389
08119010	冷冻栗子,未去壳	千克	—	—	128000	65
08119090	未列名冷冻水果及坚果	千克	2620255	946	1148380	318
08121000	暂时保藏的樱桃	千克	143580	32	—	—
08129000	其他暂时保藏的水果及坚果	千克	24413	10	1290090	247
08131000	杏干	千克	1614	2	78088	14
08132000	梅干及李干	千克	2739937	278	686312	261
08133000	苹果干	千克	227	1	41773	84
08134010	龙眼干、肉	千克	16738697	1739	25526	14
08134030	红枣	千克	6446	1	244124	62
08134040	荔枝干	千克	205	0	13155	4
08134090	未列名干果	千克	179376	124	72458	70
08135000	本章的什锦坚果或干果	千克	2760	2	26574	60
08140000	柑橘属水果或甜瓜(包括西瓜)的果皮,鲜、冻、干或用盐水、亚硫酸水或其他防腐液暂时保藏的	千克	96432	6	206054	49
09011100	未焙炒未浸除咖啡碱的咖啡	千克	2571500	485	—	—
09011200	未焙炒已浸除咖啡碱的咖啡	千克	79254	23	—	—
09012100	已焙炒未浸除咖啡碱的咖啡	千克	1385676	1293	725286	505
09012200	已焙炒已浸除咖啡碱的咖啡	千克	660531	665	—	—
09019010	咖啡壳及咖啡皮	千克	173	1	—	—
09019020	含咖啡的咖啡代用品	千克	1244	3	—	—
09021010	花茶,内包装每件净重≤3kg	千克	18834	43	691547	654
09021090	绿茶(花茶除外),内包装每件净重≤3kg	千克	120183	148	27424148	9937
09022010	花茶,内包装每件净重>3kg	千克	15751	12	747997	336
09022090	绿茶(花茶除外),内包装每件净重>3kg	千克	56839	26	40190369	7019

2010年上海关区进出口商品量值表

单位:万美元

商品		计量单位	进口数量	进口金额	出口数量	出口金额
09023010	乌龙茶,内包装每件净重≤3kg	千克	32108	95	970687	279
09023020	普洱茶,内包装每件净重≤3kg	千克	1602	3	89403	46
09023090	红茶(乌龙茶、普洱茶除外)及其他半发酵茶,内包装每件净重≤3kg	千克	351149	345	858894	1091
09024010	乌龙茶,内包装每件净重>3kg	千克	14096	5	1834760	300
09024020	普洱茶,内包装每件净重>3kg	千克	—	—	717276	359
09024090	红茶(乌龙茶、普洱茶除外)及其他半发酵茶,内包装每件净重>3kg	千克	1531478	533	10863892	1688
09030000	马黛茶	千克	1780	1	75	1
09041100	未磨胡椒	千克	26333	35	2827	1
09041200	已磨胡椒	千克	128003	94	7999	6
09042010	辣椒干	千克	72	0	140934	47
09042020	辣椒粉	千克	46613	19	1708515	424
09050000	香子兰豆	千克	5644	18	—	—
09061900	其他未磨肉桂及肉桂花	千克	39	0	12656	3
09062000	已磨肉桂及肉桂花	千克	202	0	55373	14
09070000	丁香(母丁香、公丁香及丁香梗)	千克	2	0	200	1
09081000	肉豆蔻	千克	2	0	—	—
09082000	肉豆蔻衣	千克	5100	6	—	—
09091010	八角茴香	千克	10	0	28205	21
09092000	芫荽子	千克	80	0	382	1
09093000	枯茗子	千克	23	0	—	—
09094000	贲蒿子	千克	863	1	—	—
09095000	小茴香子;杜松果	千克	1	0	36045	6
09101000	姜	千克	4182	7	1632164	444
09102000	番红花	千克	14	0	68	27
09103000	姜黄	千克	27	0	204593	95
09109100	不同品目的≥两种调味香料的混合物	千克	13898	7	28734	21
09109900	未列名调味香料	千克	75078	83	294922	112
10011000	硬粒小麦	千克	5746870	164	—	—
10019010	种用小麦	千克	0	0	—	—
10019090	其他小麦及混合麦,硬粒小麦除外	千克	31140170	737	—	—
10030090	其他大麦	千克	10534370	215	—	—
10040010	种用燕麦	千克	—	—	20	0
10051000	种用玉米	千克	—	—	69600	13
10059000	玉米,种用除外	千克	15948836	966	—	—

2010年上海关区进出口商品量值表

单位:万美元

商品		计量单位	进口数量	进口金额	出口数量	出口金额
10061011	种用籼米稻谷	千克	—	—	5638265	1366
10061019	其他种用稻谷	千克	40	0	2728240	615
10062010	籼米糙米	千克	4800	1	120000	6
10063010	籼米精米	千克	2325706	242	35451143	2140
10063090	其他精米	千克	407	0	2487500	175
10064010	籼米碎米	千克	1776000	115	—	—
10064090	其他碎米	千克	240000	15	—	—
10070090	其他食用高粱	千克	11981970	327	5995	1
10081000	荞麦	千克	23	0	7140	1
10082000	谷子	千克	—	—	94	0
10083000	加那利草子	千克	17075	1	—	—
10089090	未列名谷物	千克	—	—	190737	32
11010000	小麦或混合麦的细粉	千克	657735	40	3413000	128
11021000	黑麦细粉	千克	83917	11	—	—
11022000	玉米细粉	千克	784114	70	1620	2
11029011	籼米细粉	千克	328500	25	—	—
11029019	其他大米细粉	千克	2545798	210	—	—
11029090	未列名谷物细粉	千克	32406	22	—	—
11031100	小麦粗粒、粗粉	千克	90	0	—	—
11031910	燕麦粗粒、粗粉	千克	201	0	—	—
11041200	滚压或制片的燕麦	千克	244	0	—	—
11041910	滚压或制片的大麦	千克	—	—	1130	1
11041990	其他滚压或制片的谷物	千克	187	0	—	—
11042200	经其他加工的燕麦	千克	641	0	—	—
11042300	经其他加工的玉米	千克	30	0	—	—
11042910	经其他加工的大麦	千克	30	0	545	0
11042990	经其他加工的未列名谷物	千克	319	0	35293	2
11043000	整粒、滚压、制片或磨碎的谷物胚芽	千克	1124	1	—	—
11051000	马铃薯细粉及粗粉、粉末	千克	918501	142	18225	3
11052000	马铃薯粉片、颗粒及团粒	千克	578324	74	799227	108
11061000	品目0713干豆制细粉及粗粉及粉末	千克	394	4	92298	21
11062000	品目0714西谷茎髓及植物根茎、块茎制的细粉、粗粉及粉末	千克	3113	2	193380	15
11063000	第8章产品制细粉及粗粉、粉末	千克	63481	17	1625	1
11071000	未焙制的麦芽	千克	—	—	2400	1
11072000	已焙制的麦芽	千克	6523960	435	—	—

2010 年上海关区进出口商品量值表

单位:万美元

商品		计量单位	进口		出口	
			数量	金额	数量	金额
11081100	小麦淀粉	千克	19568	1	3808156	180
11081200	玉米淀粉	千克	8963085	740	49500	3
11081300	马铃薯淀粉	千克	18227730	840	—	—
11081400	木薯淀粉	千克	87521342	4205	—	—
11081900	未列名淀粉	千克	57977	10	588882	135
11082000	菊粉	千克	157820	54	4980	2
11090000	面筋,不论是否干制	千克	21372	5	5607313	736
12010091	黄大豆	千克	766302146	35122	8762	1
12010092	黑大豆	千克	—	—	16800	4
12021090	其他未去壳花生	千克	—	—	1	0
12022000	花生仁	千克	—	—	606	0
12040000	亚麻子,不论是否破碎	千克	8383367	404	—	—
12059010	其他种用油菜子	千克	—	—	322	0
12060010	种用葵花子	千克	—	—	139990	48
12060090	其他葵花子	千克	32	0	7320	1
12072010	种用棉子	千克	—	—	1000	0
12072090	其他棉子	千克	3792790	145	—	—
12074090	其他芝麻	千克	7548411	976	44090	12
12075090	其他芥子	千克	15	0	—	—
12079991	牛油树果	千克	1148203	46	—	—
12079999	未列名含油子仁及果实	千克	1116	1	502760	86
12081000	大豆粉	千克	95327	19	—	—
12089000	其他含油子仁或果实细粉及粗粉,芥子粉除外	千克	466	6	26425	13
12092100	紫苜蓿子	千克	—	—	372260	247
12092200	三叶草子	千克	270327	75	—	—
12092300	羊茅子	千克	1486539	138	—	—
12092400	草地早熟禾子	千克	73159	17	—	—
12092500	黑麦草种子	千克	6610030	507	350	0
12092910	甜菜子(糖甜菜子除外)	千克	397	1	—	—
12092990	其他饲料植物种子	千克	94958	12	—	—
12093000	草本花卉植物种子	千克	250	2	4153	4
12099100	蔬菜种子	千克	100789	871	159167	127
12099910	种用西瓜子	千克	364	8	21611	85
12099920	种用甜瓜子	千克	143	24	2488	18
12099990	未列名种植用种子、果实及孢子	千克	967164	225	70480	29
12101000	啤酒花,未经研磨也未制成团粒	千克	—	—	4501	2

2010年上海关区进出口商品量值表

单位:万美元

商品		计量单位	进口数量	进口金额	出口数量	出口金额
12102000	啤酒花,经研磨或制成团粒;蛇麻腺	千克	128740	189	100	0
12112020	野山参(西洋参除外)	千克	31	1	—	—
12112091	鲜人参	千克	4	0	—	—
12112099	其他人参	千克	5850	200	35562	64
12119011	当归	千克	—	—	107937	60
12119012	田七	千克	—	—	49459	297
12119013	党参	千克	—	—	15209	20
12119014	黄连	千克	—	—	13286	28
12119015	菊花	千克	—	—	1117658	1151
12119017	贝母	千克	—	—	5375	5
12119018	川芎	千克	—	—	61229	33
12119019	半夏	千克	—	—	116222	182
12119021	白芍	千克	—	—	416994	164
12119022	天麻	千克	—	—	4428	13
12119023	黄芪	千克	—	—	117981	49
12119024	大黄、籽黄	千克	—	—	94513	37
12119025	白术	千克	—	—	64494	45
12119026	地黄	千克	—	—	37323	16
12119027	槐米	千克	—	—	2000	1
12119028	杜仲	千克	—	—	162009	31
12119029	茯苓	千克	—	—	148620	76
12119031	枸杞	千克	—	—	184680	152
12119032	大海子	千克	—	—	891	1
12119034	沙参	千克	—	—	4916	4
12119035	青蒿	千克	—	—	430	0
12119036	甘草	千克	—	—	131634	63
12119039	未列名主要用作药料的植物及其某部分	千克	1392384	919	5983551	2345
12119050	主要用作香料的植物及其某部分	千克	136413	48	87483	50
12119091	鱼藤根、除虫菊	千克	443389	68	439220	101
12119099	主要用作杀虫、杀菌等用途的植物及其某部分	千克	73183	37	109120	12
12122010	海带	千克	942	2	28185	11
12122020	发菜	千克	1152	0	—	—
12122031	干的裙带菜	千克	35	0	11739	6
12122039	其他裙带菜	千克	—	—	103196	35
12122041	干紫菜	千克	756	2	231112	276

2010年上海关区进出口商品量值表

单位:万美元

商　　品		计量单位	进口 数量	进口 金额	出口 数量	出口 金额
12122061	干麒麟菜	千克	31585335	4681	—	—
12122090	未列名海草及其他藻类	千克	54688	34	447555	247
12129100	甜菜	千克	2	0	454	0
12129911	苦杏仁	千克	—	—	22652	12
12129912	甜杏仁	千克	17133	1	—	—
12129919	杏核;桃(包括油桃)、梅或李的核及核仁	千克	102000	6	15678	25
12129991	黑瓜子	千克	66	0	205633	50
12129993	白瓜子	千克	54	0	248762	62
12129994	莲子	千克	672	0	7423	6
12129999	未列名食用植物产品	千克	257979	71	122041	115
12130090	其他未经处理的谷类植物的茎、秆及谷壳	千克	216	0	2902	0
12141000	紫苜蓿粗粉及团粒	千克	1337143	31	3000	0
12149000	其他草饲料	千克	85930710	2254	—	—
13012000	阿拉伯胶	千克	1573239	590	233	1
13019010	胶黄耆树胶(卡喇杆胶)	千克	30	0	—	—
13019020	乳香、没药及血竭	千克	—	—	410	0
13019040	松脂	千克	—	—	28	0
13019090	未列名树胶、树脂	千克	99455	44	1187	1
13021200	甘草液汁及浸膏	千克	28933	55	43000	20
13021300	啤酒花液汁及浸膏	千克	44	1	925	2
13021910	生漆	千克	30	0	14850	39
13021930	除虫菊或含鱼藤酮植物根茎的液汁及浸膏	千克	9078	9	4635	130
13021990	其他植物液汁及浸膏	千克	242641	640	3195099	9053
13022000	果胶、果胶酸盐及果胶酸酯	千克	1250384	1258	65200	67
13023100	琼脂	千克	37545	107	216634	243
13023200	从刺槐豆、刺槐豆子或瓜尔豆制得的胶液及增稠剂,不论是否改性	千克	5896257	1543	188625	148
13023911	卡拉胶	千克	536412	556	4908425	4066
13023912	褐藻胶	千克	2	0	1388807	547
13023919	未列名海草及藻类产品制得的胶液及增稠剂	千克	1354	7	3432	7
13023990	其他植物产品制得的胶液及增稠剂	千克	229844	90	2147318	2250
14011000	竹	千克	1863326	317	12151349	623
14012000	藤	千克	38124	4	27020	24

2010年上海关区进出口商品量值表

单位:万美元

商品		计量单位	进口数量	进口金额	出口数量	出口金额
14019010	谷类植物的茎秆(麦秸除外)	千克	—	—	7389	2
14019020	芦苇	千克	—	—	38	0
14019090	未列名主要作编结用的植物材料	千克	256416	30	78389	14
14042000	棉短绒	千克	52303227	4131	18700	5
14049010	主要供染料、鞣料用的植物原料	千克	2176925	345	263680	143
14049090	其他处未列名的植物产品	千克	12070219	431	1954757	348
15020010	未炼制的牛、羊脂肪	千克	50095	6	—	—
15020090	已炼制的牛、羊脂肪	千克	103163899	8058	388370	97
15041000	鱼肝油及其分离品	千克	229177	99	—	—
15042000	除鱼肝油以外的鱼油、脂及其分离品	千克	3257435	583	615205	716
15043000	海生哺乳动物的油、脂及其分离品	千克	203	0	—	—
15050000	羊毛脂及从羊毛脂制得的脂肪物质(包括纯净的羊毛脂)	千克	5165	12	3431700	1261
15060000	其他动物油、脂及其分离品,不论是否精制,但未经化学改性	千克	407	1	—	—
15071000	初榨的豆油	千克	52000000	4453	9250	1
15079000	其他豆油及其分离品	千克	30984	5	8010	1
15081000	初榨的花生油	千克	211	0	—	—
15089000	其他花生油及其分离品	千克	34441	8	7600	2
15091000	初榨的油橄榄油	千克	8484484	3394	—	—
15099000	其他油橄榄油及其分离品	千克	100197	47	606	1
15100000	其他橄榄油及其分离品,不论是否精制,但未经化学改性	千克	2817883	834	—	—
15111000	初榨的棕榈油	千克	4000070	329	—	—
15119010	棕榈液油(熔点19℃-24℃)	千克	26099159	2165	—	—
15119020	棕榈硬脂(熔点44℃-56℃)	千克	109382563	8984	21000	2
15119090	其他棕榈油及其分离品	千克	200478	28	178500	20
15121100	初榨的葵花油或红花油	千克	18223974	1765	650	0
15121900	其他葵花油或红花油及其分离品	千克	2078354	319	—	—
15122900	其他棉子油及其分离品	千克	1638	2	347720	43
15131100	初榨的椰子油	千克	10581105	851	—	—
15131900	其他椰子油及其分离品	千克	34324599	3702	—	—
15132100	初榨的棕榈仁油或巴巴苏棕榈果油	千克	56469575	6274	—	—
15132900	其他棕榈仁油或巴巴苏棕榈果油及其分离品	千克	766064	85	—	—
15141100	初榨的低芥子酸菜子油	千克	68970	14	—	—

2010年上海关区进出口商品量值表

单位:万美元

商品		计量单位	进口		出口	
			数量	金额	数量	金额
15141900	其他低芥子酸菜子油及其分离品	千克	100994	18	20000	3
15149190	初榨的芥子油	千克	16	0	—	—
15149900	其他菜子油或芥子油及其分离品	千克	43588	10	972	1
15151100	初榨的亚麻子油	千克	9312	5	—	—
15151900	其他亚麻子油及其分离品	千克	230828	32	150	0
15152900	其他玉米油及其分离品	千克	12234	3	—	—
15153000	蓖麻油及其分离品	千克	16220303	2448	9470	3
15155000	芝麻油及其分离品	千克	548976	125	110748	64
15159010	希蒙得木油及其分离品	千克	30455	37	—	—
15159030	桐油及其分离品	千克	1200	3	166625	61
15159090	未列名固定植物油、脂及其分离品	千克	2262848	629	26707	17
15161000	动物油、脂及其分离品	千克	16328	30	—	—
15162000	植物油、脂及其分离品	千克	28383340	3999	111455	26
15171000	人造黄油,液态的除外	千克	3398163	329	43500	5
15179010	起酥油	千克	20519352	1800	—	—
15179090	其他本章动植物油脂及其分离品混合制成的食用油、脂或制品(品目1516的产品除外)	千克	2547933	624	57692	18
15180000	动、植物油、脂及其分离品,经过熟化、氧化、脱水、硫化、吹制或在真空、惰性气体中加热聚合及用其他化学方法改性的,但品目1516的产品除外;本章各种油、脂或其分离品制成的其他品目未列名的非食用混合物或制品	千克	3460492	524	648023	99
15200000	粗甘油;甘油水及甘油碱液	千克	45512042	971	—	—
15211000	植物蜡	千克	1578970	423	102423	31
15219010	蜂蜡	千克	74493	125	668226	285
15219090	其他虫蜡及鲸蜡	千克	2	0	—	—
15220000	油鞣回收脂;加工处理油脂物质及动、植物蜡所剩的残渣	千克	—	—	83000	4
16010010	用天然肠衣做外包装的肉、食用杂碎或动物血制成的香肠及类似产品	千克	6054	4	1210790	323
16010020	其他肉、食用杂碎或动物血制成的香肠及类似产品	千克	54695	11	2353662	876
16010030	用香肠制成的食品	千克	6469	3	1181	1
16021000	均化食品	千克	3596	4	49636	14

2010年上海关区进出口商品量值表

单位:万美元

商品		计量单位	进口		出口	
			数量	金额	数量	金额
16022000	制作或保藏的动物肝	千克	1648	8	—	—
16023100	制作或保藏的火鸡	千克	444	0	8986	1
16023210	鸡罐头	千克	29837	7	440970	81
16023291	其他制作或保藏的鸡胸肉	千克	1674	2	9661	4
16023292	其他制作或保藏的鸡腿肉	千克	—	—	3813970	1555
16023299	其他制作或保藏的鸡肉及食用杂碎	千克	2247	2	46289	30
16023910	其他家禽肉及杂碎罐头	千克	59	0	99832	19
16023991	其他制作或保藏的鸭肉及食用杂碎	千克	339	1	2643113	1205
16023999	其他制作或保藏的家禽肉及食用杂碎	千克	32	0	—	—
16024100	制作或保藏的猪后腿及其肉块	千克	17921	55	460163	404
16024200	制作或保藏的猪前腿及其肉块	千克	580	2	—	—
16024910	猪肉及杂碎罐头	千克	121890	43	13196496	2784
16024990	其他制作或保藏的猪肉及杂碎	千克	2831	3	399659	268
16025010	牛肉及杂碎罐头	千克	34767	7	280245	50
16025090	其他制作或保藏的牛肉及杂碎	千克	394	0	1500	3
16029010	未列名肉及杂碎罐头	千克	—	—	10028	2
16029090	未列名制作或保藏的肉、食用杂碎及动物血	千克	2478	3	—	—
16030000	肉、鱼、甲壳动物、软体动物或水生无脊椎动物的精及汁	千克	13649	14	353998	114
16041110	制作或保藏的大西洋鲑鱼,整条或切块	千克	118	0	—	—
16041190	制作或保藏的其他鲑鱼,整条或切块	千克	6341	4	—	—
16041200	制作或保藏的鲱鱼,整条或切块	千克	2526	3	4104	2
16041300	制作或保藏的沙丁鱼、黍鲱鱼,整条或切块	千克	16759	6	—	—
16041400	制作或保藏的金枪鱼、鲣鱼,整条或切块	千克	1304542	322	72	0
16041500	制作或保藏的鲭鱼,整条或切块	千克	1737	1	29151	5
16041600	制作或保藏的鳀鱼,整条或切块	千克	1099	2	—	—
16041920	制作或保藏的罗非鱼,整条或切块	千克	1	0	72601	14
16041931	制作或保藏的斑点叉尾鮰鱼,整条或切块	千克	—	—	1021969	461
16041939	制作或保藏的其他叉尾鮰鱼,整条或切块	千克	54	0	—	—

2010年上海关区进出口商品量值表

单位:万美元

商品		计量单位	进口数量	进口金额	出口数量	出口金额
16041940	制作或保藏的鳗鱼,整条或切块的	千克	1274	1	1232234	2421
16041990	未列名制作或保藏的鱼,整条或切块	千克	21057	19	260223	128
16042011	绞碎制作或保藏的鱼翅罐头	千克	240	1	—	—
16042019	其他绞碎制作或保藏的鱼罐头	千克	23072	16	9293	3
16042091	绞碎制作或保藏的鱼翅	千克	20	1	—	—
16042099	其他绞碎制作或保藏的鱼	千克	291269	96	378866	88
16043000	鲟鱼子酱及鲟鱼子酱代用品	千克	1826	2	46785	831
16051000	制作或保藏的蟹	千克	6798	10	432542	241
16052000	制作或保藏的小虾及对虾	千克	18044	18	753926	434
16053000	制作或保藏的龙虾	千克	32813	28	—	—
16054011	制作或保藏的淡水小龙虾仁	千克	1200	0	4886131	4004
16054019	制作或保藏的带壳淡水小龙虾	千克	39	0	5478337	2055
16054090	未列名制作或保藏的甲壳动物	千克	1805	1	13659	9
16059010	制作或保藏的海蜇	千克	—	—	61006	23
16059020	制作或保藏的蛤	千克	—	—	630852	223
16059090	其他制作或保藏软体动物及水生无脊椎动物	千克	36404	65	4994658	1012
17011100	甘蔗原糖,未加香料或着色剂	千克	1566356	120	23120	10
17019100	加香料或着色剂的甘蔗糖、甜菜糖	千克	3215	2	—	—
17019910	砂糖	千克	45057123	2880	6657	1
17019920	绵白糖	千克	1189	1	380	0
17019990	其他精制糖;化学纯蔗糖	千克	38253	20	1000	0
17021100	无水乳糖,重量计干燥状态的乳糖含量≥99%	千克	10852271	984	—	—
17021900	其他乳糖及乳糖浆	千克	2426841	302	125635	19
17022000	槭糖及槭糖浆	千克	4213	4	—	—
17023000	葡萄糖及葡萄糖浆,不含果糖或按重量计干燥状态的,果糖<20%	千克	127326	18	290310	21
17024000	葡萄糖及糖浆,按重量计干燥状态的果糖含量20%≤果糖<50%,转化糖除外	千克	10108	3	749205	110
17025000	化学纯果糖	千克	1239214	136	39700	32
17026000	其他果糖及果糖浆,按重量计干燥状态的果糖>50%,转化糖除外	千克	1080861	284	3052798	261
17029000	其他固体糖及未加香料或着色剂的糖浆,包括转化糖及其他按重计干燥状态的果糖含量为50%的糖及糖浆混合物	千克	1231295	273	13889177	1230

2010年上海关区进出口商品量值表

单位:万美元

商品		计量单位	进口		出口	
			数量	金额	数量	金额
17041000	口香糖,不论是否裹糖	千克	46651	33	1427811	434
17049000	不含可可的糖食(口香糖除外)	千克	2776232	1306	9589705	4618
18010000	整颗或破碎的可可豆,生的或焙炒的	千克	29619753	8628	—	—
18020000	可可荚、壳、皮及废料	千克	14602810	172	—	—
18031000	未脱脂可可膏	千克	2220649	961	231900	106
18032000	全脱脂或部分脱脂可可膏	千克	3386050	498	3539000	1192
18040000	可可脂、可可油	千克	1877588	805	9905300	4554
18050000	未加糖或其他甜物质的可可粉	千克	7244790	2655	15043292	3869
18061000	含糖或其他甜物质的可可粉	千克	658570	227	77408	20
18062000	其他重量超过2千克块状或条状含可可食品;液状、膏状、粉状、粒状或其他散装形状的含可可食品,容器包装或内包装每件净重超2千克	千克	1298712	704	19210	4
18063100	块状或条状含可可的夹心食品,重量≤2kg	千克	1349620	1049	56257	56
18063200	块状或条状含可可的非夹心食品,重量≤2kg	千克	1449291	1214	267526	222
18069000	未列名含可可的食品	千克	3626352	2826	1784278	968
19011000	供婴幼儿食用的零售包装食品,全脱脂可可含量<40%的粉、淀粉或麦精制,或全脱脂可可含量<5%的乳品制	千克	38450678	39082	10848	14
19012000	供焙烘1905所列面包糕饼用的调制品及面团,全脱脂可可含量<40%的粉、淀粉或麦精制,或全脱脂可可含量<5%的乳品制	千克	1592342	369	25405806	2416
19019000	麦精;未列名的食品,全脱脂可可含量<40%的粉、淀粉或麦精制,或全脱脂可可含量<5%的乳品制	千克	25429711	10128	3895982	853
19021100	含蛋生面食,未包馅或未经其他方法制作	千克	7616	2	—	—
19021900	其他生面食,未包馅或未经其他方法制作	千克	575891	62	362486	37
19022000	包馅面食,不论是否烹煮或经其他方法制作	千克	187234	96	5037696	1314
19023010	米粉干	千克	29068	6	158986	17

2010年上海关区进出口商品量值表

单位:万美元

商品		计量单位	进口数量	进口金额	出口数量	出口金额
19023020	粉丝	千克	527	1	631879	142
19023030	即食或快熟面条	千克	929914	316	19586825	3084
19023090	未列名面食	千克	4376886	662	2791743	334
19024000	古斯古斯面食	千克	15450	4	—	—
19030000	珍粉及淀粉制成的珍粉代用品,片、粒、珠、粉或类似形状的	千克	1406871	124	425408	89
19041000	谷物或谷物产品经膨化或烘炒所得的食品	千克	5214124	976	19127785	4394
19042000	未烘炒谷物片制成的食品及未烘炒的谷物片与烘炒的谷物片或膨化的谷物混合制成的食品	千克	1197664	84	—	—
19049000	未列名预煮或经其他方法制作谷物(玉米除外)、谷物片或经其他加工的谷物	千克	80171	28	7960725	799
19051000	黑麦脆面包片	千克	3630	1	—	—
19052000	姜饼及类似品	千克	18583	14	—	—
19053100	甜饼干	千克	5861743	3070	11616	4
19053200	华夫饼干及圣餐饼	千克	467008	256	753777	229
19054000	面包干、吐司及类似的烤面包	千克	22501	13	29200	3
19059000	未列名面包、糕点、饼干及其他焙烘糕饼;装药空囊、封缄、糯米纸及类似品	千克	1798697	1034	17825248	3673
20011000	用醋或醋酸制作或保藏的黄瓜及小黄瓜	千克	374243	48	290771	17
20019010	用醋或醋酸制作或保藏的大蒜	千克	338	0	1605	1
20019090	未列名用醋或醋酸制作或保藏的蔬菜、水果、坚果及植物其他食用部分	千克	97491	27	1640292	304
20021010	番茄罐头	千克	984281	80	—	—
20021090	其他制作或保藏的整个或切片番茄	千克	2350	1	—	—
20029011	番茄酱罐头重量≤5kg	千克	136141	19	21050349	1982
20029019	番茄酱罐头重量>5kg	千克	2457	2	929876	53
20029090	其他制作或保藏的绞碎番茄	千克	803573	90	80440	29
20031011	小白蘑菇(洋蘑菇)罐头	千克	1822	1	1081359	142
20031019	其他伞菌属蘑菇罐头	千克	721	0	2223902	561
20031090	其他制作或保藏的伞菌属蘑菇	千克	1586	2	14540	4
20032000	制作或保藏的块菌	千克	107	0	43409	69
20039010	其他蘑菇罐头	千克	92	0	736325	463

2010年上海关区进出口商品量值表

单位:万美元

商品		计量单位	进口		出口	
			数量	金额	数量	金额
20039090	其他制作或保藏的蘑菇	千克	11190	8	98410	34
20041000	制作或保藏的冷冻马铃薯	千克	28592721	3084	—	—
20049000	其他制作或保藏的冷冻蔬菜及什锦蔬菜	千克	27195	9	8432306	1097
20051000	均化蔬菜	千克	16647	10	—	—
20052000	制作或保藏的未冷冻马铃薯	千克	187644	92	19008	6
20054000	制作或保藏的未冷冻冻豌豆	千克	77887	21	556040	138
20055111	赤豆馅罐头	千克	532	0	—	—
20055119	其他脱荚豇豆及菜豆罐头	千克	114506	13	2911560	203
20055191	未冷冻赤豆馅,罐头除外	千克	619	1	1886160	169
20055199	其他制作或保藏的未冷冻脱荚豇豆及菜豆	千克	14187	3	17913	1
20055910	未脱荚豇豆及菜豆罐头	千克	2788	0	232550	14
20055990	其他制作或保藏的未冷冻未脱荚豇豆及菜豆	千克	514	0	1080	0
20056010	芦笋罐头	千克	550	0	—	—
20056090	其他制作或保藏的芦笋	千克	633	0	—	—
20057000	油橄榄	千克	223260	54	—	—
20058000	甜玉米	千克	63993	8	282773	46
20059110	竹笋罐头	千克	248703	28	20325512	3005
20059190	其他制作或保藏的未冷冻竹笋	千克	777	0	14440134	3032
20059910	清水马蹄罐头	千克	—	—	127933	19
20059920	蚕豆罐头	千克	8990	1	6819169	326
20059940	制作或保藏榨菜	千克	25	0	2028080	212
20059950	制作或保藏咸蕨菜	千克	96	0	—	—
20059960	制作或保藏咸藠头	千克	13	0	18205	2
20059991	其他制作或保藏的未冷冻蔬菜及什锦蔬菜罐头	千克	150178	15	18602552	2941
20059999	未列名制作或保藏的未冷冻蔬菜及什锦蔬菜	千克	4519511	518	6065214	1137
20060010	蜜枣	千克	1086	1	10713	4
20060020	糖渍橄榄	千克	204	0	—	—
20060090	其他糖渍蔬菜、水果、坚果果皮及植物的其他部分	千克	171775	91	2879175	690
20071000	均化食品	千克	69029	25	91333	18
20079100	柑橘属水果制果酱、果冻、果泥及果膏	千克	44484	21	6089	0

2010年上海关区进出口商品量值表

单位:万美元

商品		计量单位	进口数量	进口金额	出口数量	出口金额
20079910	非柑橘属水果制果酱、果冻、果泥及果膏罐头	千克	348711	161	19	0
20079990	其他非柑橘属水果制果酱、果冻、果泥及果膏	千克	2369971	623	8399946	990
20081110	花生米罐头	千克	5719	2	—	—
20081120	烘焙花生	千克	10167	7	184493	40
20081130	花生酱	千克	33077	12	78426	16
20081190	其他制作或保藏的花生	千克	11902	8	2470962	405
20081910	核桃仁罐头	千克	320	0	—	—
20081920	其他果仁罐头	千克	18493	26	1319957	411
20081991	其他制作或保藏的栗仁	千克	88235	41	295913	143
20081992	其他制作或保藏的芝麻	千克	3810	4	138747	37
20081999	未列名制作或保藏的坚果及其他子仁	千克	537119	413	6627099	1718
20082010	菠萝罐头	千克	1284360	110	91339	10
20082090	其他制作或保藏的菠萝	千克	135	0	—	—
20083010	柑橘属水果罐头	千克	5821	1	18426047	2013
20083090	其他制作或保藏的柑橘属水果	千克	67850646	6542	381848	61
20084010	梨罐头	千克	3306	1	227092	23
20084090	其他制作或保藏的梨	千克	698	0	—	—
20085000	其他制作或保藏的杏	千克	3931	1	9967	19
20086010	樱桃罐头	千克	22501	15	—	—
20086090	其他制作或保藏的樱桃	千克	34769	26	—	—
20087010	桃罐头	千克	603487	78	2765073	229
20087090	其他制作或保藏的桃	千克	810	0	28489	19
20088000	其他制作或保藏的草莓	千克	10185	3	36362	55
20089100	其他制作或保藏的棕榈芯	千克	1213	0	—	—
20089200	其他制作或保藏的什锦果实	千克	648791	68	693144	122
20089910	荔枝罐头	千克	2401	0	42050	5
20089920	龙眼罐头	千克	1485	0	—	—
20089931	调味紫菜	千克	25242	25	1653304	2918
20089932	盐腌海带	千克	1609	1	—	—
20089933	盐腌裙带菜	千克	9	0	301899	136
20089939	未列名制作或保藏的海草及其他藻类制品	千克	16665	26	13560	22
20089990	未列名制作或保藏水果、坚果及植物的其他食用部分	千克	2474631	500	6413492	1349

2010年上海关区进出口商品量值表

单位:万美元

商品		计量单位	进口		出口	
			数量	金额	数量	金额
20091100	冷冻橙汁	千克	33012655	4900	86830	27
20091200	非冷冻橙汁,白利糖度值≤20	千克	509446	71	1144968	105
20091900	其他橙汁	千克	22906	2	—	—
20092100	葡萄柚(包括柚)汁,白利糖度值≤20	千克	52109	8	—	—
20092900	其他葡萄柚(包括柚)汁	千克	296019	49	—	—
20093110	柠檬汁,白利糖度值不超过20	千克	45965	8	—	—
20093190	其他未混合柑橘属水果汁,白利糖度≤20	千克	259741	30	—	—
20093910	其他柠檬汁	千克	2337607	539	48150	19
20093990	其他未混合柑橘属水果汁	千克	502	0	—	—
20094100	菠萝汁,白利糖度值≤20	千克	27423	2	—	—
20094900	其他菠萝汁	千克	40759	8	—	—
20095000	番茄汁	千克	23039	4	57430	9
20096100	葡萄汁,白利糖度值≤20	千克	113876	20	17925	1
20096900	其他葡萄汁	千克	8475979	1571	—	—
20097100	苹果汁,白利糖度值≤20	千克	111996	24	14475	0
20097900	其他苹果汁	千克	9884	2	411125	49
20098012	芒果汁	千克	1104294	109	—	—
20098013	西番莲果汁	千克	59698	38	—	—
20098014	番石榴果汁	千克	842496	107	—	—
20098019	其他未混合的水果汁	千克	1909668	638	889175	155
20098020	其他未混合的蔬菜汁	千克	22891	6	395930	57
20099010	混合水果汁	千克	414408	60	492608	89
20099090	混合蔬菜汁;水果与蔬菜的混合汁	千克	75303	22	349524	62
21011100	咖啡的浓缩精汁	千克	675614	514	13859	30
21011200	以咖啡浓缩精汁或以咖啡为基本成分的制品	千克	1037531	825	1119146	138
21012000	以茶、马黛茶及其浓缩精汁为基本成分的制品	千克	448638	616	1284390	851
21013000	烘焙菊苣和其他烘焙咖啡代用品及其浓缩精汁	千克	2437	2	—	—
21021000	活性酵母	千克	119087	130	7245957	1815
21022000	非活性酵母;已死的其他单细胞微生物	千克	381852	298	661625	95
21023000	发酵粉	千克	17083	5	236170	58
21031000	酱油	千克	983596	178	4315664	376

2010年上海关区进出口商品量值表

单位:万美元

商品		计量单位	进口 数量	进口 金额	出口 数量	出口 金额
21032000	番茄沙司及其他番茄调味汁	千克	376722	102	81018	9
21033000	芥子粉及其调制品	千克	199144	104	12750	4
21039010	味精	千克	47689	15	1293343	308
21039020	别特酒,按体积计酒精含量44.2%-49.2%,按重量计含1.5%-6%的香料、各种配料以及4%-10%的糖	千克	18	0	—	—
21039090	其他调味汁及其制品;混合调味品	千克	4727483	2044	27945483	6933
21041000	汤料及其制品	千克	556054	293	619628	480
21042000	均化混合食品	千克	39821	20	6112	4
21050000	冰淇淋及其他冰制食品;不论是否含可可	千克	3614398	1761	216807	78
21061000	浓缩蛋白质及人造蛋白物质	千克	87685	97	26448868	3322
21069010	制碳酸饮料的浓缩物	千克	80	0	2507412	1733
21069020	制饮料用的复合酒精制品	千克	—	—	577600	57
21069030	蜂王浆制剂	千克	4	0	102196	207
21069040	椰子汁	千克	995779	118	—	—
21069090	未列名食品	千克	35765266	18760	89541841	20094
22011010	未加味、加糖或其他甜物质的矿泉水	升	8343262	559	113580	4
22011020	未加味、加糖或其他甜物质的汽水	升	3026778	244	3744	1
22019010	未加味、加糖或其他甜物质的天然水	千升	2040	123	9	2
22019090	其他未加味、加糖或其他甜物质水;冰及雪	千升	59	3	247	9
22021000	加味、加糖或其他甜物质的水,包括矿泉水及汽水	升	929679	155	17926788	1037
22029000	其他无酒精饮料	升	8893642	1070	12152923	674
22030000	麦芽酿造的啤酒	升	17258432	2489	8275462	614
22041000	葡萄汽酒(未加香料)	升	1794643	2338	20206	34
22042100	装入≤2升的容器的鲜葡萄酿造的酒(未加香料)	升	54681803	26007	81453	128
22042900	装入>2升的容器的鲜葡萄酿造的酒(未加香料)	升	7479864	622	135	0
22043000	2009以外的酿酒葡萄汁(未加香料)	升	1557	1	—	—
22051000	装入2升及以下容器的味美思酒及其他加植物或香料的用葡萄酿造的酒	升	36851	9	675	0

2010年上海关区进出口商品量值表

单位:万美元

商品		计量单位	进口数量	进口金额	出口数量	出口金额
22059000	装入2升以上容器的味美思酒及其他加植物或香料的用葡萄酿造的酒	升	665	0	9450	2
22060010	黄酒	升	6686	3	7961665	1539
22060090	其他发酵饮料(例如,苹果酒、梨酒、蜂蜜酒);其他品目未列名的发酵饮料的混合物及发酵饮料与无酒精饮料的混合物	升	734353	336	478048	55
22071000	未改性乙醇,按容量计酒精浓度≥80%	升	68616	32	1655039	206
22072000	任何浓度的改性乙醇及其他酒精	升	37600	27	161925	13
22082000	蒸馏葡萄酒制得的烈性酒	升	11223389	36260	1281884	6237
22083000	威士忌酒	升	15399358	10003	98810	86
22084000	朗姆酒及蒸馏已发酵甘蔗产品制得的其他烈性酒	升	517135	175	5170	2
22085000	杜松子酒	升	456545	119	180	0
22086000	伏特加酒	升	1878839	828	13211	5
22087000	利口酒及柯迪尔酒	升	1042462	424	15281	17
22089010	龙舌兰酒	升	127400	59	1674	2
22089020	白酒	升	35586	23	41468	31
22089090	未改性乙醇,按容量计酒精浓度在80%以下;其他蒸馏酒及酒精饮料	升	3170512	636	986556	231
22090000	醋及用醋酸制得的醋代用品	升	596898	133	1481048	161
23011011	含牛羊成分的肉骨粉	千克	45343056	2521	51000	3
23011019	其他动物的肉骨粉	千克	11749514	1000	—	—
23011090	其他肉、杂碎的渣粉及团粒	千克	102960	12	—	—
23012010	饲料用鱼粉	千克	258245999	40672	162940	22
23012090	其他鱼、甲壳动物、软体动物或其他水生无脊椎动物的渣粉及团粒	千克	—	—	10000	1
23023000	小麦的糠、麸及其他残渣	千克	—	—	2075	0
23024000	其他谷物的糠、麸及其他残渣	千克	40	0	—	—
23025000	豆类植物的糠、麸及其他残渣	千克	1074176	23	—	—
23031000	制造淀粉过程中的残渣及类似的残渣	千克	105120	5	—	—
23032000	甜菜渣、甘蔗渣及制糖过程中的其他残渣	千克	518734	30	—	—
23033000	酿造及蒸馏过程中的糟粕及残渣	千克	367046552	8678	20000	0
23040010	提炼豆油所得的油饼(豆饼)	千克	—	—	490	0

2010年上海关区进出口商品量值表

单位:万美元

商品		计量单位	进口 数量	进口 金额	出口 数量	出口 金额
23040090	提炼豆油所得的其他固体残渣,不论是否碾磨或制成团粒	千克	12949495	687	200000	14
23061000	棉子的油渣饼及其他固体残渣	千克	211940	8	—	—
23064100	低芥子酸油菜子的油渣饼及其他固体残渣	千克	36968616	1068	—	—
23064900	其他油菜子的油渣饼及其他固体残渣	千克	476120	12	21000	1
23065000	椰子或干椰肉的油渣饼及其他固体残渣	千克	6365894	86	—	—
23066000	油棕果或油棕仁的油渣饼及其他固体残渣	千克	156580	2	—	—
23069000	未列名植物油渣饼及其他固体残渣	千克	864400	28	11772890	306
23070000	葡萄酒渣;粗酒石	千克	25	0	—	—
23080000	动物饲料用的其他处未列名的植物原料、废料、残渣及副产品,不论是否制成团粒	千克	571885	8	90000	5
23091010	零售包装狗食或猫食饲料的罐头	千克	225352	38	20000	2
23091090	其他零售包装的狗食或猫食饲料	千克	224591	45	32652530	16007
23099010	制成的饲料添加剂	千克	9043153	3236	43661970	11797
23099090	其他配制的动物饲料	千克	21893790	3103	17017922	1405
24011010	未去梗的烤烟	千克	79200	62	—	—
24011090	其他未去梗的烟草	千克	1634419	758	—	—
24012010	部分或全部去梗的烤烟	千克	23927478	19492	2292600	971
24012090	其他部分或全部去梗的烟草	千克	1240771	810	133430	70
24013000	烟草废料	千克	—	—	9927340	538
24021000	烟草制的雪茄烟	千支	390	30	31	1
24022000	烟草制的卷烟	千支	652507	1311	5080390	11057
24029000	烟草代用品制成的雪茄烟及卷烟	千支	—	—	300	2
24031000	供吸用的烟丝,不论是否含有任何比例的烟草代用品	千克	14850	10	15000	1
24039100	“均化”或“再造”烟草	千克	1248300	448	—	—
24039900	其他烟草或烟草代用品的制品;烟草精汁	千克	8689	2	—	—
25010011	食用盐	千克	171313	25	8759341	67
25010019	其他盐	千克	770947439	3575	7295532	48
25010020	纯氯化钠	千克	86181	29	992295	35
25010030	海水	千克	2824	4	500	0

2010年上海关区进出口商品量值表

单位:万美元

商品		计量单位	进口 数量	进口 金额	出口 数量	出口 金额
25020000	未焙烧的黄铁矿	千克	85523	12	5006770	143
25030000	各种硫磺,但升华、沉淀及胶态硫磺除外	千克	43436069	604	67736	3
25041010	鳞片天然石墨	千克	105192	32	25509	4
25041091	球化石墨	千克	4540	1	29369	26
25041099	其他粉末或粉片天然石墨	千克	418344	310	17986	2
25049000	天然石墨(粉末或粉片除外)	千克	246	2	1232708	58
25051000	硅砂及石英砂	千克	11567889	4684	—	—
25059000	其他天然砂	千克	29019	3	24725	2
25061000	石英	千克	6991747	445	1704094	70
25062000	石英岩	千克	3296429	61	1237259	17
25070010	高岭土	千克	66388951	1901	9001950	236
25070090	高岭土的类似土(高岭土除外)	千克	928034	41	341265	6
25081000	膨润土	千克	23268312	557	6547365	158
25083000	耐火粘土	千克	429039	35	—	—
25084000	其他粘土	千克	12861471	393	3017049	81
25085000	红柱石、蓝晶石及硅线石	千克	1141040	44	71430	5
25086000	富铝红柱石	千克	109580	12	80098	6
25087000	火泥及第纳斯土	千克	37061	6	1566183	27
25090000	白垩	千克	202269	6	119	0
25101090	未碾磨其他天然磷酸钙、天然磷酸铝钙及磷酸盐白垩	千克	2	0	—	—
25102010	已碾磨磷灰石	千克	81	4	—	—
25111000	天然硫酸钡(重晶石)	千克	255080	16	2791960	82
25120010	硅藻土	千克	1844035	148	553551	19
25120090	其他硅质化石粗粉及类似的硅质土	千克	84549	14	49272	2
25131000	浮石	千克	19797709	177	7552765	110
25132000	刚玉岩;天然刚玉砂;天然石榴石及其他天然磨料	千克	3466939	117	7305354	217
25140000	板岩,不论是否粗加修整或仅用锯或其他方法切割成矩形(包括正方形)的板、块	千克	48116	4	158093	1
25151100	原状或粗加修整的大理石及石灰华	千克	779296559	13514	3707469	61
25151200	用锯或其他方法切割成矩形(包括正方形)的大理石及石灰华	千克	77137315	1263	207775	17
25152000	其他石灰质碑用或建筑用石;蜡石	千克	10279911	185	125	0
25161100	原状或粗加修整的花岗岩	千克	143697363	2385	126053	7

2010年上海关区进出口商品量值表

单位:万美元

商品		计量单位	进口数量	进口金额	出口数量	出口金额
25161200	仅用锯或其他方法切割成矩形(包括正方形)的花岗岩	千克	6640196	402	177438	8
25162000	砂岩	千克	58631673	1049	352821	8
25169000	其他碑用或建筑用石	千克	1295830	26	8078	0
25171000	通常作混凝土粒料、铺路、铁道路基或其他路基用的卵石、砾石及碎石,圆石子及燧石,不论是否热处理	千克	223258	5	29472147	257
25172000	矿渣、浮渣及类似的工业残渣,不论是否混有子目251710所列的材料	千克	—	—	140000	1
25173000	沥青碎石	千克	—	—	44860	2
25174100	大理石的碎粒、碎屑及粉末	千克	527545	20	652621	5
25174900	品目2515及2516所列各种石料的碎粒、碎屑及粉末(大理石除外)	千克	87539	10	1336609	34
25181000	未煅烧或烧结白云石	千克	10186	0	47008	1
25182000	已煅烧或烧结白云石	千克	574830	50	68360	1
25183000	夯混白云石	千克	49000	2	—	—
25191000	天然碳酸镁(菱镁矿)	千克	6000	1	—	—
25199010	熔凝镁氧矿	千克	10500	2	—	—
25199020	烧结镁氧矿(重烧镁)	千克	40674	9	—	—
25199030	碱烧镁(轻烧镁)	千克	5100	4	—	—
25199091	化学纯氧化镁	千克	3066849	1347	180000	23
25199099	其他氧化镁	千克	1307627	214	139662	4
25201000	生石膏;硬石膏	千克	115758	6	16305129	31
25202010	牙科用熟石膏	千克	292063	27	26912	1
25202090	其他熟石膏	千克	2879597	130	3689900	88
25210000	石灰石助熔剂;通常用于制造石灰或水泥的石灰石及其他钙质石	千克	894170	31	5844992	93
25221000	生石灰	千克	1399869	28	1734211	45
25222000	熟石灰	千克	169912	24	2299282	29
25223000	水硬石灰	千克	42535	4	—	—
25231000	水泥熟料	千克	78214	4	369289	26
25232100	白水泥,不论是否人工着色	千克	849165	43	272110	10
25232900	其他硅酸盐水泥	千克	9648556	83	31787250	208
25233000	矾土水泥	千克	2116155	103	94652	3
25239000	其他水凝水泥	千克	356354	25	6056700	67
25249010	其他长纤维石棉	千克	2087	0	—	—
25249090	其他石棉	千克	21983	18	920022	27

2010年上海关区进出口商品量值表

单位:万美元

商品		计量单位	进口		出口	
			数量	金额	数量	金额
25251000	原状云母及劈开的云母片	千克	12976596	604	123022	5
25252000	云母粉	千克	2047762	254	9378852	309
25261010	未破碎及未研粉的冻石	千克	70	0	—	—
25261020	未破碎及未研粉的滑石	千克	25071	1	—	—
25262010	已破碎或已研粉的冻石	千克	400	0	20140	0
25262020	已破碎或已研粉的滑石	千克	10999095	897	199400	9
25281000	天然硼砂及其精矿(不论是否煅烧)	千克	125	0	1668340	23
25289000	其他天然硼酸盐及精矿(不论是否煅烧),但不包括从天然盐水析离的硼酸盐;天然粗硼酸,含硼酸干重≤85%	千克	59601400	2378	242000	11
25291000	长石	千克	14320089	531	2517286	51
25292100	按重量计氟化钙含量≤97%的萤石	千克	5758	2	4780480	188
25292200	按重量计氟化钙含量>97%的萤石	千克	847603	56	3278052	86
25293000	白榴石;霞石及霞石正长岩	千克	1435466	75	806254	12
25301010	未膨胀的绿泥石	千克	20542	2	—	—
25301020	未膨胀的蛭石、珍珠岩石	千克	17760120	546	4381853	53
25302000	硫镁矾矿及泻盐矿(天然硫酸镁)	千克	—	—	1000	0
25309010	矿物性药材	千克	—	—	132092	11
25309020	稀土金属矿	千克	72000	7	—	—
25309091	硅灰石	千克	1230809	120	1530980	19
25309099	未列名矿产品	千克	9201348	555	2136975	89
26011110	平均粒度<0.8mm未烧结铁矿砂及其精矿	千克	646753402	6206	25	0
26011120	平均粒度≥0.8mm,<6.3mm未烧结铁矿砂及精矿	千克	6007479307	71220	61611	0
26011190	平均粒度≥6.3mm未烧结铁矿砂及其精矿	千克	9548460252	119902	1553771	31
26011200	已烧结的铁矿砂及其精矿	千克	1987348386	33399	—	—
26012000	焙烧黄铁矿	千克	320	0	315	0
26020000	锰矿砂及其精矿,包括以干重计锰含量在20%及以上的含铁锰矿及其精矿	千克	15029803	244	—	—
26030000	铜矿砂及其精矿	千克	25179809	2643	—	—
26040000	镍矿砂及其精矿	千克	265098	121	—	—
26050000	钴矿砂及其精矿	千克	34563617	7326	—	—
26060000	铝矿砂及其精矿	千克	187050	28	—	—

2010年上海关区进出口商品量值表

单位:万美元

商品		计量单位	进口数量	进口金额	出口数量	出口金额
26070000	铅矿砂及其精矿	千克	1330714	80	—	—
26080000	锌矿砂及其精矿	千克	12175211	448	—	—
26090000	锡矿砂及其精矿	千克	932542	141	23804	22
26100000	铬矿砂及其精矿	千克	1842064913	48415	1000	0
26110000	钨矿砂及其精矿	千克	79300	76	40000	41
26122000	钍矿砂及其精矿	千克	510	0	—	—
26131000	已焙烧的钼矿砂及其精矿	千克	3846069	6754	2698000	5336
26139000	其他钼矿砂及其精矿	千克	201764	166	187921	225
26140000	钛矿砂及其精矿	千克	62371581	1741	786000	59
26151000	锆矿砂及其精矿	千克	97226378	8514	1000330	97
26159090	其他铌、钽、钒矿砂及其精矿	千克	87893	60	—	—
26169000	其他贵金属矿砂及其精矿	千克	30	0	436	0
26171090	其他锑矿砂及其精矿	千克	33600	4	—	—
26179090	未列名矿砂及其精矿	千克	2621681	135	—	—
26180090	其他冶炼钢铁所产生的粒状熔渣(熔渣砂)	千克	—	—	24000	0
26190000	冶炼钢铁所产生的熔渣、浮渣(粒状熔渣除外)、氧化皮及其他废料	千克	320715679	3419	125	0
26203000	主要含铜的矿渣、矿灰及残渣	千克	50	0	—	—
26209990	未列名含金属或金属化合物的矿渣矿灰及残渣	千克	—	—	275600	10
26219000	其他矿渣及矿灰,包括海藻灰(海草灰)	千克	—	—	11728720	2258
27011100	无烟煤	千克	257707	15	37000	1
27011210	炼焦煤	千克	1061336581	21472	—	—
27011290	其他烟煤	千克	2357654725	21156	—	—
27011900	其他煤	千克	1091317020	9169	—	—
27012000	煤砖、煤球及用煤制成的类似固体燃料	千克	—	—	109357	4
27021000	褐煤,不论是否粉化,但未制成型	千克	71348497	539	—	—
27022000	制成型的褐煤	千克	40355	1	27385	1
27030000	泥煤(包括肥料用泥煤),不论是否制成型	千克	15172688	401	—	—
27040010	焦炭及半焦炭	千克	33522	3	—	—
27040090	甑炭	千克	43	0	—	—
27060000	从煤、褐煤或泥煤蒸馏所得的焦油及其他矿物焦油,不论是否脱水或部分蒸馏,包括再造焦油	千克	158429	14	12	0

2010 年上海关区进出口商品量值表

单位:万美元

商品		计量单位	进口		出口	
			数量	金额	数量	金额
27073000	粗二甲苯	千克	13412625	1198	—	—
27074000	萘	千克	11789715	1122	—	—
27075000	其他芳烃混合物,温度在 250℃时蒸馏出芳烃含量以体积(包括损耗)在 65% 及以上(以美国标准试验法 D86 为准)	千克	6649056	720	1384332	143
27079100	杂酚油	千克	64000	8	—	—
27079910	酚	千克	439342	71	—	—
27079990	其他蒸馏高温煤焦油所得的焦油及其他产品;其他芳族成分重量超过非芳族成分的类似产品	千克	10312890	833	1001	0
27081000	沥青	千克	398554	47	2372507	520
27082000	沥青焦	千克	4372001	592	15856225	867
27090000	石油原油及从沥青矿物提取的原油	千克	1561	0	—	—
27101110	车用汽油和航空汽油	千克	26963	11	255358376	17102
27101120	石脑油	千克	96172788	7249	—	—
27101130	橡胶溶剂油、油漆溶剂油、抽提溶剂油	千克	14288057	1672	25367	4
27101199	未列名轻油及其制品	千克	3743371	846	388	0
27101911	航空煤油	千克	2585728246	186547	1856202821	144119
27101919	其他煤油馏分	千克	11203202	1083	203500	22
27101921	轻柴油	千克	460392200	31863	817039650	55169
27101922	5-7 号燃料油	千克	888323075	42200	1310658973	59568
27101929	其他柴油及其他燃料油	千克	157955919	9068	127288333	6826
27101991	润滑油	千克	139035681	28095	37004578	5227
27101992	润滑脂	千克	13207270	5063	218054	107
27101993	润滑油基础油	千克	72371143	7946	2531496	212
27101994	液体石蜡和重质液体石蜡	千克	2853822	416	315997	33
27101999	其他重油;以石油及从沥青矿物提取的油类为基础成分的未列名制品	千克	23935034	3006	1078307	159
27111100	液化天然气	千克	1482053000	52494	—	—
27111200	液化丙烷	千克	1948	3	17856	5
27111390	其他液化丁烷	千克	35255157	2758	1801811	327
27111400	液化乙烯、丙烯、丁烯及丁二烯	千克	1801181	136	—	—
27111910	直接灌注香烟打火机及类似打火器用的液化燃料,其包装容器的容积超过 300 立方厘米	千克	66	0	—	—

2010 年上海关区进出口商品量值表

单位:万美元

商品		计量单位	进口		出口	
			数量	金额	数量	金额
27111990	未列名液化石油气及其他烃类气	千克	298	2	1	0
27112900	气态石油气及其他烃类气	千克	105	6	—	—
27121000	凡士林	千克	421901	130	368244	52
27122000	石蜡,按重量计含油量 <0.75%	千克	2761832	789	57012522	6047
27129010	微晶石蜡	千克	2987955	745	62075	22
27129090	其他石蜡、疏松石蜡、地蜡、褐煤蜡、泥煤蜡、其他矿物蜡及用合成或其他方法制得的类似产品,不论是否着色	千克	7824184	1071	328710	81
27131110	未煅烧石油焦,含硫量 <3%	千克	54597210	1032	—	—
27131190	其他未煅烧石油焦	千克	261	0	—	—
27131210	已煅烧石油焦,含硫量 <0.8%	千克	5548750	773	323540	22
27131290	其他已煅烧石油焦	千克	122268	5	5000	0
27132000	石油沥青	千克	12610194	607	37035	6
27139000	其他石油或从沥青矿物提取油类的残渣	千克	—	—	1360	0
27149010	天然沥青(地沥青)	千克	221330	7	280000	21
27149020	乳化沥青	千克	233291	26	148600	15
27149090	沥青岩	千克	341457	9	—	—
27150000	以天然沥青(地沥青)、石油沥青、矿物焦油或矿物焦油沥青为基本成分的沥青混合物(例如,沥青胶粘剂、稀释沥青)	千克	1613837	305	171237	23
28011000	氯	千克	76181	179	—	—
28012000	碘	千克	1692314	4482	600	2
28013010	氟	千克	0	0	0	0
28020000	升华硫磺、沉淀硫磺;胶态硫磺	千克	661364	127	196140	20
28030000	碳(炭黑及其他品目未列名的其他形态的碳)	千克	37187658	9093	34169049	4042
28041000	氢	立方米	0	0	906	2
28042100	氩	立方米	77277	33	34632	60
28042900	其他稀有气体	立方米	306066	3179	12665	39
28043000	氮	立方米	8109	42	11	4
28044000	氧	立方米	767	6	203	8
28045000	硼;碲	千克	17406	293	12608	264
28046117	经掺杂用于电子工业的单晶硅棒,含硅量不少于 99.99%,直径在 30 厘米及以上	千克	297	0	14	0

2010年上海关区进出口商品量值表

单位:万美元

商品		计量单位	进口数量	进口金额	出口数量	出口金额
28046119	经掺杂用于电子工业的单晶硅棒,含硅量不少于99.99%,直径在7.5厘米及以上,但小于30厘米	千克	319445	5410	212101	3235
28046120	经掺杂用于电子工业的单晶硅棒,含硅量不少于99.99%,直径在7.5厘米以下	千克	49	7	318	32
28046190	其他含硅量≥99.99%的硅	千克	9430438	57640	1328420	8875
28046900	其他硅	千克	49082	108	42920816	9884
28047010	黄磷(白磷)	千克	—	—	5849600	1561
28047090	其他磷	千克	1751	10	286499	105
28048000	砷	千克	95	8	—	—
28049010	经掺杂用于电子工业的硒晶体棒	千克	—	—	5	0
28049090	其他硒	千克	300137	2103	—	—
28051100	钠	千克	42	0	1632000	342
28051200	钙	千克	6	0	46107	9
28051900	其他碱金属及碱土金属	千克	167240	838	768450	2553
28053011	钕,未相混合或相互熔合	千克	—	—	530905	2830
28053012	镝,未相混合或相互熔合	千克	—	—	110	3
28053013	铽,未相混合或相互熔合	千克	1	0	1691	117
28053019	其他稀土金属、钪及钇,未相混合或相互熔合	千克	94	32	489051	1001
28053021	电池级稀土金属、钪及钇,已相互混合或相互熔合	千克	—	—	7000	10
28053029	其他稀土金属、钪及钇,已相混合或相互熔合	千克	—	—	603010	2593
28061000	氯化氢(盐酸)	千克	860001	406	16031	8
28062000	氯磺酸	千克	1	0	871260	27
28070000	硫酸;发烟硫酸	千克	6867239	287	257602	14
28080000	硝酸;磺硝酸	千克	798107	160	595930	50
28091000	五氧化二磷	千克	13729	4	6927294	1100
28092011	食品级磷酸	千克	655	0	37373246	3100
28092019	其他磷酸及偏磷酸、焦磷酸	千克	1122690	396	5	0
28092090	其他多磷酸	千克	15898	10	2445232	362
28100010	硼的氧化物	千克	2153	9	6346	2
28100020	硼酸	千克	79074498	4826	684826	89
28111100	氢氟酸(氟化氢)	千克	1338021	370	84006335	10646
28111990	其他未列名无机酸	千克	396926	770	49245845	6485

2010年上海关区进出口商品量值表

单位:万美元

商品		计量单位	进口		出口	
			数量	金额	数量	金额
28112100	二氧化碳	千克	94720	100	632200	3
28112200	二氧化硅	千克	30889400	8099	38503646	3160
28112900	未列名非金属无机氧化物	千克	584000	682	2043567	144
28121010	氯化亚砜(二氯氧化硫;亚硫酰氯)	千克	595200	31	—	—
28121020	氧氯化磷(磷酰氯;三氯氧磷)	千克	419	30	361800	48
28121043	三氯化磷	千克	—	—	8686800	914
28121045	五氯化磷	千克	—	—	7502	2
28121049	其他非金属氯化物	千克	1051802	474	5839278	135
28121090	其他非金属氯氧化物	千克	0	0	22934	5
28129000	未列名非金属卤化物及卤氧化物	千克	374765	1948	408898	331
28131000	二硫化碳	千克	—	—	7153910	486
28139000	未列名非金属硫化物;商品三硫化二磷	千克	3	0	523150	74
28141000	氨	千克	280924518	11532	10936	4
28142000	氨水	千克	2258803	245	686	0
28151100	固体氢氧化钠	千克	2650689	158	26100575	821
28151200	水溶液(氢氧化钠浓溶液及液体烧碱)	千克	1016311	353	201067230	4331
28152000	氢氧化钾(苛性钾)	千克	717476	376	12982674	1170
28153000	过氧化钠及过氧化钾	千克	158	2	500	0
28161000	氢氧化镁及过氧化镁	千克	1799398	408	267880	16
28164000	锶或钡的氧化物、氢氧化物及过氧化物	千克	18032	24	120350	16
28170010	氧化锌	千克	1883116	700	1494805	297
28170090	过氧化锌	千克	0	0	30000	21
28181010	棕刚玉	千克	100601	41	7224211	536
28181090	其他人造刚玉,不论是否已有化学定义	千克	13372360	1426	4043129	520
28182000	氧化铝,但人造刚玉除外	千克	8965890	1792	1734244	383
28183000	氢氧化铝	千克	14372433	1622	354035	35
28191000	三氧化铬	千克	86309	73	107980	55
28199000	未列名铬的氧化物及氢氧化物	千克	92654	103	517614	218
28201000	二氧化锰	千克	261885	28	374891	63
28209000	未列名锰的氧化物	千克	627121	172	256631	44
28211000	铁的氧化物及氢氧化物	千克	64821134	2874	279635730	23759
28212000	土色料	千克	281866	27	1630488	159
28220010	四氧化三钴	千克	460018	1400	496390	1587

2010年上海关区进出口商品量值表

单位:万美元

商品		计量单位	进口 数量	进口 金额	出口 数量	出口 金额
28220090	未列名钴的氧化物及氢氧化物;商品氧化钴	千克	20219	16	71071	191
28230000	钛的氧化物	千克	2898182	1119	8490765	1480
28241000	一氧化铅(铅黄、黄丹)	千克	22950	10	424000	120
28249010	铅丹及铅橙	千克	—	—	295000	77
28249090	未列名铅的氧化物	千克	16	0	—	—
28251010	水合肼	千克	285392	80	983002	260
28251020	硫酸羟胺	千克	250752	43	807583	149
28251090	未列名肼(联氨)、胲(羟胺)及其无机盐	千克	216796	53	217806	52
28252010	氢氧化锂	千克	21449	20	1624009	951
28252090	未列名锂的氧化物及氢氧化物	千克	3060	5	360	4
28253010	五氧化二钒	千克	22160	34	1096810	1294
28253090	未列名钒的氧化物及氢氧化物	千克	80010	14	20000	3
28254000	镍的氧化物及氢氧化物	千克	133475	290	179810	352
28255000	铜的氧化物及氢氧化物	千克	8815341	6453	234777	119
28256000	锗的氧化物及二氧化锆	千克	231807	312	2124418	1057
28257000	钼的氧化物及氢氧化物	千克	85	1	10400	30
28258000	锑的氧化物	千克	341728	317	—	—
28259012	三氧化钨	千克	1	0	8600	19
28259019	未列名钨的氧化物及氢氧化物	千克	2304	1	20000	36
28259090	其他无机碱、金属氧化物、氢氧化物及过氧化物	千克	1093957	869	548025	1229
28261210	无水氟化铝	千克	35001	83	1475475	138
28261290	其他氟化铝	千克	91	0	564157	48
28261910	铵的氟化物	千克	121451	50	1475084	175
28261920	钠的氟化物	千克	160578	17	6409350	484
28261990	其他氟化物	千克	115955	774	3431368	1306
28263000	六氟铝酸钠(人造冰晶石)	千克	571431	16	665113	48
28269010	氟硅酸盐	千克	23275	14	3699276	196
28269090	未列名氟铝酸盐及其他氟络盐	千克	618116	193	3401830	711
28271010	肥料用氯化铵	千克	—	—	8813100	138
28271090	非肥料用氯化铵	千克	30157	11	5021100	108
28272000	氯化钙	千克	62406	39	3614791	142
28273100	氯化镁	千克	96382	34	295730	22
28273200	氯化铝	千克	486990	60	833240	35
28273500	氯化镍	千克	56516	53	11400	8

2010年上海关区进出口商品量值表

单位:万美元

商品		计量单位	进口 数量	进口 金额	出口 数量	出口 金额
28273910	氯化锂	千克	1989929	728	194313	86
28273920	氯化钡	千克	51	1	1043900	67
28273930	氯化钴	千克	117	0	120850	129
28273990	其他未列名氯化物	千克	694872	130	2707101	904
28274100	铜的氯氧化物及氢氧基氯化物	千克	—	—	190055	82
28274910	锆的氯氧化物及氢氧基氯化物	千克	200	1	23977961	3421
28274990	其他氯氧化物及氢氧基氯化物	千克	7919	7	287532	110
28275100	溴化钠及溴化钾	千克	23795	12	1293637	256
28275900	其他溴化物及溴氧化物	千克	246273	91	795892	241
28276000	碘化物及碘氧化物	千克	86548	269	33383	124
28281000	商品次氯酸钙及其他钙的次氯酸盐	千克	20	0	25934739	2704
28289000	亚氯酸盐;次溴酸盐及其他次氯酸盐	千克	816060	543	1506461	168
28291100	氯酸钠	千克	894	1	262280	13
28291910	氯酸钾(洋硝)	千克	—	—	60000	6
28291990	其他氯酸盐	千克	—	—	15680	1
28299000	高氯酸盐;溴酸盐及过溴酸盐;碘酸盐及高碘酸盐	千克	15019	18	1191341	266
28301010	硫化钠	千克	28479	3	—	—
28301090	钠的其他硫化物	千克	54000	3	710000	46
28309020	硫化锑	千克	91202	67	35000	20
28309090	未列名硫化物;多硫化物	千克	757449	323	114174	147
28311010	钠的连二亚硫酸盐	千克	483605	80	9058513	683
28311020	钠的次硫酸盐	千克	210667	52	6038253	878
28319000	其他连二亚硫酸盐及次硫酸盐	千克	82700	71	168495	23
28321000	钠的亚硫酸盐	千克	611790	61	7558616	224
28322000	其他亚硫酸盐	千克	13441	9	386680	20
28323000	硫代硫酸盐	千克	1587	2	13708557	383
28331100	硫酸二钠	千克	82928	13	202487623	1877
28331900	钠的其他硫酸盐	千克	26106	11	195928	6
28332100	硫酸镁	千克	43668	12	36802106	362
28332200	硫酸铝	千克	274947	27	29275	1
28332400	镍的硫酸盐	千克	670820	361	177343	112
28332500	铜的硫酸盐	千克	304667	138	7389025	1438
28332700	硫酸钡	千克	2836913	358	2242584	91
28332910	硫酸亚铁	千克	96271	39	7818705	94
28332920	铬的硫酸盐	千克	147000	18	224935	21

2010年上海关区进出口商品量值表

单位:万美元

商品		计量单位	进口		出口	
			数量	金额	数量	金额
28332930	硫酸锌	千克	367271	86	4433235	325
28332990	未列名硫酸盐	千克	662695	221	6187937	1308
28333010	钾铝矾	千克	2998	2	438923	17
28333090	其他矾	千克	676	1	82320	5
28334000	过硫酸盐	千克	75310	24	14214486	1650
28341000	亚硝酸盐	千克	145377	23	747002	56
28342110	肥料用硝酸钾	千克	—	—	278000	25
28342190	非肥料用硝酸钾	千克	366706	111	1251504	118
28342910	硝酸钴	千克	2	0	13801	14
28342990	未列名硝酸盐	千克	180336	84	3537419	603
28351000	次磷酸盐及亚磷酸盐	千克	513105	432	23641267	4907
28352200	磷酸一钠及磷酸二钠	千克	120436	98	909709	103
28352400	钾的磷酸盐	千克	117019	68	5683784	823
28352510	饲料级的正磷酸氢钙(磷酸二钙)	千克	1	0	14116000	497
28352520	食品级的正磷酸氢钙(磷酸二钙)	千克	3425	2	2524992	205
28352590	其他正磷酸氢钙(磷酸二钙)	千克	802	1	21699113	1832
28352600	其他磷酸钙	千克	145951	51	19418352	844
28352910	磷酸三钠	千克	15512	7	1780314	80
28352990	其他磷酸盐	千克	590884	536	1624317	297
28353110	食品级的三磷酸钠(三聚磷酸钠)	千克	25595	3	18387778	1705
28353190	其他三磷酸钠(三聚磷酸钠)	千克	44837	8	156826873	12437
28353911	食品级的六偏磷酸钠	千克	1293348	292	5910675	580
28353919	其他六偏磷酸钠	千克	4627	4	18631251	1686
28353990	其他多磷酸盐	千克	458232	179	20144735	2693
28362000	碳酸钠(纯碱)	千克	43604	12	24476860	516
28363000	碳酸氢钠(小苏打)	千克	973916	217	5185521	160
28364000	钾的碳酸盐	千克	346811	61	4852681	505
28365000	碳酸钙	千克	16968078	751	10859786	382
28366000	碳酸钡	千克	144269	32	173750	9
28369100	锂的碳酸盐	千克	2714109	1123	1417592	1152
28369200	锶的碳酸盐	千克	8227	6	309807	31
28369910	碳酸镁	千克	81829	14	372610	41
28369930	碳酸钴	千克	375	2	12550	28
28369940	商品碳酸铵及其他铵的碳酸盐	千克	33550	13	376880	58
28369950	碳酸锆	千克	52800	58	5819225	1303
28369990	其他碳酸盐;过碳酸盐	千克	349167	112	14886599	1925
28371110	氰化钠	千克	5750	4	6999850	1279

2010年上海关区进出口商品量值表

单位:万美元

商品		计量单位	进口数量	进口金额	出口数量	出口金额
28371910	氰化钾	千克	6500	6	17500	7
28371990	其他氰化物及氧氰化物	千克	479	5	8524	44
28372000	氰络合物	千克	1515	8	757359	197
28391100	偏硅酸钠	千克	287588	95	4973247	183
28391900	其他钠盐	千克	506991	137	768531	39
28399000	其他硅酸盐、商品碱金属硅酸盐	千克	1910087	496	3034841	284
28401100	无水四硼酸钠	千克	711811	99	145900	19
28401900	其他四硼酸钠	千克	90987870	4183	86501	7
28402000	其他硼酸盐	千克	497586	213	695492	210
28403000	过硼酸盐	千克	38031	6	267710	28
28413000	重铬酸钠	千克	500604	80	—	—
28415000	其他铬酸盐及重铬酸盐;过铬酸盐	千克	55832	17	164355	40
28416100	高锰酸钾	千克	310	1	9983550	2162
28416900	其他亚锰酸盐、锰酸盐及高锰酸盐	千克	44905	70	942425	278
28417010	钼酸铵	千克	10410	31	72500	156
28417090	其他钼酸盐	千克	12237	9	337600	548
28418010	仲钨酸铵	千克	—	—	8000	15
28418020	钨酸钠	千克	20	0	108000	180
28418040	偏钨酸铵	千克	500	2	78288	168
28418090	其他钨酸盐	千克	12	1	—	—
28419000	其他金属酸盐及过金属酸盐	千克	466565	578	1617534	2906
28421000	硅酸复盐或硅酸络盐,包括不论是否已有化学定义的硅铝酸盐	千克	1290468	377	4339606	186
28429010	雷酸盐、氰酸盐及硫氰酸盐	千克	12	0	9598225	1225
28429090	其他无机酸盐及过氧酸盐,但叠氮化物除外	千克	827546	534	59155	16
28431000	胶态贵金属	克	2091739	15	150000	1
28432100	硝酸银	克	18152848	13	85000	5
28432900	其他银化合物	克	12775575	272	474461	6
28433000	金化合物	克	2713740	6476	—	—
28439000	其他贵金属化合物;贵金属汞齐	克	30599162	3786	68304158	34273
28441000	天然铀及其化合物;含天然铀或天然铀化合物的合金、分散体(包括金属陶瓷)、陶瓷产品及混合物	克	2234514778	35975	—	—
28442000	U235浓缩铀及其化合物;钚及其化合物;含U235浓缩铀、钚或它们的化合物的合金、分散体(包括金属陶瓷)、陶瓷产品及混合物	克	25344344	6293	—	—

2010 年上海关区进出口商品量值表

单位:万美元

	商　　品	计量单位	进口 数量	进口 金额	出口 数量	出口 金额
28443000	U235 贫化铀及其化合物;钍及其化合物;含 U235 贫化铀、钍或它们的化合物的合金、分散体(包括金属陶瓷)、陶瓷产品及混合物	克	6990	5	—	—
28444020	钴及钴盐	克	348860	1510	—	—
28444090	其他除子目号 2844.10、2844.20 及 2844.30 以外的放射性元素、同位素及其化合物;含这些元素、同位素及其化合物的合金、分散体(包括金属陶瓷)、陶瓷产品及混合物	克	849823	456	430	1
28451000	重水(氧化氘)	克	170025	6	—	—
28459000	品目 2844 以外的其他同位素;这些同位素的无机或有机化合物,不论是否已有化学定义	克	1495433	207	238865	219
28461010	氧化铈	千克	58811	118	368650	895
28461020	氢氧化铈	千克	—	—	190400	404
28461030	碳酸铈	千克	88400	9	909574	2102
28461090	其他铈的化合物	千克	59629	76	61135	249
28469011	氧化钇	千克	302754	639	2019824	6187
28469012	氧化镧	千克	1010704	445	3609725	8616
28469013	氧化钕	千克	42950	134	632895	3055
28469014	氧化铕	千克	—	—	26719	1467
28469015	氧化镝	千克	5	0	85649	2252
28469016	氧化铽	千克	102	4	33226	1840
28469019	未列名氧化稀土	千克	183600	334	2256932	11680
28469021	氯化铽	千克	0	0	—	—
28469022	氯化镝	千克	0	0	—	—
28469029	其他氯化稀土	千克	120	0	108209	30
28469030	氟化稀土	千克	3186	3	20892	125
28469041	碳酸镧	千克	216000	65	312650	98
28469048	混合碳酸稀土	千克	26911	10	—	—
28469049	其他碳酸稀土	千克	4320	13	83000	38
28469090	其他稀土金属、钇、钪及其混合物的无机或有机化合物	千克	545887	465	243474	251
28470000	过氧化氢,不论是否用尿素固化	千克	1846123	206	6487157	254
28480000	磷化物,不论是否有化学定义,但不包括磷铁	千克	6687	753	569582	235

2010年上海关区进出口商品量值表

单位:万美元

商品		计量单位	进口		出口	
			数量	金额	数量	金额
28491000	碳化钙	千克	41	0	—	—
28492000	碳化硅	千克	138175	173	2430626	887
28499010	碳化硼	千克	10622	15	26501	15
28499020	碳化钨	千克	3852	28	509700	1628
28499090	其他碳化物	千克	11664	22	149254	515
28500000	氢化物、氮化物、叠氮化物、硅化物及硼化物,不论是否已有化学定义,但可归入品目2849的碳化物除外	千克	1003673	5999	1080809	1675
28530010	饮用蒸馏水	千克	12827	15	—	—
28530090	其他无机化合物(包括非饮用蒸馏水、导电水及类似的纯净水);液态空气(不论是否除去稀有气体)压缩空气;汞齐,但贵金属汞齐除外	千克	352741	678	9887316	1816
29011000	饱和无环烃	千克	93929370	8370	1799168	305
29012100	乙烯	千克	29476393	3111	12345769	1338
29012200	丙烯	千克	237650277	28889	8000	2
29012310	1-丁烯	千克	956354	102	—	—
29012320	2-丁烯	千克	3	0	—	—
29012400	1,3-丁二烯及异戊二烯	千克	13	0	14538575	3311
29012910	异戊烯	千克	147880	29	182245	34
29012920	乙炔	千克	2318	4	9600	2
29012990	其他不饱和无环烃	千克	16291361	2367	7241952	2981
29021100	环己烷	千克	93730	28	119275	26
29021910	蒎烯	千克	9155	9	477375	181
29021990	其他环烷烃;其他环烯及环萜烯	千克	2649049	694	9210304	4103
29022000	苯	千克	98924858	9047	5956083	468
29023000	甲苯	千克	11800	12	—	—
29024100	邻二甲苯	千克	8751253	981	2040	0
29024200	间二甲苯	千克	14	0	10076	4
29024300	对二甲苯	千克	222121262	23483	135	2
29024400	混合二甲苯异构体	千克	2988	7	22218	14
29025000	苯乙烯	千克	16609352	1976	138787	33
29026000	乙苯	千克	688	2	101450	35
29027000	异丙基苯	千克	12002908	1407	18915	5
29029010	四氢萘	千克	41310	17	1	0
29029020	精萘	千克	6362301	739	28145	11
29029030	十二烷基苯	千克	120	1	—	—

2010 年上海关区进出口商品量值表

单位:万美元

商品		计量单位	进口 数量	进口 金额	出口 数量	出口 金额
29029040	4-(4'-烷基环己基)环己基乙烯	千克	—	—	30130	2119
29029090	其他环烃	千克	4262705	1279	4906081	1968
29031100	一氯甲烷及氯乙烷	千克	11210	16	100600	23
29031200	二氯甲烷	千克	2129419	189	495000	38
29031300	氯仿(三氯甲烷)	千克	1052130	55	—	—
29031990	其他未列名无环烃的饱和氯化衍生物	千克	3111135	358	1413376	293
29032100	氯乙烯	千克	40708348	3327	15820	2
29032200	三氯乙烯	千克	547424	85	—	—
29032300	四氯乙烯(全氯乙烯)	千克	279840	35	604200	88
29032910	3-氯-1-丙烯(氯丙烯)	千克	65900	9	96480	22
29032990	其他无环烃的不饱和氯化衍生物	千克	5904	92	3357168	895
29033990	其他无环烃的氟化、溴化或碘化衍生物	千克	4117266	3942	88914935	44512
29034100	三氯氟甲烷	千克	—	—	54000	17
29034200	二氯二氟甲烷	千克	—	—	178000	62
29034300	三氯三氟乙烷	千克	—	—	1177000	397
29034530	四氯二氟乙烷	千克	0	0	36000	16
29034560	五氯三氟丙烷	千克	—	—	45	0
29034599	其他未列名仅含氟和氯的无环烃全卤化衍生物	千克	30	0	1258818	1082
29034700	其他含≥两种不同卤素无环烃全卤化衍生物	千克	48440	156	54699	59
29034910	其他仅含氟和氯的甲、乙烷及丙烷卤化衍生物	千克	184231	114	81036469	17133
29034920	其他仅含氟和溴的甲、乙烷及丙烷卤化衍生物	千克	1876	3	39293	49
29034990	未列名含≥两种不同卤素的无环烃卤化衍生物	千克	1594	29	164100	64
29035900	其他环烷烃、环烯烃或萜烯烃的卤化衍生物	千克	19686	245	6694763	3951
29036110	邻二氯苯	千克	44547	7	298750	42
29036190	氯苯、对二氯苯	千克	248382	73	29180481	3197
29036910	对氯甲苯	千克	739200	99	34600	6
29036920	3,4-二氯三氟甲苯	千克	71900	17	201520	60
29036930	4-(4'-烷基苯基)-1-(4'-烷基苯基)-2-氟苯	千克	—	—	6440	699

2010年上海关区进出口商品量值表

单位:万美元

商品		计量单位	进口数量	进口金额	出口数量	出口金额
29036990	其他芳烃卤化衍生物	千克	2801302	942	20041528	9515
29041000	仅含磺基的衍生物及其盐和乙酯	千克	682717	302	5032954	1170
29042010	硝基苯	千克	22	0	3434	2
29042020	硝基甲苯	千克	53	0	405375	77
29042030	二硝基甲苯	千克	1	0	188425	32
29042090	其他仅含硝基或亚硝基的衍生物	千克	32921	6	1105420	301
29049011	邻硝基氯化苯	千克	—	—	61893	11
29049012	间硝基氯化苯	千克	—	—	740900	124
29049013	对硝基氯化苯	千克	—	—	1299401	131
29049020	二硝基氯化苯	千克	—	—	172500	23
29049090	其他烃的磺化、硝化或亚硝化衍生物	千克	301660	352	9106833	2965
29051100	甲醇	千克	533799	207	153124	29
29051210	丙醇	千克	1370709	154	21784	17
29051220	异丙醇	千克	10300932	1483	94054	19
29051300	正丁醇	千克	17469536	2594	13856	3
29051410	异丁醇	千克	1307544	208	31308	11
29051420	仲丁醇	千克	39476	11	1	0
29051430	叔丁醇	千克	162124	33	26435	15
29051610	正辛醇	千克	5484373	824	258868	45
29051690	其他辛醇及其异构体	千克	1013814	178	193580	32
29051700	十二醇、十六醇及十八醇	千克	9098547	1359	818840	126
29051990	未列名饱和一元醇	千克	9894224	2169	11403935	2120
29052210	香叶醇、橙花醇(3,7-二甲基-2,6-辛二烯-1-醇)	千克	433277	366	16241	31
29052220	香茅醇(3,7-二甲基-6-辛烯-1-醇)	千克	399249	340	98840	59
29052230	芳樟醇	千克	494057	370	405961	572
29052290	其他无环萜烯醇	千克	196228	139	503312	371
29052900	其他不饱和一元醇	千克	1068874	1165	1017169	1076
29053100	1,2-乙二醇	千克	166253111	14873	803254	272
29053200	丙二醇	千克	15109289	2439	4949894	688
29053910	2,5-二甲基己二醇	千克	13624	6	782400	489
29053990	其他二元醇	千克	61430809	12229	1457260	665
29054100	2-乙基-2-(羟甲基)丙烷-1,3-二醇(三羟基甲基丙烷)	千克	8096479	1505	1604831	398
29054200	季戊四醇	千克	1552763	258	24795631	3959

2010年上海关区进出口商品量值表

单位：万美元

商品		计量单位	进口数量	进口金额	出口数量	出口金额
29054300	甘露糖醇	千克	111633	65	320127	70
29054400	山梨醇	千克	2296716	180	433704	34
29054500	丙三醇（甘油）	千克	28835367	1648	640571	50
29054910	木糖醇	千克	2099175	365	1660932	472
29054990	其他多元醇	千克	599617	205	516769	266
29055900	其他无环醇卤化、磺化、硝化或亚硝化衍生物	千克	170882	179	7507414	4347
29061100	薄荷醇	千克	5944364	10630	4004088	7464
29061200	环己醇、甲基环己醇及二甲基环己醇	千克	23080	97	52966	34
29061310	固醇	千克	38812	99	14162	60
29061320	肌醇	千克	1439	6	1412089	1296
29061910	萜品醇	千克	59191	23	1234640	595
29061990	其他环烷醇、环烯醇及环萜烯醇	千克	278471	653	4530491	5302
29062100	苄醇	千克	272831	71	2222690	468
29062910	2－苯基乙醇	千克	51	1	310857	151
29062990	其他芳香醇	千克	47229	151	1771922	2638
29071110	苯酚	千克	147876352	19331	265532	132
29071190	苯酚盐	千克	156	4	397966	270
29071211	间甲酚	千克	80158	39	85410	50
29071212	邻甲酚	千克	506936	96	200	0
29071219	其他甲酚	千克	582529	122	3054055	1002
29071290	甲酚盐	千克	53	0	27762	15
29071310	壬基酚	千克	2555419	484	380941	81
29071390	辛基酚及其异构体和盐，壬基酚异构体和盐	千克	5212409	1050	34842	24
29071510	β－萘酚（2－萘酚）	千克	3	0	382560	104
29071590	其他萘酚及萘酚盐	千克	52075	130	991213	471
29071910	邻仲丁基酚、邻异丙基酚	千克	8	1	58102	15
29071990	其他一元酚	千克	7831830	2089	2107746	1429
29072100	间苯二酚	千克	2385945	1096	652182	366
29072210	对苯二酚	千克	1842290	879	1501217	1139
29072290	对苯二酚盐	千克	293	1	120640	133
29072300	4，4－异亚丙基联苯酚（双酚A，二苯基酚丙烷）及其盐	千克	242148913	45826	6782495	1374
29072910	邻苯二酚	千克	779860	251	282357	120
29072990	其他多元酚；酚醇	千克	435838	355	995793	2009

2010年上海关区进出口商品量值表

单位:万美元

商品		计量单位	进口数量	进口金额	出口数量	出口金额
29081910	对氯苯酚	千克	3332	8	1907010	443
29081990	其他仅含卤素取代基的酚及酚醇衍生物及其盐	千克	4037789	1206	5677982	1534
29089910	对硝基酚、对硝基酚钠	千克	1000	2	1400141	224
29089990	其他酚及酚醇的卤化、磺化、硝化或亚硝化衍生物	千克	336913	260	4449824	3236
29091100	乙醚	千克	779	1	173600	35
29091900	其他无环醚及其卤化、磺化、硝化或亚硝化衍生物	千克	42639211	4424	10325735	5362
29092081	1,8-桉树脑	千克	0	0	619390	834
29092089	其他环萜烯醚	千克	41	0	15350	22
29092090	环烷醚、环烯醚;环烷醚、环烯醚及环萜烯醚的卤化、磺化、硝化或亚硝化衍生物	千克	10414	24	102862	178
29093000	芳香醚及其卤化、磺化、硝化或亚硝化衍生物	千克	1990412	645	9428868	18135
29094100	2,2-氧联二乙醇(二甘醇)	千克	129313	31	844322	229
29094300	乙二醇或二甘醇的单丁醚	千克	5199598	900	73676	16
29094400	乙二醇或二甘醇的其他单烷基醚	千克	1008093	271	157891	35
29094910	间苯氧基苄醇	千克	18000	16	9500	11
29094990	其他醚醇及其卤化、磺化、硝化或亚硝化衍生物	千克	15479525	3620	3708281	1259
29095000	醚酚、醚醇酚及其卤化、磺化、硝化或亚硝化衍生物	千克	1644519	1130	1721794	1754
29096000	过氧化醇、过氧化醚、过氧化酮及其其卤化、磺化、硝化或亚硝化衍生物	千克	477902	94	8611875	2523
29101000	环氧乙烷(氧化乙烯)	千克	14779	34	—	—
29102000	甲基环氧乙烷(氧化丙烯)	千克	16518333	2496	2425	20
29103000	1-氯-2,3-环氧丙烷(表氯醇)	千克	11530947	2059	6610206	1339
29109000	其他三节环环氧化物、环氧醇、环氧酚、环氧醚及其卤化、磺化、硝化或亚硝化衍生物	千克	5531214	2756	1702176	1228
29110000	缩醛及半缩醛,不论是否含有其他含氧基,及其卤化、磺化、硝化或亚硝化衍生物	千克	305216	558	367559	431
29121100	甲醛	千克	67654	44	277065	11
29121200	乙醛	千克	—	—	15200	5

2010 年上海关区进出口商品量值表

单位:万美元

商品		计量单位	进口		出口	
			数量	金额	数量	金额
29121900	未列名不含其他含氧基的无环醛	千克	6278661	2094	15437237	3007
29122100	苯甲醛	千克	976270	186	675421	1241
29122910	铃兰醛(对叔丁基-α-甲基-氧化肉桂醛)	千克	510148	361	199402	160
29122990	未列名不含其他含氧基的环醛	千克	1478672	890	4766247	3685
29123000	醛醇	千克	48894	75	1476253	1597
29124100	香草醛(3-甲氧基-4-羟基苯甲醛)	千克	275737	528	7566158	10860
29124200	乙基香草醛(3-乙氧基-4-羟基苯甲醛)	千克	59710	98	1080576	1958
29124900	未列名醛醚、醛酚及含其他含氧基的醛	千克	1363031	914	811539	1249
29125000	环聚醛	千克	706	6	1613967	539
29126000	多聚甲醛	千克	1877041	138	88952	10
29130000	2912 产品的卤化、磺化、硝化或亚硝化衍生物	千克	23771	13	2201088	2124
29141100	丙酮	千克	78191419	6553	—	—
29141200	丁酮(甲基乙基(甲)酮)	千克	5689	12	284158	161
29141300	4-甲基-2-戊酮(甲基异丁基(甲)酮)	千克	3790341	615	93201	34
29141900	未列名不含其他含氧基的无环酮	千克	3664753	1047	4745822	2011
29142100	樟脑	千克	419	1	7605022	3918
29142200	环己酮及甲基环己酮	千克	35539	21	158654	60
29142300	芷香酮及甲基芷香酮	千克	362878	450	211273	408
29142900	未列名不含其他含氧基环(烷、烯或萜烯)酮	千克	3746246	2325	7921515	11135
29143910	苯乙酮	千克	1253657	408	1608781	918
29143990	未列名不含其他含氧基的芳香酮	千克	132517	266	18268650	10240
29144000	酮醇及酮醛	千克	655150	192	1869502	1123
29145011	覆盆子酮	千克	6024	9	526911	798
29145019	其他酮酚	千克	31914	19	255814	492
29145020	2-羟基-4-甲氧基二苯甲酮	千克	10	0	686300	571
29145090	未列名含有其他含氧基的酮	千克	257712	421	6519063	5476
29146100	蒽醌	千克	129650	44	5269094	1817
29146900	其他醌	千克	878149	942	3065718	2161
29147000	酮及醌的卤化、磺化、硝化或亚硝化衍生物	千克	120101	329	2705199	3970

2010 年上海关区进出口商品量值表

单位:万美元

商品		计量单位	进口数量	进口金额	出口数量	出口金额
29151100	甲酸	千克	477992	69	8354989	604
29151200	甲酸盐	千克	74489	21	14089579	720
29151300	甲酸酯	千克	53868	44	1413122	314
29152111	食品级冰乙酸	千克	21	0	96000	13
29152119	其他冰乙酸	千克	66419	13	8104379	414
29152190	乙酸(冰乙酸除外)	千克	344374	71	74176	17
29152400	乙酸酐	千克	7	0	4029	1
29152910	乙酸钠	千克	147153	32	5244769	310
29152990	其他乙酸盐	千克	305557	210	4224648	591
29153100	乙酸乙酯	千克	109318	72	4499640	466
29153200	乙酸乙烯酯	千克	878107	81	16493	3
29153300	乙酸(正)丁酯	千克	69886	27	1521341	222
29153900	未列名乙酸酯	千克	3971160	1297	42394157	9855
29154000	一氯代乙酸、二氯乙酸或三氯乙酸及其盐和酯	千克	907916	119	4480331	839
29155010	丙酸	千克	55902	10	106271	39
29155090	丙酸盐和酯	千克	262620	119	1816205	513
29156000	丁酸、戊酸及其盐和酯	千克	2799112	803	3154935	1552
29157010	硬脂酸	千克	446081	104	44875	6
29157090	棕榈酸及其盐和酯、硬脂酸盐和酯	千克	4160424	884	3040286	597
29159000	其他饱和无环一元羧酸及未列名饱和无环一元羧酸的酸酐、酰卤化物、过氧化物和过氧酸以及它们的卤化、磺化、硝化或亚硝化衍生物	千克	25874639	5644	5868502	3402
29161100	丙烯酸及其盐	千克	6643365	1207	35939534	7133
29161210	丙烯酸甲酯	千克	327262	102	8744139	1702
29161220	丙烯酸乙酯	千克	28173	7	8957026	1821
29161230	丙烯酸丁酯	千克	573788	156	25536224	6469
29161240	丙烯酸异辛酯	千克	8942549	1968	6965410	2002
29161290	其他丙烯酸酯	千克	5205985	2120	18047373	6077
29161300	甲基丙烯酸及其盐	千克	2819713	800	11057209	3136
29161400	甲基丙烯酸酯	千克	17722338	5000	43070157	10062
29161500	油酸、亚油酸或亚麻酸及其盐和酯	千克	836414	304	606434	253
29161900	其他不饱和无环一元羧酸等及其衍生物	千克	562239	664	9707234	2835
29162010	二溴菊酸、DV 菊酸甲酯	千克	65699	77	16610	22

2010 年上海关区进出口商品量值表

单位:万美元

商品		计量单位	进口数量	进口金额	出口数量	出口金额
29162090	其他环烷一元羧酸、环烯一元羧酸或环萜烯一元羧酸及其酸酐、酰卤化物、过氧化物和过氧酸以及它们的衍生物	千克	451096	1034	3425927	9814
29163100	苯甲酸及其盐和酯	千克	1628807	307	8496478	1995
29163200	过氧化苯甲酰及苯甲酰氯	千克	9309	7	2862766	482
29163400	苯乙酸及其盐	千克	138	1	121876	126
29163500	苯乙酸酯	千克	90663	51	1742281	1050
29163910	邻甲基苯甲酸	千克	0	0	94624	55
29163920	布洛芬	千克	1050	1	1167205	1354
29163990	其他芳香一元羧酸及其酸酐、酰卤化物、过氧化物和过氧酸以及它们的衍生物	千克	219020	198	12002859	8965
29171110	草酸	千克	30442	8	11534101	841
29171120	草酸钴	千克	—	—	100	0
29171190	其他草酸盐和酯	千克	231617	46	2716375	427
29171200	己二酸及其盐和酯	千克	25614720	5979	6081590	1481
29171310	癸二酸及其盐和酯	千克	147254	98	918598	441
29171390	壬二酸及其盐和酯	千克	77851	50	166035	99
29171400	马来酐	千克	118380	24	16029422	2209
29171900	其他无环多元羧酸及其酸酐、酰卤化物、过氧化物和过氧酸以及它们的衍生物	千克	2249752	975	15868259	3953
29172010	四氢苯酐	千克	1089302	186	233800	55
29172090	其他环烷多元羧酸、环烯多元羧酸、环萜烯多元羧酸及其酸酐、酰卤化物、过氧化物和过氧酸以及它们的衍生物	千克	5733916	980	13925086	4841
29173200	邻苯二甲酸二辛酯	千克	1905504	368	1102612	178
29173300	邻苯二甲酸二壬酯及邻苯二甲酸二癸酯	千克	32231694	4596	2562534	524
29173410	邻苯二甲酸二丁酯	千克	369190	67	65221	13
29173490	其他邻苯二甲酸酯	千克	2001218	528	3424535	564
29173500	邻苯二甲酸酐	千克	53241920	5573	398993	115
29173611	精对苯二甲酸	千克	361999919	34354	—	—
29173619	其他对苯二甲酸	千克	9181440	463	3004	1
29173690	对苯二甲酸盐	千克	48004	9	5200	2

2010年上海关区进出口商品量值表

单位:万美元

商品		计量单位	进口		出口	
			数量	金额	数量	金额
29173700	对苯二甲酸二甲酯	千克	18745508	2013	1500	3
29173910	间苯二甲酸	千克	45506175	5169	12900	11
29173990	其他芳香多元羧酸及其酸酐、酰卤化物、过氧化物和过氧酸以及它们的衍生物	千克	7696934	1709	28318832	7873
29181100	乳酸及其盐和酯	千克	4546945	778	4313805	916
29181200	酒石酸	千克	117962	61	13093331	3246
29181300	酒石酸盐及酒石酸酯	千克	173237	101	736532	388
29181400	柠檬酸	千克	180683	50	56929481	5218
29181500	柠檬酸盐及柠檬酸酯	千克	135986	76	12912874	1734
29181600	葡糖酸及其盐和酯	千克	43588	70	18011531	2122
29181910	2,2-二苯基-2-羟基乙酸(二苯羟乙酸;二苯乙醇酸)	千克	—	—	2900	5
29181990	其他含醇基但不含其他氧基的羧酸及其酸酐、酰卤化物、过氧化物和过氧酸以及它们的衍生物	千克	922015	846	6389986	3294
29182110	水杨酸、水杨酸钠	千克	71145	41	6065380	1413
29182190	其他水杨酸盐	千克	104	1	207620	159
29182210	邻乙酰水杨酸(阿斯匹林)	千克	—	—	1111085	340
29182290	邻乙酰水杨酸盐和酯	千克	0	0	2300	2
29182300	水杨酸的其他酯及其盐	千克	579299	318	14393976	3864
29182900	未列名含酚基但不含其他氧基的羧酸及其酸酐、酰卤化物、过氧化物和过氧酸以及它们的衍生物	千克	4182086	2291	28144817	13564
29183000	含醛基或酮基但不含其他氧基的羧酸及其酸酐、酰卤化物、过氧化物和过氧酸以及它们的衍生物	千克	1045243	541	13261690	8843
29189900	其他含附加含氧基的羧酸及其酸酐、酰卤化物、过氧化物和过氧酸以及它们的卤化、磺化、硝化或亚硝化衍生物	千克	1535014	1138	17000419	16667
29199000	其他磷酸酯及盐,包括乳磷酸盐,以及它们的卤化、磺化、硝化或亚硝化衍生物	千克	7995073	3288	81660908	17763
29201900	其他硫代磷酸酯及盐以及它们的卤化、磺化、硝化等衍生物	千克	10374	12	3502053	1138
29209011	亚磷酸三甲酯	千克	202	9	167000	49
29209012	亚磷酸三乙酯	千克	—	—	447834	145

2010年上海关区进出口商品量值表

单位:万美元

商品		计量单位	进口数量	进口金额	出口数量	出口金额
29209013	亚磷酸二甲酯	千克	—	—	1362010	285
29209014	亚磷酸二乙酯	千克	—	—	327502	119
29209019	其他亚磷酸酯	千克	509204	300	3909171	1267
29209090	未列名非金属无机酸酯(不包括卤化氢的酯)及其盐以及它们的卤化、磺化、硝化或亚硝化衍生物	千克	4007633	2343	6696605	2947
29211100	甲胺、二甲胺或三甲胺及其盐	千克	773	6	2493834	167
29211910	二正丙胺	千克	—	—	123460	27
29211920	异丙胺	千克	3802	2	33756291	4331
29211960	二烷(甲、乙、正丙或异丙)氨基乙基-2-氯及其质子化盐	千克	—	—	700	1
29211990	其他无环单胺及其衍生物以及它们的盐	千克	5163120	1629	26395308	6744
29212110	乙二胺	千克	7806477	2858	332958	123
29212190	乙二胺盐	千克	27135	16	664080	208
29212210	己二酸己二胺盐(尼龙66盐)	千克	1400349	304	50850	20
29212290	六亚甲基二胺及其未列名盐	千克	18320332	5582	40800	14
29212900	其他无环多胺及其衍生物以及它们的盐	千克	11979112	5187	3464312	1343
29213000	环烷单胺或多胺、环烯单胺或多胺、环萜烯单胺或多胺及其衍生物以及它们的盐	千克	1029339	625	1587990	1619
29214110	苯胺	千克	—	—	348620	56
29214190	苯胺盐	千克	2394	6	226930	122
29214200	苯胺衍生物及其盐	千克	884236	253	17215529	4993
29214300	甲苯胺及其衍生物以及它们的盐	千克	3636828	737	12595630	4509
29214400	二苯胺及其衍生物以及它们的盐	千克	52083	30	23663912	5544
29214500	1-萘胺(a-萘胺)、2-萘胺(B-萘胺)及其衍生物以及它们的盐	千克	2192	3	4877763	1601
29214600	安非他明(INN)、苄非他明(INN)、右苯丙胺(INN)、乙非他明、芬坎法明(INN)、利非他明、左苯丙胺(INN)、美芬雷司(INN)、苯丁胺(INN)以及它们的盐	千克	0	1	—	—
29214910	对异丙基苯胺	千克	16220	6	—	—
29214920	二甲基苯胺	千克	122516	56	272799	130
29214930	2,6-甲基乙基苯胺	千克	4	0	11240	7

2010 年上海关区进出口商品量值表

单位:万美元

商品		计量单位	进口 数量	进口 金额	出口 数量	出口 金额
29214940	2,6-二乙基苯胺	千克	30520	28	560110	147
29214990	其他芳香单胺及其衍生物以及它们的盐	千克	1065035	716	5939326	3397
29215110	邻苯二胺	千克	465176	117	2676243	996
29215190	间-、对-苯二胺,二氨基甲苯及其衍生物以及它们的盐;邻苯二胺的衍生物及盐	千克	1973797	230	23611749	9965
29215900	其他芳香多胺及其衍生物以及它们的盐	千克	1896187	2131	11048598	6362
29221190	其他单乙醇胺及其盐	千克	5300969	745	145043	44
29221200	二乙醇胺及其盐	千克	12360396	1471	6855	10
29221310	三乙醇胺	千克	5544830	756	—	—
29221320	三乙醇胺盐	千克	8209	8	2178	2
29221400	右丙氧吩(INN)及其盐	千克	0	0	—	—
29221910	乙胺丁醇	千克	—	—	1118	2
29221921	二甲氨基乙醇及其质子化盐	千克	1144460	286	31841	33
29221922	二乙氨基乙醇及其质子化盐	千克	16027	5	905	1
29221940	甲基二乙醇胺	千克	403200	122	210000	99
29221950	本芴醇	千克	—	—	216836	2939
29221990	其他氨基醇及其醚和酯以及它们的盐	千克	3762526	1762	11418271	7229
29222100	氨基羟基萘磺酸及其盐	千克	66075	33	13203704	6569
29222910	茴香胺、二茴香胺、氨基苯乙醚及其盐	千克	10008	9	3456541	1005
29222990	其他氨基萘酚和其他氨基酚及其醚和酯,以及它们的盐	千克	476234	509	28194093	11280
29223100	安非拉酮、美沙酮和去甲美沙酮以及它们的盐	千克	0	0	—	—
29223900	其他氨基醛、氨基酮和氨基醌以及它们的盐	千克	59449	45	2846268	3351
29224110	赖氨酸	千克	344	6	1677600	300
29224190	赖氨酸酯及盐	千克	2088864	439	1618695	649
29224210	谷氨酸	千克	5491	7	464690	197
29224220	谷氨酸钠	千克	908764	145	949366	143
29224290	其他谷氨酸盐	千克	307	5	6753	4
29224310	邻氨基苯甲酸(氨茴酸)	千克	—	—	2000	1
29224390	邻氨基苯甲酸(氨茴酸)盐	千克	1302	1	31666	70

2010 年上海关区进出口商品量值表

单位:万美元

商品		计量单位	进口		出口	
			数量	金额	数量	金额
29224910	其他氨基酸	千克	3898332	3715	24187664	15395
29224991	普鲁卡因	千克	—	—	149685	142
29224999	其他氨基酸酯及盐	千克	2373660	748	9183524	4552
29225000	氨基醇酚、氨基酸酚及其他含氧基氨基化合物	千克	307533	4605	983833	1512
29231000	胆碱及其盐	千克	4653338	426	323330	210
29232000	卵磷脂及其他磷氨基类脂	千克	3789769	2277	2796200	243
29239000	其他季铵盐及季铵碱	千克	4876291	1008	18251279	3149
29241100	甲丙氨酯(INN)	千克	0	0	42500	81
29241910	N,N-二甲基甲酰胺	千克	5237323	370	4411766	371
29241990	其他无环酰胺(包括无环氨基甲酸酯)及其衍生物以及它们的盐	千克	2718752	1314	28368471	9913
29242100	酰脲及其衍生物以及它们的盐	千克	45700	41	959394	1941
29242300	2-乙酰氨基苯甲酸(N-乙酰邻氨基苯甲酸)及其盐	千克	160	0	72087	67
29242910	对乙酰氨基苯乙醚(非那西丁)	千克	—	—	117450	58
29242920	对乙酰氨基酚(扑热息痛)	千克	500	2	17630048	7228
29242990	其他环酰胺(包括环氨基甲酸酯)及其衍生物以及它们的盐	千克	2651307	29128	44402245	42964
29251100	糖精及其盐	千克	82272	90	3659844	2412
29251900	其他酰亚胺及其衍生物以及它们的盐	千克	22381	93	2346504	1858
29252900	其他亚胺及其衍生物以及它们的盐	千克	2598491	4184	16658788	8324
29262000	1-氰基胍(双氰胺)	千克	121577	57	558165	119
29269010	对氯氰苄	千克	0	0	656742	289
29269020	间苯二甲腈	千克	0	0	—	—
29269090	其他腈基化合物	千克	7809760	2755	26978016	20948
29270000	重氮化合物、偶氮化合物及氧化偶氮化合物	千克	578204	350	36892192	9580
29280000	肼(联氨)及胲(羟胺)的有机衍生物	千克	2554265	826	6615001	4006
29291010	2,4-和2,6-甲苯二异氰酸酯混合物(甲苯二异氰酸酯 TDI)	千克	22226094	6001	3070101	888
29291020	二甲苯二异氰酸酯(TODI)	千克	14	0	3	0
29291030	二苯基甲烷二异氰酸酯(纯 MDI)	千克	37053799	7435	23763151	4305
29291040	六亚甲基二异氰酸酯	千克	660191	435	2763551	1288
29291090	其他异氰酸酯	千克	3329472	2763	13792292	4816

2010年上海关区进出口商品量值表

单位:万美元

商品		计量单位	进口数量	进口金额	出口数量	出口金额
29299010	环己基氨基磺酸钠(甜蜜素)	千克	11	0	1143707	214
29299040	乙酰甲胺磷	千克	—	—	4202273	1890
29299090	未列名含氮基化合物	千克	105423	95	725417	605
29302000	硫代氨基甲酸酯(或盐)及二硫代氨基甲酸酯(或盐)	千克	194351	99	12663517	7986
29303000	一或二或四硫化二烃氨基硫羰	千克	17098	20	1316613	216
29304000	甲硫氨酸(蛋氨酸)	千克	5731526	2514	531020	670
29309010	双巯丙氨酸(胱氨酸)	千克	10424	44	121733	218
29309020	二硫代碳酸酯(或盐)〔黄原酸酯(或盐)〕	千克	0	0	473100	137
29309090	其他有机硫化合物	千克	15104000	7645	76422497	36621
29310000	其他有机-无机化合物	千克	19141789	8734	341727428	93526
29321100	四氢呋喃	千克	3516271	944	274340	113
29321200	2-糠醛	千克	507652	30	270	0
29321300	糠醇及四氢糠醇	千克	117349	105	342501	121
29321900	其他结构上含有一个非稠合呋喃环的化合物	千克	130405	990	535608	1739
29322100	香豆素、甲基香豆素及乙基香豆素	千克	1434	7	1113638	1127
29322900	其他内酯	千克	1972820	2541	40848827	24948
29329300	3,4-亚甲二氧基苯甲醛(胡椒醛)	千克	—	—	1127826	2316
29329500	四氢大麻酚(所有的异构体)	千克	7	1	—	—
29329910	7-羟基苯并呋喃(呋喃酚)	千克	—	—	3636291	3605
29329920	4,4'-双甲氧基-5,6,5',6'-双次甲二氧基-2,2'-双甲氧羰基联苯(联苯双脂)	千克	—	—	9200	132
29329990	其他仅含有氧杂原子的杂环化合物	千克	1544229	2734	23461792	40136
29331100	二甲基苯基吡唑酮(安替比林)及其衍生物	千克	1291	6	335627	382
29331920	安乃近	千克	—	—	2230294	1892
29331990	其他结构上含有一个非稠合吡唑环的化合物	千克	52029	71	2894213	13234
29332100	乙内酰脲及其衍生物	千克	54889	65	1180136	488
29332900	其他结构上含有一个非稠合咪唑环的化合物	千克	724798	1200	13461993	14535
29333100	吡啶及其盐	千克	14803769	5029	1412749	2859
29333210	哌啶	千克	665938	333	—	—
29333220	哌啶盐	千克	7807	47	508048	327

2010 年上海关区进出口商品量值表

单位:万美元

商品		计量单位	进口 数量	进口 金额	出口 数量	出口 金额
29333300	阿芬太尼(INN)、阿尼利定(INN)、苯氰米特(INN)、溴西泮(INN)、地芬诺新(INN)、地芬诺酯(INN)、地匹哌酮(INN)、芬太尼(INN)、凯托米酮(INN)、哌醋甲酯(INN)、喷他左辛(INN)、哌替啶(INN)、哌替啶中间体 A(INN)、苯环利定(INN)、苯哌利定(INN)、哌苯甲醇(INN)、哌氰米特(INN)、哌丙吡胺(INN)及三甲利定(INN)以及它们的盐	千克	0	0	200	10
29333990	未列名结构上含有一个非稠合吡啶环的化合物	千克	3577569	12907	70345969	48475
29334910	环丙氟哌酸	千克	—	—	1149195	2987
29334990	其他结构含有一个喹啉或异喹啉环系(不论是否氢化)的化合物,但未经进一步稠合的	千克	120220	305	11851984	9142
29335200	丙二酰脲(巴比土酸)及其盐	千克	10992	11	1320605	874
29335300	阿洛巴比妥(INN)、异戊巴比妥(INN)、巴比妥(INN)、布他比妥(INN)、正丁巴比妥(INN)、环己巴比妥(INN)、甲苯巴比妥(INN)、戊巴比妥(INN)、苯巴比妥(INN)、仲丁巴比妥(INN)、司可巴比妥(INN)及乙烯比妥(INN)以及它们的盐	千克	0	0	162605	429
29335400	其他丙二酰脲(巴比土酸)的衍生物以及它们的盐	千克	50	0	2376	12
29335500	氯普唑仑(INN),甲氯喹酮(INN),甲喹酮(INN)及齐培内醇(INN)以及它们的盐	千克	0	0	—	—
29335910	胞嘧啶	千克	—	—	538071	1113
29335990	其他结构上含有一个嘧啶环或哌嗪环的化合物	千克	2032094	9432	10344343	18413
29336100	三聚氰胺(蜜胺)	千克	799063	193	24904773	3456
29336910	三聚氰氯	千克	220	1	2782	1
29336921	二氯异氰脲酸	千克	—	—	12	0

2010年上海关区进出口商品量值表

单位:万美元

商品		计量单位	进口 数量	进口 金额	出口 数量	出口 金额
29336922	三氯异氰脲酸	千克	101747	35	611416	88
29336929	其他异氰脲酸氯化衍生物	千克	1253	1	3124265	589
29336990	其他结构上含有一个非稠合三嗪环的化合物	千克	4529313	1603	37204352	15403
29337100	6-己内酰胺	千克	292342839	72726	575475	157
29337900	其他内酰胺	千克	2099544	960	3422024	5839
29339100	阿普唑仑(INN)、卡马西泮(INN)、氯氮卓(INN)、氯硝西泮(INN)、氯拉卓酸、地洛西泮(INN)、地西泮(INN)、艾司唑仑(INN)、氯氟卓乙酯(INN)、氟地西泮(INN)、氟硝西泮(INN)、氟西泮(INN)、哈拉西泮(INN)、劳拉西泮(INN)、氯甲西泮(INN)、马吲哚(INN)、美达西泮(INN)、咪达唑仑(INN)、硝甲西泮(INN)、硝西泮(INN)、去甲西泮(INN)、奥沙西泮(INN)、匹那西泮(INN)、普拉西泮(INN)、吡咯戊酮(INN)、替马西泮(INN)、四氢西泮(INN)及三唑仑(INN)以及它们的盐	千克	0	0	18898	62
29339900	其他未列名仅含有氮杂原子的杂环化合物	千克	1706094	15530	74987347	80979
29341000	结构上含有一个非稠合噻唑环系(不论是否氢化)的化合物	千克	514040	852	2587560	3400
29342000	结构上含一个苯并噻唑环系(不论是否氢化)未经进一步稠合的化合物	千克	60151	67	5452038	4808
29343000	结构上含一个吩噻嗪环系(不论是否氢化)的未经进一步稠合的化合物	千克	274769	925	198713	282
29349100	阿米雷司(INN),溴替唑仑(INN),氯噻西泮(INN)、氯恶唑仑(INN)、右吗拉胺(INN)、卤恶唑仑(INN)、凯他唑仑(INN)、美索卡(INN)、恶唑仑(INN)、匹莫林(INN)、苯巴曲嗪(INN)、芬美曲嗪(INN)及舒芬太尼(INN)及它们的盐	千克	0	0	700	17

2010年上海关区进出口商品量值表

单位:万美元

商　　品		计量单位	进口 数量	进口 金额	出口 数量	出口 金额
29349910	磺内酯及磺内酰胺	千克	9304	7	6128074	4426
29349920	呋喃唑酮	千克	25	1	702500	709
29349930	核酸及其盐	千克	2914	235	55613	781
29349940	奈韦拉平、依发韦仑、利托那韦及其盐	千克	26500	401	322552	5009
29349950	克拉维酸及其盐	千克	—	—	1002	13
29349990	未列名杂环化合物	千克	1134031	3366	25585041	50342
29350010	磺胺嘧啶	千克	1	0	649688	927
29350020	磺胺双甲基嘧啶	千克	—	—	600234	878
29350030	磺胺甲噁唑	千克	1116136	823	229101	290
29350090	其他磺(酰)胺	千克	296764	3357	21765323	29261
29362100	未混合的维生素A及其衍生物	千克	634357	1237	633974	1406
29362200	未混合的维生素B1及其衍生物	千克	42655	63	2430424	3969
29362300	未混合的维生素B2及其衍生物	千克	473830	673	1505115	3811
29362400	未混合的D或DL-泛酸(维生素B3或B5)及其衍生物	千克	262528	251	5534821	3656
29362500	未混合的维生素B6及其衍生物	千克	15028	32	1842396	3481
29362600	未混合的维生素B12及其衍生物	千克	6615	520	18729	272
29362700	未混合的维生素C及其衍生物	千克	110001	387	23815795	17024
29362800	未混合的维生素E及其衍生物	千克	5638195	16655	12890012	23833
29362900	其他未混合的维生素及其衍生物	千克	2969047	3005	5471643	14886
29369000	天然或合成再制的维生素原和其他维生素(包括天然浓缩物)及其主要用作维生素的衍生物;本品目所述产品的混合物	千克	72350	315	131545	311
29371210	重组人胰岛素及其盐	千克	0	1	—	—
29371900	其他多肽激素、蛋白激素、糖蛋白激素及其衍生物和结构类似物	千克	49	8	1053	1228
29372100	可的松、氢化可的松、脱氢可的松及脱氢皮质醇	千克	0	0	18280	1211
29372210	地塞米松	千克	—	—	2204	349
29372290	其他皮质甾类激素的卤化衍生物	千克	0	0	2209	407
29372300	雌(甾)激素和孕激素	千克	500	13	172291	6699
29372900	其他甾族激素及其衍生物和结构类似物	千克	253	916	73856	2197
29373100	肾上腺素	千克	0	0	329	38
29373900	其他儿茶酚胺激素及其衍生物和结构类似物	千克	—	—	2	0

2010年上海关区进出口商品量值表

单位:万美元

商品		计量单位	进口		出口	
			数量	金额	数量	金额
29374000	氨基酸衍生物	千克	0	0	1372	8
29375000	前列腺素、血栓烷及白细胞三烯及其衍生物和结构类似物	千克	391	100	3886	24
29379000	其他未列名天然或合成再制的激素,包括主要用作激素的改性链多肽	千克	0	2	59081	355
29381000	芸香苷及其衍生物	千克	100	103	277574	780
29389010	齐多夫定、拉米夫定、司他夫定、地达诺新及盐	千克	12858	9131	525629	11100
29389090	其他天然或合成再制的苷(配糖物)及其盐、醚、酯和其他衍生物	千克	24281	143	908085	3314
29391100	罂粟杆浓缩物、丁丙诺啡(INN)、可待因、双氢可待因(INN)、乙基吗啡、埃托啡(INN)、海洛因、氢可酮(INN)、氢吗啡酮(INN)、吗啡、尼可吗啡(INN)、羟考酮(INN)、羟吗啡酮(INN)、福尔可定(INN)、醋氢可酮(INN)和帝巴因以及它们的盐	千克	2	1	—	—
29391900	其他鸦片碱及其衍生物以及它们的盐	千克	0	0	—	—
29392000	金鸡纳生物碱及其衍生物以及它们的盐	千克	6323	62	4860	1
29393000	咖啡因及其盐	千克	—	—	143876	128
29394100	麻黄碱及其盐	千克	—	—	2505	11
29394200	假麻黄碱及其盐	千克	—	—	68604	318
29395900	其他茶碱和氨茶碱及其衍生物以及它们的盐	千克	1	0	95673	148
29396900	其他麦角生物碱及其衍生物以及它们的盐	千克	7	17	102	0
29399190	可卡因酯及其他衍生物;芽子碱、左甲苯丙胺、去氧麻黄碱(INN)、去氧麻黄碱外消旋体,它们的盐、酯及其他衍生物	千克	0	1	—	—
29399910	烟碱及其盐	千克	0	0	3041	9
29399920	番木鳖碱(士的年)及其盐	千克	1	0	—	—
29399990	其他天然或合成的生物碱及其盐醚酯和衍生物	千克	1268	202	4507	307

2010年上海关区进出口商品量值表

单位:万美元

商品		计量单位	进口		出口	
			数量	金额	数量	金额
29400000	化学纯糖,但蔗糖、乳糖、麦芽糖、葡萄糖及果糖除外;糖醚、糖缩醛、糖酯及其盐,但不包括品目2937、2938及2939的产品	千克	1425861	418	803970	307
29411011	氨苄青霉素	千克	—	—	9051	27
29411012	氨苄青霉素三水酸	千克	1000	3	276960	765
29411019	氨苄青霉素盐	千克	—	—	64697	543
29411091	羟氨苄青霉素	千克	—	—	251855	701
29411092	羟氨苄青霉素三水酸	千克	7200	18	1395615	3804
29411093	6氨基青霉烷酸(6APA)	千克	2	0	4033926	10532
29411094	青霉素V	千克	—	—	141085	449
29411096	邻氯青霉素	千克	4000	10	3989	18
29411099	未列名青霉素和具有青霉烷酸结构的青霉素衍生物及其盐	千克	0	0	942561	2496
29412000	链霉素及其衍生物以及它们的盐	千克	—	—	466189	1183
29413011	四环素	千克	—	—	10495	17
29413012	四环素盐	千克	—	—	474400	829
29413020	四环素衍生物及其盐	千克	1000	2	5033254	10230
29414000	氯霉素及其衍生物以及它们的盐	千克	750	2	1437931	7250
29415000	红霉素及其衍生物以及它们的盐	千克	2255	191	2747708	23144
29419010	庆大霉素及其衍生物以及它们的盐	千克	1	0	169871	1319
29419020	卡那霉素及其衍生物以及它们的盐	千克	—	—	93910	636
29419030	利福平及其衍生物以及它们的盐	千克	—	—	268739	1675
29419040	林可霉素及其衍生物以及它们的盐	千克	5092	25	1389250	7985
29419051	7-氨基头孢烷酸、7-氨基脱乙酰氧基头孢烷酸	千克	—	—	458377	3265
29419052	头孢氨苄及其盐	千克	1	0	72395	335
29419053	头孢唑啉及其盐	千克	—	—	28526	191
29419054	头孢拉啶及其盐	千克	—	—	60211	317
29419055	头孢三嗪(头孢曲松)及其盐	千克	10963	2974	243010	2606
29419056	头孢哌酮及其盐	千克	—	—	4826	89
29419057	头孢噻肟及其盐	千克	—	—	31003	414
29419058	头孢克罗及其盐	千克	26625	2305	14	1
29419059	其他头孢菌素及其衍生物以及它们的盐	千克	30015	2001	164186	2299
29419070	乙酰螺旋霉素及其衍生物以及它们的盐	千克	—	—	26217	296

2010年上海关区进出口商品量值表

单位:万美元

商品		计量单位	进口 数量	进口 金额	出口 数量	出口 金额
29419090	其他抗菌素	千克	226083	11406	24621069	40841
29420000	其他有机化合物	千克	309464	645	714289	585
30012000	腺体、其他器官及其分泌物的提取物	千克	7	10	47007	197
30019010	肝素及其盐	千克	394	7	11365	13144
30019090	已干燥的腺体及其他器官,不论是否制成粉末;未列名供治疗或预防疾病用的人体或动物制品	千克	0	0	408346	3780
30021000	抗血清、其他血份及修饰免疫制品,不论是否通过生物工艺加工制得	千克	1092644	46477	3844881	8732
30022000	人用疫苗	千克	395681	12236	5533	35
30023000	兽用疫苗	千克	310386	3141	399	9
30029030	细菌及病毒	千克	2825	23	0	0
30029040	遗传物质和基因修饰生物体	千克	54	22	79	10
30029090	人血;治病、防病或诊断用动物血制品(疫苗除外);其他毒素、培养微生物(不包括酵母)及类似产品	千克	45598	2356	12376	27
30031011	含有氨苄青霉素的药品,未配定剂量或制成零售包装	千克	—	—	43910	15
30031012	含有羟氨苄青霉素的药品,未配定剂量或制成零售包装	千克	506	7	10	0
30031013	含有青霉素V的药品,未配定剂量或制成零售包装	千克	0	0	—	—
30031019	其他含有青霉素及具有青霉素烷酸结构的青霉素衍生物的药品,未配定剂量或制成零售包装	千克	140	2	1125	17
30031090	含有链霉素及其衍生物的药品,未配定剂量或制成零售包装	千克	1869	41	14622	128
30032012	含有头孢他啶的药品,未配定剂量或制成零售包装	千克	—	—	323	8
30032017	含有头孢三嗪(头孢曲松)的药品,未配定剂量或制成零售包装	千克	—	—	25	0
30032018	含有头孢哌酮的药品,未配定剂量或制成零售包装	千克	—	—	617	9
30032019	其他含有头孢菌素的药品,未配定剂量或制成零售包装	千克	3245	977	12939	215
30032090	未列名含有其他抗菌素的药品,未配定剂量或制成零售包装	千克	—	—	311344	1083

2010年上海关区进出口商品量值表

单位:万美元

商品		计量单位	进口数量	进口金额	出口数量	出口金额
30033900	其他含有激素或品目2937的药品,未配定剂量或制成零售包装	千克	—	—	26726	12
30034010	含有奎宁或其盐的药品,未配定剂量或制成零售包装	千克	—	—	20503	8
30039010	含有磺胺类药品,未配定剂量或制成零售包装	千克	—	—	94241	148
30039020	含有青蒿素及其衍生物的药品,未配定剂量或制成零售包装	千克	—	—	3554	40
30039090	未列名两种或两种以上的混合药品,未配定剂量或制成零售包装	千克	156384	18945	4303256	4726
30041011	氨苄青霉素制剂	千克	62428	206	1978430	1181
30041012	羟氨苄青霉素制剂	千克	456488	4933	630871	1063
30041013	青霉素V制剂	千克	89493	242	153320	185
30041019	其他含有青霉素及具有青霉烷酸结构的青霉素衍生物的药品	千克	173720	3569	2379516	1075
30041090	含有链霉素及其衍生物的药品	千克	202056	535	1553809	887
30042011	头孢噻肟制剂	千克	—	—	290603	192
30042012	头孢他啶制剂	千克	293280	5459	45728	75
30042015	头孢克罗制剂	千克	—	—	7307	338
30042016	头孢呋辛制剂	千克	1173	62	7158	15
30042017	头孢三嗪(头孢曲松)制剂	千克	—	—	1011732	686
30042018	头孢哌酮制剂	千克	—	—	2802	64
30042019	其他含有头孢菌素的药品	千克	55879	941	277876	760
30042090	未列名含有其他抗菌素的药品	千克	1112850	12148	11425586	13243
30043110	含有重组人胰岛素的药品	千克	206553	5636	—	—
30043190	含有其他胰岛素的药品	千克	2476	1808	—	—
30043200	含有皮质甾类激素及其衍生物或结构类似物的药品	千克	1186500	25750	435060	415
30043900	其他含有激素或品目2937的药品	千克	175225	23650	318549	777
30044010	含有奎宁或其盐的药品	千克	0	0	274635	441
30044090	其他含有生物碱及其衍生物的药品	千克	5001013	6616	58789	32
30045000	含有维生素或品目2936所列产品的其他药品	千克	1147271	6121	5359386	3754
30049010	含有磺胺类的药品	千克	12192	37	318426	261
30049051	中药酒	千克	—	—	218403	76
30049053	白药	千克	—	—	21837	78
30049054	清凉油	千克	51910	56	2081202	927

2010年上海关区进出口商品量值表

单位:万美元

商品		计量单位	进口数量	进口金额	出口数量	出口金额
30049059	其他中式成药	千克	99242	728	1067308	1324
30049060	含有青蒿素及其衍生物的药品	千克	0	0	543603	2740
30049090	未列名混合或非混合产品构成的药品	千克	6021099	136457	29940824	20375
30051010	橡皮膏	千克	2043	2	5679749	3295
30051090	其他胶粘敷料及有胶粘涂层的物品	千克	416391	1465	9994471	7975
30059010	药棉、纱布、绷带	千克	343129	495	54109002	31170
30059090	其他软填料及类似物品	千克	19983	266	4606141	2541
30061000	无菌外科肠线、类似的无菌缝合材料(包括外科或牙科用无菌可吸收缝线)及外伤创口闭合用的无菌粘合胶布;无菌昆布及无菌昆布塞条;外科或牙科用无菌吸收性止血材料;外科或牙科用无菌抗粘连阻隔材料,不论是否可吸收	千克	248330	6156	223980	709
30062000	血型试剂	千克	20533	343	9345	1
30063000	X光检查造影剂;用于病人的诊断试剂	千克	107329	1483	3260488	27791
30064000	牙科粘固剂及其他牙科填料;骨骼粘固剂	千克	123970	1520	95277	212
30065000	急救药箱、药包	千克	22333	59	6626975	3662
30066010	以激素为基本成分的避孕药	千克	116488	2317	33633	177
30067000	专用于人类或兽药的凝胶制品,作为外科手术或体检时躯体部位的润滑剂,或者作为躯体和医疗器械之间的耦合剂	千克	131701	132	1187192	274
30069100	可确定用于造口术的用具	千克	29473	131	12022	44
31010011	未经化学处理的鸟粪	千克	—	—	80000	1
31010019	其他未经化学处理的动物或植物肥料;动植物产品经混合制成的肥料	千克	15800	0	638100	12
31010090	经化学处理的动植物肥料;动植物产品经化学处理制成的肥料	千克	221436	67	5068992	449
31021000	尿素,不论是否水溶液	千克	317429	29	1713242	53
31022100	硫酸铵	千克	40994	11	30926325	338
31023000	硝酸铵,不论是否水溶液	千克	—	—	17670	2
31025000	硝酸钠	千克	472000	35	316000	13

2010年上海关区进出口商品量值表

单位:万美元

商品		计量单位	进口 数量	进口 金额	出口 数量	出口 金额
31026000	硝酸钙和硝酸铵的复盐及混合物	千克	—	—	240000	6
31029010	氰氨化钙	千克	—	—	807600	52
31029090	其他矿物氮肥及化学氮肥,包括上述子目未列名的混合物	千克	60	0	318502	18
31031090	其他过磷酸钙	千克	—	—	1000000	12
31039000	其他矿物磷肥及化学磷肥	千克	—	—	2163000	28
31042010	分析纯的氯化钾	千克	173	0	402065	54
31042090	其他氯化钾	千克	2961197	129	510	0
31043000	硫酸钾	千克	106	0	57650	7
31049090	其他矿物钾肥及化学钾肥	千克	45	0	21500	1
31051000	制成片状等或每包毛重≤10kg 的本章各项货品	千克	1484	1	11268057	508
31052000	含氮、磷、钾三种肥效元素的矿物肥料或化学肥料	千克	47714202	2032	116271	6
31053000	磷酸氢二铵	千克	215	1	704200	27
31054000	磷酸二氢铵及磷酸二氢铵与磷酸氢二铵的混合物	千克	1	0	588479	22
31055900	其他含氮、磷两种肥效元素的矿物肥料或化学肥料	千克	150	0	7707425	211
31059000	其他肥料	千克	163557	24	4206668	153
32011000	坚木浸膏	千克	23547	6	3550	1
32012000	荆树皮浸膏	千克	1035500	142	40000	19
32019010	其他植物鞣料浸膏	千克	432054	48	60	0
32019090	鞣酸及其盐、醚、酯和其他衍生物	千克	222168	99	97690	116
32021000	有机合成鞣料	千克	15029930	2335	12564284	2053
32029000	无机鞣料;鞣料制剂;不论是否含有天然鞣料,预鞣用酶制剂	千克	3095784	409	8352347	826
32030011	天然靛蓝及以其为基本成分的制品	千克	50	0	—	—
32030019	其他植物质着色料及以其为基本成分的制品	千克	241142	461	120662	146
32030020	动物质着色料及以其为基本成分的制品	千克	4494	34	6140	24
32041100	分散染料及以其为基本成分的制品	千克	1263916	1693	73194513	31397
32041200	酸性染料(不论是否预金属络合)及以其为基本成分的制品;媒染染料及以其为基本成分的制品	千克	3378770	3332	11535744	6577
32041300	碱性染料及以其为基本成分的制品	千克	322529	442	9244329	5645

2010年上海关区进出口商品量值表

单位:万美元

商品		计量单位	进口		出口	
			数量	金额	数量	金额
32041400	直接染料及以其为基本成分的制品	千克	1975043	1265	3541766	1570
32041510	合成靛蓝(还原靛蓝)	千克	6201	9	10628430	5375
32041590	其他瓮染染料(包括颜料用的)及以其为基本成分的制品	千克	433445	666	6198204	7967
32041600	活性染料及以其为基本成分的制品	千克	7639980	6272	18152200	10121
32041700	颜料及以其为基本成分的制品	千克	5982492	10064	100346445	74830
32041911	硫化黑(硫化青)及以其为基本成分的制品	千克	52223	41	10778159	1627
32041919	其他硫化染料及以其为基本成分的制品	千克	559019	176	2230723	477
32041990	其他未列名有机合成着色料及以其为基本成分制品	千克	973748	2729	1440131	2025
32042000	用作荧光增白剂的有机合成产品	千克	1738153	954	16144269	5931
32049010	生物染色剂及染料指示剂	千克	13635	75	75513	46
32049090	其他用作发光体的有机合成产品	千克	101056	189	1894728	863
32050000	色淀;本章注释3所述的以色淀为基本成分的制品	千克	224289	387	122686	248
32061110	钛白粉	千克	80715184	19481	127347665	24806
32061190	其他以干物质计二氧化钛含量在80%及以上的颜料及制品	千克	1779086	786	39950	15
32061900	其他以二氧化钛为基本成分的颜料及制品	千克	3711813	1488	617904	94
32062000	以铬化合物为基本成分的颜料及制品	千克	1170146	873	7599751	2522
32064100	群青及以其为基本成分的制品	千克	1517845	647	2036501	267
32064210	锌钡白(立德粉)	千克	91563	20	1536579	104
32064290	其他以硫化锌为基本成分的颜料及制品	千克	25298	24	1003	0
32064900	未列名着色料及其他制品	千克	13540948	8857	11039816	4291
32065000	用作发光体的无机产品,不论是否已有化学定义	千克	251591	1817	1062655	1664
32071000	陶瓷、搪瓷及玻璃工业用调制颜料、遮光剂、着色剂及类似制品	千克	515413	647	1767737	1206
32072000	珐琅和釉料、釉底料(泥釉)及类似制品	千克	8300083	2274	12693936	1255
32073000	光瓷釉及类似制品	千克	45253	64	1050034	101
32074000	搪瓷玻璃料及其他玻璃,呈粉、粒或粉片状的	千克	3267202	1447	9397499	652

2010 年上海关区进出口商品量值表

单位:万美元

商品		计量单位	进口 数量	进口 金额	出口 数量	出口 金额
32081000	以聚酯为基本成分的油漆及清漆(包括瓷漆及大漆),分散于或溶于非水介质	千克	7870570	3607	13390887	4628
32082010	以丙烯酸聚合物为基本成分的油漆及清漆(包括瓷漆及大漆),分散于或溶于非水介质	千克	8940062	5558	3664766	1943
32082020	以乙烯聚合物为基本成分的油漆及清漆(包括瓷漆及大漆),分散于或溶于非水介质	千克	152027	120	27180	9
32089010	以聚氨酯类化合物为基本成分的油漆及清漆(包括瓷漆及大漆),分散于或溶于非水介质的,本章注释 4 所述的溶液	千克	6267548	4367	415500	198
32089090	其他以合成聚合物或化学改性天然聚合物为基本成分的油漆及清漆(包括瓷漆及大漆),分散于或溶于非水介质的;本章注释 4 所述的溶液	千克	9452128	7565	8157051	3139
32091000	以丙烯酸或乙烯聚合物为基本成分的油漆及清漆(包括瓷漆及大漆),分散于或溶于水介质	千克	7120233	2267	1193039	312
32099010	以环氧树脂为基本成分的油漆及清漆(包括瓷漆及大漆),分散于或溶于水介质	千克	4542931	886	522841	228
32099020	以氟树脂为基本成分的油漆及清漆(包括瓷漆及大漆),分散于或溶于水介质	千克	440831	663	399951	528
32099090	以未列名合成聚合物或化学改性天然聚合物为基本成分的油漆及清漆(包括瓷漆及大漆),分散于或溶于水介质	千克	1653245	1011	631647	247
32100000	其他油漆及清漆(包括瓷漆、大漆及水浆涂料),加工皮革用的水性颜料	千克	5130873	4099	1494180	388
32110000	配制的催干剂	千克	4664322	3260	498966	186
32121000	压印箔	千克	511702	2094	746190	539
32129000	制造油漆(含瓷漆)用的颜料;零售形状及零售包装的染料或其他着色料	千克	8354005	9462	2216934	1904

2010年上海关区进出口商品量值表

单位:万美元

商品		计量单位	进口		出口	
			数量	金额	数量	金额
32131000	成套的颜料	千克	119931	50	6517083	2367
32139000	其他颜料、调色料、文娱颜料及类似品	千克	290556	271	3281760	1363
32141010	封装半导体器件用树脂胶及类似胶粘剂	千克	8466272	8021	704423	582
32141090	其他安装玻璃用油灰、接缝用油灰、树脂胶泥、嵌缝胶及类似胶粘剂;漆工用填料	千克	18885138	10478	4922571	520
32149000	非耐火涂面制剂,涂门面、内墙、地板、天花板等用	千克	2150271	624	3420169	137
32151100	黑色印刷油墨	千克	1510006	2517	1042682	572
32151900	其他印刷油墨	千克	6815740	7784	6281339	2478
32159010	书写墨水	千克	1772034	1352	1204150	539
32159090	绘图墨水及其他墨类	千克	2478394	2588	6681502	3611
33011200	橙油	千克	1864193	905	36012	20
33011300	柠檬油	千克	685265	2444	9545	3
33011910	白柠檬油(酸橙油)	千克	54857	174	550	2
33011990	未列名柑橘属果实精油	千克	74397	144	96593	157
33012400	胡椒薄荷油	千克	60617	218	—	—
33012500	其他薄荷油	千克	1116010	1609	609881	1232
33012910	樟脑油	千克	449	2	—	—
33012920	香茅油	千克	16500	25	426930	483
33012930	茴香油	千克	1616	4	139420	240
33012940	桂油	千克	1092	5	30600	56
33012950	山苍子油	千克	200	1	123100	217
33012960	桉叶油	千克	6288	11	1463355	1510
33012991	老鹳草油(香叶油)	千克	497	5	8139	138
33012999	未列名非柑桔属果实精油	千克	706308	1776	437111	1282
33013010	鸢尾凝脂	千克	15	5	55941	28
33013090	其他香膏	千克	11518	28	125982	41
33019010	提取的油树脂	千克	175420	334	262811	183
33019020	柑橘属果实的精油脱萜的萜烯副产品	千克	592998	195	10575	5
33019090	用花香吸取法或浸渍法制成的含浓缩精油的脂肪、固定油、蜡及类似品;其他精油脱萜时所得的萜烯副产品;精油水馏液及水溶液	千克	145050	108	16655	18

2010年上海关区进出口商品量值表

单位:万美元

商品		计量单位	进口 数量	进口 金额	出口 数量	出口 金额
33021010	生产饮料用的以香料为基本成分的制品,按容量计酒精浓度不超过0.5%的	千克	1173383	2402	142567	95
33021090	其他食品或饮料工业用的混合香料以及以一种或多种香料为基本成分的混合物	千克	3890414	7644	1849922	2998
33029000	其他工业用混合香料以及以一种或多种香料为基本成份混合物	千克	4231487	7451	9725194	11767
33030000	香水及花露水	千克	747196	2970	6664506	5542
33041000	唇用化妆品	千克	190517	1638	3239150	6253
33042000	眼用化妆品	千克	405406	2696	4694124	8998
33043000	指(趾)甲化妆品	千克	206517	314	2340656	1462
33049100	香粉,不论是否压紧	千克	373755	2840	3287468	5366
33049900	其他美容品或化妆品及护肤品	千克	12930660	49235	15735326	22936
33051000	洗发剂(香波)	千克	2057778	898	9313130	1937
33052000	烫发剂	千克	196103	154	972497	449
33053000	定型剂	千克	214901	296	1005331	272
33059000	其他护发品	千克	2720621	1639	7012287	2629
33061010	牙膏	千克	140487	131	16503439	3112
33061090	其他洁齿品	千克	5459	3	122157	50
33062000	清洁牙缝用纱线(牙线)	千克	36280	31	2018402	1631
33069000	口腔清洁剂	千克	2365286	356	1127693	191
33071000	剃须用制剂	千克	425789	272	1279569	428
33072000	人体除臭剂及止汗剂	千克	488582	427	864485	469
33073000	香浴盐及其他沐浴用制剂	千克	1727356	823	19155932	3409
33074100	神香及其他室内通过燃烧散发香气的制品	千克	272368	227	787926	216
33074900	室内除臭制品	千克	844904	823	17949170	6745
33079000	脱毛剂和未列名的芳香料制品及化妆盥洗品	千克	3034539	1909	18396081	6254
34011100	盥洗用条状、块状或模制形状的肥皂及有机表面活性产品及制品(包括含有药物的产品)以及肥皂或洗涤剂浸渍、涂面或包覆的纸、絮胎、毡呢及无纺织物	千克	706808	930	9669710	1742
34011910	洗衣皂(条状、块状或模制形状)	千克	21752	6	2238726	252

2010年上海关区进出口商品量值表

单位:万美元

商品		计量单位	进口数量	进口金额	出口数量	出口金额
34011990	其他条块状、块状或模制形状的肥皂及有机表面活性产品及制品(包括含有药物的产品)以及肥皂或洗涤剂浸渍、涂面或包覆的纸、絮胎、毡呢及无纺织物(洗衣皂除外)	千克	2158776	422	31913752	5284
34012000	其他形状的肥皂	千克	3339083	289	6836209	633
34013000	洁肤用有机表面活性产品及制品,液状或膏状并制成零售包装的,不论是否含有肥皂	千克	300303	200	15157849	1914
34021100	阴离子型有机表面活性剂	千克	22818577	5502	31012055	4226
34021200	阳离子型有机表面活性剂	千克	5141441	1791	9937892	2035
34021300	非离子型有机表面活性剂	千克	93017920	21896	25288535	5613
34021900	其他有机表面活性剂	千克	4294542	1005	27926111	4262
34022010	零售包装的合成洗涤粉	千克	562666	93	53118540	3656
34022090	其他零售包装的表面活性剂制品、洗涤剂(包括助洗剂)及清洁剂	千克	5659545	3467	27185026	3321
34029000	未列名表面活性剂制品、洗涤剂(包括助洗剂)及清洁剂	千克	31251386	12519	34537023	4530
34031100	含有石油或从沥青矿物提取的油类(按重量计低于70%)处理纺织材料、皮革、毛皮或其他材料的制剂	千克	13128842	3101	307743	61
34031900	含有石油或从沥青矿物提取的油类(按重量计低于70%)润滑剂	千克	22432576	10787	1828693	507
34039100	不含石油或从沥青矿物提取的油类的处理纺织材料、皮革、皮毛或其他材料的制剂	千克	18217481	4597	5676297	1223
34039900	不含石油或从沥青矿物提取油类的润滑剂	千克	56001997	30545	15582669	4356
34042000	聚氧乙烯(聚乙二醇)蜡	千克	2422986	477	161203	48
34049000	其他人造蜡及调制蜡	千克	25164035	8287	2326352	608
34051000	鞋靴或皮革用的上光剂及类似制品	千克	668966	342	7919614	1864
34052000	保养木制家具、地板或其他木制品用的上光剂及类似制品	千克	846401	354	1075999	205
34053000	车身用的上光剂及类似制品,金属用的光洁剂除外	千克	679461	568	322393	70
34054000	擦洗膏、去污粉及类似制品	千克	517260	218	563239	182
34059000	玻璃或金属用的光洁剂及类似制品	千克	8084977	4340	1115953	196

2010年上海关区进出口商品量值表

单位:万美元

商品		计量单位	进口 数量	进口 金额	出口 数量	出口 金额
34060000	各种蜡烛及类似品	千克	155776	69	28691885	7159
34070010	成套、零售包装或制成片状、马蹄形、条纹及类似形状的牙科用蜡及造型膏	千克	547691	318	117667	41
34070020	以熟石膏为基本成分的牙科用其他制品	千克	42606	31	50404	38
34070090	其他塑型用膏	千克	299834	174	1044926	157
35011000	酪蛋白	千克	652182	573	331200	188
35019000	酪蛋白酸盐及其他酪蛋白衍生物;酪蛋白胶	千克	2263972	2082	32250	29
35021100	干的卵清蛋白	千克	209154	174	—	—
35021900	其他卵清蛋白	千克	10	0	4000	3
35022000	乳白蛋白,两种或两种以上的乳清蛋白浓缩物	千克	4878509	3377	3000	2
35029000	其他白蛋白、白蛋白盐及其他白蛋白衍生物	千克	5659	23	0	2
35030010	明胶及其衍生物	千克	814826	368	5621202	1916
35030090	鱼胶;其他动物胶	千克	1026	2	2933283	919
35040010	蛋白胨	千克	168774	233	1500	1
35040090	蛋白胨衍生物;未列名蛋白质及衍生物;皮粉	千克	566768	686	1095460	215
35051000	糊精及其他改性淀粉	千克	49467584	5616	9085350	1112
35052000	以淀粉、糊精或其他改性淀粉为基本成分的胶	千克	445444	82	1856116	92
35061000	适于作胶或粘合剂用的产品,零售包装每件净重≤1kg	千克	2474690	8582	20892812	8840
35069110	以聚酰胺为基本成分的粘合剂	千克	1891497	1452	5864938	3467
35069120	以环氧树脂为基本成分的粘合剂	千克	4444951	5477	3296657	1296
35069190	其他以橡胶或39.01至39.13的聚合物为基本成分的粘合剂	千克	29582632	23209	30240190	9729
35069900	未列名的调制胶及其他调制粘合剂	千克	6610815	5522	26559418	5558
35071000	粗制凝乳酶及其浓缩物	千克	23	0	—	—
35079010	碱性蛋白酶	千克	124832	128	18988	38
35079020	碱性脂肪酶	千克	3048	16	18900	8
35079090	其他酶;未列名的酶制品	千克	2991861	3988	33732648	10140
36010000	发射药	千克	400244	1330	98745	264
36030000	安全导火索;导爆索;火帽或雷管;引爆器;电雷管	千克	456972	2030	48936	57

2010年上海关区进出口商品量值表

单位:万美元

商　　品		计量单位	进口		出口	
			数量	金额	数量	金额
36041000	烟花、爆竹	千克	—	—	125339585	22944
36049000	信号弹、降雨火箭、浓雾信号弹及其他烟火制品	千克	291	1	91964	120
36050000	火柴,但品目3604的烟火制品除外	千克	2741	1	160243	75
36061000	直接灌注香烟打火机及类似打火器用的液体燃料或液化气体燃料,其包装容器的容积不超过300立方厘米	千克	2778	15	173780	122
36069011	已切成形可直接使用的铈铁及其他引火合金	千克	1981	7	44841	45
36069090	其他易燃材料制品	千克	1178	0	2011380	351
37011000	X光用未曝光的摄影感光硬片及平面软片	千克	902411	1189	963000	1194
37012000	一次成像软片	千克	54811	297	12484	5
37013021	激光照排片,任一边>255mm	千克	875953	1601	356	0
37013022	PS版,任一边>255mm	千克	229169	212	27227429	11585
37013023	CTP版(计算机直接制版用热敏版材),任一边>255mm	千克	387267	276	17740822	13718
37013029	其他照相制版用未曝光的硬片及软片,任一边>255mm	千克	726775	1729	178342	154
37013090	其他未曝光的硬片及软片,任一边>255mm	千克	3106746	6778	90	0
37019100	未曝光的彩色摄影用硬片及软片	千克	517	6	540	0
37019920	照相制版用未曝光的其他硬片及软片	千克	12907	437	757	57
37019990	未列名未曝光的硬片及软片	千克	132701	345	484	2
37021000	X光用成卷的未曝光的感光卷片	千克	2100544	3857	2322	7
37023110	未曝光的彩色摄影用无齿孔一次成像卷片,宽≤105mm	个	30	0	295200	16
37023190	其他未曝光的彩色摄影用无齿孔卷片,宽≤105mm	个	182915	24	—	—
37023210	未曝光的涂卤化银乳液的无齿孔一次成像卷片,宽度不超过105毫米	千克	5	0	6	0
37023220	照相制版用未曝光的涂卤化银乳液的无齿孔卷片,宽≤105mm	千克	1659	5	—	—
37023290	其他未曝光的涂卤化银乳液的无齿孔卷片,宽≤105mm	千克	241	1	3624	10

2010年上海关区进出口商品量值表

单位:万美元

商品		计量单位	进口		出口	
			数量	金额	数量	金额
37023990	未列名未曝光的无齿孔卷片,宽≤105mm	千克	2	0	—	—
37024221	制印刷电路板光致抗蚀干膜,宽 >610mm,长 >200m	千克	459734	566	2988101	2049
37024229	其他照相制版用未曝光的非彩色摄影用无齿孔卷片,宽 >610mm 长 >200m	千克	66741	170	5834	14
37024291	未曝光红外或氦氖激光卷片,宽 >610mm 长 >200m	千克	54	0	—	—
37024321	激光照排片,宽 >610mm,长≤200m	千克	697391	1225	4391	7
37024329	其他照相制版用未曝光的无齿孔卷片,宽 >610mm,长≤200m	千克	18458	39	37269	71
37024390	未列名未曝光的无齿孔卷片,宽 >610mm,长≤200m	千克	33789	88	157	3
37024421	激光照排片,105mm < 宽≤610mm	千克	528935	995	9534	11
37024422	印刷电路板光致抗蚀干膜105mm < 宽≤610mm	千克	7728	11	295554	295
37024429	其他照相制版用未曝光的其他无齿孔卷片,105mm < 宽≤610mm	千克	37531	128	68833	120
37024490	未列名未曝光的无齿孔卷片,105mm < 宽≤610mm	千克	2162	19	11774	4
37025200	未曝光的彩色摄像用卷片,宽≤16mm,长 >14m	米	189223	10	305	0
37025300	未曝光的幻灯片用彩色摄像卷片,16mm < 宽≤35mm,长≤30m	米	132630	21	—	—
37025410	未曝光用的非幻灯用彩色摄像卷片,宽35mm,长≤2m	米	148626	9	907230	34
37025490	其他未曝光用的非幻灯用彩色摄像卷片,16mm < 宽≤35mm,长≤30m	米	31	0	—	—
37025520	未曝光的彩色电影卷片,16mm < 宽≤35mm,长 >30m	米	79836251	1348	854	0
37029310	其他未曝光的卷片,宽35mm,长≤2m	米	11911	1	—	—
37029390	其他未曝光的卷片,宽度超过16毫米,但不超过35毫米,长度不超过30米	米	6	0	—	—
37029420	未曝光的其他电影卷片,16mm < 宽≤35mm,长 >30m	米	644907	19	19230	2

2010 年上海关区进出口商品量值表

单位:万美元

商品		计量单位	进口 数量	进口 金额	出口 数量	出口 金额
37029490	其他未曝光的卷片,16mm < 宽 ≤ 35mm,长 >30m	米	1280	0	—	—
37029590	未列名未曝光的卷片,宽 >35mm	米	0	0	10878	2
37031010	未曝光的成卷的摄影感光纸及纸板,宽 >610mm	千克	525251	318	177047	43
37032010	其他未曝光的彩色摄影用感光纸及纸板	千克	127201	71	245586	118
37032090	其他未曝光彩色摄影用感光纺织物	千克	—	—	35000	24
37039010	其他未曝光非彩色摄影用感光纸及纸板	千克	51	2	31128	7
37039090	其他未曝光非彩色摄影用感光纺织物	千克	45	0	807	1
37040010	已曝光未冲洗的电影胶片	千克	—	—	19	0
37040090	其他已曝光未冲洗的摄影硬片、软片、纸、纸板及纺织物	千克	743	7	155822	31
37051000	供复制胶版用已曝光已冲洗的摄影硬片及软片	千克	317	21	36	0
37059010	已曝光已冲洗的教学专用幻灯片	千克	2	0	—	—
37059029	其他已曝光已冲洗的缩微胶片	千克	0	0	2	0
37059090	其他已曝光已冲洗的摄影硬片及软片,但电影胶片除外	千克	514	70	8436	8
37061090	其他已曝光已冲洗的电影胶片,宽 ≥35mm	千克	386	43	550	12
37071000	感光乳液	千克	2106810	8688	2919771	3029
37079010	冲洗照相胶卷及相片用化学制剂	千克	1076349	279	11444008	2870
37079020	复印机用化学制剂	千克	2082230	3861	1845287	1699
37079090	其他摄影用化学制剂;摄影用未混合产品	千克	7824152	8178	7358458	2182
38011000	人造石墨	千克	11569675	7640	4798806	791
38012000	胶态或半胶态石墨	千克	698016	184	56160	34
38013000	电极用碳糊及炉衬用的类似糊	千克	27	2	1010776	42
38019000	其他以石墨或其他碳为基本成分的糊状、块状、板状制品或半制品	千克	1325626	1872	1571540	936
38021010	木质活性碳	千克	1009047	503	18780866	2348
38021090	其他活性碳	千克	2244031	1279	8495115	1080
38029000	活性天然矿产品;动物炭黑,包括废动物炭黑	千克	7607344	1392	31222192	991

2010年上海关区进出口商品量值表

单位:万美元

商品		计量单位	进口 数量	进口 金额	出口 数量	出口 金额
38030000	妥尔油,不论是否精炼	千克	1004993	185	14502	1
38040000	木浆残余碱液,不论是否浓缩、脱糖或经化学处理的,包括木素磺酸盐,但不包括品目3803的妥尔油	千克	12934002	1387	4242229	204
38051000	脂松节油、木松节油和硫酸盐松节油	千克	37583	22	6315	3
38059010	以α萜品醇为基本成分的松油	千克	4061	4	268400	111
38059090	其他萜烯油;粗制二聚戊烯;亚硫酸盐松节油;其他粗制对异丙基苯甲烷	千克	11420	5	25	0
38061010	松香	千克	814118	204	155743	51
38061020	树脂酸	千克	7599	7	—	—
38062010	松香盐及树脂酸盐	千克	27959	14	390105	140
38062090	松香或树脂酸衍生物的盐	千克	950	1	21487	8
38063000	酯胶	千克	277881	183	3988090	957
38069000	其他松香和树脂酸的衍生物;松香精及松香油;再熔胶	千克	1520419	509	1969743	365
38070000	木焦油;精制木焦油;木杂酚油;粗木精;植物沥青;以松香、树脂酸或植物沥青为基本成分的啤酒桶沥青及类似制品	千克	14967	4	158060	18
38085010	零售包装的本章子目注释1所规定的货品	千克	—	—	170673	104
38089111	零售包装蚊香	千克	5	0	1713677	793
38089119	其他零售包装的杀虫剂	千克	70521	118	23336082	9222
38089190	非零售包装的杀虫剂	千克	1967395	6770	81268707	31376
38089210	零售包装杀菌剂	千克	27779	22	7404412	3694
38089290	非零售包装的杀菌剂	千克	8086884	7981	43935452	18582
38089311	零售包装除草剂	千克	7275027	2332	59388478	17454
38089319	非零售包装除草剂	千克	3265895	2665	231743329	55317
38089391	零售包装抗萌剂及植物生长调节剂	千克	1028	4	518261	294
38089399	非零售包装抗萌剂及植物生长调节剂	千克	—	—	4569043	1412
38089400	消毒剂	千克	2356746	1264	765064	207
38089910	零售包装的本品目所列其他货品及类似产品	千克	5000	2	170044	52
38089990	非零售包装的本品目所列其他货品及类似产品	千克	22530	6	276293	60

2010年上海关区进出口商品量值表

单位:万美元

商品		计量单位	进口		出口	
			数量	金额	数量	金额
38091000	以淀粉物质为基本成分,纺织、造纸、制革及类似工业用的整理剂、染料加速着色或固色助剂及其他产品和制剂	千克	2182800	225	1832243	116
38099100	纺织工业及类似工业用未列名的整理剂、染料加速着色或固色助剂及其他产品和制剂	千克	25453549	9389	19212431	3444
38099200	造纸工业及类似工业用未列名的整理剂、染料加速着色或固色助剂及其他产品和制剂	千克	19327847	3799	7358876	955
38099300	制革工业及类似工业用未列名的整理剂、染料加速着色或固色助剂及其他产品和制剂	千克	10810415	3901	7212162	1179
38101000	金属表面酸洗剂;金属等材料制焊粉或焊膏	千克	5428084	5011	4848062	1107
38109000	焊接用的焊剂及其他辅助剂;作焊条芯子或焊条涂料用的制品	千克	5868848	3163	3664933	373
38111900	其他抗震剂	千克	481334	179	26245	3
38112100	含石油或从沥青矿物提取油类的润滑油添加剂	千克	72663133	23900	1234676	278
38112900	其他润滑油添加剂	千克	11102936	4193	420731	141
38119000	抗氧剂、防胶剂、粘度改良剂、防腐蚀制剂及其他未列名配制添加剂,用于矿物油(包括汽油)或与矿物油同样用途的其他液体	千克	4371362	1882	3666408	871
38121000	配制的橡胶促进剂	千克	4393830	2668	14841694	4460
38122000	橡胶或塑料用复合增塑剂	千克	10453173	2614	4207765	1169
38123010	橡胶防老剂	千克	2341940	968	7061178	1522
38123090	橡胶或塑料用其他抗氧制剂及复合稳定剂	千克	23648361	10380	9187861	4176
38130010	灭火器的装配药	千克	1315126	237	8653344	781
38130020	已装药的灭火弹	千克	2683	2	—	—
38140000	其他处未列名的有机复合溶剂及稀释剂;除漆剂	千克	9191699	3886	3241085	860
38151100	以镍及其化合物为活性物的载体催化剂	千克	1038692	2468	135206	227
38151200	以贵金属及其化合物为活性物的载体催化剂	千克	1218397	12352	11711	176

2010年上海关区进出口商品量值表

单位:万美元

商品		计量单位	进口 数量	进口 金额	出口 数量	出口 金额
38151900	其他载体催化剂	千克	3550868	6152	1155929	1406
38159000	未列名的反应引发剂、反应促进剂、催化剂	千克	4052994	5472	5037756	2943
38160000	耐火的水泥、灰泥、混凝土及类似耐火混合制品,但品目3801产品除外	千克	9095108	1457	82181889	4557
38170000	混合烷基苯及混合烷基萘,但品目2707及2903货品除外	千克	6926717	891	228550	60
38180011	7.5cm≤直径≤15.24cm的单晶硅切片	千克	91321	8316	171449	13735
38180019	直径>15.24cm的单晶硅切片	千克	327769	21527	121668	4548
38180090	其他经掺杂用于电子工业的化学元素,已切成圆片、薄片或类似形状,经掺杂用于电子工业的化合物	千克	1031192	37605	2706350	77233
38190000	闸用液压油及其他液压传动用液体,不含石油或从沥青矿物提取的油类,或按重量计石油或从沥青矿物提取的油类含量低于70%	千克	8866363	2613	865243	181
38200000	防冻剂及解冻剂	千克	7555845	1397	1584230	201
38210000	制成的供微生物(包括病毒及类似品)或植物、人体、动物细胞生长或维持用的培养基	千克	766028	1524	261454	184
38220010	附于衬背上的诊断或实验用试剂及配制试剂	千克	778483	9608	1521050	5028
38220090	其他诊断或实验用试剂及配制试剂;检定参照物	千克	3080605	29619	4573103	1488
38231100	硬脂酸	千克	18896863	2005	4401053	435
38231200	油酸	千克	2193685	332	296210	37
38231300	妥尔油脂肪酸	千克	2705081	398	10340	3
38231900	其他工业用单羧脂肪酸;精炼所得酸性油	千克	32676140	2346	9986000	1093
38237000	工业用脂肪醇	千克	40430820	6390	1066280	202
38241000	铸模及铸芯用粘合剂	千克	626676	356	2117629	540
38243000	自身或与金属粘合剂混合未烧结金属碳化物	千克	34040	219	738698	2248
38244010	高效减水剂	千克	1607912	209	58373423	5025
38244090	其他水泥、灰泥及混凝土用添加剂	千克	2124213	436	11546164	714
38245000	非耐火的灰泥及混凝土	千克	1237392	120	2397649	223

2010年上海关区进出口商品量值表

单位:万美元

	商　　品	计量单位	进口 数量	进口 金额	出口 数量	出口 金额
38246000	编号2905.44以外的山梨醇	千克	80456	14	275	0
38247100	含全氯氟烃(CFCs)的混合物,不论是否含氢氯氟烃(HCFCs)、全氟烃(PFCs)或氢氟烃(HFCs)	千克	1752	5	314421	88
38247300	含氢溴氟烃(HBFCs)的混合物	千克	—	—	10170	7
38247400	含氢氯氟烃(HCFCs)的混合物,不论是否含全氟烃(PFCs)或氢氟烃(HFCs),但不含全氯氟烃(CFCs)	千克	90	0	2858093	864
38247600	含1,1,1-三氯乙烷(甲基氯仿)的混合物	千克	—	—	36000	6
38247800	含全氟烃(PFCs)或氢氟烃(HFCs)的混合物,但不含全氯氟烃(CFCs)或氢氯氟烃(HCFCs)	千克	282016	193	23234669	12285
38247900	其他含甲烷、乙烷或丙烷的卤化衍生物混合物	千克	6694	10	92655	23
38248100	含环氧乙烷(氧化乙烯)的混合物及制品	千克	38147	18	—	—
38248300	含三(2,3-二溴丙基)磷酸酯混合物及制品	千克	2307	3	—	—
38249010	杂醇油	千克	7578	10	20312	3
38249020	除墨剂、蜡纸改正液及类似品	千克	309667	78	815062	434
38249030	增炭剂	千克	3	0	4544803	239
38249091	按重量计含滑石>50%的混合物	千克	42	0	—	—
38249092	按重量计含氧化镁>70%的混合物	千克	171517	34	920916	112
38249099	未列名化学工业及相关工业化学产品及配制品	千克	177929611	160098	172470200	29766
38253000	医疗废物	千克	—	—	15199	2
38255000	废的金属酸洗液、液压油、制动油及防冻液	千克	—	—	130	0
38256900	其他未列名化学工业及相关工业的废物	千克	—	—	2095	3
38259000	其他处未列名的化学工业及其相关工业副产品	千克	32659	3	166703	13
39011000	初级形状的聚乙烯,比重<0.94	千克	506172877	75738	35394674	5309
39012000	初级形状的聚乙烯,比重≥0.94	千克	1128139320	140741	30116108	3976
39013000	初级形状的乙烯-乙酸乙烯酯共聚物	千克	140765446	29918	1387223	381

2010年上海关区进出口商品量值表

单位:万美元

商品		计量单位	进口数量	进口金额	出口数量	出口金额
39019010	初级形状的乙烯-丙烯共聚物(乙丙橡胶)	千克	6108418	1542	15979	9
39019020	初级形状的线型低密度聚乙烯	千克	860538112	112734	7345165	1068
39019090	其他初级形状的乙烯聚合物	千克	52124938	12242	33523529	5577
39021000	初级形状的聚丙烯	千克	541517095	77088	8221079	1597
39022000	初级形状的聚异丁烯	千克	7469067	1534	1342955	374
39023010	初级形状的乙烯-丙烯共聚物(乙丙橡胶)	千克	259029058	39077	2288361	379
39023090	其他初级形状的丙烯共聚物	千克	39998748	6685	455887	67
39029000	其他初级形状的烯烃聚合物	千克	39971264	11389	1891026	392
39031100	初级形状的可发性聚苯乙烯	千克	5797853	932	105003627	14124
39031910	改性的初级形状的聚苯乙烯	千克	14945226	2781	1513158	401
39031990	其他初级形状的聚苯乙烯	千克	115365233	18212	980371	268
39032000	初级形状的苯乙烯-丙烯腈(SAN)共聚物	千克	24618892	4943	3563538	846
39033010	改性初级形状的丙烯腈-丁二烯-苯乙烯(ABS)共聚物	千克	39135357	10154	2373463	657
39033090	其他初级形状的丙烯腈-丁二烯-苯乙烯(ABS)共聚物	千克	264494148	57141	3724925	920
39039000	其他初级形状的苯乙烯聚合物	千克	33802284	10762	4704627	718
39041010	初级形状的糊树脂	千克	14068065	2085	1588819	369
39041090	其他初级形状的聚氯乙烯,未掺其他物质	千克	178896757	17586	14060741	1461
39042100	初级形状的未塑化聚氯乙烯	千克	3347326	653	1047173	249
39042200	初级形状的已塑化聚氯乙烯	千克	12145638	3214	5034924	1078
39043000	初级形状的氯乙烯-乙酸乙烯酯共聚物	千克	4570562	996	9001591	2782
39044000	其他初级形状的氯乙烯共聚物	千克	2281878	695	129661	45
39045000	初级形状的偏二氯乙烯聚合物	千克	2594771	755	48820	11
39046100	初级形状的聚四氟乙烯	千克	2813737	3308	13016942	10404
39046900	其他初级形状的氟聚合物	千克	6840156	11553	3952891	5308
39049000	未列名初级形状的氯乙烯或其他卤化烯烃聚合物	千克	5716716	1311	376761	97
39051200	聚乙酸乙烯酯水分散体	千克	2400749	354	647302	68
39051900	其他初级形状的聚乙酸乙烯酯	千克	1537017	583	538538	115
39052100	乙酸乙烯酯共聚物的水分散体	千克	6620325	746	141505	27
39052900	其他初级形状的乙酸乙烯酯共聚物	千克	4529819	1029	69135	17

2010 年上海关区进出口商品量值表

单位:万美元

商品		计量单位	进口 数量	进口 金额	出口 数量	出口 金额
39053000	初级形状的聚乙烯醇,不论是否含有未水解乙酸酯基	千克	9460692	2614	7614036	1505
39059100	其他初级形状的乙烯酯共聚物和乙烯基共聚物	千克	3352442	1752	311191	263
39059900	未列名初级形状乙烯酯聚合物和乙烯基聚合物	千克	7031632	3851	3294482	2611
39061000	初级形状的聚甲基丙烯酸甲酯	千克	73228666	20168	8660533	2434
39069010	初级形状的聚丙烯酰胺	千克	17983706	5481	23860556	5461
39069090	其他初级形状的丙烯酸聚合物	千克	99222385	33044	40183182	8189
39071010	初级形状的聚甲醛	千克	43269479	10085	33252805	5279
39071090	其他初级形状的聚缩醛	千克	1366505	673	265665	88
39072010	初级形状的聚四亚甲基醚二醇	千克	14920096	4772	4415017	1425
39072090	初级形状的其他聚醚	千克	132043841	35465	70889176	18145
39073000	初级形状的环氧树脂	千克	66788366	25332	40870013	11516
39074000	初级形状的聚碳酸酯	千克	296839905	98025	140372329	39389
39075000	初级形状的醇酸树脂	千克	5572252	1444	340578	87
39076011	高粘度聚对苯二甲酸乙二酯切片	千克	1413025	280	278858070	34553
39076019	其他聚对苯二甲酸乙二酯切片	千克	38307930	6184	30172865	4037
39076090	其他初级形状的聚对苯二甲酸乙二酯	千克	10058263	1520	1376881	274
39077000	初级形状的聚乳酸	千克	485378	143	25643	5
39079100	初级形状的不饱和聚酯	千克	3609314	1569	4642707	1063
39079910	初级形状的聚对苯二甲酸丁二酯	千克	41900494	12505	33155628	7818
39079990	其他初级形状的聚酯	千克	36279098	18790	8873368	2454
39081011	聚酰胺-6,6 的切片	千克	95998857	33113	15623426	5568
39081019	聚酰胺-6、-11、-12、-6,9、-6,10 或-6,12 的切片	千克	144465906	42817	36441458	10383
39081090	其他初级形状聚酰胺-6、-11、-12、-6,6、-6,9、-6,10 或-6,12	千克	1482514	1236	2018651	816
39089000	其他初级形状的聚酰胺	千克	28043996	16097	16153340	9172
39091000	初级形状的尿素树脂和硫尿树脂	千克	6124104	835	11450882	1056
39092000	初级形状的蜜胺树脂	千克	10016560	2572	4011540	654
39093010	初级形状的聚亚甲基苯基异氰酸酯(聚合 MDI 或粗 MDI)	千克	107975737	20332	56926385	9636
39093090	其他初级形状的氨基树脂	千克	3359454	1090	6500599	672
39094000	初级形状的酚醛树脂	千克	23539890	8733	30285235	5026
39095000	初级形状的聚氨基甲酸酯	千克	37533268	17916	34064454	13219

2010年上海关区进出口商品量值表

单位:万美元

商品		计量单位	进口 数量	进口 金额	出口 数量	出口 金额
39100000	初级形状的聚硅氧烷	千克	73908019	34303	31593335	10777
39111000	初级形状的石油树脂、苯并呋喃树脂、茚树脂、苯并呋喃-茚树脂及多萜树脂	千克	27328523	6244	12084132	2602
39119000	初级形状多硫化物、聚砜及章注释3所规定的其他品目未列名产品	千克	22177825	14148	12504306	6691
39121100	初级形状的未塑化醋酸纤维素	千克	829829	483	241781	80
39121200	初级形状的已塑化醋酸纤维素	千克	191904	257	26825	16
39122000	初级形状的硝酸纤维素(包括棉胶)	千克	394789	142	1488874	325
39123100	初级形状的羧甲基纤维素及其盐	千克	1782898	736	24125829	6674
39123900	初级形状的纤维素醚	千克	6033736	4277	11710698	4564
39129000	未列名初级形状的纤维素及其化学衍生物	千克	7676669	5063	5875813	2293
39131000	初级形状的藻酸及其盐和酯	千克	145729	189	4070	2
39139000	未列名初级形状的天然聚合物及改性天然聚合物(例如,硬化蛋白、天然橡胶的化学衍生物)	千克	4041928	2981	6952524	3750
39140000	以品目3901至3913的聚合物为基本成分的初级形状离子交换剂	千克	4442542	3223	45111468	10496
39151000	乙烯聚合物的废碎料及下脚料	千克	160649057	10524	280689	24
39152000	苯乙烯聚合物的废碎料及下脚料	千克	30829815	2215	29907	2
39153000	氯乙烯聚合物的废碎料及下脚料	千克	60717082	3294	825516	30
39159010	聚对苯二甲酸乙二酯的废碎料及下脚料	千克	696830572	49271	11471	6
39159090	其他塑料的废碎料及下脚料	千克	285882641	18831	1641708	80
39161000	乙烯聚合物的单丝(截面直径>1mm)、条、杆、型材及异型材	千克	472436	217	1012678	301
39162000	氯乙烯聚合物制的单丝(截面直径>1mm)、条、杆、型材及异型材	千克	833665	432	29028007	4385
39169010	聚酰胺制的单丝(截面直径>1mm)、条、杆、型材及异型材	千克	522018	476	322842	278
39169090	未列名塑料制的单丝(截面直径>1mm)、条、杆、型材及异型材	千克	706950	1414	4117610	2114
39171000	硬化蛋白或纤维素材料制人造肠衣(香肠用肠衣)	千克	106034	166	137233	107
39172100	乙烯聚合物制硬管	千克	2849151	1516	5190049	1626

2010年上海关区进出口商品量值表

单位:万美元

商品		计量单位	进口		出口	
			数量	金额	数量	金额
39172200	丙烯聚合物制硬管	千克	1515044	633	5033333	1747
39172300	氯乙烯聚合物制硬管	千克	1130176	633	5596752	1087
39172900	其他塑料制硬管	千克	1277906	2284	5077467	2755
39173100	塑料制的软管,最小爆破压力为27.6兆帕斯卡	千克	1118367	2665	5294364	3929
39173200	塑料制的其他未装有附件的管子,未经加强也未与其他材料合制	千克	2986231	5055	2377449	1397
39173300	塑料制的其他装有附件的管子,未经加强也未与其他材料合制	千克	418874	887	5282223	1876
39173900	未列名塑料管	千克	2620408	3682	11514617	4851
39174000	塑料制的管子附件	千克	2823320	8441	9286117	5449
39181010	氯乙烯聚合物制糊墙品	千克	136951	85	1920120	529
39181090	氯乙烯聚合物制铺地制品	千克	26268956	5098	150461186	19051
39189010	其他塑料制糊墙品	千克	57426	50	1372622	236
39189090	其他塑料制铺地制品	千克	622974	190	43663074	8191
39191010	丙烯酸聚树脂为基本成分的成卷胶粘板、片、膜、箔、带、扁条,宽度不超过20厘米	千克	992090	1888	6672206	2523
39191091	宽度不超过20厘米的成卷胶囊形反光膜	千克	5063	9	73086	91
39191099	其他宽度不超过20厘米成卷塑料胶粘板、片、膜、箔、带、扁条及其他扁平形状材料	千克	4850665	9390	17587311	7527
39199010	其他胶囊型反光膜	千克	24535	28	2718790	1960
39199090	未列名胶粘塑料板、片、膜、箔、带、扁条及其他扁平形状材料	千克	32723485	52318	67568189	32049
39201010	乙烯聚合物制电池隔膜	千克	7359128	6193	5220968	2890
39201090	其他乙烯聚合物非泡沫塑料板、片、膜、箔及扁条	千克	59636838	31571	59722342	16466
39202010	丙烯聚合物制电池隔膜	千克	481248	4441	436824	1501
39202090	其他丙烯聚合物非泡沫塑料板、片、膜、箔及扁条	千克	21052726	9527	53403396	11880
39203000	苯乙烯聚合物非泡沫塑料板、片、膜、箔及扁条	千克	8200055	3955	11996356	2665
39204300	氯乙烯聚合物制非泡沫塑料板、片、膜、箔及扁条,按重量计增塑剂含量不小于6%	千克	5859751	4224	32601200	6135

2010年上海关区进出口商品量值表

单位:万美元

商品		计量单位	进口数量	进口金额	出口数量	出口金额
39204900	其他氯乙烯聚合物制非泡沫塑料的板、片、膜、箔及扁条	千克	7891812	3857	21448264	4376
39205100	聚甲基丙烯酸甲酯非泡沫塑料板、片、膜、箔及扁条	千克	12196690	6933	27308170	9774
39205900	其他丙烯酸聚合物非泡沫塑料板、片、膜、箔及扁条	千克	584426	866	162916	70
39206100	聚碳酸酯非泡沫塑料板、片、膜、箔及扁条	千克	6965334	9583	11361119	4666
39206200	聚对苯二甲酸乙二酯非泡沫塑料板、片、膜、箔及扁条	千克	76293833	90493	38917215	12217
39206300	不饱和聚酯非泡沫塑料板、片、膜、箔及扁条	千克	130912	236	8233953	1168
39206900	其他聚酯非泡沫塑料的板、片、膜、箔及扁条	千克	1366626	1096	6287733	2294
39207100	再生纤维素非泡沫塑料板、片、膜、箔及扁条	千克	241670	108	1442180	521
39207300	醋酸纤维素非泡沫塑料板、片、膜、箔及扁条	千克	168670	279	385105	670
39207900	其他纤维素衍生物非泡沫塑料板、片、膜、箔及扁条	千克	22005	536	123600	288
39209100	聚乙烯醇缩丁醛非泡沫塑料板、片、膜、箔及扁条	千克	5253225	3016	1227117	575
39209200	聚酰胺制非泡沫塑料的板、片、膜、箔及扁条	千克	3194880	3105	1375978	1185
39209300	氨基树脂非泡沫塑料板、片、膜、箔及扁条	千克	153091	324	1354746	428
39209400	酚醛树脂非泡沫塑料板、片、膜、箔及扁条	千克	113534	130	33784320	4911
39209910	聚四氟乙烯制非泡沫板、片、膜、箔及扁条	千克	6323372	13549	3996080	4075
39209990	未列名非泡沫塑料板、片、膜、箔及扁条	千克	28244282	40075	30718295	10025
39211100	苯乙烯聚合物泡沫塑料板、片、膜、箔、扁条	千克	747772	384	3010936	725
39211210	氯乙烯聚合物泡沫人造革及合成革	千克	3302256	1857	419843	140
39211290	其他氯乙烯聚合物泡沫塑料板、片、膜、箔、扁条	千克	4811882	5883	3788760	950

2010年上海关区进出口商品量值表

单位:万美元

商品		计量单位	进口 数量	进口 金额	出口 数量	出口 金额
39211310	氨酯聚合物泡沫人造革及合成革	千克	1232262	2274	367169	248
39211390	其他氨酯聚合物泡沫塑料板、片、膜、箔、扁条	千克	3541713	5360	3852652	4916
39211400	再生纤维素泡沫塑料板、片、膜、箔、扁条	千克	668856	289	1280428	401
39211910	其他泡沫塑料人造革及合成革	千克	84717	109	37875	27
39211990	其他泡沫塑料板、片、膜、箔、扁条	千克	2449007	3401	6326068	2276
39219020	嵌有玻璃纤维的聚乙烯板、片	千克	426462	379	2398211	444
39219030	附有人造毛毡的聚异丁烯板、片、卷材	千克	2298	14	6936	1
39219090	未列名塑料板、片、膜、箔、扁条	千克	16856868	16320	36311735	11098
39221000	塑料浴缸、淋浴盘、洗涤槽及盥洗盆	千克	263861	238	27569285	6632
39222000	塑料马桶座圈及盖	千克	236616	366	6353404	1973
39229000	塑料坐浴盆、便盆、抽水箱及类似卫生洁具	千克	158871	183	2663627	1374
39231000	供运输或包装货物用的塑料盒、箱(包括板条箱)及类似品	千克	11990505	8889	34527098	17481
39232100	供运输或包装货物用的乙烯聚合物制袋及包	千克	4791763	3448	246849619	54044
39232900	供运输或包装货物用的其他塑料制袋及包	千克	2094603	2658	28982352	11386
39233000	供运输或包装货物用的塑料坛、瓶及类似品	千克	2734472	2778	25950417	15135
39234000	塑料卷轴、纡子、筒管及类似品	千克	1749750	1140	4356070	2241
39235000	塑料塞子、盖子及类似品	千克	3623465	4978	30723380	23204
39239000	供运输或包装货物用的其他塑料制品	千克	9691841	5393	27194205	9134
39241000	塑料制餐具及厨房用具	千克	3551546	3181	69419039	20822
39249000	塑料制其他家庭用具及卫生或盥洗用具	千克	1790582	1212	23907202	8725
39251000	塑料制囤、柜、罐、桶等容器,容积>300l	千克	42189	30	1542318	558
39252000	塑料制门、窗及其框架、门槛	千克	1410268	287	12299001	2615
39253000	塑料制窗板、百叶窗(包括威尼斯或百叶窗)或类似制品及其零件	千克	247765	319	74894807	12191
39259000	未列名的建筑用塑料制品	千克	420527	715	133830999	19692
39261000	塑料制办公室或学校用品	千克	367734	213	39996261	12722

2010年上海关区进出口商品量值表

单位:万美元

商品		计量单位	进口 数量	进口 金额	出口 数量	出口 金额
39262011	聚氯乙烯制手套(分指手套、连指手套及露指手套)	千克	172021	412	63307173	18106
39262019	其他塑料制手套(分指手套、连指手套及露指手套)	千克	57779	138	15129872	5002
39262090	其他塑料制衣服及衣着附件	千克	446254	1814	29908754	17172
39263000	塑料制家具、车厢或类似品的附件	千克	936721	1159	18121144	8707
39264000	塑料制小雕塑品及其他装饰品	千克	83768	200	28242248	10181
39269010	塑料制机器及仪器用零件	千克	3100016	14434	9793215	9507
39269090	未列名塑料制品	千克	34474581	57375	293095586	130625
40011000	天然橡胶乳,不论是否预硫化	千克	79033925	17193	—	—
40012100	烟胶片	千克	31663293	10445	648004	174
40012200	技术分类天然橡胶(TSNR)	千克	104724423	33199	246745	87
40012900	其他形状的天然橡胶	千克	2281677	723	49577	12
40013000	巴拉塔胶、古塔波胶、银胶菊胶、糖胶树胶及类似的天然树胶	千克	606	4	49	0
40021110	羧基丁苯橡胶胶乳	千克	10244681	1388	1237754	169
40021190	丁苯橡胶胶乳	千克	4988822	1008	1884801	312
40021911	初级形状未作任何加工的丁苯橡胶	千克	6108358	1504	806657	189
40021912	充油丁苯橡胶	千克	11473592	2577	429575	95
40021913	热塑丁苯橡胶	千克	17695949	4637	523892	130
40021914	充油热塑丁苯橡胶	千克	2531856	1138	1023180	249
40021919	其他初级形状丁苯橡胶及羧基丁苯橡胶	千克	5701864	2670	1084121	565
40021990	其他丁苯橡胶及羧基丁苯橡胶	千克	38350595	9158	2384983	495
40022010	初级形状的丁二烯橡胶	千克	5545048	1439	5586547	1458
40022090	其他丁二烯橡胶	千克	29553205	8044	269466	65
40023110	初级形状的异丁烯-异戊二烯(丁基)橡胶	千克	1192157	548	39982	35
40023190	其他异丁烯-异戊二烯(丁基)橡胶	千克	29294247	12698	4406900	2076
40023910	初级形状的卤代丁基橡胶	千克	2948423	1099	160	0
40023990	其他卤代丁基橡胶	千克	43263776	17192	443838	220
40024100	氯丁二烯(氯丁)橡胶胶乳	千克	172725	70	200	0
40024910	初级形状的氯丁二烯(氯丁)橡胶	千克	7306684	2658	168013	58
40024990	其他氯丁二烯(氯丁)橡胶	千克	1333150	532	4731	3
40025100	丁腈橡胶胶乳	千克	17821938	2711	394970	45
40025910	初级形状的丁腈橡胶	千克	7822436	2537	526542	180
40025990	其他丁腈橡胶	千克	14604580	5220	116041	35

2010年上海关区进出口商品量值表

单位:万美元

商品		计量单位	进口		出口	
			数量	金额	数量	金额
40026010	初级形状的异戊二烯橡胶	千克	4546094	1386	—	—
40026090	其他异戊二烯橡胶	千克	4038642	1287	442759	151
40027010	初级形状的乙丙非共轭二烯橡胶	千克	24452228	6581	915378	205
40027090	其他乙丙非共轭二烯橡胶	千克	52112822	15416	158201	58
40028000	4001所列产品与本编号所列产品的混合物	千克	19779	11	25923	5
40029100	未列名合成橡胶胶乳	千克	2766132	494	50339	8
40029911	未列名初级形状的合成橡胶	千克	7676425	2618	8620225	4257
40029919	未列名非初级形状的合成橡胶	千克	585702	352	616849	145
40029990	从油类提取的油膏	千克	6404	3	106717	23
40030000	再生橡胶,初级形状或板、片、带	千克	1625551	176	11956089	994
40040000	橡胶(硬质橡胶除外)废碎料、下脚料及其粉、粒	千克	—	—	1128705	38
40051000	与炭黑或硅石混合未硫化的复合橡胶,初级形状或板、片、带	千克	24287840	9944	4870637	1610
40052000	未硫化的复合橡胶溶液;40051000以外的分散体	千克	1805350	460	367661	80
40059100	其他未硫化的复合橡胶,板、片、带	千克	33394953	11472	5772513	748
40059900	其他未硫化的初级形状复合橡胶	千克	35644083	11580	434353	56
40061000	轮胎翻新用胎面补料胎条	千克	138871	28	29299	8
40069010	其他形状(例如,杆、管或型材及异型材)的未硫化橡胶	千克	123637	213	21493	15
40069020	未硫化橡胶制品	千克	338455	477	243896	427
40070000	硫化橡胶线及绳	千克	4762869	1820	1429655	1358
40081100	硫化海绵橡胶制板、片、带	千克	1564681	1941	2119792	1168
40081900	硫化海绵橡胶制杆、型材及异型材	千克	67730	121	136315	92
40082100	硫化非海绵橡胶制板、片、带	千克	3822506	3406	13005938	2229
40082900	硫化非海绵橡胶制杆、型材及异型材	千克	283591	304	408927	140
40091100	未经加强或未与其他材料合制并且未装有附件的管子	千克	1656013	2743	1732510	1182
40091200	未经加强或未与其他材料合制但装有附件的管子	千克	208176	491	3150990	1249
40092100	用金属加强或只与金属合制未装有附件的管子	千克	8138613	5277	17898521	7982
40092200	用金属加强或只与金属合制装有附件的管子	千克	1249412	2175	3623719	1822

2010 年上海关区进出口商品量值表

单位:万美元

商品		计量单位	进口 数量	进口 金额	出口 数量	出口 金额
40093100	用纺材加强或只与纺材合制的无附件的管子	千克	3903471	5435	4215801	2421
40093200	用纺材加强或只与纺材合制的装有附件的管子	千克	432843	1113	648985	804
40094100	用其他材料加强或与其他材料合制无附件管子	千克	723986	865	549344	492
40094200	用其他材料加强或与其他材料合制有附件管子	千克	89379	363	3155846	1140
40101100	仅用金属加强的硫化橡胶制输送带及带料	千克	489225	438	7120445	2401
40101200	仅用纺织材料加强的硫化橡胶制输送带及带料	千克	585274	909	16571930	4350
40101900	其他硫化橡胶制输送带及带料	千克	211497	515	2728073	1202
40103100	梯形截面 V 肋环形传动带(三角带)60cm<外周长≤180cm	千克	258112	784	2147787	1307
40103200	梯形截面环形传动带(三角带)60cm<外周长≤180cm,V 形肋状的除外	千克	92308	253	401974	250
40103300	梯形截面 V 肋环形传动带(三角带)180cm<外周长≤240cm	千克	86133	207	260741	327
40103400	梯形截面环形传动带(三角带)180cm<外周长≤240cm,V 形肋状的除外	千克	226567	512	175405	49
40103500	环形同步带,60cm<周长≤150cm	千克	354973	1267	586127	855
40103600	环形同步带,150cm<周长≤198cm	千克	148933	338	40989	49
40103900	其他硫化橡胶制传动带及带料	千克	1437286	5492	9099291	4198
40111000	机动小客车用新的充气橡胶轮胎	千克	33718889	18858	273361486	88233
40112000	客车或货运机动车辆用新的充气橡胶轮胎	千克	6174892	3504	328416796	89660
40113000	航空器用新的充气橡胶轮胎	千克	278500	398	1820	7
40114000	摩托车用新的充气橡胶轮胎	千克	20827	20	14089205	3702
40115000	自行车用新的充气橡胶轮胎	千克	219561	170	18330081	4362
40116100	农业或林业车辆及机器用新的人字型或类似胎面的充气橡胶轮胎	千克	8306	6	6764323	1673
40116200	建筑业或工业搬运车辆及机器用新的人字型胎面或类似胎面的充气橡胶轮胎,辋圈≤61cm	千克	35612	15	114611	27
40116300	建筑业或工业搬运车辆及机器用新的人字型胎面或类似胎面的充气橡胶轮胎,辋圈>61cm	千克	61941	51	97204	40

2010年上海关区进出口商品量值表

单位:万美元

商品		计量单位	进口 数量	进口 金额	出口 数量	出口 金额
40116900	其他新的人字形或类似胎面的充气橡胶轮胎	千克	1466	1	83077	18
40119200	其他农林车辆及机器用新的充气橡胶轮胎	千克	476671	240	2255861	601
40119300	其他建筑搬运车等用新充气轮胎,辋圈≤61cm	千克	244452	142	2801346	728
40119400	其他建筑搬运车等用新充气轮胎,辋圈>61cm	千克	2125401	1211	232698	80
40119900	未列名新的充气橡胶轮胎	千克	430198	256	3923340	988
40121200	机动大客车或货运车辆用翻新的充气橡胶轮胎	千克	—	—	9530	4
40121300	航空器用翻新的充气橡胶轮胎	千克	28250	34	25972	15
40121900	其他翻新的充气橡胶轮胎	千克	6	0	90293	22
40122010	汽车用旧的充气轮胎	千克	95	0	131	0
40122090	其他旧的充气轮胎	千克	—	—	11352	0
40129010	航空器用实心或半实心橡胶轮胎、橡胶胎面及橡胶轮胎衬带	千克	97	1	441197	4
40129020	汽车用实心或半实心橡胶轮胎、胎面及橡胶轮胎衬带	千克	354311	100	3092738	501
40129090	其他实心或半实心橡胶轮胎、橡胶胎面及橡胶轮胎衬带	千克	361145	171	13164184	2842
40131000	机动小客车、客运机动车辆或货运机动车辆用橡胶内胎	千克	41	0	12133249	3667
40132000	自行车用橡胶内胎	千克	9953	15	10534650	4174
40139090	其他橡胶内胎	千克	1176	6	5220608	1648
40141000	硫化橡胶制避孕套	千克	26393	38	734325	505
40149000	硫化橡胶制其他卫生及医疗用品	千克	156907	346	2130617	908
40151100	硫化橡胶制外科用分指、连指及露指手套	千克	67603	27	8516231	4306
40151900	硫化橡胶制其他分指、连指及露指手套	千克	2751985	1769	26030359	13606
40159010	硫化橡胶制医疗用衣着用品及附件(不包括手套)	千克	3690	31	165986	99
40159090	硫化橡胶制非医疗用衣着用品及附件(不包括手套)	千克	96185	314	298470	342
40161010	硫化海绵橡胶制机器及仪器用零件	千克	50097	465	129131	181
40161090	其他硫化海绵橡胶制品	千克	252146	795	2537613	1475

2010 年上海关区进出口商品量值表

单位:万美元

商品		计量单位	进口		出口	
			数量	金额	数量	金额
40169100	硫化橡胶制铺地用品及门垫	千克	733390	399	14770174	1873
40169200	硫化橡胶制橡皮擦	千克	74806	94	8469518	1858
40169310	硫化橡胶制机器及仪器垫片、垫圈及其他密封垫	千克	3146459	19182	6700424	9045
40169390	硫化橡胶制非机器及仪器垫片、垫圈及其他密封垫	千克	4426180	14881	15079396	16162
40169400	硫化橡胶制船舶或码头的碰垫,不论是否可充气	千克	195975	47	1306997	309
40169500	硫化橡胶制其他可充气制品	千克	117025	337	694123	370
40169910	其他硫化橡胶制机器及仪器用零件	千克	1332842	3992	1813806	2295
40169990	未列名硫化橡胶制品	千克	8118099	12111	33913492	16015
40170010	各种形状的硬质橡胶,包括废碎料	千克	56180	55	404566	149
40170020	硬质橡胶制品	千克	148444	252	4727209	1598
41012019	其他整张牛皮,简单干燥的≤8kg,干盐腌的≤10kg,鲜的、湿盐腌的或以其他方法保藏的≤16kg	千克	392904	108	146	0
41015019	其他 >16kg 的整张牛皮	千克	59199884	11611	—	—
41019019	其他牛皮	千克	271151	56	—	—
41021000	带毛的绵羊或羔羊生皮	千克	18290374	2801	—	—
41022190	其他浸酸的不带毛的绵羊或羔羊生皮	千克	785522	237	—	—
41022910	其他经逆鞣处理的不带毛的绵羊或羔羊生皮	千克	56	1	—	—
41032000	爬行动物皮	千克	1151	4	—	—
41039019	其他山羊板皮	千克	625753	226	—	—
41039029	其他山羊皮或小山羊皮	千克	495712	176	3660	10
41039090	其他生皮	千克	176574	38	10769	4
41041111	全粒面未剖层及粒面剖层蓝湿牛皮	千克	14150298	4750	50	0
41041119	其他全粒面未剖层及粒面剖层牛湿革	千克	658	0	715	1
41041911	其他蓝湿牛皮	千克	1066407	212	3114	4
41041919	其他牛湿革	千克	11614	6	17342	25
41044100	全粒面未剖层及粒面剖层牛、马干革(坯革)	千克	3440239	6298	1717	3
41044910	其他机器带用牛、马干革(坯革)	千克	807	3	—	—
41044990	其他牛、马干革(坯革)	千克	31749	97	60	0
41051010	蓝湿绵羊或羔羊皮	千克	1121394	414	—	—

2010 年上海关区进出口商品量值表

单位:万美元

商品		计量单位	进口 数量	进口 金额	出口 数量	出口 金额
41051090	其他绵羊或羔羊湿革	千克	77154	63	4854	13
41053000	绵羊或羔羊干革(坯革)	千克	39110	166	1151	5
41062100	山羊或小山羊湿革(包括蓝湿皮)	千克	276712	41	326286	193
41062200	山羊或小山羊干革(坯革)	千克	40586	74	750	2
41063200	猪干革(坯革)	千克	4906	8	—	—
41069100	其他动物湿革(包括蓝湿皮)	千克	33	0	6720	1
41069200	其他动物干革(坯革)	千克	189801	313	—	—
41071110	整张全粒面未剖层牛皮革	千克	681903	1670	28710	31
41071210	整张粒面剖层牛皮革	千克	12526578	25425	424647	898
41071220	整张粒面剖层马皮革	千克	620	5	—	—
41071910	其他机器带用整张牛、马皮革	千克	87	1	—	—
41071990	其他整张牛、马皮革	千克	159028	415	195496	311
41079100	全粒面未剖层革(整张革除外)	千克	200734	690	1254	3
41079200	粒面剖层革(整张革除外)	千克	4588605	8723	546889	1051
41079910	机器带用牛、马皮革(整张革除外)	千克	697	4	33	0
41079990	未列名牛、马皮革	千克	492802	766	30756	50
41120000	经鞣制或半硝后加工的不带毛的绵羊或羔羊皮革,包括羊皮纸化处理的,不论是否剖层,但品目 4114 的皮革除外	千克	544098	2401	72306	438
41131000	经鞣制或半硝处理后加工的山羊或小山羊皮革	千克	208488	918	1363	15
41132000	经鞣制或半硝处理后加工的猪皮革	千克	127848	240	3403255	3031
41133000	经鞣制或半硝处理后加工的爬行动物皮革	千克	91	3	—	—
41139000	经鞣制或半硝处理后加工的其他动物皮革	千克	21722	158	2264	13
41141000	油鞣皮革(包括结合鞣制的油鞣皮革)	千克	91530	230	6758	33
41142000	漆皮及层压漆皮;镀金属皮革	千克	147328	165	1603	4
41151000	以皮革或皮革纤维为基本成分的再生皮革,成块、成张或成条,不论是否成卷	千克	218338	79	32483	22
41152000	皮革或再生皮革的边角废料,不适宜作皮革制品;皮革粉末	千克	—	—	155	0
42010000	各种材料制成的鞍具及挽具(包括缰绳、挽绳、护膝垫、口套、按褥、马褡裢、狗外套及类似品),适合各种动物用	千克	26050	49	17203656	14494

2010年上海关区进出口商品量值表

单位:万美元

商品		计量单位	进口 数量	进口 金额	出口 数量	出口 金额
42021110	皮革、再生皮革或漆皮作面的衣箱	千克	6210	195	27003	13
42021190	皮革、再生皮革或漆皮作面的提箱、小手袋、公文箱、公文包、书包及类似容器	千克	112253	3339	2594044	3494
42021210	塑料或纺织材料作面的衣箱	千克	72936	635	14102486	4144
42021290	塑料或纺织材料作面的提箱、小手袋、公文箱、公文包、书包及类似容器	千克	826880	3444	513553056	198351
42021900	其他材料作面的衣箱、提箱、小手袋、公文箱、公文包、书包及类似容器	千克	4643	54	1659031	512
42022100	皮革、再生皮革或漆皮作面的手提包	千克	511604	20501	6996736	12129
42022200	塑料片或纺织材料作面的手提包	千克	1223996	26746	125845780	94154
42022900	其他材料作面的手提包	千克	1105	26	710900	438
42023100	以皮革、再生皮革或漆皮作面通常置于口袋或手提包内的物品	个	558260	5632	73794655	14016
42023200	以塑料片或纺织材料作面通常置于口袋或手提包内的物品	千克	486418	6017	25852451	23723
42023900	其他材料作面通常置于口袋或手提包内的物品	千克	9043	7	970562	525
42029100	以皮革、再生皮革或漆皮作面的其他类似容器	个	280508	531	6465973	1133
42029200	以塑料片或纺织材料作面的其他类似容器	个	6001930	2944	306738959	23817
42029900	以其他材料作面的其他类似容器	千克	148013	222	1714534	584
42031000	皮革或再生皮革制的衣服	件	108507	4041	7960087	35301
42032100	皮革或再生皮革制专供运动用手套	双	56141	26	3212616	3080
42032910	皮革或再生皮革制的劳保手套	双	65338	20	64864390	7252
42032990	皮革或再生皮革制的其他手套	双	56174	107	25650155	10371
42033010	皮革或再生皮革制的腰带	千克	197439	5151	5800871	7105
42033020	皮革或再生皮革制的子弹带	千克	1	0	419	1
42034000	皮革或再生皮革制的其他衣着附件	千克	13332	144	807085	783
42050010	皮革或再生皮革的坐具套	千克	12392	32	11424065	12450
42050020	机器、机械器具或其他专门技术用途的皮革或再生皮革制品	千克	9677	85	10182	12
42050090	皮革或再生皮革的其他制品	千克	129145	1027	2000142	2714

2010年上海关区进出口商品量值表

单位:万美元

商　　品		计量单位	进口 数量	进口 金额	出口 数量	出口 金额
43011000	整张水貂皮,不论是否带头、尾或爪	千克	20418	405	—	—
43016000	整张狐皮;不论是否带头、尾或爪	千克	173409	1697	—	—
43018010	整张兔皮;不论是否带头、尾或爪	千克	641417	223	—	—
43018090	其他整张毛皮;不论是否带头、尾或爪	千克	16277	29	1295	2
43021100	未缝制的整张水貂皮	千克	5679	84	16355	580
43021910	未缝制整张灰鼠、白鼬、貂、狐、獭及猞猁皮	千克	30458	225	42783	634
43021920	未缝制整张兔皮	千克	35718	26	5633	13
43021930	未缝制的整张下列羔羊皮:阿斯特拉罕、喀拉科尔、波斯羔羊及类似羔羊、印度、中国或蒙古羔羊	千克	2332	13	56259	214
43021990	其他未缝制的整张毛皮	千克	168410	535	59173	247
43022000	未缝制的头、尾、爪及其他块、片	千克	81348	342	35277	333
43023090	其他已缝制的整张毛皮及其块、片	千克	30597	86	1607	27
43031010	毛皮衣服	千克	5725	359	820687	10443
43031020	毛皮衣着附件	千克	3789	136	477618	7015
43039000	其他毛皮制品	千克	8307	64	696927	2079
43040010	人造毛皮	千克	8142	15	14	0
43040020	人造毛皮制品	千克	413	2	1438	8
44011000	薪柴(圆木段、块、枝、成捆或类似形状)	千克	32931	2	—	—
44012100	针叶木的木片或木粒	千克	10149	7	—	—
44012200	非针叶木的木片或木粒	千克	66702	29	10982	1
44013000	锯末、木废料及碎片,不论是否粘结成圆木段、块、片或类似形状	千克	—	—	1746773	16
44021000	竹炭,不论是否结块	千克	316	0	1532272	133
44029000	其他木炭(包括果壳炭及果核炭),不论是否结块	千克	2879801	80	14993729	569
44032010	红松和樟子松原木	立方米	37252	482	—	—
44032020	白松(云杉和冷杉)原木	立方米	40647	547	—	—
44032030	辐射松原木	立方米	1560616	20599	—	—
44032040	落叶松原木	立方米	50267	718	—	—
44032090	未列名针叶木原木	立方米	590064	8948	—	—
44034100	深红色、浅红色及巴栲红柳安木原木	立方米	2396	34	—	—
44034910	柚木原木	立方米	9634	589	—	—

2010年上海关区进出口商品量值表

单位:万美元

	商品	计量单位	进口数量	进口金额	出口数量	出口金额
44034930	龙脑香木 Dipterocarpusspp.(克隆木)原木	立方米	121	5	—	—
44034950	印加木 Intsiaspp.(波罗格 Mengaris)原木	立方米	2995	132	—	—
44034990	未列名本章子目注释1所列热带木原木	立方米	46735	1772	—	—
44039100	栎木(橡木)原木	立方米	175696	6098	—	—
44039200	山毛榉木原木	立方米	88386	1724	—	—
44039920	樟木原木	立方米	208	6	—	—
44039930	红木原木	立方米	44929	4705	—	—
44039950	水曲柳原木	立方米	24442	691	—	—
44039960	北美硬阔叶木(包括樱桃木、黑胡桃木、枫木)原木	立方米	48972	4468	—	—
44039980	未列名的温带非针叶木原木	立方米	13945	176	—	—
44039990	其他非针叶木原木	立方米	283500	11332	—	—
44041000	针叶木的箍木;针叶木的木劈条;已削尖但未纵锯的针叶木的木桩;粗加修整但未车园、弯曲或其他方式加工的针叶木的木棒,适合制手杖、伞柄、工具把柄及类似品;针叶木的木片条及类似品	千克	578	0	108983	8
44042000	非针叶木的箍木;非针叶木的木劈条;已削尖但未纵锯的非针叶木的木桩;粗加修整但未车园、弯曲或其他方式加工的非针叶木的木棒,适合制手杖、伞柄、工具把柄及类似品;非针叶木的木片条及类似品	千克	1358	1	28349	4
44050000	木丝;木粉	千克	67992	4	1983416	52
44069000	已浸渍铁道及电车道枕木	立方米	—	—	575	15
44071010	纵锯纵切刨或旋切红松和樟子松木材,厚>6mm	立方米	110285	2838	125	5
44071020	纵锯切刨或旋切白松(云、冷杉)木材,厚>6mm	立方米	1564097	28792	315	16
44071030	纵锯、纵切刨或旋切的辐射松木材,厚>6mm	立方米	160566	5138	257	28
44071040	经纵锯、纵切刨或旋切的花旗松木材,厚>6mm	立方米	276563	4814	384	22

2010年上海关区进出口商品量值表

单位:万美元

商品		计量单位	进口 数量	进口 金额	出口 数量	出口 金额
44071090	其他纵锯切、刨或旋切的针叶木木材,厚>6mm	立方米	327934	6660	8866	712
44072200	经纵锯切刨或旋切的肉豆蔻木等木材,厚>6mm	立方米	30737	2073	127	19
44072500	经纵锯切刨或旋切的红柳安木材,厚>6mm	立方米	8537	279	7	1
44072600	纵锯切刨或旋切的白黄柳安木等木材,厚>6mm	立方米	8877	321	18	1
44072700	纵锯切刨或旋切的沙比利木材,厚>6mm	立方米	8290	492	65	5
44072910	经纵锯切刨切或旋切的柚木木材,厚>6mm	立方米	1155	74	33	3
44072920	纵锯切刨或旋切非洲桃花心木木材,厚>6mm	立方米	2108	120	—	—
44072930	经纵锯切、刨或旋切的波罗格木木材,厚>6mm	立方米	50723	2768	5	1
44072990	未列名经纵锯、纵切、刨切或旋切的本章子目注释1所列的热带木木材,厚>6mm	立方米	95093	5276	8	0
44079100	经纵锯、纵切、刨切或旋切的栎木(橡木)木材,厚>6mm	立方米	157523	7504	40	2
44079200	经纵锯纵切、刨或旋切山毛榉木木材,厚>6mm	立方米	97328	3358	—	—
44079300	经纵锯纵切、刨或旋切枫木木材,厚>6mm	立方米	20381	1111	112	4
44079400	经纵锯纵切、刨或旋切樱桃木木材,厚>6mm	立方米	10927	573	—	—
44079500	经纵锯纵切、刨或旋切白蜡木木材,厚>6mm	立方米	29706	1354	—	—
44079910	纵锯切刨或旋切的樟木、楠木、红木,厚>6mm	立方米	12033	1486	—	—
44079920	经纵锯切、刨或旋切的泡桐木木材,厚>6mm	立方米	2184	206	2576	188
44079930	经纵锯切、刨或旋切的北美硬阔叶材(含黑胡桃木),厚>6mm	立方米	54052	3280	9641	1170
44079980	纵锯切刨或旋切其他温带非针叶木材,厚>6mm	立方米	15034	503	173	10

2010年上海关区进出口商品量值表

单位:万美元

	商品	计量单位	进口 数量	进口 金额	出口 数量	出口 金额
44079990	其他纵锯切、刨或旋切的非叶木木材,厚>6mm	立方米	1041830	27413	185	14
44081011	用胶合板等制的针叶木饰面用单板,厚≤6mm	千克	21297	3	6900	0
44081019	其他针叶木饰面用单板,厚≤6mm	千克	113990	105	3969	2
44081020	针叶木制胶合板用单板,厚≤6mm	千克	—	—	42000	4
44081090	其他纵锯切、刨或旋切的针叶木木材,厚≤6mm	千克	137988	45	25908	29
44083111	用胶合板等多层板制的饰面用单板,深红色红柳安木、浅红色红柳安木及巴栲红柳安木制,厚≤6mm	千克	450	0	11618	1
44083119	其他饰面用单板,深红色红柳安木、浅红色红柳安木及巴栲红柳安木制,厚≤6mm	千克	24074	8	—	—
44083120	制胶合板用单板,深红色红柳安木、浅红色红柳安木及巴栲红柳安木制,厚≤6mm	千克	94810	4	—	—
44083911	用胶合板等多层板制的饰面用单板,其他本章目注释1所列热带木制,厚≤6mm	千克	23	0	—	—
44083919	其他饰面用单板,其他本章子目注释1所列热带木制,厚≤6mm	千克	1902606	157	342328	183
44083920	制胶合板用单板,其他本章子目注释1所列热带木制,厚≤6mm	千克	1386576	90	124640	33
44083990	其他经纵锯、刨切或旋切的木材,其他本章子目注释1所列热带木制,厚≤6mm	千克	552202	76	297047	213
44089011	用胶合板等多层板制的其他非针叶木饰面单板,厚≤6mm	千克	457	1	2660547	1715
44089012	温带非针叶木制其他饰面用单板,厚≤6mm	千克	1012888	300	596738	304
44089019	其他非针叶木饰面用单板,厚≤6mm	千克	5258364	1811	12064781	4274
44089021	温带非针叶木制胶合板用单板,厚≤6mm	千克	253828	51	3260	5
44089029	其他非针叶木制胶合板用单板,厚≤6mm	千克	1460542	87	12019010	936

2010 年上海关区进出口商品量值表

单位:万美元

商品		计量单位	进口数量	进口金额	出口数量	出口金额
44089091	温带非针叶木制经纵刨旋切的木材,厚≤6mm	千克	1217203	172	1272113	327
44089099	未列名非针叶木制经纵锯、刨切或旋切的木材,厚≤6mm	千克	635	13	2507873	469
44091010	针叶木地板条(块),任一边、端或面制成连续形状	千克	399	0	2907321	1010
44091090	其他任一边、端或面制成连续形状针叶木木材	千克	71539	9	1222219	186
44092110	竹制地板条(块),任何一边、端或面制成连续形状	千克	68604	5	111289654	18667
44092190	其他任何一边、端或面制成连续形状的竹材	千克	—	—	725014	235
44092910	其他非针叶木地板条(块),任一边、端或面成连续状	千克	2876616	370	59481920	9944
44092990	其他任一边、端或面成连续形状非针叶木木材	千克	55258	5	287399	75
44101100	木制碎料板	千克	53525923	1632	4768138	267
44101200	木制定向刨花板(OSB)	千克	13025142	552	1746480	110
44101900	其他木制类似板(例如,华夫板)	千克	13382000	571	694396	91
44109011	麦稻秸秆制碎料板	千克	17620	4	51554	2
44109019	其他木质材料制碎料板	千克	1176	1	—	—
44109090	其他木质材料制定向刨花板(OSB)及类似板(例如,华夫板)	千克	9654	3	121534	26
44111211	未机械加工或盖面的中密度纤维板(MDF),密度>0.8g/cu cm,厚≤5mm	千克	1770723	83	1026512	54
44111219	经机械加工或盖面的中密度纤维板(MDF),密度>0.8g/cu cm,厚≤5mm	千克	454168	34	511667	38
44111221	辐射松制的中密度纤维板(MDF),0.5g/cu cm<密度≤0.8g/cu cm,厚≤5mm	千克	281457	14	28299	2
44111229	其他中密度纤维板(MDF),0.5g/cu cm<密度≤0.8g/cu cm,厚≤5mm	千克	5976404	256	369799	45
44111291	未经机械加工或盖面的中密度纤维板(MDF),密度≤0.5g/cu cm,厚≤5mm	千克	72560	3	225958	17
44111299	经机械加工或盖面的中密度纤维板(MDF),密度≤0.5g/cu cm,厚≤5mm	千克	686762	34	1515196	217

2010年上海关区进出口商品量值表

单位:万美元

商品		计量单位	进口数量	进口金额	出口数量	出口金额
44111311	未经机械加工或盖面的中密度纤维板(MDF),密度>0.8g/cu cm,5mm<厚≤9mm	千克	220	0	—	—
44111319	经机械加工或盖面的中密度纤维板(MDF),密度>0.8g/cu cm,5mm<厚≤9mm	千克	2920652	233	459543156	29176
44111321	辐射松制的中密度纤维板(MDF),5mm<厚≤9mm,0.5g/cu cm<密度≤0.8g/cu cm	千克	187378	8	37940	3
44111329	其他中密度纤维板(MDF)0.5g/cu cm<密度≤0.8g/cu cm,5mm<厚≤9mm	千克	1401194	60	463209	45
44111391	未经机械加工或盖面的中密度纤维板(MDF),密度≤0.5g/cu cm,5mm<厚≤9mm	千克	262	1	65008	7
44111399	经机械加工或盖面的中密度纤维板(MDF),密度≤0.5g/cu cm,5mm<厚≤9mm	千克	119857	16	1554587	177
44111411	未经机械加工或盖面的中密度纤维板(MDF),密度>0.8g/cu cm,厚>9mm	千克	29619	3	70442	2
44111419	经机械加工或盖面的中密度纤维板(MDF),密度>0.8g/cu cm,厚>9mm	千克	741312	65	275590773	19497
44111421	辐射松制的中密度纤维板(MDF),厚>9mm,0.5g/cu cm<密度≤0.8g/cu cm	千克	659361	23	87985	31
44111429	其他中密度纤维板(MDF),0.5g/cu cm<密度≤0.8g/cu cm,厚>9mm	千克	3109325	151	8098043	488
44111491	未经机械加工或盖面的中密度纤维板(MDF),密度≤0.5g/cu cm,厚>9mm	千克	4025	2	169766	8
44111499	经机械加工或盖面的中密度纤维板(MDF),厚度超9毫米,密度不超每立方厘米0.5克	千克	2204129	129	6644281	690
44119210	未经机械加工或盖面的其他木纤维板或其他木质材料纤维板,密度>0.8g/cu cm	千克	48938	4	2244526	233

2010年上海关区进出口商品量值表

单位:万美元

商品		计量单位	进口 数量	进口 金额	出口 数量	出口 金额
44119290	经机械加工或盖面的其他木纤维板或其他木质材料纤维板,密度>0.8g/cu cm	千克	1593354	163	166362342	13090
44119310	辐射松制的木纤维板,0.5g/cu cm<密度≤0.8g/cu cm	千克	4961888	156	—	—
44119390	其他木纤维板或其他木质材料纤维板,0.5g/cu cm<密度≤0.8g/cu cm	千克	1012138	44	2135580	105
44119410	其他木纤维板或其他木质材料纤维板,0.35g/cu cm<密度≤0.5g/cu cm	千克	5979	3	95690	27
44119421	未经机械加工或盖面的木纤维板或其他木质材料纤维板,密度≤0.35g/cu cm	千克	5510	0	—	—
44119429	经机械加工或盖面的木纤维板或其他木质材料纤维板,密度≤0.35g/cu cm	千克	172745	19	935712	316
44121011	仅由薄木板制的竹胶合板,至少一表层是本章子目注释所列的热带木,厚≤6mm	立方米	0	0	25	3
44121019	其他仅由薄木板制的竹胶合板,厚≤6mm	立方米	391	49	26970	2215
44121020	其他竹胶合板,单板饰面板及类似多层板,至少有一表层是非针叶木	立方米	—	—	864	69
44121092	其他竹制胶合板、单板饰面板及类似的多层板,至少一表层木碎料板	立方米	—	—	122	15
44121099	其他竹制胶合板、单板饰面板及类似的多层板	立方米	0	0	9342	1375
44123100	仅由薄木板制的其他胶合板(竹制的除外),每层厚度不超过6毫米,至少有一表层是本章子目注释1所列的热带木	立方米	3020	292	91734	7801
44123210	其他仅由薄木板制的胶合板(竹制的除外),每层厚度不超过6毫米,至少有一表层是温带非针叶木	立方米	7470	272	83782	8694
44123290	其他仅由薄木板制的胶合板(竹制的除外),每层厚不超过6毫米,至少有一表层是非针叶木	立方米	7205	379	18145	2271
44123900	其他仅由薄木板制的胶合板(竹制的除外),厚≤6mm	立方米	8347	710	29877	2592

2010年上海关区进出口商品量值表

单位:万美元

	商品	计量单位	进口数量	进口金额	出口数量	出口金额
44129410	木块芯胶合板、侧板条芯胶合板及板条芯胶合板,至少一表层是非针叶木	立方米	57	4	72306	6404
44129491	其他木块芯胶合板、侧板条芯胶合板及板条芯胶合板,至少有一层是本章子目注释1所列的热带木	立方米	—	—	723	26
44129492	其他木块芯胶合板等至少一表层是木碎料板	立方米	—	—	186	8
44129499	其他木块芯、侧板条芯、板条芯胶合板	立方米	—	—	5192	331
44129910	其他胶合板、单板饰面及类似的多层板,至少有一层是非针叶木	立方米	437	75	204804	22056
44129991	其他胶合板、单板饰面及类似的多层板,至少有一层是本章子目注释1所列的热带木	立方米	24	1	15	3
44129992	其他胶合板、单板饰面及类似的多层板,至少有一层是木碎料板	立方米	48	1	466	17
44129999	未列名胶合板、单板饰面板及类似的多层板	立方米	3950	194	4542	298
44130000	强化木,成块、板、条或异型的	千克	237965	112	1435401	251
44140010	辐射松制的画框、相框、镜框及类似品	千克	609	0	59216	14
44140090	其他木制的画框、相框、镜框及类似品	千克	88841	66	26968857	6065
44151000	木制箱、盒、板条箱、圆桶及类似的包装容器;电缆卷筒	件	38839	96	792962	426
44152010	辐射松制的木托板、箱形托盘及其他装载用木板;辐射松制的托盘护框	件	7757	7	—	—
44152090	其他木制的托板、箱形托盘及其他装载用木板;其他木制的托盘护框	件	123558	120	935907	976
44160010	辐射松制的大桶、琵琶桶、盆和其他箍桶及零件,包括桶板	千克	—	—	2488	1
44160090	其他木制大桶、琵琶桶、盆和其他木制箍桶及其零件,包括桶板	千克	63188	16	177068	48
44170010	辐射松制的工具、工具支架、工具柄、扫帚及刷子的身及柄;辐射松制的鞋靴楦及楦头	千克	—	—	139666	16
44170090	其他木制的工具、工具支架、工具柄、扫帚及刷子的身及柄;其他木制的鞋靴楦及楦头	千克	18301	19	864703	292

2010 年上海关区进出口商品量值表

单位:万美元

商品		计量单位	进口数量	进口金额	出口数量	出口金额
44181010	辐射松制窗、法兰西式(落地)窗及其框架	千克	415	1	238	0
44181090	其他木制窗、法兰西式(落地)窗及其框架	千克	120986	331	2787909	1918
44182000	木制门及其框架和门槛	千克	269172	270	35231631	8069
44184000	木制水泥构件的模板	千克	49771	9	8168244	525
44185000	木瓦及木制盖屋板	千克	210	1	729497	202
44186000	木制柱及梁	千克	742224	121	2173328	231
44187100	马赛克地板用已装拼的木地板	千克	273	0	14825	3
44187210	其他多层已装拼的竹地板	千克	—	—	8536536	1579
44187290	其他多层已装拼的木地板	千克	280248	93	79557	17
44187910	其他已装拼的竹地板	千克	12	0	2393696	451
44187990	其他已装拼的木地板	千克	37850	17	1111476	215
44189000	其他建筑用木工制品	千克	217645	147	18401653	3733
44190031	木制一次性筷子	千克	765	1	24207	3
44190032	竹制一次性筷子	千克	311	1	3686684	677
44190091	竹制其他餐具及厨房用具	千克	53737	26	2291294	900
44190099	其他木制未列名餐具及厨房用具	千克	331556	146	2675210	936
44201011	木刻	千克	23484	5	30679	109
44201012	竹刻	千克	326	0	150	0
44201020	木扇	千克	39	0	366665	511
44201090	其他木制小雕像及装饰品	千克	368146	208	7003951	4090
44209010	镶嵌木	千克	30	0	1228106	115
44209090	装珠宝或刀具用的木制盒子和小匣子及类似品;第 94 章以外的木制家具	千克	1966701	536	4952432	1754
44211000	木制衣架	千克	235486	205	1667196	768
44219010	木制卷轴、纡子、筒管、缝纫用线轴及类似品	千克	111071	44	296892	43
44219021	木制圆签、圆棒、冰果棒、压舌片及类似一次性制品	千克	918	1	2238841	482
44219022	竹制圆签、圆棒、冰果棒、压舌片及类似一次性制品	千克	3	0	3664442	902
44219090	未列名木制品	千克	1253868	845	106253464	24579
45011000	未加工或简单加工的天然软木	千克	1143163	353	32000	3
45019020	碎的、粒状的或粉状的软木(软木碎、软木粒或软木粉)	千克	52	0	1000	0

2010年上海关区进出口商品量值表

单位:万美元

商品		计量单位	进口数量	进口金额	出口数量	出口金额
45020000	天然软木,除去表皮或粗切成方形,或成长方块、正方块、板、片或条状(包括作塞子用的方块坯料)	千克	14907	3	18416	3
45031000	天然软木塞子	千克	10095	17	8698	16
45039000	其他天然软木制品	千克	434	4	2271	7
45041000	压制软木块、板、片及条;任何形状的压制软木砖、瓦;压制软木实心圆柱体,包括圆片	千克	459138	183	487446	125
45049000	其他压制软木及其制品	千克	32851	33	2250732	612
46012100	竹制的席子、席料及帘子	千克	25148	5	32216637	7586
46012200	藤制的席子、席料及帘子	千克	—	—	5055	3
46012911	灯心草属材料制的席子、席料及帘子	千克	810	1	7514947	2516
46012919	其他草制的席子、席料及帘子	千克	9461	3	939570	214
46012921	苇帘	千克	17	0	23793	3
46012929	芦苇制的席子、席料	千克	20	0	9631	1
46012990	其他植物材料制的席子、席料及帘子	千克	14422	10	513928	360
46019210	竹制的缏条及类似产品,不论是否缝合成宽条	千克	0	0	161331	37
46019290	竹制其他平行连结或编结的成片材料、缏条或类似的编结材料产品	千克	7318	2	13712240	3428
46019310	藤制的缏条及类似产品,不论是否缝合成宽条	千克	66	0	1058	1
46019390	藤制其他平行连结或编结的成片材料、缏条或类似的编结材料产品	千克	1186	1	28906	24
46019411	稻草制的缏条(绳)	千克	22	0	2410	1
46019419	稻草制的其他平行连结或编结的成片材料、缏条或类似的编结材料产品	千克	10183	16	20065	34
46019491	未列名植物编结材料编成的缏条及类似产品,不论是否缝合成宽条	千克	1	0	21632	6
46019499	未列名植物编结材料制其他平行连结或编结的成片材料、缏条或类似的编结材料产品	千克	2695	3	565963	242
46019910	非植物编结材料编成的缏条及类似产品,不论是否缝合成宽条	千克	10800	7	1414811	335

2010年上海关区进出口商品量值表

单位:万美元

商品		计量单位	进口 数量	进口 金额	出口 数量	出口 金额
46019990	非植物编结材料制其他平行连结成编结的成片材料、缏条或类似的编结材料产品	千克	31923	56	513237	289
46021100	竹制篮筐及其他编结品	千克	11844	11	5911730	2170
46021200	藤制篮筐及其他编结品	千克	129146	59	121199	107
46021910	草制篮筐及其他编结品	千克	57730	19	1111948	502
46021920	玉米皮制篮筐及其他编结品	千克	39	0	170635	95
46021930	柳条制篮筐及其他编结品	千克	2646	1	898176	689
46021990	其他植物材料制篮筐及其他编结品;丝瓜络制品	千克	113293	63	1584476	667
46029000	非植物编结材料制篮筐及其他编结品	千克	5819	22	572051	327
47010000	机械木浆	千克	13717142	786	—	—
47020000	化学木浆、溶解级	千克	219040084	30766	37464	3
47031100	未漂白的针叶木烧碱木浆或硫酸盐木浆	千克	173935523	11178	143127	9
47031900	未漂白的非针叶木烧碱木浆或硫酸盐木浆	千克	1019586	61	—	—
47032100	半漂白或漂白的针叶木烧碱木浆或硫酸盐木浆	千克	960006297	75859	4377932	379
47032900	半漂白或漂白非针叶木烧碱木浆或硫酸盐木浆	千克	508087185	35591	422374	41
47041100	未漂白的针叶木亚硫酸盐木浆	千克	2927930	169	—	—
47041900	未漂白的非针叶木亚硫酸盐木浆	千克	72	0	—	—
47042100	半漂白或漂白的针叶木亚硫酸盐木浆	千克	5809515	443	10475	1
47042900	半漂白或漂白的非针叶木亚硫酸盐木浆	千克	2049623	192	100	0
47050000	用机械与化学联合制浆法制得的木浆	千克	196223514	11389	310025	18
47061000	棉短绒纸浆	千克	882122	130	1717659	293
47062000	从回收(废碎)纸或纸板提取的纤维浆	千克	10238435	606	22977	0
47063000	其他纤维状纤维素竹浆	千克	200	0	1055263	75
47069100	其他纤维状纤维素机械浆	千克	15090	4	19512	0
47069200	其他纤维状纤维素化学浆	千克	16628558	1373	2000	1
47069300	其他纤维状纤维素半化学浆	千克	1682800	473	—	—

2010年上海关区进出口商品量值表

单位:万美元

商品		计量单位	进口数量	进口金额	出口数量	出口金额
47071000	回收(废碎)的未漂白牛皮纸或瓦楞纸或纸板	千克	901555755	21839	—	—
47072000	回收(废碎)的主要由漂白化学木浆制成未经本体染色的其他纸或纸板	千克	18035416	632	—	—
47073000	回收(废碎)的主要由机械浆制成的纸或纸板(例如,报纸、杂志及类似印刷品)	千克	587814089	12801	—	—
47079000	回收(废碎)的其他纸及纸板,包括未分选的	千克	500280145	10088	—	—
48010000	成卷或成张的新闻纸	千克	3319004	222	52522	5
48021010	宣纸	千克	142	0	625116	706
48021090	其他手工制纸及纸板	千克	642	1	963032	368
48022010	照相原纸	千克	495258	41	18549	4
48022090	其他光敏、热敏、电敏纸及纸板的原纸和原纸板	千克	7055963	838	37197	7
48024000	壁纸原纸	千克	11052384	3263	1307165	145
48025400	其他未经涂布的书写、印刷或类似用途的纸及纸板,未打孔的穿孔卡片纸及穿孔纸带纸,不含用机械或化学-机械方法制得的纤维或所含前述纤维不超过全部纤维重量的10%,每平方米重量小于40克	千克	1949525	265	205025	27
48025500	其他未经途布的书写、印刷或类似用途的成卷的纸及纸板,未打孔的穿孔卡片纸及穿孔纸带纸,不含用机械或化学-机械方法制得的纤维或所含前述纤维不超过全部纤维重量的10%,每平方米重量在40克及以上,但不超过150克	千克	39950047	3343	19306633	1616
48025600	其他未经涂布的书写、印刷或类似用途的成张的纸及纸板,未打孔的穿孔卡片纸及穿孔纸带纸,不含用机械或化学-机械方法制得的纤维或所含前述纤维不超过全部纤维重量的10%,每平方米重量在40克及以上,但不超过150克,一边不超过435毫米,另一边不超过297毫米(以未折叠计)	千克	651053	199	40040483	3794

2010年上海关区进出口商品量值表

单位:万美元

	商品	计量单位	进口 数量	进口 金额	出口 数量	出口 金额
48025700	其他未经涂布的书写、印刷或类似用途的纸及纸板,未打孔的穿孔卡片纸及穿孔纸带纸,不含用机械或化学-机械方法制得的纤维或所含前述纤维不超过全部纤维重量的10%,每平方米重量在40克以上,但不超过150克	千克	9721553	2658	47640992	4215
48025800	其他未经涂布的书写、印刷或类似用途的纸及纸板,未打孔的穿孔卡片纸及穿孔纸带纸,不含用机械或化学-机械方法制得的纤维或所含前述纤维不超过全部纤维重量的10%,每平方米重量超过150克	千克	4436045	857	315421	66
48026190	其他成卷的未经涂布的书写、印刷工类似用途的纸及纸板,未打孔的穿孔片纸及穿孔纸带纸,所含用机械或化学-机械方法制得的纤维超过全部纤维重量的10%	千克	4280772	663	922177	167
48026200	成张的未经涂布的书写、印刷或类似用途的纸及纸板,未打孔的穿孔卡片纸及穿孔纸带纸,所含用机械工化学-机械方法制得的纤维超过全部纤维重量的10%,一边不超435毫米,另一边不超过297毫米(以未折叠计)	千克	13527436	1414	316014	37
48026910	其他未涂布新闻纸,所含用机械或化学-机械方法制得的纤维超过全部纤维重量的10%	千克	—	—	2968	0
48026990	其他未经涂布的书写、印刷或类似用途的纸及纸板,未打孔的穿孔卡片纸及穿孔纸带纸,所含用机械或化学-机械方法制得的纤维超过全部纤维重量的10%	千克	8043266	1013	1393631	182
48030000	卫生纸、面巾纸、餐巾纸,以及家庭或卫生用的类似纸、纤维素絮纸和纤维素纤维网纸,不论是否起纹、压花、打孔、染面、饰面或印花,成卷或成张的	千克	5343057	953	35690362	3788

2010年上海关区进出口商品量值表

单位:万美元

商　　品		计量单位	进口		出口	
			数　量	金　额	数　量	金　额
48041100	未漂白牛皮挂面板纸	千克	143442422	8134	19835296	589
48041900	其他牛皮挂面板纸	千克	9040040	641	140034	19
48042100	未漂白袋用牛皮纸	千克	26752515	2136	124123	9
48042900	其他袋用牛皮纸	千克	24926797	2482	105116	12
48043100	其他未经涂布的未漂白牛皮纸及纸板,平米重≤150g	千克	8786841	995	2377270	149
48043900	其他未经涂布的牛皮纸及纸板,平米重≤150g	千克	14576894	2091	16653159	486
48044100	其他未经涂未漂白牛皮纸及纸板,150g<平米重<225g	千克	11544953	827	620099	42
48044200	未经涂布的本体均匀漂白的牛皮纸及纸板,150g<平米重<225g,所含用化学方法制得的木纤维超全部纤维重量的95%	千克	50470	9	658	0
48044900	其他未经涂布的牛皮纸及纸板,150g<平米重<225g	千克	170097	19	1133956	45
48045100	其他未经涂布未漂白牛皮纸及纸板,每平方米重量在225克及以上	千克	9606601	766	551434	74
48045200	未经涂布的本体均匀漂白牛皮纸及纸板,平米重≥250g,所含用化学方法制木纤维超全部纤维重量的95%	千克	5610	2	71978	12
48045900	其他未经涂布的牛皮纸及纸板,平米重≥225g	千克	45198	17	47659	5
48051100	半化学瓦楞原纸	千克	3436305	170	502628	21
48051900	其他瓦楞原纸	千克	1778096	97	4223382	193
48052400	强韧箱纸板(再生挂面纸板),平米重≤150克	千克	—	—	495201	17
48052500	强韧箱纸板(再生挂面纸板),平米重>150克	千克	1866053	124	1428748	80
48053000	亚硫酸盐包装纸	千克	192204	67	1277626	214
48054000	滤纸及纸板	千克	4818712	2448	2918827	803
48055000	毡纸及纸板	千克	534993	792	30532	5
48059110	电解电容器纸,每平米重≤150g	千克	965165	681	525793	332
48059190	其他未经涂布的纸及纸板,每平米重≤150g	千克	7152628	1475	5203454	1089
48059200	其他未涂布纸及纸板,150g<每平米重<225g	千克	722926	172	3998861	429
48059300	其他未涂布纸及纸板,每平米重≥225g	千克	5793543	851	9974072	1147

2010 年上海关区进出口商品量值表

单位:万美元

商品		计量单位	进口		出口	
			数量	金额	数量	金额
48061000	植物羊皮纸	千克	534960	247	21447	5
48062000	防油纸	千克	385861	100	1478364	254
48063000	描图纸	千克	153619	91	862481	244
48064000	半透明玻璃纸及其他高光泽透明或半透明纸	千克	12635209	1933	1389453	217
48070000	成卷或成张的复合纸及纸板(用粘合剂粘合各层纸或纸板制成),未经表面涂布或未浸渍,不论内层是否有加强材料	千克	2870625	508	1896746	171
48081000	瓦楞纸及纸板	千克	9836588	427	2087936	197
48082000	袋用皱纹牛皮纸	千克	2394648	104	360	0
48083000	其他皱纹牛皮纸	千克	532090	410	74438	32
48089000	其他皱纹纸及纸板、压纹纸及纸板、穿孔纸及纸板,但品目 48.03 的纸除外	千克	5282025	835	1563172	323
48092000	自印复写纸,成卷或成张的	千克	508542	36	8546192	1190
48099000	复写纸及其他拷贝或转印纸,成卷或成张的	千克	684652	573	656598	140
48101300	成卷的书写、印刷或类似用途的纸及纸板,不含用机械或化学-机械方法制得的纤维或所含前述纤维不超过全部纤维重量的 10%	千克	30020077	3450	13267511	1148
48101400	成张的书写、印刷或类似用途的纸及纸板,一边不超过 435 毫米,另一边不超过 297 毫米(以未折叠计),不含用机械或化学-机械方法制得的纤维或所含前述纤维不超过全部纤维质量的 10%	千克	87306	92	37177	13
48101900	其他书写、印刷或类似用途的纸及纸板,不含用机械或化学-机械方法制得的纤维或所含前述纤维不超过全部纤维重量的 10%	千克	12159579	1391	25840247	2400
48102200	涂布高岭土或其他无机物质的书写、印刷或类似用途的轻质涂布纸及纸板,所含用机械方法或化学-机械方法制得的纤维超过全部纤维重量的 10%	千克	7845017	729	329775	34

2010年上海关区进出口商品量值表

单位:万美元

	商品	计量单位	进口 数量	进口 金额	出口 数量	出口 金额
48102900	其他涂布高岭土或其他无机物质的书写、印刷或类似用途的纸及纸板,所含用机械方法或化学-机械方法制得的纤维超过全部纤维重量的10%	千克	7645561	964	22396688	1879
48103100	涂布高岭土或其他无机物质的本体均匀漂白的牛皮纸及纸板,所含用化学方法制得的木纤维超过全部纤维重量的95%,每平方米重量不超过150克	千克	8218802	1309	223108	56
48103200	涂布高岭土或其他无机物质的本体均匀漂白的牛皮纸及纸板,所含用化学方法制得的木纤维超过全部纤维重量的95%,每平方米重量超过150克	千克	103521333	11017	28539094	2601
48103900	其他涂布高岭土或其他无机物质的牛皮纸及纸板,所含用化学方法制得的木纤维超过全部纤维重量的95%	千克	15780598	1084	410117	62
48109200	涂布高岭土或其他无机物质的多层纸及纸板	千克	92644018	9167	6687339	475
48109900	未列名涂布高岭土或其他无机物质的纸及纸板	千克	488078	218	2980828	244
48111000	成卷或成张(包括正方形)的任何尺寸的焦油纸及纸板、沥青纸及纸板	千克	52416	8	65647	10
48114100	成卷或成张(包括正方形)矩形的任何尺寸的自粘胶粘纸	千克	6330491	3699	17425026	4296
48114900	成卷或成张矩形(包括正方形)的任何尺寸的其他胶粘纸及纸板	千克	216207	187	1718035	352
48115110	彩色相纸用双面涂塑纸,每平米重>150g	千克	381742	304	923940	381
48115190	其他塑料(不包括粘合剂)涂布、浸渍或覆盖漂白纸及纸板,平米重>150g	千克	7588401	1501	21855866	4030
48115910	用塑料(不包括粘合剂)涂布、浸渍或覆盖绝缘纸及纸板	千克	808775	507	532240	108

2010年上海关区进出口商品量值表

单位:万美元

商品		计量单位	进口		出口	
			数量	金额	数量	金额
48115990	未列名用塑料(不包括粘合剂)涂布、浸渍或覆盖的纸及纸板	千克	44907799	10951	30534124	5886
48116010	用蜡、石蜡、硬脂精、油或甘油涂布、浸渍、覆盖的绝缘纸及纸板	千克	268616	153	235090	39
48116090	用蜡、石蜡、硬脂精、油或甘油涂布、浸渍、覆盖的其他纸及纸板	千克	2708867	922	3253045	700
48119000	其他成卷或成张矩形(包括正方形)的任何尺寸的经涂布、浸渍、覆盖、染面、饰面或印花的纸、纸板、纤维素絮纸及纸板素纤维网纸	千克	11964606	4018	35748659	8967
48120000	纸浆制的滤块、滤板及滤片	千克	1585101	1018	997110	100
48131000	成小本或管状的卷烟纸	千克	—	—	3040	2
48132000	宽度≤5cm 成卷的卷烟纸	千克	4026847	1212	4315285	720
48139000	其他卷烟纸,不论是否切成一定尺寸	千克	2127996	917	5403970	1392
48141000	用木粒或草粒等饰面的壁纸	千克	435	1	250	1
48142000	塑料涂面或盖面的壁纸及类似品,起纹、压花、着色、印制图案或经其他装饰	千克	4995525	4607	8694615	2926
48149000	其他壁纸及类似品;窗用透明纸	千克	238333	337	191781	110
48162000	自印复写纸(不包括品目 4809 的纸)	千克	790077	83	384868	80
48169010	热敏转印纸(4809 的纸除外)	千克	59236	80	1902074	347
48169090	复写纸、拷贝或转印纸;油印蜡纸或胶印版纸(不包括品目 4809 的纸)	千克	33449	96	307379	55
48171000	纸或纸板制的信封	千克	40797	82	7187248	1447
48172000	纸或纸板制封缄信片、素色明信片及通信卡片	千克	2052	6	385166	127
48173000	纸或纸板制盒、袋及夹子,内装各种纸制文具	千克	24192	36	3227009	856
48181000	卫生纸	千克	1347256	558	17616902	2718
48182000	纸手帕及面巾纸	千克	869389	243	16277228	3483
48183000	纸台布及纸餐巾	千克	412398	131	4652318	1216
48184000	纸卫生巾及止血塞、婴儿纸尿布、尿布衬里及类似品的卫生用品	千克	14652467	5540	20262211	7938
48185000	纸浆、纸、纤维素絮纸或纤维素纤维网纸制的衣服及衣着附件	千克	6368	3	289382	68

2010年上海关区进出口商品量值表

单位:万美元

商品		计量单位	进口		出口	
			数量	金额	数量	金额
48189000	纸浆、纸、纤维素絮纸或纤维素纤维网纸制的纸床单及其他家庭、卫生或医院用品	千克	2105223	541	10366551	2279
48191000	瓦楞纸或纸板制的箱、盒、匣	千克	3028913	1001	54344593	9231
48192000	非瓦楞纸或纸板制的可折叠箱、盒、匣	千克	6595547	2017	30538166	9302
48193000	底宽≥40cm的纸袋	千克	947297	283	1515772	338
48194000	其他纸袋,包括锥形袋	千克	1221707	749	44889974	15611
48195000	纸、纸板、纤维素絮纸或纤维素纤维网纸制的其他包装容器,包括唱片套	千克	145805	49	1137353	439
48196000	纸或纸板制的办公室、商店及类似场所使用的卷宗盒、信件盘、存储盒及类似品	千克	76144	42	1521117	499
48201000	登记本、帐本、笔记本、订货本、收据本、信笺本、记事本、日记本及类似品	千克	909155	394	67621889	12907
48202000	练习本	千克	76487	11	19088147	2239
48203000	纸或纸板制的活动封面(书籍封面除外)文件夹及卷宗皮	千克	77285	51	12930165	2846
48204000	多联商业表格纸、页间夹有复写纸的本	千克	107430	60	2018956	639
48205000	纸或纸板制的样品簿及粘贴簿	千克	13344	17	3016101	2054
48209000	纸或纸板制的其他文具用品;书籍封面	千克	328808	57	4205634	1006
48211000	纸或纸板制的各种标签,印有文字图画	千克	2890210	7408	10312263	6284
48219000	纸或纸板制的各种标签,未印文字图画	千克	264553	972	11986897	2541
48221000	纸浆、纸或纸板制纺织纱线用筒管、卷轴、纡子及类似品	千克	104015	14	2336951	248
48229000	其他纸浆、纸或纸板制的筒管、卷轴、纡子及类似品	千克	201377	96	2568959	364
48232000	切成一定尺寸或形状的滤纸及纸板	千克	858110	985	8290828	3983
48234000	已印制的自动记录器用打印纸卷、纸张及纸盘	千克	1965904	405	1606853	412
48236100	竹浆纸或纸板制的盘、碟、盆、杯及类似品	千克	—	—	68183	20

2010年上海关区进出口商品量值表

单位:万美元

商品		计量单位	进口 数量	进口 金额	出口 数量	出口 金额
48236900	其他纸或纸板制的盘、碟、盆、杯及类似品	千克	145203	93	23784803	5823
48237000	压制或模制纸浆制品	千克	137460	108	10094533	2443
48239010	以纸或纸板为底制成的铺地制品	千克	25902	9	9162	2
48239020	神纸及类似用品	千克	1867	0	32005	29
48239030	纸扇	千克	4053	4	245545	347
48239090	未列名切成一定尺寸或形状的纸、纸板、纤维素絮纸及纤维素纤维网纸;未列名纸浆、纸、纸板、纤维素絮纸及纤维素纤维网纸制品	千克	4393603	3470	29271184	7165
49011000	单张的散页印刷品及类似印刷品,不论是否折叠	千克	71371	60	2561619	761
49019100	字典或百科全书及其连续出版的分册	千克	7920	8	351869	92
49019900	其他书籍、小册子及类似印刷品	千克	1529509	3437	19946354	5791
49021000	每周至少出版四次的报纸、杂志及期刊	千克	688770	482	61	0
49029000	其他报纸、杂志及期刊	千克	369507	370	315857	83
49030000	儿童图画书、绘画或涂色书	千克	10100	5	9366378	2017
49040000	乐谱原稿或印本,不论是否装订或印有插图	千克	983	4	2737	2
49051000	地球仪、天体仪	千克	1576	4	69508	37
49059100	成册的地图、水道图及类似图表	千克	1651	2	8535	8
49059900	其他地图、水道图及类似图表	千克	14488	159	144550	148
49060000	手绘的建筑、工程、工业、商业、地形或类似用途的设计图纸原稿;手稿;用感光纸照相复印或用复写纸誊写的上述物品复制件	千克	62446	274	200920	843
49070010	在承认或将承认其面值的国流通或新发行并未经使用的邮票	千克	1306	24	80	1
49070030	证券凭证	千克	6520	16	960	1
49070090	在承认或将承认其面值的国家流通或新发行并且未经使用的印花税票及类似票证;印有邮票或印花税票的纸品;空白支票;其他股票、债券及类似所有权凭证	千克	14685	6659	1587	867
49081000	釉转印贴花纸(移画印花法用图案纸)	千克	57081	298	391664	193

2010年上海关区进出口商品量值表

单位:万美元

商品		计量单位	进口		出口	
			数量	金额	数量	金额
49089000	其他转印贴花纸(移画印花法用图案纸)	千克	1379370	16660	13339343	4889
49090010	印刷或有图画的明信片	千克	9683	18	498421	250
49090090	印有个人问候、祝贺、通告的卡片,不论是否有图画、带信封或饰边	千克	58338	85	14679977	6677
49100000	印刷的各种日历,包括日历芯	千克	214219	163	6550824	1415
49111010	无商业价值的商业广告品、商品目录及类似印刷品	千克	2732922	1617	7756492	3118
49111090	其他商业广告品、商品目录及类似印刷品	千克	1412812	1734	7615481	2741
49119100	印刷的图片、设计图样及照片	千克	571933	484	9225658	1951
49119900	其他印刷品	千克	1705930	2459	21139204	6606
50010010	适于缫丝的桑蚕茧	千克	—	—	16125	24
50010090	适于缫丝的其他蚕茧	千克	—	—	18345	21
50020011	桑蚕厂丝	千克	—	—	4903265	19295
50020012	桑蚕土丝	千克	—	—	29231	104
50020013	桑蚕双宫丝	千克	—	—	1174163	4556
50020020	柞蚕丝	千克	—	—	1944	8
50020090	其他生丝	千克	—	—	5915	19
50030011	不适于缫丝的下茧、茧衣、长吐、滞头	千克	874896	429	1250	1
50030012	回收的纤维状废丝	千克	8248	2	62355	41
50030019	其他未梳废丝	千克	335715	150	44595	39
50030091	废丝绵球(包括绵条、绵片)	千克	—	—	498138	1287
50030099	其他废丝	千克	15850	6	428800	935
50040000	丝纱线(绢纺纱线除外),非供零售用	千克	41963	165	3712772	15155
50050010	细丝纱线,非供零售用	千克	1019	11	2278907	2729
50050090	其他绢纺纱线,非供零售用	千克	12728	53	1639598	4664
50060000	丝纱线及绢纺纱线,供零售用;蚕胶丝	千克	258	0	23962	118
50071010	未漂白(包括未精练及精练的)或漂白细丝机织物	米	1299	1	1197345	282
50071090	其他细丝机织物	米	31335	57	479351	209
50072011	未漂白(包括未精练及精练的)或漂白桑蚕丝机织物,含丝≥85%	米	37880	30	142536197	49151
50072019	其他桑蚕丝机织物,丝≥85%	米	1769557	1352	29447632	14979

2010 年上海关区进出口商品量值表

单位:万美元

商品		计量单位	进口数量	进口金额	出口数量	出口金额
50072021	未漂白(包括未精练及精练的)或漂白柞蚕丝机织物,含丝≥85%	米	1611	0	66631	26
50072029	其他柞蚕丝机织物,丝≥85%	米	543	1	57274	43
50072031	未漂白(包括未精练及精练的)或漂白绢丝机织物,含绢丝≥85%	米	3155	4	2004364	518
50072039	其他绢丝机织物,含绢丝≥85%	米	259455	244	160432	74
50072090	未列名丝机织物,含绢丝≥85%	米	56491	77	1185543	604
50079010	未列名未漂白(包括未精练及精练的)或漂白丝机织物,含丝<85%	米	6909	11	10968396	2102
50079090	未列名丝机织物,丝<85%	米	579692	593	5398270	2327
51011100	未梳含脂剪羊毛	千克	137910606	84520	—	—
51011900	其他未梳含脂羊毛	千克	216927	67	—	—
51012100	未梳脱脂剪羊毛,未碳化	千克	19332274	6698	300100	121
51013000	未梳碳化羊毛	千克	1205062	828	2419767	1463
51021910	未梳兔毛	千克	—	—	1000	1
51021990	其他未梳动物细毛	千克	391102	410	—	—
51022000	未梳动物粗毛	千克	5000	42	—	—
51031010	羊毛落毛	千克	1763296	414	245153	140
51032010	羊毛废料	千克	—	—	18821	9
51040010	羊毛的回收纤维	千克	—	—	895	1
51051000	粗梳羊毛	千克	755733	408	50083	16
51052100	精梳羊毛片毛	千克	—	—	229267	97
51052900	羊毛条及其他精梳羊毛	千克	9561988	4897	4059277	4234
51053910	已梳兔毛	千克	—	—	949447	2124
51053921	已梳其他无毛山羊绒	千克	—	—	58117	350
51053929	已梳其他山羊绒	千克	—	—	64	1
51053990	其他已梳动物细毛	千克	772949	1471	156408	306
51054000	已梳动物粗毛	千克	2016	16	—	—
51061000	粗梳羊毛纱线,非供零售用,羊毛≥85%	千克	95545	237	1334537	1687
51062000	粗梳羊毛纱线,非供零售用,羊毛<85%	千克	131530	264	1096236	1603
51071000	精梳羊毛纱线,非供零售用,羊毛≥85%	千克	641599	1660	12812418	35012
51072000	精梳羊毛纱线,非供零售用,羊毛<85%	千克	231924	685	2030886	6574
51081011	粗梳山羊绒≥85%的纱线,非供零售用	千克	8673	94	288793	2429

2010年上海关区进出口商品量值表

单位:万美元

商品		计量单位	进口数量	进口金额	出口数量	出口金额
51081019	粗梳其他动物细毛≥85%的纱线,非供零售用	千克	8474	30	65039	449
51081090	粗梳动物细毛<85%的纱线,非供零售用	千克	8101	41	108243	256
51082011	精梳山羊绒≥85%的纱线,非供零售用	千克	4480	65	107358	936
51082019	精梳其他动物细毛≥85%的纱线,非供零售用	千克	26933	78	29432	65
51082090	精梳动物细毛<85%的纱线,非供零售用	千克	29836	156	46883	94
51091011	山羊绒≥85%的纱线,供零售用	千克	—	—	10478	90
51091019	其他动物细毛≥85%的纱线,供零售用	千克	111	0	53031	53
51091090	羊毛≥85%的纱线,供零售用	千克	1014	3	689214	746
51099011	山羊绒<85%的纱线,供零售用	千克	11	0	5709	2
51099019	其他动物细毛<85%的纱线,供零售用	千克	22	0	23314	43
51099090	羊毛<85%的纱线,供零售用	千克	1514	6	77205	103
51100000	动物粗毛或马毛的纱线(包括马毛粗松螺旋花线),不论是否供零售用	千克	184	1	3361	3
51111111	粗梳山羊绒≥85%的机织物,平米重≤300g	米	24040	111	247114	902
51111119	粗梳其他动物细毛≥85%的,平米重≤300g	米	37499	58	45624	73
51111190	粗梳羊毛≥85%的机织物,平米重≤300g	米	861301	1002	764292	568
51111911	粗梳山羊绒≥85%的机织物,平米重>300g	米	12488	54	605487	682
51111919	粗梳其他动物细毛≥85%的,平米重>300g	米	79836	128	49521	57
51111990	粗梳羊毛≥85%的机织物,平米重>300g	米	410466	701	961017	935
51112000	含粗梳羊毛或动物细毛85%以下,主要或仅与化学纤维长丝混纺的机织物	米	592629	635	3252013	1326
51113000	含粗梳羊毛或动物细毛85%以下,主要或仅与化学纤维短纤混纺的机织物	米	1071823	863	15146389	7474

2010 年上海关区进出口商品量值表

单位:万美元

商品		计量单位	进口数量	进口金额	出口数量	出口金额
51119000	含粗梳羊毛或动物细毛 85% 以下,与其他纤维混纺的机织物	米	217771	261	1595628	923
51121100	含精梳羊毛或动物细毛 85% 及以上的机织物,平米重≤200g	米	4488723	6363	19530934	14314
51121900	含精梳羊毛或动物细毛 85% 及以上的机织物,平米重 >200g	米	3873348	5909	4296951	3584
51122000	含精梳羊毛或动物细毛 85% 以下,主要或仅与化学纤维长丝混纺机织物	米	1356446	1492	1640107	995
51123000	含精梳羊毛或动物细毛 85% 以下,主要或仅与化学纤维短纤混纺的机织物	米	1591921	1554	12218795	6616
51129000	含精梳羊毛或动物细毛 85% 以下,与其他纤维混纺的机织物	米	1021560	1294	768721	569
51130000	动物粗毛或马毛机织物	米	74442	32	476403	89
52010000	未梳的棉花	千克	758989491	155774	1021796	227
52021000	废棉纱线(包括废棉线)	千克	395489	22	295000	46
52029900	其他废棉	千克	887358	79	—	—
52030000	已梳的棉花	千克	125463	28	—	—
52041100	含棉≥85% 的缝纫线,非供零售用	千克	23333	40	389645	300
52041900	含棉 <85% 的缝纫线,非供零售用	千克	4612	11	6121	4
52042000	棉制缝纫线,供零售用	千克	166	1	255375	130
52051100	未精梳纤维纺单纱,含棉 85% 及以上,细度 714.29 分特及以上(不超过 14 公支)	千克	6681676	1514	302544	164
52051200	未精梳纤维纺单纱,含棉 85% 及以上,细度 714.29 分特以下,但不细于 232.56 分特(超过 14 公支,但不超过 43 公支)	千克	106578634	31212	4024947	1520
52051300	未精梳纤维纺单纱,含棉 85% 及能上能下,细度 232.56 分特以下,但不细于 192.31 分特(超过 43 公支,但不超过 52 公支)	千克	2664032	852	3096389	1044
52051400	未精梳纤维纺单纱,含棉 85% 及以上,细度 192.31 分特以下,但不细于 125 分特(超过 52 公支,但不超过 80 公支)	千克	12601456	4770	4965591	1790

2010 年上海关区进出口商品量值表

单位:万美元

商品		计量单位	进口数量	进口金额	出口数量	出口金额
52051500	未精梳纤维纺单纱,棉≥85%,细度<125 分特(超过 80 公支)	千克	184	0	18800	17
52052100	精梳纤维纺单纱,棉≥85%,细度≥714.29 分特(不超过 14 公支)	千克	351578	118	232518	146
52052200	棉≥85%,232.56 分特≤细度<714.29 分特精梳纤维纺单纱(超过 14 公支,但不超过 43 公支)	千克	6114059	2083	11614119	4676
52052300	棉≥85%,192.31 分特≤细度<232.56 分特精梳纤维纺单纱(超过 43 公支,但不超过 52 公支)	千克	5403605	1972	9987537	4680
52052400	棉≥85%,125 分特≤细度<192.31 分特精梳纤维纺单纱(超过 52 公支,但不超过 80 公支)	千克	7845735	3126	11430532	4900
52052600	棉≥85%,106.38 分特≤细度<125 分特精梳纤维纺单纱(超过 80 公支,但不超过 94 公支)	千克	83576	53	1619275	896
52052700	棉≥85%,88.33 分特≤细度<106.38 分特精梳纤维纺单纱(超过 94 公支,但不超过 120 公支)	千克	3941	3	1921370	1155
52052800	棉≥85%,88.33 分特<细度的精梳纤维纺单纱(超过 120 公支)	千克	409744	93	2554995	1916
52053100	棉≥85%,单纱细度≥714.29 分特未精梳纤维纺多股纱线或缆线(每根单纱不超过 14 公支)	千克	16407	11	601388	284
52053200	棉≥85%,232 分特≤单纱<714.29 分特未精梳纤维纺多股纱线或缆线(每根单纱超过 14 公支,但不超过 43 公支)	千克	655292	282	3985551	2331
52053300	棉≥85%,192.31 分特≤单纱<232.56 分特未精梳纤维纺多股纱线或缆线(每根单纱超过 43 公支,但不超过 52 公支)	千克	2374	2	83217	50
52053400	棉≥85%,125 分特≤单纱<192.31 分特未精梳纤维纺多股纱线或缆线(每根单纱超过 52 公支,但不超过 80 公支)	千克	84971	47	4033604	1619

2010年上海关区进出口商品量值表

单位:万美元

商品		计量单位	进口数量	进口金额	出口数量	出口金额
52053500	棉≥85%,单纱细度<125分特未精梳纤维纺多股纱线或缆线(每根单纱超过80公支)	千克	131	0	106914	53
52054100	棉≥85%,单纱细度≥714.29分特精梳纤维纺多股纱线或缆线(每根单纱不超过14公支)	千克	2148	7	186301	130
52054200	棉≥85%,232.56分特≤单纱<714.29分特精梳纤维纺多股纱线或缆线(每根单纱超过14公支,但不超过43公支)	千克	252038	246	8835682	5224
52054300	棉≥85%,192.31分特≤单纱<232.56分特精梳纤维纺多股纱线或缆线(每根单纱超过43公支,但不超过52公支)	千克	36059	63	1820468	1116
52054400	棉≥85%,125分特≤单纱<192.31分特精梳纤维纺多股纱线或缆线(每根单纱超过52公支,但不超过80公支)	千克	137398	90	4179586	2243
52054600	棉≥85%,106.38分特≤单纱<125分特精梳纤维纺多股纱线或缆线(每根单纱超过80公支,但不超过94公支)	千克	5403	15	97572	88
52054700	棉≥85%,83.33分特≤单纱<106.38分精梳纤维纺多股纱线或缆线(每根单纱超过94公支,但不超过120公支)	千克	12082	29	196819	138
52054800	棉≥85%,83.33分特<单纱的精梳纤维纺多股纱线或缆线(每根单纱超过120公支)	千克	8744	15	864018	726
52061100	未精梳纤维纺单纱,棉<85%,细度≥714.29分特(不超过14公支)	千克	1351604	219	368510	231
52061200	棉<85%,232.56分特≤细度<714.29分特未精梳纤维纺单纱(超过14公支,但不超过43公支)	千克	2450659	740	1252400	482
52061300	棉<85%,192.31分特≤细度<232.56分特未精梳纤维纺单纱(超过43公支,但不超过52公支)	千克	409	1	272157	132

2010年上海关区进出口商品量值表

单位:万美元

商品		计量单位	进口		出口	
			数量	金额	数量	金额
52061400	棉<85%,125分特≤细度<192.31分特未精梳纤维纺单纱(超过52公支,但不超过80公支)	千克	626821	285	2247261	993
52061500	未精梳纤维纺单纱,棉<85%,细度<125分特(超过80公支)	千克	8761	21	22777	13
52062100	精梳纤维纺单纱,棉<85%,细度≥714.29分特(不超过14公支)	千克	12438	22	215028	137
52062200	棉<85%,232.56分特≤细度<714.29分特精梳纤维纺单纱(超过14公支,但不超过43公支)	千克	1178141	401	3659576	1433
52062300	棉<85%,192.31分特≤细度<232.56分特精梳纤维纺单纱(超过43公支,但不超过52公支)	千克	618941	250	1815955	741
52062400	棉<85%,125分特≤细度<192.31分特精梳纤维纺单纱(超过52公支,但不超过80公支)	千克	405613	214	3933963	1703
52062500	精梳纤维纺单纱,棉<85%,细度<125分特(超过80公支)	千克	8905	9	110674	52
52063100	棉<85%,单纱细度≥714.29分特未精梳纤维纺多股纱线或缆线(每根单纱不超过14公支)	千克	8033	13	823281	514
52063200	棉<85%,232.56分特≤单纱<714.29分特未精梳纤维纺多股纱线或缆线(每根单纱超过14公支,但不超过43公支)	千克	30750	23	7774831	3566
52063300	棉<85%,192.31分特≤单纱<232.56分特未精梳纤维纺多股纱线或缆线(每根单纱超过43公支,但不超过52公支)	千克	20974	13	1138006	428
52063400	棉<85%,125分特≤单纱<192.31分特未精梳纤维纺多股纱线或缆线(每根单纱超过52公支,但不超过80公支)	千克	3404	2	218804	180
52063500	棉<85%,单纱细度<125分特未精梳纤维纺多股纱线或缆线(每根单纱超过80公支)	千克	302	1	252836	214

2010年上海关区进出口商品量值表

单位:万美元

	商　　品	计量单位	进口 数量	进口 金额	出口 数量	出口 金额
52064100	棉<85%,单纱细度≥714.29分特精梳纤维纺多股纱线或缆线(每根单纱不超过14公支)	千克	1654	5	78939	79
52064200	棉<85%,232.56分特≤单纱<714.29分特精梳纤维纺多股纱线或缆线(每根单纱超过14公支,但不超过43公支)	千克	39080	45	7696427	4837
52064300	棉<85%,192.31分特≤单纱<232.56分特精梳多纤维纺多股纱线或缆线(每根单纱超过43公支,但不超过52公支)	千克	34677	54	889757	721
52064400	棉<85%,125分特≤单纱<192.31分特精梳纤维纺多股纱线或缆线(每根单纱超过52公支,但不超过80公支)	千克	19939	27	122662	91
52064500	棉<85%,单纱细度<125分特精梳纤维纺多股纱线或缆线(每根单纱超过80公支)	千克	1072	6	111321	122
52071000	棉≥85%的棉纱线,供零售用	千克	41883	20	851822	663
52079000	棉<85%的棉纱线,供零售用	千克	2033	2	207616	147
52081100	棉≥85%未漂平纹布,平米重≤100g	米	5066375	106	58330389	4839
52081200	棉≥85%未漂平纹布,100g<平米重≤200g	米	5108230	1049	28457783	3291
52081300	棉≥85%未漂三或四线斜纹布,包括双面斜纹机织物,平米重≤200g	米	438787	51	1999580	288
52081900	其他棉≥85%未漂布,平米重≤200g	米	743857	162	31833073	4907
52082100	棉≥85%漂白平纹布,平米重≤100g	米	168744	39	266132561	6837
52082200	棉≥85%漂白平纹布,100g<平米重≤200g	米	1218582	483	55276574	6956
52082300	棉≥85%漂白三或四线斜纹布,包括双面斜纹机织物,平米重≤200g	米	12022	6	1677907	302
52082900	其他棉≥85%漂白布,平米重≤200g	米	536005	117	45798092	7431

2010年上海关区进出口商品量值表

单位:万美元

商品		计量单位	进口		出口	
			数量	金额	数量	金额
52083100	棉≥85%染色平纹布,平米重≤100g	米	2181534	892	53755153	6566
52083200	棉≥85%染色平纹布,100g<平米重≤200g	米	4731011	2004	148564748	21752
52083300	棉≥85%染色三或四线斜纹布,包括双面斜纹机织物,平米重≤200g	米	590361	312	16412779	3028
52083900	其他棉≥85%染色布,平米重≤200g	米	6517666	2717	175779267	30670
52084100	棉≥85%色织平纹布,平米重≤100g	米	1052135	537	52047857	8334
52084200	棉≥85%色织平纹布,100g<平米重≤200g	米	8248305	3802	393616238	70986
52084300	含棉85%及以上色织三线或四线斜纹机织物,包括双面斜纹机织物,每平方米重量不超过200克	米	618589	298	70439838	12118
52084900	棉≥85%其他色织布,平米重≤200g	米	2714051	1664	46106890	9857
52085100	棉≥85%印花平纹布,平米重≤100g	米	2311971	874	47476555	6051
52085200	棉≥85%印花平纹布,100g<平米重≤200g	米	4308573	1204	206049637	24558
52085910	棉≥85%印花三或四线斜纹布,包括双面斜纹机织物,平米重≤200g	米	73822	18	4519893	839
52085990	棉≥85%其他印花布,平米重≤200g	米	2002308	785	44707625	7596
52091100	棉≥85%未漂平纹布,平米重>200g	米	139536	46	1969289	349
52091200	棉≥85%未漂三或四线斜纹布,包括双面斜纹机织物,平米重>200g	米	10445355	1344	2921717	508
52091900	其他棉≥85%未漂布,平米重>200g	米	11137350	1850	11228293	2288
52092100	棉≥85%漂白平纹布,平米重>200g	米	209947	53	1580715	374
52092200	棉≥85%漂白三或四线斜纹布,包括双面斜纹机织物,平米重>200g	米	249099	94	3813021	799
52092900	其他棉≥85%漂白布,平米重>200g	米	292107	98	14420181	3307

2010 年上海关区进出口商品量值表

单位:万美元

商品		计量单位	进口数量	进口金额	出口数量	出口金额
52093100	棉≥85%染色平纹布,平米重>200g	米	2251251	1110	25335955	5132
52093200	棉≥85%染色三或四线斜纹布,包括双面斜纹机织物,平米重>200g	米	5822686	2548	68624345	13907
52093900	其他棉≥85%染色布,平米重>200g	米	10767986	5073	176526488	37922
52094100	棉≥85%色织平纹布,平米重>200g	米	699127	314	4692790	1078
52094200	棉≥85%色织粗斜纹布(劳动布),平米重>200g	米	8995369	3102	105957013	22411
52094300	棉≥85%色织三或四线斜纹布,包括双面斜纹机织物,平米重>200g	米	973527	388	6578349	1604
52094900	其他棉≥85%色织布,平米重>200g	米	1129686	652	9110407	2118
52095100	棉≥85%印花平纹布,平米重>200g	米	982177	239	3405511	649
52095200	棉≥85%印花三或四线斜纹布,包括双面斜纹机织物,平米重>200g	米	29077	16	4033121	775
52095900	其他棉≥85%印花布,平米重>200g	米	317629	175	10482524	2256
52101100	棉<85%与化纤纺未漂平纹布,平米重≤200g	米	42393	11	6616545	964
52101910	棉<85%与化纤纺未漂三线或四线斜纹布,包括双面斜纹机织物,平米重≤200g	米	116	0	371756	61
52101990	棉<85%与化纤纺未漂其他布,平米重≤200g	米	44131	12	2777570	348
52102100	棉<85%与化纤纺漂白平纹布,平米重≤200g	米	261063	52	8414732	1027
52102910	棉<85%与化纤纺漂白三线或四线斜纹布,包括双面斜纹机织物,平米重≤200g	米	1457	0	31087	6
52102990	棉<85%与化纤纺漂白其他布,平米重≤200g	米	954687	200	1671368	327
52103100	棉<85%与化纤纺染色平纹布,平米重≤200g	米	7970405	2856	45518169	7426

2010年上海关区进出口商品量值表

单位:万美元

	商品	计量单位	进口 数量	进口 金额	出口 数量	出口 金额
52103200	棉<85%与化纤纺染色三线或四线斜纹布,包括双面斜纹机织物,平米重≤200g	米	709031	391	4178899	727
52103900	棉<85%与化纤纺染色其他布,平米重≤200g	米	4443227	2261	17611512	3012
52104100	棉<85%与化纤纺色织平纹布,平米重≤200g	米	2226313	824	152399360	21220
52104910	棉<85%与化纤纺色织三线或四线斜纹布,包括双面斜纹机织物,平米重≤200g	米	190437	113	3037820	613
52104990	棉<85%与化纤纺色织其他布,平米重≤200g	米	1182481	536	13390212	2363
52105100	棉<85%与化纤纺印花平纹布,平米重≤200g	米	211861	102	4627631	580
52105910	棉<85%与化纤纺印花三线或四线斜纹布,包括双面斜纹机织物,平米重≤200g	米	4326	2	2690	1
52105990	棉<85%与化纤纺印花其他布,平米重≤200g	米	192750	107	594009	117
52111100	棉<85%与化纤纺未漂平纹布,平米重>200g	米	38064	13	152907	30
52111200	棉<85%与化纤纺未漂三线或四线斜纹布,包括双面斜纹机织物,平米重>200g	米	42812	7	323097	71
52111900	棉<85%与化纤纺未漂其他布,平米重>200g	米	13057	12	1623037	247
52112000	棉<85%与化纤混纺漂白机织物,平米重>200g	米	40788	23	1471488	392
52113100	棉<85%与化纤纺染色平纹布,平米重>200g	米	1448531	832	2779499	676
52113200	棉<85%与化纤纺染色三线或四线斜纹布,包括双面斜纹机织物,平米重>200g	米	1160430	703	3961415	754
52113900	棉<85%与化纤纺染色其他布,平米重>200g	米	3386051	1853	21603909	4360
52114100	棉<85%与化纤纺色织平纹布,平米重>200g	米	310243	259	2826917	593

2010年上海关区进出口商品量值表

单位:万美元

商品		计量单位	进口		出口	
			数量	金额	数量	金额
52114200	棉<85%与化纤纺色织粗斜纹布(劳动布),平米重>200g	米	1166319	400	139157303	22382
52114300	棉<85%与化纤纺色织三线或四线斜纹布,包括双面斜纹机织物,平米重>200g	米	555381	336	5002136	799
52114900	其他棉<85%与化纤纺色织布,平米重>200g	米	457565	290	23566855	3837
52115100	棉<85%与化纤纺印花平纹布,平米重>200g	米	71514	40	215238	50
52115200	棉<85%与化纤纺印花三线或四线斜纹布,包括双面斜纹机织物,平米重>200g	米	30648	16	19119	7
52115900	棉<85%与化纤纺印花其他布,平米重>200g	米	134037	52	2800685	496
52121100	未列名未漂棉布,平米重≤200g	米	18684	11	33462406	4881
52121200	未列名漂白棉布,平米重≤200g	米	68889	12	1146151	236
52121300	未列名染色棉布,平米重≤200g	米	860442	590	3006033	763
52121400	未列名色织棉布,平米重≤200g	米	450690	305	2260393	584
52121500	未列名印花棉布,平米重≤200g	米	145155	94	1733403	506
52122100	未列名未漂棉布,平米重>200g	米	5725	8	824971	117
52122200	未列名漂白棉布,平米重>200g	米	14971	4	349755	86
52122300	未列名染色棉布,平米重>200g	米	432021	320	635261	234
52122400	未列名色织棉布,平米重>200g	米	269767	139	633063	290
52122500	未列名印花棉布,平米重>200g	米	16579	13	65110	21
53011000	生的或经沤制的亚麻	千克	604	0	—	—
53012100	破开的或打成的亚麻	千克	19118338	3656	—	—
53012900	栉梳或经其他加工但未纺制的亚麻	千克	49607	13	10640	8
53013000	亚麻短纤及废麻(包括废麻纱线及回收纤维)	千克	7440450	690	25688	11
53021000	生的或经沤制的大麻	千克	898	1	950	0
53029000	其他经加工但未纺制的大麻;大麻短纤及废麻	千克	900	4	30293	19
53031000	生的或经沤制的黄麻及其他纺织用韧皮纤维	千克	48878925	3760	5160	1
53039000	其他加工但未纺黄麻及其他纺织用韧皮纤维;上述纤维的短纤和废麻	千克	100	0	3453	0
53050012	经加工但未纺制的苎麻	千克	623	0	667617	334

2010年上海关区进出口商品量值表

单位:万美元

商品		计量单位	进口数量	进口金额	出口数量	出口金额
53050013	苎麻的短纤及废料	千克	—	—	20143	7
53050019	其他苎麻	千克	—	—	6120	2
53050020	生的或经加工但未纺蕉麻;蕉麻的短纤、落麻及废料	千克	2415480	343	—	—
53050091	西沙尔麻及其他纺织龙舌兰类纤维,生的或经加工但未纺制的;上述纤维的短纤和废麻	千克	2315820	186	—	—
53050092	生的或经加工但未纺制的椰壳纤维;椰壳纤维的短纤落麻废料	千克	72135410	2314	1056	0
53050099	生的或经加工但未纺制的未列名纺织用植物纤维及其短纤、落麻及废料	千克	—	—	5090	5
53061000	亚麻单纱	千克	27134	85	14422939	9872
53062000	亚麻多股纱线或缆线	千克	22846	73	591958	587
53071000	黄麻或5303其他纺织用韧皮纤维的单纱	千克	5673745	531	25667	12
53072000	黄麻或5303其他纺织用韧皮纤维多股纱线或缆线	千克	11994	0	13517	3
53081000	椰壳纤维纱线	千克	19279	1	4867	1
53082000	大麻纱线	千克	1732	4	62891	88
53089011	苎麻≥85%未漂白或漂白纱线	千克	3102	10	872293	659
53089012	苎麻≥85%的色纱线	千克	588	1	1500	1
53089013	苎麻<85%未漂白或漂白纱线	千克	457	1	45379	34
53089014	苎麻<85%的色纱线	千克	3946	8	24698	20
53089091	纸纱线	千克	2593	6	9691	5
53089099	未列名植物纺织纤维纱线	千克	7474	11	195706	92
53091110	含亚麻≥85%未漂白的布	米	159065	189	10307662	2410
53091120	含亚麻≥85%漂白的布	米	12295	7	11520649	2692
53091900	其他含亚麻≥85%的布	米	1045932	838	28923697	8299
53092110	含亚麻<85%未漂白的布	米	78356	27	5419483	936
53092120	含亚麻<85%漂白的布	米	9399	14	5641446	1018
53092900	其他含亚麻<85%的布	米	1038312	895	51452369	10117
53101000	黄麻或5303其他纺织韧皮纤维未漂布	米	185	0	125749	7
53109000	黄麻或5303其他纺织韧皮纤维的其他布	米	34094	6	1097805	143
53110012	苎麻≥85%未漂白机织物	米	4540	1	16565143	4134

2010 年上海关区进出口商品量值表

单位:万美元

商品		计量单位	进口		出口	
			数量	金额	数量	金额
53110013	苎麻≥85%其他机织物	米	66804	38	12669576	2161
53110014	苎麻<85%未漂白机织物	米	475	0	1260892	164
53110015	苎麻<85%其他机织物	米	65700	66	7610778	1487
53110030	大麻机织物	米	2630	4	829325	326
53110090	未列名纺织用植物纤维机织物	米	379823	139	2716138	775
54011010	合成纤维长丝缝纫线,非供零售用	千克	817325	1993	3902549	2742
54011020	合成纤维长丝缝纫线,供零售用	千克	38295	89	544715	289
54012010	人造纤维长丝缝纫线,非供零售用	千克	40796	65	5016452	2964
54012020	人造纤维长丝缝纫线,供零售用	千克	1648	6	2749286	1845
54021110	聚间苯二甲酰间苯二胺纺制的高强力纱	千克	36	0	—	—
54021120	聚对苯二甲酰对苯二胺纺制的高强力纱	千克	1422041	3548	61068	136
54021190	其他芳香族聚酰胺纺制的高强力纱	千克	1685930	3602	448630	1092
54021910	聚酰胺-6(尼龙-6)纺制的高强力纱	千克	1086379	384	5233708	1726
54021920	聚酰胺-6,6(尼龙-6,6)纺制的高强力纱	千克	984419	431	8315914	4120
54021990	未列名尼龙或其他聚酰胺纺制的高强力纱	千克	144579	275	185032	91
54022000	聚酯高强力纱	千克	4896364	1475	108423814	21706
54023111	聚酰胺-6(尼龙-6)弹力丝,每根单纱细度≤50 特	千克	759572	376	2043418	814
54023112	聚酰胺-6,6(尼龙-6,6)弹力丝,每根单纱细度≤50 特	千克	1320902	846	590366	359
54023113	芳香族聚酰胺弹力丝,每根单纱细度≤50 特	千克	25	1	1901	4
54023119	其他尼龙或聚酰胺弹力丝,单纱细度≤50 特	千克	14534	17	17397	8
54023190	尼龙或其他聚酰胺的其他变形纱线,单纱细度≤50 特	千克	2121151	909	160696	72
54023211	聚酰胺-6(尼龙-6)弹力丝,每根单纱细度超过 50 特	千克	2066128	845	345528	177
54023212	聚酰胺-6,6(尼龙-6,6)弹力丝,每根单纱细度超过 50 特	千克	283589	147	6417	4
54023213	芳香族聚酰胺弹力丝,每根单纱细度超过 50 特	千克	127808	277	1200	3

2010年上海关区进出口商品量值表

单位:万美元

	商品	计量单位	进口 数量	进口 金额	出口 数量	出口 金额
54023219	其他尼龙或聚酰胺弹力丝,单纱细度>50特	千克	83482	109	23721	12
54023290	尼龙或其他聚酰胺的其他变形纱线,单纱细度>50特	千克	4807259	2179	5215410	2636
54023310	聚酯弹力丝	千克	12870719	3110	112071983	22949
54023390	其他聚酯变形纱线	千克	354176	227	5502431	1483
54023400	聚丙烯长丝变形纱线	千克	11703	17	218474	53
54023900	其他合成纤维长丝变形纱线	千克	37515	29	1213548	382
54024410	氨纶弹性纱线,未加捻或捻度每米不超过50转	千克	4632397	4197	22288841	15400
54024490	其他弹性纱线,未加捻或捻度每米不超过50转	千克	175361	100	9741011	2489
54024510	聚酰胺-6(尼龙-6)纱线(弹性纱线除外),未加捻或捻度≤50转/米	千克	15898321	5364	8424730	3077
54024520	聚酰胺-6,6(尼龙-6,6)纱线(弹性纱线除外),未加捻或捻度≤50转/米	千克	4184470	1854	136919	58
54024530	芳香族聚酰胺纱线(弹性纱线除外),未加捻或捻度≤50转/米	千克	88402	251	—	—
54024590	其他尼龙或其他聚酰胺纱线(弹性纱线除外),未加捻或捻度≤50转/米	千克	67727	65	169188	132
54024600	部分定向聚酯纱线(弹性纱线除外),未加捻或捻度≤50转/米	千克	2317386	541	17068640	2625
54024700	其他聚酯纱线(弹性纱线除外),未加捻或捻度≤50转/米	千克	12595302	3362	47328251	8838
54024800	聚丙烯长丝单纱(弹性纱线除外),未加捻或捻度≤50转/米	千克	8693	10	835910	207
54024900	其他合成纤维长丝单纱(弹性纱线除外),未加捻或捻度≤50转/米	千克	378544	1311	1755045	919
54025110	聚酰胺-6(尼龙-6)纱线,捻度>50转/米	千克	945461	249	3371445	1353
54025120	聚酰胺-6,6(尼龙-6,6)纱线,捻度>50转/米	千克	690642	641	—	—
54025130	芳香族聚酰胺纱线,捻度>50转/米	千克	—	—	261	1
54025190	其他尼龙或其他聚酰胺纱线,捻度>50转/米	千克	267711	135	141982	72

2010年上海关区进出口商品量值表

单位:万美元

商品		计量单位	进口数量	进口金额	出口数量	出口金额
54025200	聚酯纱线,捻度>50转/米	千克	1383002	682	2028867	552
54025910	聚丙烯长丝单纱,捻度>50转/米	千克	57803	56	872588	218
54025990	其他合成纤维长丝单纱,捻度>50转/米	千克	16374	19	507617	243
54026110	聚酰胺-6(尼龙-6)多股纱线或缆线	千克	232276	189	15564745	5322
54026120	聚酰胺-6,6(尼龙-6,6)多股纱线或缆线	千克	243824	165	998697	454
54026130	芳香族聚酰胺多股纱线或缆线	千克	83983	217	2050	4
54026190	其他尼龙或聚酰胺多股纱线或缆线	千克	57694	128	347675	168
54026200	聚酯多股纱线或缆线	千克	245907	292	4807233	1514
54026910	聚丙烯长丝多股纱线或缆线	千克	255464	131	584860	177
54026920	氨纶长丝多股纱线或缆线	千克	115823	107	776380	348
54026990	未列名合成纤维长丝多股纱线或缆线	千克	288518	803	566632	283
54031000	粘胶纤维高强力纱	千克	30050	31	775551	469
54033110	竹粘胶纤维单纱,未加捻或捻度每米不超过120转	千克	15600	7	15127	9
54033190	其他粘胶纤维单纱,未加捻或捻度每米不超过120转	千克	57162	37	14063689	5869
54033210	竹制粘胶纤维单纱,捻度每米超过120转	千克	—	—	161	0
54033290	其他粘胶纤维单纱,捻度每米超过120转	千克	135127	67	24921	10
54033310	二醋酸纤维制单纱	千克	2325487	1253	2740	2
54033390	其他醋酸纤维单纱	千克	377093	205	—	—
54033900	其他人造纤维长丝单纱	千克	397959	409	3267650	1794
54034100	粘胶纤维多股纱线或缆线	千克	41750	157	8247738	4490
54034200	醋酸纤维多股纱线或缆线	千克	6426	21	55487	17
54034900	未列名人造纤维长丝多股纱线或缆线	千克	2448	8	742196	616
54041100	合成纤维弹性单丝,截面尺寸不超过1毫米,细度在67分特及以上	千克	1187528	914	2906968	1656
54041200	聚丙烯单丝(弹性单丝除外),截面尺寸≤1mm,细度≥67分特	千克	23816	9	58593	22
54041900	其他合纤单丝,截面尺寸≤1mm,细度≥67分特	千克	2791673	2100	4563668	1288

2010 年上海关区进出口商品量值表

单位:万美元

商品		计量单位	进口		出口	
			数量	金额	数量	金额
54049000	表观宽度≤5mm 的合成纺织材料扁条及类似品(例如:人造草)	千克	2317697	622	353053	137
54050000	截面尺寸不超过 1 毫米,细度在 67 分特及以上的人造纤维单丝;表观宽度不超过 5 毫米的人造纺织材料制扁条及类似品(例如:人造草)	千克	197939	218	49902	33
54060010	合成纤维长丝纱线,供零售用	千克	4835	4	3441206	1930
54060020	人造纤维长丝纱线,供零售用	千克	1908	3	80928	64
54071010	尼龙或其他聚酰胺高强力纱纺制的机织物	米	1574416	696	6039689	713
54071020	聚酯高强力纱纺制的机织物	米	368209	68	8342157	1574
54072000	合成纤维长丝扁条及类似品的布	米	10313073	604	29181769	1281
54073000	由若干层平行合成纤维长丝纱线以锐角或直角相互层叠,在纱线交叉点用粘合剂或热粘合法粘合成的织物	米	152839	29	10823374	380
54074100	尼龙或其他聚酰胺长丝≥85% 未漂或漂白的布	米	19299170	5804	15193010	1353
54074200	尼龙或其他聚酰胺长丝≥85% 的染色布	米	49459086	15541	58900210	4770
54074300	尼龙或其他聚酰胺长丝≥85% 的色织布	米	1034571	633	1306268	82
54074400	尼龙或其他聚酰胺长丝≥85% 的印花布	米	711383	243	2060963	179
54075100	聚酯变形长丝≥85% 未漂或漂白的布	米	2567939	310	157113000	11099
54075200	聚酯变形长丝≥85% 染色布	米	18549752	5137	1371223350	120767
54075300	聚酯变形长丝≥85% 色织布	米	2010927	1024	66975002	11283
54075400	聚酯变形长丝≥85% 印花布	米	2673891	782	391516848	29333
54076100	含聚酯非变形长丝≥85% 的机织物	米	135164582	38344	928400217	64365
54076900	其他含聚酯长丝≥85% 的机织物	米	12183890	4095	224452651	22459
54077100	含其他合纤长丝≥85% 未漂或漂白的机织物	米	2149777	174	10568329	585
54077200	含其他合成纤维长丝≥85% 染色的机织物	米	8001811	2606	90033168	8108
54077300	含其他合成纤维长丝≥85% 色织的机织物	米	1199297	343	8481558	1695

2010年上海关区进出口商品量值表

单位:万美元

	商　　品	计量单位	进口 数量	进口 金额	出口 数量	出口 金额
54077400	含其他合成纤维长丝≥85%印花的机织物	米	649862	159	8951882	1220
54078100	含合纤长丝＜85%，与棉混纺未漂或漂白布	米	1264782	210	2623069	246
54078200	合成纤维长丝＜85%，与棉混纺染色布	米	9082595	3550	3269709	565
54078300	合成纤维长丝＜85%，与棉混纺色织布	米	1483939	733	40105368	6100
54078400	合成纤维长丝＜85%，与棉混纺印花布	米	262835	110	34335	8
54079100	未列名合成纤维长丝未漂白或漂白布	米	404864	143	4944314	430
54079200	未列名合成纤维长丝染色布	米	7409391	4080	60892628	10583
54079300	未列名合成纤维长丝色织布	米	1510097	1046	9729490	2270
54079400	未列名合成纤维长丝印花布	米	284929	124	33562	5
54081000	粘胶纤维高强力纱的布	米	11489	9	—	—
54082110	含粘胶长丝≥85%未漂白或漂白机织物	米	30667	7	14959338	1522
54082120	含醋酸长丝≥85%未漂白或漂白机织物	米	3639111	247	11211330	876
54082190	含其他人造长丝、扁条或类似品≥85%未漂或漂白机织物	米	17797	6	95425	12
54082210	含胶粘长丝≥85%染色机织物	米	345680	191	2752532	321
54082220	含醋酸长丝≥85%染色机织物	米	826479	190	4271324	423
54082290	含其他人造长丝、扁条或类似品≥85%染色机织物	米	3357432	1476	2061145	206
54082310	含粘胶纤维长丝≥85%色织机织物	米	76244	29	168442	44
54082320	含醋酸纤维长丝≥85%色织机织物	米	66587	21	2474	1
54082390	含其他人造长丝、扁条或类似品≥85%色织机织物	米	316190	145	53402	14
54082410	含粘胶纤维长丝≥85%印花机织物	米	159761	69	1841497	248
54082420	含醋酸纤维长丝≥85%印花机织物	米	10664	7	11564	2
54082490	含其他人造长丝、扁条或类似品≥85%印花机织物	米	153095	89	760381	71
54083100	未列名人造纤维长丝未漂或漂白布	米	50502	14	3439394	420
54083200	未列名人造纤维长丝染色布	米	6827866	3118	329504	70
54083300	未列名人造纤维长丝色织布	米	651089	454	13661	7

2010年上海关区进出口商品量值表

单位:万美元

商品		计量单位	进口		出口	
			数量	金额	数量	金额
54083400	未列名人造纤维长丝印花布	米	321478	156	96187	19
55011000	尼龙或其他聚酰胺长丝丝束	千克	281351	97	2503615	937
55012000	聚酯长丝丝束	千克	236206	49	11296667	1202
55013000	聚丙烯腈或变性聚丙烯腈长丝丝束	千克	18019089	5089	32329	11
55014000	聚丙烯长丝丝束	千克	—	—	837868	235
55019000	其他合成纤维长丝丝束	千克	57451	11	249200	352
55020010	二醋酸纤维长丝丝束	千克	77685618	37435	—	—
55020090	其他人造纤维长丝丝束	千克	93743	27	217238	118
55031110	聚间苯二甲酰间苯二胺短纤,未梳或未经其他纺前加工	千克	629808	1171	282806	417
55031120	聚对苯二甲酰对苯二胺短纤,未梳或未经其他纺前加工	千克	775630	2001	10673	28
55031190	其他芳香族聚酰胺短纤,未梳或未经其他纺前加工	千克	265590	513	138206	190
55031900	尼龙或其他聚酰胺短纤,未梳或未经其他纺前加工	千克	3007053	1550	755797	343
55032000	聚酯短纤,未梳或未经其他纺前加工	千克	41472170	6926	229405111	29378
55033000	聚丙烯腈及其变性短纤,未梳及未经纺前加工	千克	46045202	14002	432780	138
55034000	聚丙烯短纤,未梳或未经其他纺前加工	千克	2098408	537	3521101	694
55039000	其他合成纤维短纤,未梳或未经其他纺前加工	千克	6172042	4432	3646727	1186
55041010	竹制粘胶纤维短纤,未梳或未经其他纺前加工	千克	568621	109	411943	114
55041020	木制粘胶纤维短纤,未梳或未经其他纺前加工	千克	7686669	2004	200567	65
55041090	其他粘胶纤维短纤,未梳或未经其他纺前加工	千克	14950893	4411	13087044	3211
55049000	其他人造纤维短纤,未梳或未经其他纺前加工	千克	19099826	5727	398414	152
55051000	合成纤维废料	千克	52874646	2897	122763	8
55052000	人造纤维废料	千克	529306	22	230566	46
55061011	聚间苯二甲酰间苯二胺短纤,已梳或经其他纺前加工	千克	171	0	22012	8
55061019	其他芳香族聚酰胺短纤,已梳或经其他纺前加工	千克	66	1	500	0

2010年上海关区进出口商品量值表

单位:万美元

商品		计量单位	进口		出口	
			数量	金额	数量	金额
55061090	尼龙或其他聚酰胺短纤,已梳或经其他纺前加工	千克	2019	2	345062	148
55062000	聚酯短纤,已梳或经其他纺前加工	千克	1651579	408	6563613	1107
55063000	聚丙烯腈及其变性短纤,已梳或经纺前加工	千克	1895493	594	116710	33
55069000	其他合成纤维短纤,已梳或经其他纺前加工	千克	46690	64	211200	246
55070000	人造纤维短纤,已梳或经其他纺前加工	千克	289321	222	283910	137
55081000	合成纤维短纤缝纫线	千克	385697	321	12855300	4648
55082000	人造纤维短纤缝纫线	千克	7356	22	163229	86
55091100	尼龙或其他聚酰胺短纤≥85%的单纱	千克	32962	32	1244814	876
55091200	含尼龙或其他聚酰胺短纤≥85%的多股纱线或缆线	千克	102869	115	1573335	1732
55092100	聚酯短纤≥85%的单纱	千克	173753	115	24436566	5628
55092200	聚酯短纤≥85%的多股纱线或缆线	千克	173194	97	4187721	1126
55093100	聚丙烯腈或变性聚丙烯腈短纤≥85%的单纱	千克	227222	202	4251308	1901
55093200	聚丙烯腈及其变性短纤≥85%的多股纱线或缆线	千克	1209981	499	31966072	12542
55094100	其他合成纤维短纤≥85%的单纱	千克	31263	60	1182653	428
55094200	其他合成纤维短纤≥85%的多股纱线或缆线	千克	22415	22	847366	538
55095100	聚酯短纤<85%主要或仅与人造短纤混纺纱线	千克	133066	71	2683201	906
55095200	聚酯短纤<85%主要或仅与毛混纺纱线	千克	13739	35	455233	423
55095300	聚酯短纤<85%主要或仅与棉混纺的纱线	千克	3521825	792	3187323	1005
55095900	聚酯短纤<85%与其他纤维混纺的纱线	千克	1476	6	509313	294
55096100	聚丙烯腈及其变性短纤<85%与毛混纺纱线	千克	293813	341	6022255	4707
55096200	聚丙烯腈及其变性短纤<85%与棉混纺纱	千克	285634	154	4505238	1904
55096900	聚丙烯腈及变性短纤<85%与其他纤维混纺纱	千克	926863	875	6798263	4189

2010年上海关区进出口商品量值表

单位:万美元

	商品	计量单位	进口		出口	
			数量	金额	数量	金额
55099100	其他合成短纤<85%主要或仅与毛混纺纱线	千克	68485	124	455124	488
55099200	其他合成短纤<85%主要或仅与棉混纺的纱线	千克	134925	59	499772	223
55099900	其他合成短纤<85%与其他纤维混纺的纱线	千克	123420	242	2825543	1998
55101100	人造纤维短纤≥85%的单纱	千克	3484405	1467	6706734	2813
55101200	人造纤维短纤≥85%的多股纱线或缆线	千克	94223	54	7830503	3542
55102000	人造纤维短纤<85%主要或仅与毛混纺纱线	千克	38819	96	323022	327
55103000	人造纤维短纤<85%主要或仅与棉混纺的纱线	千克	10242	14	1517973	842
55109000	人造纤维短纤<85%与其他纤维混纺的纱线	千克	90139	199	4905573	3499
55111000	合成纤维短纤≥85%的纱线,供零售用	千克	2860	3	1155833	855
55112000	合成纤维短纤<85%的纱线,供零售用	千克	2715	3	209546	172
55113000	人造纤维短纤纱线,供零售用	千克	1845	3	81891	99
55121100	聚酯短纤≥85%未漂或漂白的布	米	466964	97	52944740	2984
55121900	其他含聚酯短纤≥85%的布	米	15361624	5250	171616180	13165
55122100	聚丙烯腈及其变性短纤≥85%的未漂或漂白布	米	186926	143	748336	56
55122900	其他聚丙烯腈及其变性短纤≥85%的布	米	497839	317	5104272	1362
55129100	其他合成纤维短纤≥85%的未漂或漂白布	米	110840	91	5873298	491
55129900	未列名合成纤维短纤≥85%的布	米	3596379	1382	19808968	1792
55131110	含聚酯短纤85%以下主要或仅与棉混纺的未漂白平纹布机织物,每平方米重量不超过170克	米	277187	28	15341776	1013
55131120	含聚酯短纤85%以下主要或仅与棉混纺的漂白平纹布机织物,每平方米重量不超过170克	米	1025536	151	92161286	5569
55131210	含聚酯短纤85%以下主要或仅与棉混纺的未漂白三线或四线斜纹机织物,包括双面斜纹机织物,每平方米重量不超过170克	米	474	0	—	—

2010 年上海关区进出口商品量值表

单位:万美元

	商　　品	计量单位	进口 数量	进口 金额	出口 数量	出口 金额
55131220	含聚酯短纤 85% 以下主要或仅与棉混纺的漂白三线或四线斜纹机织物,包括双面斜纹机织物,每平方米重量不超过 170 克	米	42403	5	2145330	167
55131310	其他含聚酯短纤 85% 以下主要或仅与棉混纺的未漂白机织物,每平方米重量不超过 170 克	米	22762	4	3065949	317
55131320	其他含聚酯短纤 85% 以下主要或仅与棉混纺的漂白机织物,每平方米重量不超过 170 克	米	920251	149	13250126	946
55131900	其他含合成纤维短纤 85% 以下主要或仅与棉混纺的未漂白或漂白机织物,每平方米重量不超过 170 克	米	1492630	53	5648344	416
55132100	含聚酯短纤 85% 以下主要或仅与棉混纺的染色平纹机织物,每平方米重量不超过 170 克	米	3893461	934	351200174	20537
55132310	含聚酯短纤 85% 以下主要或仅与棉混纺的染色三线或四线斜纹机织物,包括双面斜纹机织物,每平方米重量不超过 170 克	米	1353474	402	6076918	844
55132390	含聚酯短纤 85% 以下主要或仅与棉混纺的其他染色机织物,每平米重量不超过 170 克	米	1045786	238	33212564	3745
55132900	其他含聚酯短纤 85% 以下主要或仅与棉混纺的染色机织物,每平米重量不超过 170 克	米	637679	263	62015432	5841
55133100	含聚酯短纤 85% 以下主要或仅与棉混纺的色织平纹机织物,每平米重量不超过 170 克	米	2154101	629	84900948	11266
55133910	含聚酯短纤 85% 以下主要或仅与棉混纺的色织三线或四线斜纹机织物,包括双面斜纹机织物,每平方米重量不超过 170 克	米	185560	29	1476243	256
55133920	含聚酯短纤 85% 以下主要或仅与棉混纺的其他色织机织物,每平方米重量不超过 170 克	米	508789	143	13779220	1817
55133990	其他含聚酯短纤 85% 以下主要或仅与棉混纺的色织机织物,每平米重量不超过 170 克	米	11804	7	5743797	792

2010年上海关区进出口商品量值表

单位:万美元

商品		计量单位	进口数量	进口金额	出口数量	出口金额
55134100	含聚酯短纤85%以下主要或仅与棉混纺的印花平纹机织物,每平方米重量不超过170克	米	1071045	366	84804817	8696
55134910	含聚酯短纤85%以下主要或仅与棉混纺的印花三线或四线斜纹机织物,包括双面斜纹机织物,每平方米重量不超过170克	米	—	—	1110998	110
55134920	含聚酯短纤85%以下主要或仅与棉混纺的其他印花机织物,每平方米重量不超过170克	米	21032	5	5285417	625
55134990	其他含合成纤维短纤85%以下主要或仅与棉混纺的印花机织物,每平方米重量不超过170克	米	8499	4	4077228	550
55141110	含聚酯短纤85%以下主要或仅与棉混纺的未漂白平纹机织物,每平方米重量超过170克	米	45628	14	1823199	234
55141120	含聚酯短纤85%以下主要或仅与棉混纺的漂白平纹机织物,每平方米重量超过170克	米	97968	56	1190050	113
55141210	含聚酯短纤85%以下主要或仅与棉混纺的未漂白三线或四线斜纹机织物,包括双面斜纹机织物,每平方米重量超过170克	米	57459	6	1651226	208
55141220	含聚酯短纤85%以下主要或仅与棉混纺的漂白三线或四线斜纹机织物,包括双面斜纹机织物,每平方米重量超过170克	米	1377563	236	4485479	606
55141911	其他含聚酯短纤85%以下主要或仅与棉混纺的未漂白机织物,每平方米重量超过170克	米	3661	3	474044	84
55141912	其他含聚酯短纤85%以下主要或仅与棉混纺的漂白机织物,每平方米重量超过170克	米	46927	16	919830	157
55141990	其他含聚酯短纤85%以下主要或仅与棉混纺的未漂白或漂白机织物,每平方米重量超过170克	米	2586	0	211146	32

2010年上海关区进出口商品量值表

单位:万美元

商品		计量单位	进口数量	进口金额	出口数量	出口金额
55142100	含聚酯短纤85%以下主要或仅与棉混纺的染色平纹机织物,每平方米重量超过170克	米	967491	442	14465833	2291
55142200	含聚酯短纤85%以下主要或仅与棉混纺的染色三线或四线斜纹机织物,包括双面斜纹机织物,每平方米重量超过170克	米	5333560	2196	36352388	5116
55142300	其他含聚酯短纤85%以下主要或仅与棉混纺的染色机织物,每平方米重量超过170克	米	1571510	594	57087071	9277
55142900	其他含合成纤维短纤85%以下主要或仅与棉混纺的染色机织物,每平方米重量超过170克	米	229102	171	21364082	3115
55143010	含聚酯短纤85%以下主要或仅与棉混纺的色织平纹机织物,每平方米重量超过170克	米	157117	50	2846592	500
55143020	含聚酯短纤85%以下主要或仅与棉混纺的色织三线或四线斜纹机织物,包括双面斜纹机织物,每平方米重量超过170克	米	54092	26	4256707	724
55143030	含聚酯短纤85%以下主要或仅与棉混纺的其他色织机织物,每平方米重量超过170克	米	57569	51	7043193	1231
55143090	其他含聚酯短纤85%以下主要或仅与棉混纺的色织机织物,每平方米重量超过170克	米	34159	38	3183991	626
55144100	含聚酯短纤85%以下主要或仅与棉混纺的印花平纹机织物,每平方米重量超过170克	米	20379	9	5685126	490
55144200	含聚酯短纤85%以下主要或仅与棉混纺的印花三线或四线斜纹机织物,包括双面斜纹机织物,每平方米重量超过170克	米	34618	7	4362819	597
55144300	其他含聚酯短纤85%以下主要或仅与棉混纺的印花机织物,每平方米重量超过170克	米	7483	6	4707505	721

2010年上海关区进出口商品量值表

单位:万美元

商品		计量单位	进口 数量	进口 金额	出口 数量	出口 金额
55144900	其他含合成纤维短纤85%以下主要或仅与棉混纺的印花机织物,每平方米重量超过170克	米	68252	7	2472861	740
55151100	含聚酯短纤85%以下主要或仅与粘胶纤维短纤混纺的机织物	米	2537495	1068	237601601	44373
55151200	含聚酯短纤85%以下主要或仅与化学纤维长丝混纺的机织物	米	1418505	692	22132456	3847
55151300	聚酯短纤<85%主要或仅与毛混纺布	米	1326888	1435	19123407	8643
55151900	聚酯短纤<85%与其他纤维混纺布	米	959269	528	9604448	2043
55152100	聚丙烯腈及变性短纤<85%与化纤长丝混纺布	米	65761	60	3951348	1102
55152200	聚丙烯腈及其变性短纤<85%与毛混纺布	米	92042	95	769382	405
55152900	聚丙烯腈及变性短纤<85%与其他纤混纺布	米	121558	96	1359495	313
55159100	其他合成短纤<85%与化纤长丝混纺布	米	80715	34	3090691	436
55159900	其他合成纤维短纤<85%与其他纤维混纺布	米	436928	306	14376204	1357
55161100	人造纤维短纤≥85%未漂白或漂白布	米	234577	52	48474677	4896
55161200	人造纤维短纤≥85%染色布	米	805374	385	79433134	6984
55161300	人造纤维短纤≥85%色织布	米	107735	68	1598151	382
55161400	人造纤维短纤≥85%印花布	米	713187	201	134936213	10393
55162100	人造短纤<85%与化纤长丝混纺未漂或漂白布	米	8842	5	3979333	435
55162200	人造短纤<85%与化纤长丝混纺染色布	米	3990044	1496	15220493	2410
55162300	人造短纤<85%与化纤长丝混纺色织布	米	341805	203	3583859	1163
55162400	人造短纤<85%与化纤长丝混纺印花布	米	123993	65	2962426	419
55163100	人造短纤<85%与毛混纺未漂或漂白布	米	2299	2	2239865	318
55163200	人造纤维短纤<85%主要或仅与毛混纺染色布	米	111790	106	1406490	491

2010年上海关区进出口商品量值表

单位:万美元

	商品	计量单位	进口数量	进口金额	出口数量	出口金额
55163300	人造纤维短纤 <85% 主要或仅与毛混纺色织布	米	84678	81	542609	261
55163400	人造纤维短纤 <85% 主要或仅与毛混纺印花布	米	16491	25	—	—
55164100	人造短纤 <85% 与棉混纺未漂或漂白布	米	175719	43	10651891	2596
55164200	人造纤维短纤 <85% 主要或仅与棉混纺染色布	米	1561971	945	3427297	582
55164300	人造纤维短纤 <85% 主要或仅与棉混纺色织布	米	298194	210	1096730	363
55164400	人造纤维短纤 <85% 主要或仅与棉混纺印花布	米	70514	36	1477340	309
55169100	人造短纤 <85% 与其他纤维混纺未漂或漂白布	米	7010	4	8874292	998
55169200	人造纤维短纤 <85% 与其他纤维混纺染色布	米	1053500	481	17306968	2905
55169300	人造纤维短纤 <85% 与其他纤维混纺色织布	米	142374	128	6091384	1488
55169400	人造纤维短纤 <85% 与其他纤维混纺印花布	米	75279	28	4922343	835
56011000	絮胎制卫生巾及止血塞、婴儿尿布或尿布垫及类似卫生用品	千克	205043	63	40276587	9975
56012100	棉制絮胎及其制品	千克	969531	486	4186527	1353
56012210	化纤制卷烟滤嘴	千克	794805	643	55488	25
56012290	化纤制絮胎及其制品	千克	1831185	2092	1964555	585
56012900	其他纤维制絮胎及其制品	千克	2056	7	666846	273
56013000	纤维屑、纤维粉末及球结,长度≤5mm	千克	623191	1194	1161865	497
56021000	针刺机制毡呢及纤维缝编织物	千克	441401	699	4869064	1929
56022100	羊毛或动物细毛制其他毡呢,未浸涂、包覆或层压	千克	67462	193	59067	60
56022900	其他纺织材料制毡呢,未浸涂、包覆或层压	千克	98262	98	796924	170
56029000	未列名毡呢	千克	425511	438	5320639	1255
56031110	经浸渍、涂布、包覆或层压的化纤长丝无纺织物,平米重≤25g	千克	1353751	759	2375650	664
56031190	其他化纤长丝制无纺织物,平方米重≤25g	千克	872064	584	7341026	1984

2010年上海关区进出口商品量值表

单位:万美元

商品		计量单位	进口		出口	
			数量	金额	数量	金额
56031210	经浸渍、涂布、包覆或层压的化纤长丝无纺织物,25g < 平米重≤70g	千克	3529987	2301	4693707	1663
56031290	其他化纤长丝制无纺织物 25g < 平方米重≤70g	千克	18293269	10875	21468952	5662
56031310	经浸渍、涂布、包覆或层压的化纤长丝无纺织物,70g < 平方重≤150g	千克	2139958	2055	2529473	1289
56031390	其他化纤长丝无纺织物,70g < 平方米重≤150g	千克	3764428	2446	7808656	1963
56031410	经浸渍、涂布、包覆或层压的化纤长丝无纺织物,平米重 > 150g	千克	1558578	1684	4269535	1228
56031490	其他化纤长丝制无纺织物,平方米重 > 150g	千克	1061434	1744	2865468	729
56039110	经浸渍、涂布、包覆或层压的其他材料制无纺织物,平米重≤25g	千克	82986	61	1007115	381
56039190	未经浸渍、涂布、包覆或层压的其他材料制无纺织物,平方米重≤25g	千克	563896	351	9049032	2363
56039210	经浸渍、涂布、包覆或层压的其他材料制的其他材料无纺织物,25g < 平米重≤70g	千克	426931	566	12074248	4648
56039290	未浸渍、涂布、包覆或层压的其他材料无纺织物,25g < 平米重≤70g	千克	2036699	1577	23321958	7937
56039310	经浸渍、涂布、包覆或层压的其他材料制无纺布,70g < 平米重≤150g	千克	1275547	1219	2235851	791
56039390	未浸渍、涂布、包覆或层压的其他材料制无纺布,70g < 平米重≤150g	千克	3549145	1394	10524477	3210
56039410	经浸渍、涂布、包覆或层压的其他材料制无纺织物,平米重 > 150g	千克	1422312	1551	3837478	2551
56039490	未经浸渍、涂布、包覆或层压的其他材料制无纺织物,平米重 > 150g	千克	688977	539	6164786	1924
56041000	用纺织材料包覆的橡胶线及绳	千克	398481	757	4467584	1689
56049000	其他橡胶或塑料经浸渍、涂布、包覆或套裹的纺织纱线及 5404 或 5405 扁条及类似品	千克	18443	47	891557	290
56050000	含金属纱线,不论是否螺旋花线,由纺织纱线或品目 5404 或 5405 的扁条及类似品与金属线、扁条或粉末混合制得或用金属包覆制得	千克	73911	238	760634	549

2010 年上海关区进出口商品量值表

单位:万美元

商品		计量单位	进口数量	进口金额	出口数量	出口金额
56060000	粗松螺旋花线,品目 5404 或 5405 的扁条及类似品制的螺旋花线(品目 5605 的货品及马毛粗松螺旋花线除外);绳绒线(包括植绒绳绒线);纵行起圈纱线	千克	62208	98	12054684	4980
56072100	西沙尔麻或其他纺织用龙舌兰类纤维纺制的包扎用绳	千克	18	0	83994	20
56072900	西沙尔麻或其他纺织用龙舌兰类纤维纺制的其他线、绳、索、缆	千克	46595	41	202645	48
56074100	聚乙烯或聚丙烯纺制的包扎用绳	千克	72529	41	5143398	1280
56074900	聚乙烯或聚丙烯纺制的其他线、绳、索、缆	千克	343632	172	11493501	3198
56075000	其他合成纤维纺制的线、绳、索、缆	千克	512696	1100	17576635	6393
56079010	蕉麻等硬质(叶)纤维纺制的线、绳、索、缆	千克	84994	4	8498	2
56079090	未列名纤维纺制的线、绳、索、缆	千克	538396	568	3204736	1368
56081100	化纤材料制成的渔网	千克	81900	34	14353766	6051
56081900	化纤材料制成的网料及其他网	千克	1669687	588	36118583	9321
56089000	其他纤维制成的网料、鱼网及其他网	千克	5963	12	3819810	1576
56090000	用纱线、品目 5404 或 5405 扁条及类似品或线绳索缆制其他品目未列名物品	千克	63519	83	11110081	3270
57011000	毛制结织栽绒地毯等结织栽绒铺地制品	千克	117055	122	125895	133
57019010	化纤结织栽绒地毯等结织栽绒铺地制品	千克	13691	16	223886	93
57019020	丝制结织栽绒地毯等结织栽绒铺地制品	千克	220	0	176782	1102
57019090	其他纺材结织栽绒地毯等结织栽绒铺地品	千克	3492	6	46316	28
57021000	"开来姆"、"苏麦克"、"卡拉马尼"及类似的手织地毯	千克	355090	170	231161	123
57022000	椰壳纤维制的铺地制品,未簇绒或未植绒	千克	94010	18	64352	18
57023100	毛制起绒结构的铺地制品,未制成的	千克	682	0	12231	8

2010年上海关区进出口商品量值表

单位:万美元

商品		计量单位	进口数量	进口金额	出口数量	出口金额
57023200	化纤制起绒结构的铺地制品,未制成的	千克	30	0	91343	26
57023900	其他纺织材料制起绒结构铺地制品,未制成的	千克	54	0	4942	1
57024100	毛制起绒结构的铺地制品,制成的	千克	96746	83	1086378	719
57024200	化纤制起绒结构的铺地制品,制成的	千克	2026486	859	10830319	4772
57024900	其他纺织材料制起绒结构的铺地制品,制成的	千克	112154	67	221054	126
57025010	毛制非起绒结构的铺地制品,未制成的	千克	2524	2	—	—
57025020	化纤制非起绒结构的铺地制品,未制成的	千克	1430	7	87475	16
57025090	其他纺织材料非起绒结构铺地制品,未制成的	千克	4254	2	9751	5
57029100	毛制非起绒结构的铺地制品,制成的	千克	122210	103	405875	295
57029200	化纤制非起绒结构的铺地制品,制成的	千克	126234	64	5198578	2531
57029900	其他纺织材料制非起绒结构铺地制品,制成的	千克	110958	51	1935636	699
57031000	毛制簇绒地毯及其他簇绒铺地制品	千克	202236	236	562421	378
57032000	尼龙或其他聚酰胺簇绒地毯及其他簇绒铺地制品	千克	9000324	3327	10295059	4050
57033000	其他化纤簇绒地毯及其他簇绒铺地制品	千克	1316656	520	58170712	18158
57039000	其他纺织材料簇绒地毯及其他簇绒铺地制品	千克	82856	39	5516622	1838
57041000	毡呢地毯等铺地制品,≤0.3平米,未簇或未植绒	千克	972	1	6881	5
57049000	毡呢地毯等铺地制品,>0.3平米,未簇或未植绒	千克	288907	94	4520579	431
57050010	羊毛或动物细毛制未列名地毯及铺地制品	千克	15798	153	94929	85
57050020	化纤制未列名地毯及铺地制品	千克	239528	132	46258200	17320
57050090	其他纺织材料制未列名地毯及铺地制品	千克	126390	46	14575876	3237

2010年上海关区进出口商品量值表

单位：万美元

商品		计量单位	进口		出口	
			数量	金额	数量	金额
58011000	羊毛或动物细毛制起绒布及绳绒织物	米	127907	186	866694	562
58012100	棉制不割绒的纬起绒织物	米	5057	12	18386556	2330
58012200	棉制割绒的灯芯绒	米	551805	223	89327280	19338
58012300	棉制其他纬起绒织物	米	145138	83	26086933	3744
58012400	棉制不割绒的经起绒织物（棱纹绸）	米	5706	8	474948	100
58012500	棉制割绒的经起绒织物	米	141319	134	3737934	1314
58012600	棉制绳绒织物	米	4550	4	3459486	306
58013100	化纤制不割绒的纬起绒织物	米	5971690	1726	27935811	7200
58013200	化纤制割绒的灯芯绒	米	45899	28	10113792	2444
58013300	化纤制其他纬起绒织物	米	734438	467	66988395	12472
58013400	化纤制不割绒的经起绒织物（绫纹绸）	米	306340	223	18155307	3021
58013500	化纤制割绒的经起绒织物	米	424441	293	22049251	6236
58013600	化纤制绳绒织物	米	180969	58	63648163	17887
58019010	丝及绢丝制起绒及绳绒织物	米	1383	2	939255	281
58019090	其他纺织材料制起绒及绳绒织物	米	39517	37	3692260	723
58021100	棉制未漂白毛巾织物及类似毛圈机织物	米	17112	11	15953	2
58021900	其他棉制毛巾织物及类似毛圈机织物	米	16404	11	757253	173
58022010	丝及绢丝制毛巾织物及类似毛圈机织物	米	1	0	118	0
58022020	羊毛或动物细毛制毛巾织物及类似毛圈机织物	米	5522	4	2738	2
58022030	化纤制毛巾织物及类似毛圈机织物	米	19551	7	554690	114
58022090	其他纺织材料制毛巾织物及类似毛圈机织物	米	342	0	121176	14
58023010	丝及绢丝制簇绒织物	米	425	0	30874	43
58023020	羊毛或动物细毛制簇绒织物	米	10665	6	8	0
58023030	棉或麻制簇绒织物	米	7491	10	103744	18
58023040	化纤制簇绒织物	米	501422	470	15637347	1647
58023090	其他纺织材料制簇绒织物	米	989	1	36808	6
58030010	棉制纱罗	米	20682	8	10366564	1177
58030020	丝及绢丝制纱罗	米	—	—	28962	10
58030030	化纤制纱罗	米	1861524	36	4944487	238

2010年上海关区进出口商品量值表

单位:万美元

商品		计量单位	进口数量	进口金额	出口数量	出口金额
58030090	其他纺织材料制纱罗	米	1944	1	2175643	211
58041010	丝及绢丝制网眼薄纱及其他网眼织物	千克	4	0	1675	5
58041020	棉制网眼薄纱及其他网眼织物	千克	6888	29	191919	159
58041030	化纤制网眼薄纱及其他网眼织物	千克	1162958	1500	9375120	3709
58041090	其他纺织材料制网眼薄纱及其他网眼织物	千克	9726	13	260944	125
58042100	化纤制机制花边	千克	232084	1547	4559717	4921
58042910	丝及绢丝制机制花边	千克	1198	11	12626	45
58042920	棉制机制花边	千克	25202	203	232860	419
58042990	其他纺织材料制机制花边	千克	4811	42	488648	228
58043000	手工制花边	千克	2007	3	110355	189
58050010	手工针绣嵌花装饰毯	平方米	1308	3	31650	34
58050090	“哥白林”、“弗朗德”、“奥步生”、“波威”及类似式样的手织装饰毯	平方米	62	2	222936	23
58061010	棉或麻制狭幅起绒机织物及绳绒织物	千克	4250	5	103060	48
58061090	其他纺织材料制狭幅起绒机织物及绳绒织物	千克	131231	395	5098813	3265
58062000	含弹性纱线或橡胶线≥5%的狭幅机织物	千克	518686	1041	1068599	832
58063100	棉制未列名狭幅机织物	千克	83527	220	341061	341
58063200	化纤制未列名狭幅机织物	千克	3007834	4895	18916220	8754
58063910	丝及绢丝制未列名狭幅机织物	千克	2529	26	3136	17
58063920	羊毛或动物细毛制未列名狭幅机织物	千克	1559	13	158	0
58063990	其他纺织材料制未列名狭幅机织物	千克	81692	281	403992	239
58064010	棉或麻制粘合成的有经纱而无纬纱的织物	千克	254	3	95949	48
58064090	其他纺织材料制粘合成的有经纱而无纬纱织物	千克	30487	182	230910	106
58071000	机织的纺织材料制非绣制标签、徽章及类似品	千克	375840	2832	9318587	5575
58079000	非机织的纺织材料制非绣制标签、徽章等	千克	58534	386	293380	648
58081000	成匹的编带	千克	263816	519	4070590	2200
58089000	其他非绣制的成匹装饰带(针织或钩编的除外);流苏、绒球及类似品	千克	34281	177	2744183	2396

2010 年上海关区进出口商品量值表

单位:万美元

商　　品		计量单位	进口 数量	进口 金额	出口 数量	出口 金额
58090010	衣着等用途金属线及含金属纱线与棉混制的布	米	23779	12	86555	29
58090020	衣着等用途金属线及含金属线与化纤混制布	米	37710	11	194304	86
58090090	衣着等用金属线及含金属线与其他纤维混制布	米	14399	6	34667	10
58101000	不见底布的刺绣品	千克	3121	41	455209	701
58109100	其他棉制刺绣品	千克	21130	146	4952485	7246
58109200	其他化纤制刺绣品	千克	36894	308	22680835	27037
58109900	其他纺织材料制刺绣品	千克	2769	33	657088	1108
58110010	丝及绢丝制,经绗缝或其他方法用一层或几层纺织材料与胎料组合制成的被褥状纺织品	千克	35	0	2965	8
58110020	羊毛或动物细毛制,经绗缝或其他方法用一层或几层纺织材料与胎料组合制成的被褥状纺织品	千克	5854	9	24013	14
58110030	棉制,经绗缝或其他方法用一层或几层纺织材料与胎料组合制成的被褥状纺织品	千克	60807	71	154201	103
58110040	化纤制,经绗缝或其他方法用一层或几层纺织材料与胎料组合制成的被褥状纺织品	千克	83578	180	404297	216
58110090	其他纺织材料制,经绗缝或其他方法用一层或几层纺织材料与胎料组合制成的被褥状纺织品	千克	7	0	135844	57
59011010	涂胶或淀粉的棉或麻织物,作书籍封面等用途	千克	28362	41	428885	285
59011020	涂胶或淀粉的化纤纺织物,作书籍封面等用途	千克	13527	37	4921328	1730
59011090	用胶或淀粉物质涂布的其他纤维制纺织物,作书籍封面及类似用途的	千克	27775	31	27808	26
59019010	制成的油画布	千克	394758	123	14074127	3986
59019091	棉或麻制描图布、作帽里硬衬布等硬挺纺织物	千克	8084	7	10257769	5831
59019092	化纤制描图布、作帽里的硬衬布等硬挺纺织物	千克	81579	122	8785245	6772
59019099	其他纤维描图布、作帽里硬衬布等硬挺纺织物	千克	13216	20	491248	376

2010年上海关区进出口商品量值表

单位:万美元

商品		计量单位	进口		出口	
			数量	金额	数量	金额
59021010	聚酰胺-6(尼龙-6)高强力纱制帘子布	千克	106545	89	23978638	9102
59021020	聚酰胺-6,6(尼龙-6,6)高强力纱制帘子布	千克	1691625	1032	2378036	1170
59021090	其他尼龙或其他聚酰胺高强力纱制帘子布	千克	36689	69	220535	79
59022000	聚酯高强力纱制帘子布	千克	4118476	1759	20021645	6089
59029000	粘胶纤维高强力纱制帘子布	千克	8457	15	6593	2
59031010	聚氯乙烯浸涂、包覆或层压的绝缘布或带	千克	97212	71	42197593	6781
59031020	聚氯乙烯浸渍、涂布、包覆或层压的人造革	千克	2325059	2355	84218680	19853
59031090	其他聚氯乙烯浸涂、包覆或层压的纺织物	千克	3107746	2275	313485784	57750
59032010	聚氨基甲酸酯浸涂、包覆或层压的绝缘布或带	千克	115590	205	441098	232
59032020	聚氨基甲酸酯浸涂、包覆或层压的人造革	千克	1314635	1600	80755597	37178
59032090	其他聚氨基甲酸酯浸涂、包覆或层压的纺织物	千克	7732972	12309	24863320	15391
59039010	其他塑料浸涂、包覆或层压的绝缘布或带	千克	34348	87	349312	191
59039020	其他塑料浸涂、包覆或层压的人造革	千克	434427	459	7531785	1773
59039090	未列名用塑料浸涂、包覆或层压的纺织物	千克	3314495	6387	41054067	17312
59041000	列诺伦(亚麻油地毡)	千克	1292841	388	59042	22
59049000	以其他纺织物为底布经涂布或覆面的铺地制品	千克	31478	9	1011222	150
59050000	糊墙织物	千克	128650	231	596202	616
59061010	用橡胶处理的纺织物胶粘绝缘带,宽度≤20cm	千克	251475	300	7262355	2027
59061090	用橡胶处理的其他纺织物胶粘带,宽度≤20cm	千克	53087	232	1355095	664
59069100	用橡胶处理的针织或钩编织物	千克	559839	537	1401260	488
59069910	其他用橡胶处理的非针织或钩编的绝缘布或带	千克	298389	318	167839	211

2010年上海关区进出口商品量值表

单位:万美元

	商　　品	计量单位	进口 数量	进口 金额	出口 数量	出口 金额
59069990	未列名用橡胶处理的非针织或钩编织物	千克	2131133	2562	1357820	965
59070010	用其他材料浸渍、涂布或包覆的绝缘布或带	千克	4182	17	375699	264
59070020	用其他材料浸渍、涂布或包覆的已绘制画布	千克	1120	4	797218	332
59070090	用其他材料浸渍、涂布或包覆的作其他纺织物	千克	753452	1576	22275370	10481
59080000	用纺织材料机织、编结或针织而成的灯芯、炉芯、打火机芯、烛芯或类似品;煤气灯纱筒及纱罩,不论是否浸渍	千克	35473	43	316494	247
59090000	纺织材料制的水龙软管及类似的管子,不论有无其他材料作衬里、护套或附件	千克	108653	163	11974549	4069
59100000	纺织材料制的传动带或输送带及带料,不论是否用塑料浸渍、涂布、包覆或层压,也不论是否用金属或其他材料加强	千克	816552	940	8873795	3651
59111010	橡胶浸渍的包覆纺锤(织轴)的狭幅起绒织物	千克	24464	61	44973	26
59111090	橡胶、皮革或其他材料涂布、包覆或层压作针布用的纺织物、毡呢及毡呢衬里机织物,以及作专门技术用途的类似织物	千克	198705	513	456081	658
59112000	筛布,不论是否制成的	千克	411031	2194	409622	769
59113100	环状或装有连接装置的纺织物及毡呢,用于造纸机器或类似机器,平米<650g	千克	75145	743	144729	1089
59113200	环状或装有连接装置的纺织物及毡呢,用于造纸机器或类似机器,平米≥650g	千克	355840	2189	776418	3413
59114000	榨油机器或类似机器的滤布,包括人发制滤布	千克	491464	1204	1359422	1271
59119000	未列名作专门技术用途的纺织产品及制品	千克	2062192	6312	10580695	9784
60011000	针织或钩编的"长毛绒"织物	米	1271333	609	17781762	5365

2010 年上海关区进出口商品量值表

单位:万美元

商品		计量单位	进口		出口	
			数量	金额	数量	金额
60012100	棉制针织或钩编的毛圈绒头织物	米	669559	194	20833488	5072
60012200	化纤制针织或钩编的毛圈绒头织物	米	3099262	323	30393654	4933
60012900	其他纺织材料制针织或钩编的毛圈绒头织物	米	8729	8	247445	84
60019100	棉制针织或钩编的其他起绒织物	米	1829195	465	37381647	9247
60019200	化纤制针织或钩编的其他起绒织物	米	12260977	3999	452056561	58355
60019900	其他纺织材料制针织或钩编的其他起绒织物	米	69985	49	974707	406
60024010	棉针织钩编物,宽≤30cm,弹性线≥5%,不含橡胶线	米	54981	10	595619	7
60024020	丝针织钩编物,宽≤30cm,弹性线≥5%,不含橡胶线	米	1230	1	170	0
60024030	合纤针织钩编物,宽≤30cm,弹性线≥5%,无胶线	米	3942726	172	4106471	67
60024040	人纤针织钩编物宽≤30cm 弹性线≥5%,无胶线	米	5998	2	955964	23
60024090	其他针织钩编织物,宽≤30cm,弹性线≥5%,无胶线	米	296159	17	336701	5
60029010	棉针织钩编织物,宽≤30cm,弹性或胶线≥5%	米	67669	8	143248	16
60029020	丝针织钩编织物,宽≤30cm,弹性或胶线≥5%	米	8819	0	50117	45
60029030	合纤针织钩编织物,宽≤30cm,弹性或胶线≥5%	米	13738666	279	14626782	118
60029040	人纤针织钩编织物,宽≤30cm,弹性或胶线≥5%	米	1905677	5	2917937	52
60029090	其他针织物钩编织物宽≤30cm,弹性或胶线≥5%	米	2257057	29	18542706	123
60031000	羊毛或动物细毛制针织或钩编织物,宽度不超过 30 厘米,含弹性纱线或橡胶线在 5% 以下	米	18994	3	5164	2
60032000	棉制针织或钩编织物,宽度不超过 30 厘米,含弹性纱线或橡胶线在 5% 以下	米	292824	18	1169005	35
60033000	合成纤维制针织或钩编织物,宽度不超过 30 厘米,含弹性纱线或橡胶线在 5% 以下	米	19430237	387	44898461	298

2010年上海关区进出口商品量值表

单位:万美元

商品		计量单位	进口数量	进口金额	出口数量	出口金额
60034000	人造纤维制针织或钩编织物,宽度不超过30厘米,含弹性纱线或橡胶线在5%以下	米	14962	3	14891831	257
60039000	其他纺织材料制针织或钩编织物,宽度不超过30厘米,含弹性纱线或橡胶线在5%以下	米	227154	9	975039	14
60041010	棉针织或钩编物,宽>30cm,弹性线≥5%,无胶线	米	1743509	624	88731984	17740
60041020	丝针织或钩编物,宽>30cm,弹性线≥5%,无胶线	米	—	—	118018	48
60041030	合纤针织钩编物,宽>30cm,弹性线≥5%,无胶线	米	22687748	9237	97339713	17656
60041040	人纤针织钩编物,宽>30cm,弹性线≥5%,无胶线	米	1358031	762	113147450	19562
60041090	其他针织钩编物,宽>30cm,弹性线≥5%,无胶线	米	161801	41	1883574	259
60049010	其他棉针织钩编物,宽>30cm,弹性或胶线≥5%	米	412112	186	6134163	1320
60049020	其他丝针织钩编物,宽>30cm,弹性或胶线≥5%	米	—	—	9201	6
60049030	合纤针织钩编物,宽>30cm,弹性或胶线≥5%	米	5181669	1828	22521272	2264
60049040	人纤针织钩编物,宽>30cm,弹性或胶线≥5%	米	43102	17	19849314	3279
60049090	其他针织钩编物,宽>30cm,弹性或胶线≥5%	米	131630	47	529717	91
60052100	棉制未漂白或漂白经编织物(包括由花边针织机织成的,但不包括品目6001至6004的货品)	米	7055	3	474933	83
60052200	棉制染色经编织物(包括由花边针织机织成的,但不包括品目6001至6004的货品)	米	266220	128	909902	210
60052300	棉制色织经编织物(包括由花边针织机织成的,但不包括品目6001至6004的货品)	米	93022	34	59007	5
60052400	棉制印花经编织物(包括由花边针织机织成的,但不包括品目6001至6004的货品)	米	9632	3	138075	35

2010 年上海关区进出口商品量值表

单位:万美元

商品		计量单位	进口 数量	进口 金额	出口 数量	出口 金额
60053100	合成纤维制未漂白或漂白经编织物(包括由花边针织机织成的,但不包括品目 6001 至 6004 的货品)	米	26679326	696	95890301	3662
60053200	合成纤维制染色经编织物(包括由花边针织机织成的但不包括品目 6001 至 6004 的货品)	米	7795163	2804	267844875	23201
60053300	合成纤维制色织经编织物(包括由花边针织机织成的,但不包括品目 6001 至 6004 的货品)	米	385608	252	680980	68
60053400	合成纤维制印花经编织物(包括由花边针织机织成的,但不包括品目 6001 至 6004 的货品)	米	530165	272	14898462	1652
60054100	人造纤维制未漂白或漂白经编织物(包括由花边针织机织成的,但不包括品目 6001 至 6004 的货品)	米	2745	1	255927	11
60054200	人造纤维制染色经编织物(包括由花边针织机织成的,但不包括品目 6001 至 6004 的货品)	米	140669	79	1898604	293
60054300	人造纤维制色织经编织物(包括由花边针织机织成的,但不包括品目 6001 至 6004 的货品)	米	15891	12	28227	5
60054400	人造纤维制印花经编织物(包括由花边针织机织成的,但不包括品目 6001 至 6004 的货品)	米	41367	21	75837	10
60059010	羊毛或动物细毛制经编织物(包括由花边针织机织成的,但不包括品目 6001 至 6004 的货品)	米	49813	55	7214	5
60059090	其他纺织材料制经编织物(包括由花边针织机织成的,但不包括品目 6001 至 6004 的货品)	米	129963	41	3228124	194
60061000	羊毛或动物细毛制其他针织或钩编织物	米	1117161	1383	393772	237
60062100	棉制未漂白或漂白其他针织或钩编织物	米	4473660	431	6474885	970
60062200	棉制染色其他针织或钩编织物	米	26614106	6950	263404139	48038
60062300	棉制色织其他针织或钩编织物	米	3275920	1156	22840079	5288
60062400	棉制印花其他针织或钩编织物	米	4291001	1262	27563972	4765

2010年上海关区进出口商品量值表

单位:万美元

商品		计量单位	进口 数量	进口 金额	出口 数量	出口 金额
60063100	合成纤维制未漂白或漂白其他针织或钩编织物	米	4530213	664	28634218	1963
60063200	合成纤维制染色其他针织或钩编织物	米	52633474	15616	633980634	66134
60063300	合成纤维制色织其他针织或钩编织物	米	3563956	1248	17194579	2756
60063400	合成纤维制印花其他针织或钩编织物	米	8346601	2493	181634998	18960
60064100	人造纤维制未漂白或漂白其他针织或钩编织物	米	224262	63	12284570	1720
60064200	人造纤维制染色其他针织或钩编织物	米	3735072	2340	232757344	34595
60064300	人造纤维制色织其他针织或钩编织物	米	364399	343	6092568	940
60064400	人造纤维制印花其他针织或钩编织物	米	911428	502	36057116	6666
60069000	未列名纺织材料制其他针织物或钩编织物	米	709063	511	5355926	1197
61012000	棉针织或钩编男大衣、带风帽的防寒短上衣、防风衣及类似品	件	84963	179	11085240	9556
61013000	化纤针织或钩编男大衣、带风帽的防寒短上衣、防风衣及类似品	件	34618	85	8234268	7587
61019010	毛针织或钩编男大衣、带风帽的防寒短上衣、防风衣及类似品	件	3175	26	169554	401
61019090	其他纺材针织钩编男大衣、带风帽的防寒短上衣、防风衣及类似品	件	75	0	41476	36
61021000	毛针织或钩编女大衣、带风帽的防寒短上衣、防风衣及类似品	件	6733	69	632194	1725
61022000	棉针织或钩编女大衣、带风帽的防寒短上衣、防风衣及类似品	件	62385	78	10187199	7741
61023000	化纤针织或钩编女大衣、带风帽的防寒短上衣、防风衣及类似品	件	113522	141	14813332	15607
61029000	其他材料针织或钩女大衣、带风帽的防寒短上衣、防风衣及类似品	件	1684	15	151854	166
61031010	毛制针织或钩编的男式西服套装	套	191	7	595	7
61031020	合成纤维制针织或钩编的男式西服套装	套	357	0	30044	39

2010年上海关区进出口商品量值表

单位:万美元

商品		计量单位	进口数量	进口金额	出口数量	出口金额
61031090	其他纺织材料制针织或钩编的男式西服套装	套	20	0	4429	7
61032200	棉制针织或钩编的男式便服套装	套	3536	5	2960130	1855
61032300	合成纤维制针织或钩编的男式便服套装	套	754	2	6155473	3632
61032910	毛制针织或钩编的男式便服套装	套	10	0	154	0
61032990	其他纺织材料制针织或钩编的男式便服套装	套	74	0	108690	69
61033100	毛制针织或钩编的男式上衣	件	41231	689	231465	507
61033200	棉制针织或钩编的男式上衣	件	190565	821	24560300	17684
61033300	合成纤维制针织或钩编的男式上衣	件	93864	209	26465831	16767
61033900	其他纺织材料制针织或钩编的男式上衣	件	6974	53	1552175	846
61034100	毛制针织或钩编的男裤	件	964	15	375656	323
61034200	棉制针织或钩编的男裤	件	213534	229	49068174	20316
61034300	合成纤维制针织或钩编的男裤	件	630888	436	81081009	28476
61034900	其他纺织材料制针织或钩编的男裤	件	4914	7	2540391	786
61041300	合成纤维制针织或钩编的女式西服套装	套	124	0	32072	52
61041910	毛制针织或钩编的女式西服套装	套	5	0	—	—
61041920	棉制针织或钩编的女式西服套装	套	191	0	17875	19
61041990	其他纺织材料制针织或钩编的女式西服套装	套	3	0	258	0
61042200	棉制针织或钩编的女式便服套装	套	7138	12	9240276	6404
61042300	合成纤维制针织或钩编的女式便服套装	套	1191	4	4371480	2508
61042910	毛制针织或钩编的女式便服套装	套	620	12	3355	10
61042990	其他纺织材料制针织或钩编的女式便服套装	套	3402	17	650752	497
61043100	毛制针织或钩编的女式上衣	件	31390	508	2477597	4548
61043200	棉制针织或钩编的女式上衣	件	312307	602	61427713	33826
61043300	合成纤维制针织或钩编的女式上衣	件	165863	342	63327749	37558
61043900	其他纺织材料制针织或钩编的女式上衣	件	128467	343	17763636	11388
61044100	毛制针织或钩编的女式连衣裙	件	26093	403	1053099	2251
61044200	棉制针织或钩编的女式连衣裙	件	438645	446	52468775	25842
61044300	合成纤维制针织或钩编的女式连衣裙	件	238802	409	77643421	44931

2010年上海关区进出口商品量值表

单位:万美元

商品		计量单位	进口数量	进口金额	出口数量	出口金额
61044400	人造纤维制针织或钩编的女式连衣裙	件	265395	650	30492051	21697
61044900	其他纺织材料制针织或钩编的女式连衣裙	件	12434	117	3621546	4049
61045100	毛制针织或钩编的女式裙子及裙裤	件	4337	48	324813	514
61045200	棉制针织或钩编的女式裙子及裙裤	件	113226	62	15831327	5639
61045300	合成纤维制针织或钩编的女式裙子及裙裤	件	129670	101	29591539	10785
61045900	其他纺织材料制针织或钩编女式裙子及裙裤	件	39187	47	4481299	2734
61046100	毛制针织或钩编的女裤	条	6862	34	992156	964
61046200	棉制针织或钩编的女裤	条	745838	559	179485920	57207
61046300	合成纤维制针织或钩编的女裤	条	481673	400	166796713	47774
61046900	其他纺织材料制针织或钩编的女裤	条	112869	144	20717391	8646
61051000	棉制针织或钩编的男衬衫	件	1295283	3834	79698225	35857
61052000	化纤制针织或钩编的男衬衫	件	435278	425	50198621	16719
61059000	其他纺织材料制针织或钩编的男衬衫	件	22307	168	504736	351
61061000	棉制针织或钩编的女衬衫	件	372049	616	31499393	12110
61062000	化纤制针织或钩编的女衬衫	件	184733	216	16434027	7602
61069000	其他纺织材料制针织或钩编的女衬衫	件	12813	58	664390	616
61071100	棉制针织或钩编的男内裤	件	1796860	333	72937966	9140
61071200	化纤制针织或钩编的男内裤	件	325064	215	35064091	4986
61071910	丝及绢丝制针织或钩编的男内裤	件	43	0	91741	35
61071990	其他纺织材料制针织或钩编的男内裤	件	230	1	437257	179
61072100	棉制针织或钩编的男长睡衣及睡衣裤	件	745459	130	31982352	7829
61072200	化纤制针织或钩编的男长睡衣及睡衣裤	件	706695	172	42052454	8768
61072910	丝及绢丝制针织或钩编男长睡衣及睡衣裤	件	61	1	296518	234
61072990	其他纺材制针织或钩编男长睡衣及睡衣裤	件	—	—	1533337	1051
61079100	棉制针织或钩编的男浴衣、晨衣及类似品	件	323258	54	19202368	4591

2010 年上海关区进出口商品量值表

单位:万美元

商品		计量单位	进口数量	进口金额	出口数量	出口金额
61079910	化纤制针织或钩编的男式浴衣、晨衣及类似品	件	551	1	12855292	4941
61079990	其他材料制针织或钩编男浴衣、晨衣及类似品	件	—	—	32701	22
61081100	化纤制针织或钩编的女衬裙	件	2969	4	1193835	292
61081910	棉制针织或钩编的女衬裙	件	994	1	174946	62
61081920	丝及绢丝制针织或钩编的女衬裙	件	5	0	28503	32
61081990	其他纺织材料制针织或钩编的女衬裙	件	—	—	416293	18
61082100	棉制针织或钩编的女三角裤及短衬裤	件	855558	100	62972014	4969
61082200	化纤制针织或钩编的女三角裤及短衬裤	件	503823	142	71829968	8957
61082910	丝及绢丝制针织或钩编女三角裤及短衬裤	件	1026	2	830946	265
61082990	其他纺材制针织或钩编女三角裤及短衬裤	件	301	0	493305	115
61083100	棉制针织或钩编的女睡衣及睡衣裤	件	928071	173	103147177	27081
61083200	化纤制针织或钩编的女睡衣及睡衣裤	件	557052	129	119844520	31053
61083910	丝及绢丝制针织或钩编的女睡衣及睡衣裤	件	5	0	823046	773
61083990	其他纺材制针织或钩编的女睡衣及睡衣裤	件	12	0	2150426	1225
61089100	棉制针织或钩编的女浴衣、晨衣及类似品	件	91574	21	34270823	8089
61089200	化纤制针织或钩编女浴衣、晨衣及类似品	件	93043	64	135574465	32446
61089900	其他纺材制针织或钩编女浴衣、晨衣及类似品	件	313	1	675945	428
61091000	棉制针织或钩编的 T 恤衫、汗衫、背心	件	12378055	5700	788456272	199683
61099010	丝及绢丝制针织或钩编 T 恤衫、汗衫、背心	件	9049	64	4998964	4943
61099090	其他纺材制针织或钩编 T 恤衫、汗衫、背心	件	2826138	2277	354330681	118089
61101100	羊毛制针织钩编套头衫、开襟衫、外穿背心及类似品	件	391348	2899	23724885	37555

2010年上海关区进出口商品量值表

单位:万美元

商品		计量单位	进口		出口	
			数量	金额	数量	金额
61101200	喀什米尔山羊细毛制针织钩编套头衫、开襟衫等	件	56700	870	5619158	17812
61101910	其他山羊细毛制针织钩编套头衫、开襟衫等	件	24438	227	1662538	4365
61101920	兔毛制针织钩编套头衫、开襟衫、外穿背心等	件	689	4	255627	450
61101990	其他细毛制针织钩编套头衫、开襟衫、外穿背心等	件	6880	68	382343	733
61102000	棉制针织钩编的套头衫、开襟衫、外穿背心等	件	2719986	3596	414351218	254105
61103000	化纤制针织钩编套头衫、开襟衫、外穿背心等	件	2282088	2790	529664717	305158
61109010	丝及绢丝针织钩编套头衫、开襟衫、及外穿背心等	件	39043	342	13440141	18722
61109090	其他纺材针织钩编套头衫、开襟衫、及外穿背心等	件	63317	197	15221975	11057
61112000	棉制针织或钩编的婴儿服装及衣着附件	千克	193298	483	44639681	77003
61113000	合成纤维制针织或钩编婴儿服装及衣着附件	千克	82256	162	11032384	15165
61119010	毛制针织或钩编的婴儿服装及衣着附件	千克	384	4	68790	368
61119090	其他材料制针织或钩编婴儿服装及衣着附件	千克	1096	5	265514	561
61121100	棉制针织或钩编的运动服	套	14281	23	7332916	5636
61121200	合成纤维制针织或钩编的运动服	套	26956	16	12954309	7557
61121900	其他纺织材料制针织或钩编的运动服	套	404	2	270027	143
61122010	棉制针织或钩编的滑雪服	套	—	—	1020	1
61122090	其他纺织材料制针织或钩编的滑雪服	套	80	0	3163	5
61123100	合成纤维制针织或钩编的男式游泳服	件	24834	27	6706214	1751
61123900	其他纺织材料制针织或钩编的男式游泳服	件	1656	1	520961	65
61124100	合成纤维制针织或钩编的女式游泳服	件	41962	40	41595286	12509

2010 年上海关区进出口商品量值表

单位:万美元

商品		计量单位	进口数量	进口金额	出口数量	出口金额
61124900	其他纺织材料制针织或钩编的女式游泳服	件	1380	2	207595	73
61130000	5903、5906 或 5907 的针织物或钩编织物制服装	件	9518	23	9387929	8736
61142000	棉制针织或钩编的其他服装	件	173718	227	41878266	10854
61143000	化纤制针织或钩编的其他服装	件	164349	215	109275863	32479
61149010	毛制针织或钩编的其他服装	件	3585	17	116713	116
61149090	其他纺织材料制针织或钩编的其他服装	件	4238	26	584755	369
61151000	渐紧压袜类(例如,用以治疗静脉曲张的长统袜)	双	100666	63	270519	27
61152100	合纤针织或钩编连裤及紧身裤袜,单丝细 <67 分特	双	1377865	321	168755242	12823
61152200	合纤针织或钩编连裤及紧身裤袜,单丝细≥67 分特	双	518633	174	58885166	5812
61152910	棉制针织或钩编的连裤袜及紧身裤袜	双	319331	47	103870309	10774
61152990	其他纺织材料针织或钩编连裤袜及紧身裤袜	双	50120	21	18711899	1786
61153000	其他女式长统袜及中统袜,渐紧压袜类除外,每根单丝细度 <67 分特	双	407478	28	100576971	2988
61159400	毛制其他袜	双	26602	20	14078419	1782
61159500	棉制其他袜	双	4426554	997	2325005766	98623
61159600	合成纤维制其他袜	双	2636972	343	2099223675	81566
61159900	未列名纺织材料制其他袜	双	831839	96	48555982	3131
61161000	用塑料或橡胶浸渍、涂布或包覆的针织或钩编的分指手套、连指手套及露指手套	双	1528594	163	644529032	31698
61169100	其他羊毛或动物细毛制针织或钩编的手套	双	17668	19	10623285	2655
61169200	其他棉制针织或钩编的手套	双	281864	19	453157402	8561
61169300	其他合成纤维制针织或钩编的手套	双	2272025	213	643605011	26818
61169900	其他纺织材料制针织或钩编的手套	双	228201	31	85430648	4347
61171011	山羊绒制针织或钩编披巾、头巾、围巾等	条	3997	28	623779	1193
61171019	其他动物细毛制针织或钩编披巾、头巾等	条	1155	6	712734	386

2010 年上海关区进出口商品量值表

单位:万美元

商品		计量单位	进口数量	进口金额	出口数量	出口金额
61171020	羊毛制针织或钩编披巾、头巾、围巾等	条	27268	118	4133272	2734
61171090	针织或钩编披巾、头巾、围巾、披纱、面纱等	条	233393	180	222194274	42227
61178010	针织或钩编的领带及领结	千克	572	11	92387	200
61178090	针织或钩编的其他衣着附件	千克	68867	262	4933459	5521
61179000	针织或钩编的服装或衣着附件的零件	千克	353126	698	2704789	3090
62011100	毛制男式大衣、雨衣、斗蓬等	件	29418	681	4019604	10507
62011210	棉制男式羽绒大衣	件	169	3	37173	160
62011290	棉制男式其他大衣、雨衣、斗蓬及类似品	件	17249	346	2248586	3666
62011310	化纤制男式羽绒大衣	件	14234	130	774308	2721
62011390	化纤男式其他大衣、雨衣、斗蓬及类似品	件	24106	466	5288815	7179
62011900	其他纺织材料男式大衣、雨衣、斗蓬及类似品	件	6138	9	529401	461
62019100	毛制男式带风帽防寒短上衣、防风衣、防风短上衣及类似品	件	10871	235	3072568	7031
62019210	棉制男式羽绒短上衣	件	2251	16	236011	803
62019290	棉制男式带风帽防寒短上衣、防风衣等	件	76549	461	16163728	23044
62019310	化纤制男式羽绒短上衣	件	356462	1343	9900429	26016
62019390	化纤男式带风帽防寒短上衣、防风衣等	件	620366	2455	64420007	75851
62019900	其他材料制男式带风帽防寒短上衣、防风衣等	件	10132	48	1207549	1599
62021100	毛制女式大衣、雨衣、斗蓬及类似品	件	104289	1591	11284155	28240
62021210	棉制女式羽绒大衣	件	9942	61	53172	225
62021290	棉制女式大衣、雨衣、斗蓬等	件	60680	514	8789519	13497
62021310	化纤制女式羽绒大衣	件	41992	279	7504974	24221
62021390	化纤女式大衣、雨衣、斗蓬等	件	93363	1062	26207552	39848
62021900	其他纺织材料制女式大衣、雨衣、斗蓬等	件	6473	84	1502227	2410
62029100	毛制女式带风帽的防寒短上衣、防风衣等	件	12997	103	2295146	5057
62029210	棉制女式羽绒短上衣	件	313	4	101622	335

2010年上海关区进出口商品量值表

单位:万美元

商品		计量单位	进口数量	进口金额	出口数量	出口金额
62029290	棉制女式带风帽防寒短上衣、防风衣等	件	50832	132	16846446	24147
62029310	化纤制女式羽绒短上衣	件	357096	1339	16236668	38380
62029390	化纤女式带风帽防寒短上衣、防风衣等	件	335929	1221	86296976	100074
62029900	其他材料女式带风帽防寒短上衣、防风衣等	件	7039	36	1362731	2222
62031100	毛制男式西服套装	套	50602	2897	3196950	20413
62031200	合成纤维制男式西服套装	套	14855	28	5050005	11786
62031910	丝及绢丝制男式西服套装	套	1040	91	3301	41
62031990	其他纺织材料制男式西服套装	套	1530	54	312854	808
62032200	棉制男式便服套装	套	2747	13	2150889	2040
62032300	合成纤维制男式便服套装	套	2393	8	2346186	1797
62032910	丝及绢丝制男式便服套装	套	11	0	—	—
62032920	毛制男式便服套装	套	356	32	39924	99
62032990	其他纺织材料制男式便服套装	套	551	1	428577	416
62033100	毛制男式上衣	件	103745	2897	3120751	10529
62033200	棉制男式上衣	件	174328	1984	20100697	27061
62033300	合成纤维制男式上衣	件	271281	3372	29208374	36603
62033910	丝及绢丝制男式上衣	件	6302	275	102207	545
62033990	其他纺织材料制男式上衣	件	34825	368	2365742	4112
62034100	毛制男裤	条	104078	1080	4573801	8026
62034210	棉制阿拉伯裤	条	152	1	41356	24
62034290	棉制其他男裤	条	2532127	6633	235665599	152109
62034310	合成纤维制阿拉伯裤	条	89	1	5652846	782
62034390	合成纤维制其他男裤	条	819791	960	130662941	69513
62034910	其他纺织材料制阿拉伯裤	条	—	—	62	0
62034990	其他纺织材料制其他男裤	条	61843	220	15169674	9825
62041100	毛制女式西服套装	套	576	17	26034	126
62041200	棉制女式西服套装	套	1331	5	164197	247
62041300	合成纤维制女式西服套装	套	186	3	2058951	3485
62041910	丝及绢丝制女式西服套装	套	74	2	7162	30
62041990	其他纺织材料制女式西服套装	套	259	5	94746	217
62042100	毛制女式便服套装	套	411	16	30656	105
62042200	棉制女式便服套装	套	764	5	1270410	853
62042300	合成纤维制女式便服套装	套	1716	10	3893896	7033
62042910	丝及绢丝制女式便服套装	套	301	5	45799	112

2010年上海关区进出口商品量值表

单位:万美元

商品		计量单位	进口		出口	
			数量	金额	数量	金额
62042990	其他纺织材料制女式便服套装	套	422	7	966329	1035
62043100	毛制女式上衣	件	71598	1465	4298411	10669
62043200	棉制女式上衣	件	315302	1381	90934159	71908
62043300	合成纤维制女式上衣	件	310620	1929	83618260	80034
62043910	丝及绢丝制女式上衣	件	52911	541	3886659	6468
62043990	其他纺织材料制女式上衣	件	78167	476	18223111	18272
62044100	毛制女式连衣裙	件	24010	421	492717	1191
62044200	棉制女式连衣裙	件	528284	1167	89368883	59048
62044300	合成纤维制女式连衣裙	件	252494	867	65775753	61059
62044400	人造纤维制女式连衣裙	件	133815	630	19264293	15409
62044910	丝及绢丝制女式连衣裙	件	105461	1373	8457043	19296
62044990	其他纺织材料制女式连衣裙	件	30004	135	8098476	7615
62045100	细毛制女式裙子及裙裤	件	21001	207	1707006	2509
62045200	棉制女式裙子及裙裤	件	310561	576	62096421	34443
62045300	合成纤维制女式裙子及裙裤	件	147186	359	44898237	29496
62045910	丝及绢丝制女式裙子及裙裤	件	25585	193	1173079	1996
62045990	其他纺织材料制女式裙子及裙裤	件	59090	191	16782657	11010
62046100	细毛制女裤	条	45531	432	1737955	3370
62046200	棉制女裤	条	2363180	4712	373233613	216647
62046300	合成纤维制女裤	条	437105	764	87562895	54585
62046900	其他纺织材料制女裤	条	197157	564	72885183	44507
62052000	棉制男衬衫	件	1604676	6207	225961408	133816
62053000	化纤制男衬衫	件	154241	249	68818915	26217
62059010	丝及绢丝制男衬衫	件	3548	64	5197889	6764
62059020	毛制男衬衫	件	2476	46	301490	431
62059090	其他纺织材料制男衬衫	件	28649	96	8338876	5848
62061000	丝及绢丝制女衬衫	件	52008	391	5197525	7818
62062000	毛制女衬衫	件	2227	22	48313	98
62063000	棉制女衬衫	件	1025347	1547	189379358	108387
62064000	化纤制女衬衫	件	296093	461	64560564	37974
62069000	其他纺织材料制女衬衫	件	41688	65	10441999	8178
62071100	棉制男内裤	件	122849	70	102882110	12431
62071910	丝及绢丝制男内裤	件	—	—	130342	80
62071920	化纤制男内裤	件	1593	1	13604274	1367
62071990	其他纺织材料制男内裤	件	228	1	1508122	42
62072100	棉制男睡衣及睡衣裤	件	14078	14	36068961	10913
62072200	化纤制男睡衣及睡衣裤	件	482	0	3079134	801

2010年上海关区进出口商品量值表

单位:万美元

商品		计量单位	进口 数量	进口 金额	出口 数量	出口 金额
62072910	丝及绢丝制男睡衣及睡衣裤	件	70	1	125998	154
62072990	其他纺织材料制男睡衣及睡衣裤	件	15	0	111560	43
62079100	棉制其他男内衣、浴衣、晨衣及类似品	件	48788	102	13396120	5128
62079910	丝及绢丝制其他男内衣、浴衣、晨衣及类似品	件	82	1	28470	46
62079920	化纤制其他男内衣、浴衣、晨衣及类似品	件	24197	82	4817948	2996
62079990	其他纺织材料制其他男内衣、浴衣、晨衣等	件	3981	26	510490	333
62081100	化纤制女衬裙	件	2705	2	2054367	576
62081910	丝及绢丝制女衬裙	件	217	0	61402	73
62081920	棉制女衬裙	件	22	0	347038	197
62081990	其他纺织材料制女衬裙	件	4	0	81696	28
62082100	棉制女睡衣及睡衣裤	件	11582	11	59248036	17772
62082200	化纤制女睡衣及睡衣裤	件	3682	5	15181378	4637
62082910	丝及绢丝制女睡衣及睡衣裤	件	359	3	799607	1133
62082990	其他纺织材料制女睡衣及睡衣裤	件	457	1	307653	139
62089100	棉制其他女内衣、短衬裤、浴衣、晨衣等	件	66631	115	18904694	7866
62089200	化纤制其他女内衣、短衬裤、浴衣、晨衣等	件	92884	196	19454721	9594
62089910	丝及绢丝其他女内衣、短衬裤、浴衣、晨衣等	件	5774	41	3403585	4169
62089990	其他材料其他女内衣、短衬裤、浴衣、晨衣等	件	7900	54	1739172	981
62092010	棉制尿布	千克	1317	3	2321968	1282
62092090	棉制其他婴儿服装及衣着附件	千克	37195	139	14111691	28713
62093000	合成纤维制婴儿服装及衣着附件	千克	12852	41	5985038	10535
62099010	毛制婴儿服装及衣着附件	千克	788	7	83363	169
62099090	其他纺织材料制婴儿服装及衣着附件	千克	578	4	487873	1095
62101010	毛毡呢或无纺织物制服装	件	—	—	523231	27
62101020	棉或麻毡呢或无纺织物制服装	件	994	1	8439093	268
62101030	化纤毡呢或无纺织物制服装	件	68101	7	311024669	20533
62101090	其他纺织材料毡呢或无纺织物制服装	件	23694	8	112541007	7571

2010年上海关区进出口商品量值表

单位:万美元

商　　品		计量单位	进口		出口	
			数　量	金　额	数　量	金　额
62102000	5903、06或07织物制62011100至1900类型服装	件	1149	17	15163464	7860
62103000	5903、06或07织物制62021100至1900类型服装	件	560	1	4859822	5477
62104000	5903、5906或5907的织物制其他男式服装	件	87207	384	53077903	67623
62105000	5903、5906或5907的织物制其他女式服装	件	71662	200	50878139	61484
62111100	男式游泳服	件	18781	42	10052413	3201
62111200	女式游泳服	件	7205	19	1061510	326
62112090	其他纺织材料制滑雪套服	套	48	1	1872020	2936
62113210	棉制阿拉伯袍	件	101	0	28026	16
62113220	棉制其他男式运动服	件	1420	3	87408	100
62113290	棉制其他男式服装	件	26537	160	12931570	10208
62113310	化学纤维制阿拉伯袍	件	—	—	6568933	4184
62113320	化学纤维制其他男式运动服	件	9532	14	7111733	5620
62113390	化学纤维制其他男式服装	件	174426	456	38487742	23255
62113910	丝及绢丝制其他男式服装	件	518	4	33711	44
62113920	毛制其他男式服装	件	1657	23	229111	289
62113990	其他纺织材料制未列名男式服装	件	1588	20	1148531	814
62114100	毛制其他女式服装	件	1674	42	106831	185
62114210	棉制其他女式运动服	件	4756	5	75005	32
62114290	棉制其他女式服装	件	243217	201	43585215	19630
62114310	化纤制其他女式运动服	件	1561	4	2876954	1549
62114390	化纤制其他女式服装	件	262036	368	79082591	35555
62114910	丝及绢丝制其他女式服装	件	45464	253	4736441	7123
62114990	其他纺织材料制其他女式服装	件	15484	41	7341222	4489
62121010	化纤制胸罩	件	351606	550	62464367	16564
62121090	其他纺织材料制胸罩	件	74151	59	26007476	4065
62122010	化纤制束腰带及腹带	件	16593	16	1757752	503
62122090	其他纺织材料制束腰带及腹带	件	184629	124	2502814	544
62123010	化纤制紧身胸衣	件	25801	51	11664442	2772
62123090	其他纺织材料制紧身胸衣	件	6713	3	1492140	405
62129010	化纤制吊裤带、吊袜带、束袜带和类似品	件	4730	4	2966664	332
62129090	其他纺织材料制吊裤带、吊袜带、束袜带等	件	6260	4	726298	64

2010年上海关区进出口商品量值表

单位:万美元

商品		计量单位	进口		出口	
			数量	金额	数量	金额
62132010	棉制刺绣手帕	条	912	0	24483546	522
62132090	其他棉制手帕	条	86396	22	292204346	5633
62139020	其他纺织材料制刺绣手帕	条	20	0	38169	3
62139090	其他纺织材料制其他手帕	条	31626	17	28549325	893
62141000	丝及绢丝制披巾、头巾、围巾、披纱、面纱等	条	175199	1528	18495680	6889
62142010	羊毛披巾,头巾,围巾,披纱,面纱等	条	122695	639	4155970	2861
62142020	山羊绒披巾,头巾,围巾,披纱,面纱等	条	48423	864	888027	1451
62142090	其他动物细毛披巾,头巾,围巾,披纱,面纱等	条	11980	276	829371	555
62143000	合成纤维制披巾、头巾、围巾、披纱、面纱及类似品	条	217794	145	219528839	27576
62144000	人造纤维披巾、头巾、围巾、披纱、面纱等	条	117383	127	73929135	12200
62149000	其他纺织材料制披巾,头巾,围巾,披纱,面纱等	条	188233	210	63547512	9920
62151000	丝及绢丝制领带及领结	条	220394	908	89497477	23566
62152000	化纤制领带及领结	条	56193	7	85950469	7248
62159000	其他纺织材料制领带及领结	条	5686	18	1266796	156
62160000	分指手套、连指手套及露指手套	双	366176	109	208905031	19236
62171010	袜子及袜套	双	199827	16	13011580	713
62171020	和服腰带	条	58564	23	1720996	1127
62171090	未列名制成的衣着附件	千克	117033	2440	6370600	6903
62179000	服装或衣着附件的零件	千克	620828	3004	1602931	2351
63011000	电暖毯	条	5868	21	4344670	5430
63012000	羊毛或动物细毛制毯子及旅行毯	条	40290	98	321422	574
63013000	棉制毯子及旅行毯	条	81383	58	18845878	5052
63014000	合成纤维制毯子及旅行毯	条	225645	120	225724171	77799
63019000	其他纤维制毯子及旅行毯	条	14824	14	1498497	652
63021010	棉制针织或钩编的床上用织物制品	条	80798	49	3295985	1687
63021090	其他纺织材料制针织或钩编的床上用织物制品	条	2465	2	3478171	1139
63022110	棉制印花床单	条	7137	29	10342692	3882
63022190	棉制其他印花床上用织物制品	条	1013692	1044	34032162	10836
63022210	化纤制印花床单	条	11	0	21267273	4106
63022290	化纤制其他印花床上用织物制品	条	298935	211	76740872	9557

2010年上海关区进出口商品量值表

单位:万美元

商品		计量单位	进口数量	进口金额	出口数量	出口金额
63022910	丝及绢丝制印花床上用织物制品	条	302	1	33711	94
63022920	麻制印花床上用织物制品	条	—	—	73201	119
63022990	其他纺织材料制印花床上用织物制品	条	—	—	155240	115
63023110	棉制刺绣的床上用织物制品	条	10701	19	3301529	1916
63023191	其他棉制床单	条	239169	135	31213948	17728
63023192	棉制毛巾被	条	1397	4	1120679	552
63023199	棉制其他非针织或钩编的床上用织物制品	条	770398	680	140740908	44441
63023210	化纤制刺绣的床上用织物制品	条	113	0	7271793	1441
63023290	化纤制其他非针织或钩编床上用织物制品	条	295413	88	358313926	45813
63023910	丝及绢丝制非针织或钩编的床上用织物制品	条	641	2	709390	855
63023921	麻制刺绣的床上用织物制品	条	—	—	72709	92
63023929	麻制其他非针织或钩编的床上用织物制品	条	1996	2	536727	494
63023991	其他纺织材料制刺绣的床上用织物制品	条	4	0	164462	70
63023999	其他纺材制未列名非针织或钩编床上用织物制品	条	594	2	5792425	1196
63024010	手工针织或钩编的餐桌用织物制品	件	9775	1	34448	7
63024090	非手工针织或钩编的餐桌用织物制品	件	5102	3	10978076	625
63025110	棉制刺绣的餐桌用织物制品	件	1838	1	81333	17
63025190	棉制其他非针织或钩编的餐桌用织物制品	件	444420	76	77149272	6906
63025310	化纤制刺绣的餐桌用织物制品	件	200	0	1103183	185
63025390	化纤制其他非针织或钩编餐桌用织物制品	件	130365	11	116248520	11727
63025911	亚麻制刺绣的餐桌用织物制品	件	10	0	21565	9
63025919	亚麻制其他非针织或钩编的餐桌用织物制品	件	8863	6	3158418	539
63025990	其他纺织材料制非针织或钩编餐桌用织物制品	件	729	1	51278	5
63026010	棉制浴巾	条	783586	275	82110149	18100
63026090	其他棉制盥洗及厨房毛巾织物等毛圈织物制品	条	3262411	225	430685640	17382

2010 年上海关区进出口商品量值表

单位:万美元

商品		计量单位	进口数量	进口金额	出口数量	出口金额
63029100	其他棉制盥洗及厨房用织物制品	条	944114	77	86107471	4163
63029300	化纤制盥洗及厨房用织物制品	条	224331	24	172137158	5593
63029910	亚麻制盥洗及厨房用织物制品	条	900	0	3803981	163
63029990	其他纺织材料制盥洗及厨房用织物制品	条	7069	1	11995327	479
63031210	合成纤维制针织的窗帘、帐幔、帘帷及床帷	件	47406	29	8124559	1958
63031220	合成纤维制钩编的窗帘、帐幔、帘帷及床帷	件	930	1	1732012	431
63031931	棉制针织的窗帘、帐幔、帘帷及床帷	件	831	3	199745	97
63031932	棉制钩编的窗帘、帐幔、帘帷及床帷	件	6	0	7450	8
63031991	其他纺织材料制针织窗帘、帐幔、帘帷及床帷	件	2	0	149879	84
63031992	其他纺织材料制钩编窗帘、帐幔、帘帷及床帷	件	—	—	48039	3
63039100	棉制非针织或钩编的窗帘、帐幔、帘帷或床帷	件	291790	300	15462867	8707
63039200	合纤非针织或钩编的窗帘、帐幔、帘帷及床帷	件	253925	216	228954019	83551
63039900	其他纺材非针织或钩编窗帘、帐幔、帘及床帷	件	15276	50	4822247	4295
63041121	手工针织的床罩	件	4	0	131718	95
63041129	非手工针织的床罩	件	10962	13	7939357	4714
63041131	手工钩编的床罩	件	—	—	2070	1
63041139	非手工钩编的床罩	件	14	0	612421	268
63041910	丝及绢丝制非针织或钩编的床罩	件	257	0	20468	92
63041921	棉或麻制刺绣床罩	件	13	0	1241666	296
63041929	棉或麻制其他非针织或钩编的床罩	件	111946	71	8117061	4313
63041931	化纤制刺绣床罩	件	—	—	674480	175
63041939	化纤制其他非针织或钩编的床罩	件	1681	1	22411441	5548
63041991	其他纺织材料制刺绣床罩	件	93	0	80009	156
63041999	其他纺织材料制未列名非针织或钩编的床罩	件	33	0	1903119	655
63049121	手工针织的其他装饰用织物制品	千克	2413	2	3719074	3068
63049129	非手工针织的其他装饰用织物制品	千克	92853	127	24674101	19162
63049131	手工钩编的其他装饰用织物制品	千克	1291	4	144945	272
63049139	非手工钩编的其他装饰用织物制品	千克	2147	3	6868797	5894

2010 年上海关区进出口商品量值表

单位:万美元

商品		计量单位	进口数量	进口金额	出口数量	出口金额
63049210	棉制刺绣的其他装饰用织物制品	千克	198	1	36500	40
63049290	棉制非针织或钩编的其他装饰用织物制品	千克	451475	723	10166906	9669
63049310	合成纤维制刺绣的其他装饰用织物制品	千克	596	1	63385	56
63049390	合纤制非针织或钩编的其他装饰织物制品	千克	162177	193	35929105	28269
63049910	丝及绢丝制非针织或钩编的其他装饰织物制品	千克	6454	23	23518	78
63049921	麻制刺绣的其他装饰用织物制品	千克	1	0	39611	17
63049929	麻制非针织或钩编的其他装饰用织物制品	千克	148	1	437517	539
63049990	其他纺材制非针织或钩编未列名装饰织物制品	千克	36330	78	2970431	2176
63051000	黄麻或品目 5303 的其他韧皮纺织纤维制货物包装用袋	条	59832	5	2017223	150
63052000	棉制货物包装用袋	条	389917	43	21842999	1563
63053200	化学纤维材料制散装货物周转软袋	条	129542	99	19205393	12140
63053300	其他聚乙烯、聚丙烯扁条等材料制货物包装袋	条	673337	89	253879965	12390
63053900	其他化学纤维材料制货物包装用袋	条	7430223	195	95082377	4473
63059000	其他纺织材料制货物包装用袋	条	24880530	70	877061472	2168
63061200	合成纤维制油苫布、天蓬及遮阳蓬	件	34432	18	3564389	9997
63061910	麻制油苫布、天蓬及遮阳蓬	件	—	—	204	0
63061920	棉制油苫布、天蓬及遮阳蓬	件	63	1	82004	46
63061990	其他纺织材料制油苫布、天蓬及遮阳蓬	件	27099	6	5084911	3428
63062200	合成纤维制帐蓬	件	6744	34	9318076	21728
63062910	棉制帐蓬	件	10	0	277743	487
63062990	其他纺织材料制帐蓬	件	40	1	1830570	1929
63063010	合成纤维制风帆	件	460	16	82140	82
63063090	其他纺织材料制风帆	件	124	2	134608	129
63064010	棉制充气褥垫	件	363	0	194102	116
63064020	化纤制充气褥垫	件	1912	9	833513	355
63064090	其他纺织材料制充气褥垫	件	270	1	611511	319
63069100	棉制其他野营用品	件	2329	3	578720	286
63069910	麻制其他野营用品	件	—	—	351	1

2010年上海关区进出口商品量值表

单位:万美元

商品		计量单位	进口		出口	
			数量	金额	数量	金额
63069920	化纤制其他野营用品	件	1242	2	5656628	2000
63069990	其他纺织材料制未列名野营用品	件	3257	1	3327726	1062
63071000	擦地布、擦碗布、抹布及类似擦拭用布	件	42769852	1334	2500678401	24104
63072000	救生衣及安全带	件	87041	376	8120174	6295
63079000	第一分章的未列名制成品,包括服装裁剪样	千克	1236324	2699	202849881	130210
63080000	由机织物及纱线构成的零售包装成套物品,不论是否带附件,用以制作小地毯等或类似纺织物品	千克	3407	5	382536	312
63090000	旧衣物	千克	—	—	16280378	577
63101000	经分拣的新或旧纺织材料碎织物和废线绳索缆及其制品	千克	28326260	924	204214	86
63109000	未分拣的新或旧纺织材料碎织物和废线绳索缆及其制品	千克	15041264	483	337678	60
64011010	橡胶外底及鞋面有金属防护鞋头的防水鞋靴	千克	2034	5	933328	341
64011090	塑料外底及鞋面有金属防护鞋头的防水鞋靴	千克	4058	4	1196076	336
64019210	橡胶外底及鞋面的中、短统防水靴(过踝但未到膝)	千克	4139	10	44342379	20303
64019290	塑料外底及鞋面的中、短统防水靴(过踝但未到膝)	千克	8184	48	5551090	2341
64019900	其他橡或塑外底及鞋面的防水靴	千克	4226	6	5488007	2517
64021200	滑雪靴、越野滑雪靴及滑雪板靴	千克	4071	8	35867	44
64021900	橡胶或塑料制外底及鞋面的其他运动鞋靴	千克	292502	582	7770152	6536
64022000	橡胶或塑料制外底及鞋面的用栓塞方法将鞋面条带装配在鞋底上的鞋	千克	135065	306	2326520	1574
64029100	橡、塑外底及鞋面的短统靴(过踝)	千克	254020	973	3800375	3143
64029910	橡胶制鞋面的其他鞋靴	千克	42734	235	9667699	9594
64029920	塑料制鞋面的其他鞋靴	千克	3244558	8142	85652272	80067
64031200	橡胶、塑料、皮革或再生皮革制外底,皮革制鞋面的滑雪靴、越野滑雪靴及滑雪板靴	千克	1002	2	2043243	1515
64031900	橡胶、塑料、皮革或再生皮革制外底,皮革制鞋面的其他运动鞋靴	千克	211503	1509	7211150	7861

2010年上海关区进出口商品量值表

单位:万美元

商品		计量单位	进口		出口	
			数量	金额	数量	金额
64032000	皮革制外底,由交叉于脚背并绕大脚趾的皮革条带构成鞋面的鞋	千克	17273	431	5874	4
64034000	其他橡胶、塑料、皮革或再生皮革制外底,皮革制鞋面装有金属防护头的鞋靴	千克	88021	96	11305493	7528
64035111	过踝低于小腿的皮革外底及鞋面的短统靴,内底 <24cm	千克	4658	127	3988	7
64035119	其他过脚踝但低于小腿的皮革制外底及鞋面的短统靴	千克	3771	108	15641	31
64035191	皮革制外底及鞋面的其他短统靴,内底 <24cm	千克	1351	28	3155	3
64035199	其他皮革制外底及鞋面的短统靴	千克	7469	166	8484	26
64035900	其他皮革制外底及鞋面的鞋靴	千克	178456	4381	651023	1077
64039111	过踝低于小腿的橡胶、塑料或再生皮革制外底,皮革制鞋面的短统靴,内底 <24cm	千克	178075	724	101045	192
64039119	其他过踝低于小腿的橡胶、塑料或再生皮革制外底,皮革制鞋面的短统靴	千克	647465	2300	646540	912
64039191	橡胶、塑料或再生皮革制外底,皮革制鞋面的其他短统靴,内底 <24cm	千克	54871	318	47093	79
64039199	其他橡胶、塑料或再生皮革制外底,皮革制鞋面的短统靴	千克	303303	1243	862984	1215
64039900	未列名橡胶、塑料或再生皮革制外底,皮革制鞋面的鞋靴	千克	8721664	30457	51330034	64444
64041100	橡胶、塑料制外底,纺织材料鞋面运动鞋靴等	千克	107032	811	11160175	13691
64041900	其他橡胶或塑料外底,纺织材料鞋面的鞋靴	千克	4016207	10691	114453968	79564
64042000	皮革或再生皮革外底,纺织材料鞋面的鞋靴	千克	41836	809	1121217	1221
64051010	橡胶、塑料等制外底,其他皮革制鞋面的鞋靴	千克	17070	41	503843	455
64051090	其他材料制外底,其他皮革制鞋面的鞋靴	千克	6194	53	1336469	1311
64052000	其他纺织材料制鞋面的鞋靴	千克	16225	53	44444365	32862
64059010	橡胶、塑料或再生皮革制外底的其他鞋靴	千克	8300	40	254782	197

2010年上海关区进出口商品量值表

单位:万美元

商　　品		计量单位	进口数量	进口金额	出口数量	出口金额
64059090	未列名鞋靴	千克	811	3	34555	49
64061000	鞋面及其零件,但硬衬除外	千克	192393	752	5299461	9281
64062010	橡胶制的鞋外底及鞋跟	千克	139691	145	12843468	3068
64062020	塑料制的鞋外底及鞋跟	千克	41636	48	1739906	928
64069100	木制鞋靴零件;活动鞋内底、跟垫等及其零件	千克	925	2	73319	27
64069900	其他材料制鞋靴零件;活动式鞋内底,跟垫及类似品护腿,裹腿和类似品及其零件	千克	182853	413	5325489	5447
65010000	毡呢制的帽坯、帽身及帽兜,未楦制成形,也未加帽边;毡呢制的圆帽片及制帽用的毡呢筒(包括裁开的毡呢筒)	千克	9	0	25265	29
65020000	编结的帽坯或用任何材料条带拼制而成的帽胚,未楦制成形,也未加帽边、衬里或装饰物	千克	12529	1	58611	124
65040000	编结帽或用任何材料的条带拼制而成的帽类,不论有无衬里或装饰物	个	24852	14	25689417	4706
65051000	发网	个	81790	1	84778586	334
65059010	钩编的帽类	个	8516	10	64459197	7566
65059020	用6501的帽身、帽兜或圆帽片制成的毡呢帽类,不论有无衬里或装饰物	个	1396	3	2432047	494
65059090	针织帽类及用成匹的花边等纺织物制成的帽类	个	1929232	629	2089471103	86578
65061000	安全帽	个	50387	209	8894071	5761
65069100	橡胶或塑料制帽类	个	6964964	42	156467883	1591
65069910	皮革制帽类	个	1433	15	266353	145
65069920	毛皮制帽类	个	1722	15	584576	498
65069990	其他材料制帽类	个	193308	128	68307461	3395
65070000	帽圈、帽衬、帽套、帽帮、帽骨架、帽舌及帽颏带	千克	245019	68	742224	857
66011000	庭园用伞及类似伞	千克	8721	17	7719081	2855
66019100	折叠伞	千克	11099	37	2214330	995
66019900	其他雨伞及阳伞	千克	18985	41	6905711	2748
66020000	手杖、带座手杖、鞭子、马鞭及类似品	千克	8911	22	1493925	1002
66032000	伞骨、包括装在伞柄上的伞骨	千克	5006	1	502873	101

2010年上海关区进出口商品量值表

单位:万美元

商品		计量单位	进口数量	进口金额	出口数量	出口金额
66039000	伞、手杖、鞭子及类似品的其他零件及装饰品	千克	139597	18	293385	75
67010000	带羽毛或羽绒的鸟皮等,羽毛、羽绒及其制品(品目0505的货品和经加工的羽管及羽轴除外)	千克	32924	116	821958	1395
67021000	塑料制人造花、叶、果实及其零件和制品	千克	10705	16	1823151	849
67029010	羽毛制人造花、叶、果实及其零件和制品	千克	—	—	682	3
67029020	丝及绢丝制人造花、叶、果实及其零件和制品	千克	4959	7	34624	41
67029030	化纤制人造花、叶、果实及其零件和制品	千克	4974	27	1342998	1617
67029090	其他材料制人造花、叶等及其零件和制品	千克	13639	12	251783	218
67030000	经梳理、稀疏、脱色或其他方法加工的人发;作假发及类似品用的羊毛、其他动物毛或其他纺织材料	千克	5928	17	14724	95
67041100	合成纺织材料制整头假发	千克	801	20	421458	581
67041900	合成纺织材料制假发,假胡须,假眉毛、假睫毛及类似品	千克	7369	93	690147	787
67042000	人发制假发,假胡须,假眉毛,假睫毛及类似品;未列名人发制品	千克	639	12	63614	802
67049000	其他材料制假发、假胡须、假眉毛、假睫毛及类似品	千克	14203	58	325095	1890
68010000	天然石料(不包括板岩)制的长方砌石、路缘石、扁平石	千克	50	0	192131	7
68021010	大理石制砖、瓦、方块及类似品,其最大表面积以可置入边长小于7厘米的方格为限;人工染色的石粒、石片及石粉	千克	67419	72	3669464	231
68021090	其他砖、瓦、方块及类似品,其最大表面积以可置入边长小于7厘米的方格为限;其他人工染色的大理石粒、石片及石粉	千克	32483	3	221271	12
68022110	大理石碑石或建筑用石及其制品	千克	1139908	111	2652423	191
68022120	石灰华碑石或建筑用石及其制品	千克	13048	9	17598	1

2010年上海关区进出口商品量值表

单位:万美元

	商品	计量单位	进口 数量	进口 金额	出口 数量	出口 金额
68022300	花岗岩碑石或建筑用石及其制品	千克	46992	10	1832264	89
68022910	其他石灰石碑石或建筑用石及其制品	千克	4092	2	273126	27
68022990	其他碑石或建筑用石及其制品	千克	7235	2	2463	1
68029110	大理石、石灰华及蜡石石刻	千克	16733	1	3851957	446
68029190	其他已加工大理石、石灰华及蜡石制品	千克	1383589	177	81098886	7007
68029210	其他石灰石石刻	千克	275	0	388	0
68029290	其他已加工石灰石制品	千克	39532	6	582525	82
68029310	花岗岩石刻	千克	3620	0	634511	91
68029390	其他已加工花岗岩制品	千克	604503	79	15744283	1287
68029910	未列名石刻	千克	758	0	382921	95
68029990	未列名已加工石制品	千克	220008	90	31699621	1069
68030010	已加工的板岩及其制品	千克	78114	7	2935891	204
68030090	粘聚板岩的制品	千克	253	0	137208	11
68041000	碾磨或磨浆用石磨、石碾	千克	11223	70	137366	24
68042100	粘聚合成或天然金刚石制石磨、石碾、砂轮及类似品	千克	494566	4415	1737569	1027
68042210	其他粘聚磨料制或陶瓷制砂轮	千克	2849335	3582	24787319	6787
68042290	其他粘聚磨料制或陶瓷制石磨、石碾及类似品	千克	414858	2017	7556359	979
68042310	天然石料制砂轮	千克	243722	807	989694	296
68042390	天然石料制石磨、石碾及类似品	千克	128137	110	131647	36
68043010	手用琢磨油石	千克	38796	151	2456501	333
68043090	其他手用磨石及抛光石	千克	62642	218	1265128	186
68051000	砂布	千克	2010866	1922	15912891	5092
68052000	砂纸	千克	3630772	3369	9988586	2869
68053000	以其他材料为底的天然或人造研磨料	千克	1482372	2622	396515	920
68061000	矿渣棉、岩石棉及类似的矿质棉(包括其相互混合物),块状、成片或成卷	千克	2509038	1746	60569797	5419
68062000	页状蛭石、膨胀粘土、泡沫矿渣及类似的膨胀矿物材料(包括其相互间混合物)	千克	1323600	447	1623112	52
68069000	其他隔热、隔音或吸音功能的矿物材料的混合物及制品	千克	1612918	839	4984713	497

2010 年上海关区进出口商品量值表

单位:万美元

	商　　品	计量单位	进口 数量	进口 金额	出口 数量	出口 金额
68071000	成卷的沥青或类似原料的制品	千克	2209529	231	1578219	110
68079000	其他沥青或类似原料的制品	千克	11357772	559	143563	8
68080000	镶板、平板、瓦、砖及类似品,用水泥、石膏及其他矿物粘合材料粘合植物纤维、稻草、刨花、木屑、木粉、锯末或木废料制成	千克	4930387	133	68450757	2022
68091100	仅用纸、纸板贴面或加强,未经装饰的石膏及石膏为基本成分的板、片、砖、瓦及类似品	千克	459532	31	9102164	244
68091900	其他未装饰的石膏及石膏为基本成分的板、片、砖、瓦及类似品	千克	1475003	161	3402944	161
68099000	未列名石膏制品及以石膏为主的混合材料制品	千克	144438	31	2734534	311
68101100	水泥、混凝土或人造石制建筑用砖及石砌块	千克	1560569	82	51423795	828
68101910	人造石制瓦、扁平石及类似品	千克	4776846	703	4288458	326
68101990	水泥、混凝土制瓦、扁平石及类似品	千克	686861	57	2554575	186
68109110	钢筋混凝土和预应力混凝土管、杆、板、桩等	千克	126056	18	33491804	523
68109190	其他水泥等制建筑和土木工程用预制结构件	千克	2676206	121	36341573	1070
68109910	铁道用水泥枕	千克	75	0	2434286	40
68109990	其他水泥、混凝土或人造石制品	千克	4040595	597	20740053	1302
68114010	含石棉的瓦楞板	千克	0	0	18120	3
68114020	含石棉的其他片、板、砖、瓦及类似品	千克	182887	64	501620	42
68114030	含石棉的管子及管子附件	千克	2571	1	74523	11
68114090	其他含石棉制品	千克	6770	16	282865	22
68118100	不含石棉的纤维素水泥或类似材料制瓦楞板	千克	20	0	33480	2
68118200	不含石棉的纤维素水泥等材料制片板砖瓦等	千克	420974	108	7570167	335
68118300	不含石棉的纤维素水泥等材料制管及管子附件	千克	—	—	34581	3
68118900	不含石棉的其他纤维素水泥或类似材料制品	千克	49	0	3229849	238

2010年上海关区进出口商品量值表

单位:万美元

	商品	计量单位	进口 数量	进口 金额	出口 数量	出口 金额
68128000	已加工的青石棉纤维;以青石棉为基本成分或以青石棉和碳酸镁为基本成分的混合物;上述混合物或青石棉的制品	千克	994	1	4877	1
68129100	石棉制服装、衣着附件、帽类及鞋靴(青石棉制的除外)	千克	3652	45	10293	12
68129200	石棉纸、麻丝板及毡子(青石棉制的除外)	千克	405	1	74934	7
68129300	成片或成卷的压缩石棉纤维接合材料(青石棉制的除外)	千克	6460	12	156383	32
68129900	其他已加工的石棉纤维;以其他石棉为基本成分或以石棉和碳酸镁为基本成分的混合物;其他石棉的制品	千克	556737	1277	1060555	156
68132010	以石棉为基本成分的闸衬、闸垫	千克	64148	66	251827	33
68132090	以石棉为基本成分其他未装配磨擦材料及制品	千克	209899	211	604740	121
68138100	以其他矿物质或纤维素为基本成分的闸衬闸垫	千克	623865	276	220301	265
68138900	其他矿物质或纤维素为主未装配磨擦材料及制品	千克	472977	775	403420	143
68141000	粘聚或复制云母制板、片、带	千克	486277	1253	1865815	750
68149000	其他已加工的云母及其制品	千克	163303	276	613682	374
68151000	非电器用石墨或其他碳精制品	千克	573078	4803	1016152	1089
68152000	泥煤制品	千克	—	—	6000	1
68159100	含有菱镁矿、白云石或铬铁矿的制品	千克	4860	4	15480	1
68159920	碳纤维	千克	65769	198	29187	29
68159931	碳布	千克	245108	825	45716	112
68159939	其他碳纤维制品	千克	2134037	5926	136448	1022
68159990	未列名石制品及其他矿物制品	千克	715171	451	1790043	159
69010000	硅质化石粉(例如,各种硅藻土)或类似硅土砖、块、瓦及其他陶瓷制品	千克	1527995	322	6434118	182
69021000	单项或合计含有按重量计超过50%的镁、钙或铬(分别以氧化镁、氧化钙及三氧化二铬的含量计)的耐火砖、块、瓦及类似耐火陶瓷建材制品	千克	2584509	408	36324107	2647

2010年上海关区进出口商品量值表

单位:万美元

商品		计量单位	进口数量	进口金额	出口数量	出口金额
69022000	含有按重量计超过50%的三氧化二铝、二氧化硅或其他混合物或化合物的耐火砖、块、瓦及类似耐火陶瓷建材制品	千克	4795869	1170	63552738	5980
69029000	其他耐火砖、块、瓦及类似耐火陶瓷建材制品	千克	992758	262	26216068	1735
69031000	含有按重量计超过50%的石墨、其他碳或其混合物的其他耐火陶瓷品	千克	168145	206	247094	122
69032000	含有按重量计超过50%的三氧化二铝或三氧化二铝和二氧化硅的混合物或化合物的其他耐火陶瓷品	千克	1533015	1301	12408298	3845
69039000	其他耐火陶瓷制品	千克	704682	2325	25930181	4867
69041000	陶瓷建筑用砖	千克	25529	4	2373443	58
69049000	陶瓷制铺地砖、支撑或填充用砖及类似品	千克	228669	40	9748375	298
69051000	陶瓷制屋顶瓦	千克	2770775	122	4301722	106
69059000	其他建筑用陶瓷制品	千克	786	1	1917937	69
69060000	陶瓷套管、导管、槽管及管子配件	千克	436167	578	496886	195
69071000	未上釉的陶瓷砖、瓦、块及类似品,不论是否矩形,其最大表面积以可置入边长小于7厘米的方格为限	千克	12468	4	344144	34
69079000	其他未上釉的陶瓷砖、瓦、块及类似品	千克	10098577	943	39457495	1759
69081000	上釉的陶瓷砖、瓦、块及类似品,不论是否矩形,其最大表面积以可置入边长小于7厘米的方格为限	千克	316016	80	2177619	252
69089000	其他上釉的陶瓷砖、瓦、块及类似品	千克	12344387	1220	163137868	5073
69091100	实验室、化学或其他技术用瓷器	千克	26830	350	1316907	1655
69091200	莫氏硬度≥9的实验室、化学或其他技术用品	千克	16039	386	22236318	1428
69091900	其他实验室、化学或其他技术用陶器	千克	1833888	7167	15828327	10872
69099000	农用陶瓷槽缸等容器;运输及盛装货物陶瓷罐、坛及类似品	千克	363	6	738526	42
69101000	瓷制固定卫生设备	千克	4847327	2196	24507467	3911
69109000	陶制固定卫生设备	千克	603817	266	8051323	1257
69111010	瓷餐具	千克	1296316	1112	13951672	3023

2010年上海关区进出口商品量值表

单位:万美元

商品		计量单位	进口数量	进口金额	出口数量	出口金额
69111020	瓷制厨房器具	千克	20565	25	263896	405
69119000	其他家用或盥洗用瓷器	千克	15891	38	509907	93
69120010	陶餐具	千克	723835	280	34637799	5716
69120090	陶制厨房器具及其他家用或盥洗用陶器	千克	46295	37	980743	130
69131000	瓷制塑像及其他装饰品	千克	71476	180	4400147	986
69139000	陶制塑像及其他装饰品	千克	668661	125	15356697	1243
69141000	未列名瓷制品	千克	1045957	2810	2440243	837
69149000	未列名陶制品	千克	940720	2011	149284911	8175
70010000	碎玻璃及废玻璃;玻璃块料	千克	206039	1111	6823407	391
70021000	未加工的玻璃球	千克	25700	8	1621686	80
70022010	光导纤维预制棒	千克	1292005	21754	22179	202
70022090	其他未加工的玻璃棒	千克	10750	102	485609	82
70023110	熔融石英等熔融硅石制未加工光纤用波导级管	千克	216002	986	300508	919
70023190	熔融石英等熔融硅石制其他未加工玻璃管	千克	330862	642	1580067	2489
70023200	其他温度在0-300摄氏度时线膨胀系数不超过5×10^{-6}/开尔文的玻璃未加工的管	千克	4347862	1236	1430760	336
70023900	未列名未加工的玻璃管	千克	3229509	725	3106447	1519
70031200	整块着色、不透明、镶色或具有吸收、反射或非反射层的非夹丝玻璃板、片	千克	443733	288	171326	7
70031900	其他铸制或轧制的非夹丝的玻璃板、片	千克	20413972	16637	17818756	1050
70032000	铸制或轧制的夹丝玻璃板、片	千克	56605	9	76334	8
70033000	铸制或轧制的玻璃型材及异型材	千克	133892	25	158273	24
70042000	整块着色、不透明、镶色或具有吸收、反射或非反射层的拉制或吹制玻璃板、片	千克	2334	5	58402	5
70049000	其他拉制或吹制的玻璃板、片	千克	294110	5251	785541	56
70051000	具有吸收或反射层的非夹丝浮法玻璃板、片等	千克	3985673	1961	5015968	305
70052100	整块着色、不透明、镶色或仅表面研磨的非夹丝玻璃板、片,无吸收或反射层	千克	3037604	746	10806321	730

2010年上海关区进出口商品量值表

单位:万美元

商品		计量单位	进口数量	进口金额	出口数量	出口金额
70052900	其他非夹丝浮法玻璃板、片及表面研磨或抛光玻璃板片,无吸收或反射层	千克	25877251	5161	48328468	2166
70053000	夹丝浮法玻璃板、片及磨面或抛光玻璃板、片,不论是否有吸收或反射层	千克	78433	11	33713	4
70060000	经弯曲、磨边、镂刻等加工的7003至7005玻璃,但未用其他材料镶框或装配	千克	2479792	7285	29612597	10055
70071110	航空器、航天器及船舶用钢化安全玻璃	千克	12364	69	87859	29
70071190	车辆用钢化安全玻璃	千克	1204570	497	26915349	4770
70071900	其他钢化安全玻璃	千克	1220311	363	302188522	28059
70072110	航空器、航天器及船舶用层压安全玻璃	千克	6316	138	43562	49
70072190	车辆用层压安全玻璃	千克	855831	1118	15256071	3892
70072900	其他层压安全玻璃	千克	387211	451	17695162	1693
70080010	中空或真空隔温、隔音玻璃	千克	1159251	287	12788677	2001
70080090	其他多层隔温、隔音玻璃组件	千克	42514	41	28099	8
70091000	车辆后视镜	千克	1610716	3344	9774987	5659
70099100	未镶框玻璃镜	千克	759939	179	94406224	7324
70099200	已镶框玻璃镜	千克	272804	339	16995214	4413
70101000	玻璃制安瓿	千克	36426	24	662406	136
70102000	玻璃塞、盖及类似的封口	千克	358971	167	7730117	1366
70109010	容量超过1升的玻璃制坛、瓶、缸、罐及其他容器,用于运输或盛装货物;玻璃保藏罐	千克	210204	101	687796	76
70109020	容量超过0.33升,但不超过1升的玻璃制坛、瓶、缸、罐及其他容器,用于运输或盛装货物;玻璃保藏罐	千克	348140	79	19646920	1071
70109030	容量超过0.15升,但不超过0.33升的玻璃制坛、瓶、缸、罐及其他容器,用于运输或盛装货物;玻璃保藏罐	千克	345793	117	14905871	1240
70109090	容量不超过0.15升的玻璃制坛、瓶、缸、罐及其他容器,用于运输或盛装货物;玻璃保藏罐	千克	3058837	1657	76242091	9896

2010年上海关区进出口商品量值表

单位:万美元

商品		计量单位	进口 数量	进口 金额	出口 数量	出口 金额
70111000	制电灯泡用未封口玻璃外壳及其玻璃零件	千克	1293354	2220	1566742	357
70112010	制显像管用未封口玻璃外壳及其玻璃零件	千克	4253	52	14	0
70112090	其他制阴极射线管用未封口玻璃外壳及其零件	千克	373106	1014	30106	56
70119010	制电子管用未封口玻璃外壳及其玻璃零件	千克	2279	8	122554	163
70119090	其他未封口玻璃外壳及其玻璃零件	千克	1711129	1121	56011	35
70131000	玻璃陶瓷器皿,供餐桌、厨房、盥洗室、办公室、室内装饰工类似用途	千克	535032	358	3620719	987
70132200	铅晶质玻璃高脚杯	千克	29253	89	793	1
70132800	其他玻璃高脚杯	千克	560742	397	722769	288
70133300	其他铅晶质玻璃杯	千克	25105	40	163068	22
70133700	其他玻璃杯	千克	2323374	545	26124260	3404
70134100	铅晶质玻璃制餐桌或厨房用器皿	千克	8696	42	68197	12
70134200	其他温度在0至300摄氏度时线膨胀系数不超过5×10^{-6}/开尔文的玻璃制餐桌或厨房用器皿	千克	2219696	588	732665	431
70134900	其他餐桌或厨房用玻璃器皿	千克	2665851	1087	23132473	3916
70139100	铅晶质玻璃盥洗室、办公室、室内装饰等器皿	千克	115831	1668	287158	144
70139900	其他玻璃盥洗室、办公室、室内装饰等器皿	千克	2360998	550	24927887	5356
70140010	光学仪器用未经光学加工的光学元件毛坯	千克	648798	3113	1769375	1920
70140090	未经光学加工的信号玻璃器等玻璃制光学元件	千克	28443	65	443231	69
70151010	视力矫正眼镜用变色镜片坯件	千克	1351	1	1588	2
70151090	其他视力矫正眼镜用玻璃	千克	52252	11	801530	130
70159010	钟表玻璃	千克	127	127	23364	3
70159020	平光变色镜片坯件	千克	—	—	8737	2
70159090	其他未经光学加工呈弧面、弯、凹等形玻璃	千克	1927	31	33756	13
70161000	供镶嵌装饰等用的玻璃马赛克等小件玻璃品,不论是否有衬背	千克	349248	145	14762818	2916
70169010	花饰铅条窗玻璃及类似品	千克	8688	19	14901662	4058

2010年上海关区进出口商品量值表

单位:万美元

商品		计量单位	进口		出口	
			数量	金额	数量	金额
70169090	其他建筑铺面用及多孔或泡沫玻璃块、砖等	千克	308812	121	28254874	2293
70171000	熔融石英等熔融硅石制实验室、医用玻璃器皿	千克	786015	362	511336	334
70172000	其他温度在0-300摄氏度时线膨胀系数不超过开5×10^{-6}/开尔文的玻璃制实验室、卫生及配药用器皿	千克	37748	103	423836	255
70179000	其他实验室、卫生及配药用玻璃器皿	千克	205967	1002	11350520	4320
70181000	玻璃珠、仿珍珠、仿宝石等小件玻璃品	千克	89933	169	20793544	4089
70182000	直径≤1mm的玻璃珠	千克	1085258	354	2285743	715
70189000	玻璃眼;灯工方法制作的玻璃塑像等装饰品	千克	20210	50	15593669	9400
70191100	长度≤50mm的短切玻璃纤维	千克	15286406	2330	29017553	3268
70191200	玻璃纤维粗纱	千克	51103690	6043	207236268	18566
70191900	其他玻璃纤维	千克	11949176	3893	39310945	4795
70193100	玻璃纤维制席	千克	343425	114	15094921	2373
70193200	玻璃纤维制薄片(巴厘纱)	千克	738647	278	4464633	937
70193900	其他玻璃纤维网、垫、板及类似无纺产品	千克	2217548	1970	64980835	11496
70194000	粗纱机织物	千克	2666080	951	17697548	2569
70195100	宽度≤30cm的玻璃纤维制机织物	千克	81298	113	900593	318
70195200	>30cm玻纤长丝平纹织物,<250g,单纱≤136特	千克	13966308	7535	14334613	7239
70195900	其他玻璃纤维制机织物	千克	1908637	2473	10894166	2468
70199000	未列名玻璃纤维制品	千克	13633034	4747	81042853	20098
70200011	导电玻璃	千克	2315153	9345	2382468	2022
70200012	绝缘子用玻璃伞盘	千克	476430	79	1173581	112
70200019	其他工业用玻璃制品	千克	3586077	7297	510150	7501
70200091	保温瓶或其他保温容器用的玻璃胆	千克	492946	122	8201427	1343
70200099	非工业用其他玻璃制品	千克	795121	560	3589222	816
71012210	未分级已加工养殖珍珠	千克	4	1	84813	981
71012290	其他已加工养殖珍珠	千克	407	262	117464	2099
71021000	未分级钻石	克拉	83	2	16246	24
71022100	未加工或经简单锯开、劈开或粗磨的工业钻石	克拉	1654458	475	—	—

2010年上海关区进出口商品量值表

单位:万美元

商　　品		计量单位	进口		出口	
			数　量	金　额	数　量	金　额
71022900	其他工业用钻石	克拉	44700	19	4575319	108
71023100	未加工或简单锯开、劈开或粗磨的非工业钻石	克拉	204367	4705	78512	1197
71023900	其他非工业用钻石	克拉	1300315	170416	219702	40253
71031000	未加工或仅简单锯开或粗成形的宝石或半宝石	千克	277262	425	56662	231
71039100	经其他加工的红宝石、蓝宝石、绿宝石	克拉	6258	66	—	—
71039910	经其他加工的翡翠	克拉	43377	88	2200	1
71039990	未列名经其他加工的宝石或半宝石	克拉	746146	71	1813372	7
71041000	压电石英	克	37397878	213	24942989	533
71042010	合成或再造钻石,未加工或仅经简单加工成形	克	40000	6	16200	0
71042090	其他合成再造宝石半宝石,未或简单加工成形	千克	28	5	19911	113
71049011	经其他加工的工业用合成或再造钻石	克	588204	389	21043098	247
71049019	经其他加工工业用合成再造其他宝石或半宝石	千克	2187	22	15336	50
71049091	经其他加工的非工业用合成或再造钻石	克	1244	1	24555	1
71049099	经其他加工非工业用合成再造其他宝石半宝石	千克	2053	108	5978	8
71051010	天然钻石粉末	克拉	74549	63	186500	1
71051020	人工合成的钻石粉末	克拉	20686735	400	548769199	3218
71059000	其他天然或合成宝石或半宝石的粉末	克	965950	4	1395300	64
71061011	平均粒径<3微米的非片状银粉	克	20855381	1522	437404	26
71061019	其他非片状银粉	克	414133328	3733	6725200	69
71061021	平均粒径<10微米的片状银粉	克	43271403	3250	4482	0
71061029	其他片状银粉	克	31417221	1880	30000	3
71069110	纯度≥99.99%未锻造银	克	11198619	723	12169561	809
71069190	其他未锻造银	克	205892696	798	49461059	3056
71069210	纯度≥99.99%半制成的银	克	2141378	140	67000	5
71069290	其他半制成的银	克	521434576	3715	107362649	6348
71070000	以贱金属为底的包银材料	千克	20807	513	406	8
71101100	未锻造铂,铂粉	克	17093332	90833	—	—

2010年上海关区进出口商品量值表

单位:万美元

商品		计量单位	进口 数量	进口 金额	出口 数量	出口 金额
71101910	铂板、片	克	187851	761	—	—
71101990	其他半制的铂	克	409938	1781	354	2
71102100	未锻造钯,钯粉	克	9414367	15075	70031	121
71102910	钯板、片	克	232161	451	—	—
71102990	其他半制的钯	克	233547	61	—	—
71103100	未锻造铑,铑粉	克	2552777	20015	—	—
71104100	未锻造的铱、锇及钌,铱、锇及钌的粉	克	145508	152	15552	11
71104910	铱、锇及钌的板、片	克	18921	3	—	—
71104990	其他半制的铱、锇及钌	克	2638	10	—	—
71110000	以贱金属、银或金为底的包铂材料	克	2896685	90	3360	1
71123090	含有其他贵金属或贵金属化合物的灰	克	—	—	158249	26
71129220	含铂或铂化合物的废碎料,主要用于回收铂的	克	—	—	399341339	2060
71129910	含有银及银化合物的废碎料,主要用于回收银	克	—	—	18405	1
71129920	含有其他贵金属或贵金属化合物的废碎料,主要用于回收贵金属	克	—	—	13279500	11
71129990	其他贵金属或包贵金属的废碎料	克	—	—	27409000	24
71131110	镶嵌钻石的银首饰及其零件	克	209877	28	1749015	377
71131190	其他银首饰及其零件	克	6971258	814	22621899	2571
71131911	镶嵌钻石的黄金制首饰及其零件	克	257864	3538	263036	1304
71131919	其他黄金制首饰及其零件	克	619299	3440	215656	657
71131921	镶嵌钻石的铂制首饰及其零件	克	171585	4063	10437	269
71131929	其他铂制首饰及其零件	克	221928	1284	35603	198
71131991	镶嵌钻石的其他贵金属制首饰及其零件	克	6185	95	27084	181
71131999	其他贵金属制首饰及其零件	克	30821	59	67788	137
71132010	镶嵌钻石以贱金属为底包贵金属首饰及其零件	克	858	1	1040900	1
71132090	其他以贱金属为底的包贵金属制首饰及其零件	克	424759	37	2395930	8
71141100	银制器皿及其零件	克	4547313	44	5184286	452
71141900	其他贵金属制器皿及其零件	克	171082	6	—	—
71142000	以贱金属为底的包贵金属制器皿及其零件	克	580730	9	4974600	11

2010年上海关区进出口商品量值表

单位:万美元

商品		计量单位	进口 数量	进口 金额	出口 数量	出口 金额
71151000	丝布或格栅状的铂催化剂	克	3897505	63	—	—
71159010	其他贵金属或包贵金属的工业或实验室用制品	克	390745380	4846	269138616	12678
71159090	其他贵金属或包贵金属的非工业或实验室制品	克	67428522	461	1112372	73
71161000	天然或养殖珍珠制品	千克	365	11	96499	795
71162000	宝石或半宝石(天然、合成或再造)制品	千克	3940	72	80605	180
71171100	贱金属制袖扣、饰扣	千克	9163	292	244739	474
71171900	贱金属制其他仿首饰	千克	189429	7353	14254573	16218
71179000	未列名仿首饰	千克	53097	862	12554213	10356
72011000	非合金生铁锭、块或其他初级形状,按重量计含磷量≤0.5%	千克	2447306	156	63223	8
72015000	合金生铁、镜铁锭、块或其他初级形状	千克	732	0	186475	6
72021100	锰铁,按重量计含碳量>2%	千克	235440	23	—	—
72021900	锰铁,按重量计含碳量≤2%	千克	156022	53	71000	17
72022100	硅铁,按重量计含硅量>55%	千克	2593325	646	288500	48
72022900	硅铁,按重量计含硅量≤55%	千克	676494	171	853310	163
72023000	硅锰铁	千克	188741	47	3000	1
72024100	铬铁,按重量计含碳量>4%	千克	425637469	46542	14538239	2179
72024900	铬铁,按重量计含碳量≤4%	千克	1453268	109	2427192	696
72025000	硅铬铁	千克	577598	48	—	—
72026000	镍铁	千克	45617017	24897	367335	253
72027000	钼铁	千克	1057	3	—	—
72028010	钨铁	千克	17	0	—	—
72029100	钛铁及硅钛铁	千克	666222	87	108000	47
72029210	钒铁,按重量计含钒量≥75%	千克	140000	220	1584176	3746
72029290	钒铁,按重量计含钒量<75%	千克	37583	45	—	—
72029300	铌铁	千克	8155000	18505	106000	297
72029911	速凝永磁片	千克	1	0	1653026	3582
72029912	钕铁硼磁粉	千克	5	0	210400	434
72029919	其他钕铁硼合金	千克	7283	3	169600	433
72029990	未列名铁合金	千克	325732	410	14763782	12377
72031000	直接从铁矿还原的铁产品	千克	181364731	6443	15002103	616
72039000	其他海绵铁产品;按重量计纯度≥99.94%的铁	千克	19289	3	19330	2

2010 年上海关区进出口商品量值表

单位:万美元

商品		计量单位	进口 数量	进口 金额	出口 数量	出口 金额
72041000	铸铁废碎料	千克	3523441	130	—	—
72042100	不锈钢废碎料	千克	18455686	2107	250716	45
72042900	其他合金钢废碎料	千克	9471770	546	—	—
72044100	车、刨、铣、磨、锯、锉、剪、冲加工过程中产生的钢铁废料,不论是否成捆	千克	31390981	1133	3015018	115
72044900	未列名钢铁废碎料	千克	217375689	7769	50740	3
72045000	供再熔的碎料钢铁锭	千克	242580	33	—	—
72051000	生铁、镜铁及钢铁的颗粒	千克	10024053	803	279666	25
72052100	合金钢粉末	千克	14390951	5119	983025	237
72052900	生铁、镜铁及其他钢铁粉末	千克	36406990	3828	502277	67
72061000	铁锭及非合金钢锭	千克	87859	14	3200	0
72069000	其他初级形状的铁及非合金钢铁	千克	1565053	44	8423	2
72071100	矩形(包括正方形)截面的铁及非合金钢的半制成品,宽小于厚度的两倍,按重量计含碳量在 0.25%以下	千克	—	—	216	0
72071200	其他矩形(正方形除外)截面的铁及非合金钢的半制成品,按重量计含碳量在 0.25%以下	千克	46	0	237911	18
72071900	其他铁及非合金钢的半制成品,按重量计含碳量在 0.25%以下	千克	168160	35	78481	7
72072000	铁及非合金钢的半制成品,按重量计含碳量在 0.25%以上	千克	60042	15	1971739	148
72081000	除热轧外未经进一步加工的铁或非合金钢卷材,已轧压花纹,未包、镀、涂层	千克	—	—	5451782	353
72082500	其他热轧、酸洗但未包、镀、涂层,厚度在 4.75 毫米及以上的铁或非合金钢卷材	千克	9524135	735	6880153	481
72082610	屈服强度大于 355 牛顿/平方毫米的其他热轧、酸洗但未包、镀、涂层,厚度在 3 毫米及以上,但小于 4.75 毫米的铁或非合金钢卷材	千克	5106047	441	85323	6
72082690	其他热轧、酸洗但未包、镀、涂层,厚度在 3 毫米及以上,但小于 4.75 毫米的铁或非合金钢卷材	千克	22893827	1803	24069958	1662

2010年上海关区进出口商品量值表

单位:万美元

商品		计量单位	进口		出口	
			数量	金额	数量	金额
72082710	其他热轧、酸洗但未包、镀、涂层,厚度小于1.5毫米的铁或非合金钢卷材	千克	251500	18	33196	3
72082790	其他热轧、酸洗但未包、镀、涂层,厚度在1.5毫米及以上,但小于3毫米的铁或非合金钢卷材	千克	60353090	5013	30573670	2132
72083600	其他热轧及未包、镀、涂层,厚度超过10毫米的铁或非合金钢卷材	千克	460	0	99579013	7929
72083700	其他热轧及未包、镀、涂层,厚度在4.75毫米及以上,但不超过10毫米的铁或非合金钢卷材	千克	12539657	868	69262525	4369
72083810	屈服强度大于355牛顿/平方毫米的其他热轧及未包、镀、涂层,厚度在3毫米及以上,但小于4.75毫米的铁或非合金钢卷材	千克	280148	29	1760043	105
72083890	其他热轧及未包、镀、涂层,厚度在3毫米及以上,但小于4.75毫米的铁或非合金钢卷材	千克	493679808	34562	19981187	1188
72083910	其他热轧及未包、镀、涂层,厚度小于1.5毫米的铁或非合金钢卷材	千克	2895515	167	632570	46
72083990	其他热轧及未包、镀、涂层,厚度在1.5毫米及以上,但小于3毫米的铁或非合金钢卷材	千克	26560073	1818	59539779	3630
72084000	铁或非合金钢卷材,除热轧外未经进一步加工,已轧压花纹,但未包、镀、涂层	千克	282967	29	15060852	1013
72085110	其他热轧及未包、镀、涂层,厚度超过50毫米的铁或非合金钢非卷材	千克	17010489	2397	34129012	2706
72085120	其他热轧及未包、镀、涂层,厚度在20毫米以上,但不超过50毫米的铁或非合金钢非卷材	千克	17606563	1617	162210909	12040
72085190	其他热轧及未包、镀、涂层,厚度超过10毫米以上,但不超过20毫米的铁或非合金钢非卷材	千克	9718152	756	418061956	29074
72085200	其他热轧及未包、镀、涂层,厚度在4.75毫米及以上,但不超过10毫米的铁或非合金钢非卷材	千克	4956046	381	124326035	8336

2010年上海关区进出口商品量值表

单位:万美元

商品		计量单位	进口 数量	进口 金额	出口 数量	出口 金额
72085310	屈服强度大于355牛顿/平方毫米的其他热轧及未包、镀、涂层,厚度在3毫米及以上,但小于4.75毫米的铁或非合金钢非卷材	千克	165188	20	1410904	99
72085390	其他热轧及未包、镀、涂层,厚度在3毫米及以上,但小于4.75毫米的铁或非合金钢非卷材	千克	711540	64	14890603	945
72085410	其他热轧及未包、镀、涂层,厚度小于1.5毫米的铁或非合金钢非卷材	千克	1855	2	75059	6
72085490	其他热轧及未包、镀、涂层,厚度在1.5毫米及以上,但小于3毫米的铁或非合金钢非卷材	千克	1183958	156	1758365	124
72089000	热轧及未包、镀、涂层,但经进一步加工的宽度在600毫米及以上的铁或非合金钢平板轧材	千克	746444	74	16140280	1115
72091510	屈服强度大于355牛顿/平方毫米的冷轧,未经包、镀、涂层,厚度在3毫米及以上的铁或非合金钢卷材	千克	144120	12	64162	6
72091590	其他冷轧,未经包、镀、涂层,厚度在3毫米及以上的铁或非合金钢卷材	千克	1211303	94	2042198	158
72091610	屈服强度大于275牛顿/平方毫米的冷轧,未经包、镀、涂层,厚度超过1毫米,但小于3毫米的铁或非合金钢卷材	千克	23846223	2529	2505162	201
72091690	其他冷轧,未经包、镀、涂层,厚度超过1毫米,但小于3毫米的铁或非合金钢卷材	千克	31369139	2541	128691617	9204
72091710	屈服强度大于275牛顿/平方毫米的冷轧,未经包、镀、涂层,厚度在0.5毫米及以上,但不超过1毫米的铁或非合金钢卷材	千克	12941716	1540	1978823	156
72091790	其他冷轧,未经包、镀、涂层,厚度在0.5毫米及以上,但不超过1毫米的铁或非合金钢卷材	千克	101453272	8291	205142532	15176
72091810	冷轧,未经包、镀、涂层,厚度小于在0.3毫米的铁或非合金钢卷材	千克	10943367	1021	54958893	4243

2010年上海关区进出口商品量值表

单位:万美元

	商品	计量单位	进口 数量	进口 金额	出口 数量	出口 金额
72091890	冷轧,未经包、镀、涂层,厚度在0.3毫米及以上,但小于0.5毫米的铁或非合金钢卷材	千克	10465834	882	35173617	2572
72092500	冷轧,未经包、镀、涂层,厚度3毫米及以上的铁或非合金钢卷材	千克	61981	13	1859982	156
72092600	冷轧,未经包、镀、涂层,厚度超过1毫米,但小于3毫米的铁或非合金钢非卷材	千克	2231696	270	9421671	770
72092700	冷轧,未经包、镀、涂层,厚度0.5毫米及以上,但不超过1毫米的铁或非合金钢非卷材	千克	740865	64	11598231	937
72092800	冷轧,未经包、镀、涂层,厚度小于0.5毫米的铁或非合金钢非卷材	千克	118379	12	448017	35
72099000	冷轧,未经包、镀、涂层,但经进一步加工的宽度在600毫米及以上的铁或非合金钢平板轧材	千克	828349	101	1810547	127
72101100	镀或涂锡,厚≥0.5mm铁或非合金钢平板轧材	千克	678785	84	297328	29
72101200	镀或涂锡的,厚<0.5mm铁或非合金钢平板轧材	千克	5033299	485	322993456	32523
72102000	镀或涂铅的,包括镀铅锡的铁或非合金钢平板轧材	千克	38550	6	544483	62
72103000	电镀锌的铁或非合金钢平板轧材	千克	277360570	26475	81753292	7301
72104100	其他镀或涂锌瓦楞形铁或非合金钢平板轧材	千克	245380	23	5884623	1276
72104900	其他镀或涂锌铁或非合金钢平板轧材	千克	171498543	16510	591658233	46694
72105000	镀或涂氧化铬或铬及氧化铬铁或非合金钢平板轧材	千克	2140699	186	81038588	7994
72106100	镀或涂铝锌合金的铁或非合金钢平板轧材	千克	33645006	3219	224195333	19369
72106900	其他镀或涂铝的铁或非合金钢平板轧材	千克	72609287	7047	733978	68
72107000	涂漆或涂塑铁或非合金钢平板轧材	千克	49473172	7030	715141033	64729
72109000	未列名宽≥600mm经包镀涂层铁或非合金钢平板轧材	千克	18627678	3416	42213927	3980

2010年上海关区进出口商品量值表

单位:万美元

商品		计量单位	进口		出口	
			数量	金额	数量	金额
72111300	热轧及未包、镀、涂层,经四面轧制或在闭合匣内轧制的非卷材,150mm<宽,厚≥4mm,未轧压花纹的铁或非合金钢平板轧材	千克	3974	1	35881	3
72111400	其他热轧及未包、镀、涂层,厚≥4.75mm铁或非合金钢平板轧材	千克	991984	133	28249496	2121
72111900	未列名热轧及未包、镀、涂层的铁或非合金钢平板轧材	千克	7765723	1008	12194990	901
72112300	宽度小于600mm冷轧及未包、镀、涂层的铁或非合金钢平板轧材,按重量计含碳量低于0.25%	千克	17188787	2195	4236828	344
72112900	仅冷轧宽<600mm未包、镀、涂层的铁或非合金钢平板轧材,C≥0.25%	千克	13750649	2459	4295074	479
72119000	未列名宽度小于600mm未包、镀、涂层的铁或非合金钢平板轧材	千克	9037783	1146	7314076	680
72121000	镀或涂锡的,宽<600mm铁或非合金钢平板轧材	千克	1012441	326	4193943	420
72122000	电镀锌的宽<600mm铁或非合金钢平板轧材	千克	16614971	2482	1736266	224
72123000	其他镀或涂锌的宽<600mm铁或非合金钢平板轧材	千克	1509552	260	82711845	6779
72124000	涂漆或涂塑的宽<600mm铁或非合金钢平板轧材	千克	3306465	937	14578269	1947
72125000	未列名镀或涂层的宽<600mm铁或非合金钢平板轧材	千克	5939886	1957	1967949	254
72126000	经包覆的宽<600mm铁或非合金钢平板轧材	千克	2666689	1121	3834410	831
72131000	带轧制过程中产生的凹痕、凸缘、槽沟及其他变形的不规则盘卷的铁及非合金钢的热轧条、杆	千克	901926	95	3183118	253
72132000	不规则盘卷的易切削钢热轧条、杆	千克	2021530	180	1803371	137
72139100	其他直径<14mm圆截面不规则盘卷铁及非合金钢的热轧条、杆	千克	142983354	11845	13058705	1056
72139900	未列名不规则盘卷的铁及非合金钢的热轧条、杆	千克	9255748	791	435109	41
72141000	铁或非合金钢的锻造条、杆	千克	822882	114	20122835	1823

2010年上海关区进出口商品量值表

单位:万美元

商品		计量单位	进口		出口	
			数量	金额	数量	金额
72142000	带有轧制过程中产生的凹痕、凸缘、槽沟及其他变形以及轧制后扭曲的铁或非合金钢的其他条、杆	千克	2783804	321	76178124	5841
72143000	其他易切削钢热轧、热拉拔或热挤压条、杆	千克	424480	38	1871380	146
72149100	其他矩形截面(正方形除外)铁或非合金钢的热轧,热拉拔或热挤压条,杆	千克	1469586	173	1429704	130
72149900	未列名铁或非合金钢的热轧、热拉拔或热挤压条、杆	千克	18602885	2095	4299426	383
72151000	易切削钢制条、杆,除冷成形或冷加工外未经进一步加	千克	6276488	1012	280782	29
72155000	其他铁及非合金钢的条、杆,除冷成形或冷加工外未经进一步加	千克	4040736	629	2298531	232
72159000	未列名的铁及非合金钢条、杆	千克	606461	169	699582	72
72161010	热轧、热拉拔或热挤压铁或非合金钢H型钢,截面高<80mm	千克	43990	4	101452	9
72161020	热轧、热拉拔或热挤压铁或非合金钢工字钢,截面高<80mm	千克	2698747	230	521551	41
72161090	热轧、热拉拔或热挤压铁或非合金钢槽钢,截面高<80mm	千克	765717	135	1575155	122
72162100	热轧、热拉拔或热挤压铁或非合金钢角钢,截面高<80mm	千克	461799	75	7349210	576
72162200	热轧、热拉拔或热挤压铁或非合金钢丁字钢,截面高<80mm	千克	3312	1	3920	0
72163100	热轧、热拉拔或热挤压铁或非合金钢槽钢,截面高≥80mm	千克	1742416	213	8351431	599
72163210	热轧、热拉或热挤压铁或非合金钢工字钢,截面高>200mm	千克	104707	17	1491173	105
72163290	热轧、热拉拔或热挤压铁或非合金钢工字钢,80mm≤截面高≤200mm	千克	653247	85	2459042	182
72163311	热轧、热拉拔或热挤压铁或非合金钢H型钢,截面高>800mm	千克	708527	54	11759	2
72163319	热轧、热拉拔或热挤压铁或非合金钢H型钢,200mm<截面高≤800mm	千克	4823016	392	13869164	946
72163390	热轧、热拉拔或热挤压铁或非合金钢H型钢,80mm≤截面高≤200mm	千克	1468050	125	6384431	391

2010年上海关区进出口商品量值表

单位:万美元

商品		计量单位	进口数量	进口金额	出口数量	出口金额
72164010	热轧、热拉拔或热挤压铁或非合金钢角钢,截面高≥80mm	千克	5868732	473	16664675	1270
72164020	热轧、热拉拔或热挤压铁或非合金钢丁字钢,截面高≥80mm	千克	74488	8	197308	17
72165010	热轧、热拉拔或热挤压铁或非合金钢乙字钢	千克	—	—	50559	5
72165090	其他热轧、热拉拔或热挤压铁或非合金钢角材、型及异型材	千克	1101057	261	9375152	769
72166100	平板轧材制冷成形或冷加工角材、型材及异型材	千克	39515	7	2002977	224
72166900	其他冷成形或冷加工角材、型材及异型材	千克	240813	126	771393	75
72169100	平板轧材制冷成形或冷加工外进一步加工的角材、型材及异型材	千克	—	—	15781790	1664
72169900	未列名铁或非合金钢的角材、型材及异型材	千克	619267	183	1287650	120
72171000	未经镀或涂层,不论是否抛光的铁丝或非合金钢丝	千克	11733402	2912	25831741	2448
72172000	镀或涂锌的铁丝或非合金钢丝	千克	834046	348	29972610	3316
72173010	镀或涂铜的铁丝或非合金钢丝	千克	14356606	9050	22872176	4808
72173090	镀或涂其他贱金属的铁丝或非合金钢丝	千克	4149049	1267	4573618	750
72179000	未列名铁丝或非合金钢丝	千克	724683	180	7625124	1464
72181000	不锈钢锭及其他初级形状的不锈钢	千克	2596377	843	3545	2
72189100	矩形截面的(正方形除外)不锈钢半制品	千克	187322	152	156	1
72189900	其他不锈钢半制成品	千克	22121514	8344	10361	8
72191100	热轧不锈钢卷材,厚>10mm	千克	1358334	549	2501475	727
72191200	热轧不锈钢卷材,4.75mm≤厚≤10mm	千克	26985150	8226	37922660	10260
72191312	按重量计含锰量在5.5%及以上的铬锰系热轧不锈钢卷材,未经酸洗且厚度在3毫米及以上,但小于4.75毫米	千克	3096	1	714	0
72191319	其他未酸洗热轧不锈钢卷材,3mm≤厚<4.75mm	千克	24346421	3737	965598	276
72191322	锰≥5.5%,3mm≤厚<4.75mm,酸洗热轧不锈钢卷	千克	524710	191	—	—

2010年上海关区进出口商品量值表

单位:万美元

商品		计量单位	进口数量	进口金额	出口数量	出口金额
72191329	其他酸洗热轧不锈钢卷材,3mm≤厚<4.75mm	千克	11294324	3791	73556334	15359
72191412	锰≥5.5%,厚<3mm,未酸洗热轧不锈钢卷材	千克	27541	4	—	—
72191419	其他厚<3mm,未酸洗热轧不锈钢卷材	千克	40038586	5237	1268779	172
72191429	其他厚<3mm,经酸洗热轧不锈钢卷材	千克	1011114	340	4408630	1248
72192100	热轧不锈钢非卷材,厚>10mm	千克	10219399	6056	12313420	4157
72192200	热轧不锈钢非卷材,4.75mm≤厚≤10mm	千克	1942532	1197	12080727	3983
72192300	热轧不锈钢非卷材,3mm≤厚<4.75mm	千克	426934	112	1992409	611
72192410	热轧不锈钢非卷材,1mm<厚<3mm	千克	219368	70	307623	69
72192420	热轧不锈钢非卷材,0.5mm≤厚≤1mm	千克	1223	3	166376	46
72192430	热轧不锈钢非卷材,厚<0.5mm	千克	570	0	22534	6
72193100	冷轧不锈钢平板轧材,厚≥4.75mm	千克	1874432	1011	302971	98
72193200	冷轧不锈钢平板轧材,3mm≤厚<4.75mm	千克	3981458	1879	3662983	1160
72193300	冷轧不锈钢平板轧材,1mm<厚<3mm	千克	18875210	5211	26779703	7811
72193400	冷轧不锈钢平板轧材,0.5mm≤厚≤1mm	千克	38996854	10204	22363445	6024
72193500	冷轧不锈钢平板轧材,厚<0.5mm	千克	11442699	3345	5022811	1544
72199000	未列名宽≥600mm的不锈钢平板轧材	千克	431283	259	2920754	1208
72201100	热轧不锈钢平板轧材,厚≥4.75mm,宽<600mm	千克	591279	393	88261	48
72201200	热轧不锈钢平板轧材,厚<4.75mm,宽<600mm	千克	752740	343	155115	55
72202020	冷轧不锈钢平板轧材,厚≤0.35mm,宽<600mm	千克	5897343	3694	7119471	2739
72202030	冷轧不锈钢平板轧材,0.35mm<厚<3mm,宽<600	千克	8217624	5080	7586285	1976
72202040	冷轧不锈钢平板轧材,3≤厚,宽<600	千克	357948	134	138119	51

2010年上海关区进出口商品量值表

单位:万美元

商品		计量单位	进口数量	进口金额	出口数量	出口金额
72209000	未列名不锈钢平板轧材,宽<600mm	千克	890875	2093	996393	482
72210000	不规则盘卷的不锈钢热轧条、杆	千克	18885320	5753	24131806	7501
72221100	圆形截面的热轧、热拉拔或热挤压的不锈钢条、杆	千克	2516636	1720	5097506	1653
72221900	其他热轧、热拉拔或热挤压的不锈钢条、杆	千克	133514	120	2843592	910
72222000	不锈钢冷成形或冷加工条、杆	千克	3271325	2425	12450186	5006
72223000	其他不锈钢条、杆	千克	1090404	874	4202220	1064
72224000	不锈钢角材、型材及异型材	千克	204707	374	6951624	2122
72230000	不锈钢丝	千克	5296024	4686	19646282	6813
72241000	其他合金钢锭及初级形状品	千克	1790407	1037	1671948	1009
72249010	单件重量≥10吨的粗铸锻件坯	千克	5568494	3042	—	—
72249090	其他合金钢半制成品	千克	31232183	8663	727360	87
72251100	取向性硅电钢平板轧材,宽度≥600mm	千克	142422873	34125	6205009	1720
72251900	其他硅电钢平板轧材,宽度≥600mm	千克	172030956	16842	119315332	11485
72253000	未经进一步加工的高速钢及其他合金钢热轧卷材,宽≥600mm	千克	10166802	912	15545142	1085
72254000	未经进一步加工的高速钢及其他合金钢热轧非卷材,宽≥600mm	千克	134184219	25007	91960887	6208
72255000	未经进一步加工的高速钢及其他合金钢冷轧板材,宽≥600mm	千克	16541105	1930	2407266	228
72259100	电镀或涂锌的其他合金钢平板轧材,宽≥600mm	千克	5499091	737	134738	22
72259200	其他方法镀或涂锌的其他合金钢平板轧材,宽≥600mm	千克	29081347	3496	2403637	196
72259910	其他高速钢平板轧材,宽≥600mm	千克	10761	24	1780	0
72259990	未列名合金钢平板板材,宽≥600mm	千克	13420790	1656	667694	83
72261100	取向性硅电钢平板轧材,宽度<600mm	千克	5140178	1378	116494	37
72261900	其他硅电钢平板轧材,宽度<600mm	千克	15690376	1519	3995392	392
72262000	高速钢平板轧材,宽<600mm	千克	341021	465	429	0
72269100	其他未进一步加工合金钢热轧板材,宽<600mm	千克	10796010	2617	1348400	210

2010年上海关区进出口商品量值表

单位:万美元

商品		计量单位	进口数量	进口金额	出口数量	出口金额
72269200	其他未进一步加工合金钢冷轧板材,宽<600mm	千克	13439392	3896	304727	104
72269910	电镀或涂锌的其他合金钢平板轧材,宽<600mm	千克	1686439	412	118189	14
72269920	其他方法镀或涂锌的合金钢平板轧材宽<600mm	千克	1971067	227	380372	35
72269990	未列名合金钢平板轧材,宽<600mm	千克	1419546	1259	1236665	720
72271000	不规则盘卷的高速钢热轧条、杆	千克	4954	6	183274	14
72272000	不规则盘卷的硅锰钢热轧条、杆	千克	25054047	3062	475428	39
72279000	不规则盘卷的其他合金钢热轧条、杆	千克	25268742	3362	42921356	3645
72281000	其他高速钢条、杆	千克	995063	1708	4575135	2211
72282000	其他硅锰钢条、杆	千克	9995443	1417	5447389	412
72283000	其他合金钢热轧、热拉拔或热挤压条、杆	千克	59983541	9520	384346673	29748
72284000	其他合金钢锻造条、杆	千克	1858512	697	36246870	4917
72285000	其他合金钢冷成形或冷加工条、杆	千克	17934528	3756	15660842	1303
72286000	未列名合金钢条、杆	千克	2821980	649	485301	72
72287010	履带板型钢	千克	102	0	22136246	1817
72287090	其他合金钢角材、型材及异型材	千克	198172	137	940668	136
72288000	合金钢或非合金钢制空心钻钢	千克	2408	3	2660059	348
72292000	硅锰钢钢丝	千克	4213950	1416	142364901	14645
72299010	高速钢钢丝	千克	16592	110	3638655	451
72299090	其他合金钢丝	千克	15106124	5270	37597873	5191
73011000	钢铁板桩	千克	61343896	4119	27710272	2495
73012000	焊接的钢铁角材、型材及异型材	千克	13817	23	3660855	623
73021000	钢轨	千克	1304482	205	12345655	1051
73023000	钢铁道岔尖轨、辙叉、尖轨拉杆及其他岔道段体	千克	38141	67	1191053	316
73024000	钢铁鱼尾板及钢轨垫板	千克	24714	9	1879869	300
73029090	其他铺轨用钢铁材料	千克	55391	35	2685309	430
73030010	内径≥500mm的圆型截面铸铁管	千克	49532	37	1827728	135
73030090	其他铸铁管及空心异型材	千克	969754	381	2742150	456
73041110	石油或天然气用不锈钢制无缝管道管,215.9mm≤外径≤406.4mm	千克	55135	64	31471	15
73041120	石油或天然气用不锈钢制无缝管道管,114.3mm<外径<215.9mm	千克	32879	25	100525	59

2010年上海关区进出口商品量值表

单位:万美元

商品		计量单位	进口 数量	进口 金额	出口 数量	出口 金额
73041130	石油或天然气用不锈钢制无缝管道管,外径≤114.3mm	千克	110110	192	617771	226
73041190	石油或天然气用不锈钢制无缝管道管,外径>406.4mm	千克	10727	25	684425	382
73041910	其他钢铁制石油或天然气用无缝管道管,215.9mm≤外径≤406.4mm	千克	2103567	287	154671369	13613
73041920	其他钢铁制石油或天然气用无缝管道管,114.3mm<外径<215.9mm	千克	53666	9	137566962	11494
73041930	其他钢铁制石油或天然气用无缝管道管,外径≤114.3mm	千克	72968	27	262481601	21734
73041990	其他钢铁制石油或天然气用无缝管道管,外径>406.4mm	千克	38475	17	43076260	5335
73042210	不锈钢制钻探石油及天然气用无缝钻管,外径≤168.3mm	千克	5334	6	16921	10
73042310	其他钢铁制钻探石油及天然气用无缝钻管,外径≤168.3mm	千克	1036344	261	40118108	13574
73042390	其他钢铁制钻探石油及天然气用无缝钻管,外径>168.3mm	千克	94894	93	933114	198
73042400	不锈钢制钻探石油或天然气用无缝套管、导管	千克	1586	1	—	—
73042900	其他钢制钻探石油或天然气用无缝套管、导管	千克	3913570	509	407580131	40863
73043110	冷拔或冷轧的铁或非合金钢的无缝锅炉管	千克	507615	126	25081933	2629
73043120	冷拔或冷轧的铁或非合金钢的无缝地质钻管、套管	千克	7303	9	266009	51
73043190	其他冷拔或冷轧铁或非合金钢的无缝圆形截面管	千克	6094026	2771	95772069	10758
73043910	非冷拔或冷轧铁或非合金钢的无缝锅炉管	千克	510844	58	16599590	2363
73043990	其他非冷拔或冷轧铁或非合金钢的无缝圆截面管	千克	3496169	804	74621755	7284
73044110	冷拔或冷轧的不锈钢无缝锅炉管	千克	1326622	1811	71627	47
73044190	其他冷拔或冷轧的不锈钢无缝圆形截面管	千克	2536633	4129	79498102	42560
73044910	非冷拔或冷轧的不锈钢无缝锅炉管	千克	715322	805	750332	1158
73044990	其他非冷拔或冷轧的不锈钢无缝圆形截面管	千克	1084446	1638	559653	328

2010年上海关区进出口商品量值表

单位:万美元

商品		计量单位	进口数量	进口金额	出口数量	出口金额
73045110	冷拔或冷轧的其他合金钢无缝锅炉管	千克	122060	66	28520712	4678
73045120	冷拔或冷轧的其他合金钢无缝地质钻管、套管	千克	30963	20	123135	14
73045190	其他冷拔或冷轧的合金钢无缝圆形截面管	千克	2993990	1214	43354759	6883
73045910	非冷拔或冷轧的合金钢无缝锅炉管	千克	15004783	9270	27693688	9223
73045920	非冷拔或冷轧的合金钢无缝地质钻管、套管	千克	194159	154	3586937	502
73045990	其他非冷拔或冷轧的合金钢无缝圆形截面管	千克	14136798	3871	6906798	1010
73049000	未列名无缝钢铁管及空心异型材(铸铁的除外)	千克	581517	551	25849070	3430
73051100	纵向埋弧焊接石油或天然气管道管,外径>406.4mm	千克	247536	87	184900706	20098
73051200	其他纵向焊接石油或天然气管道管,外径>406.4mm	千克	167079	56	39660960	2930
73051900	其他石油或天然气管道管,外径>406.4mm	千克	42	0	24202421	2187
73052000	其他钻探石油或天然气套管,外径>406.4mm	千克	43080	8	2982526	275
73053100	其他纵向焊接圆形截面钢铁管,外径>406.4mm	千克	2142133	477	4009262	599
73053900	其他焊接的圆形截面钢铁管,外径>406.4mm	千克	86957	68	43705988	4322
73059000	其他圆形截面钢铁管,外径>406.4mm	千克	149368	112	3017445	444
73061100	不锈钢制石油及天然气焊缝管道管	千克	192052	184	1241621	639
73061900	其他钢铁制石油及天然气管道管	千克	14402	57	79733665	6771
73062100	不锈钢制钻探石油或天然气用焊缝套管及导管	千克	21515	15	39486	8
73062900	其他钢铁制钻探石油或天然气套管及导管	千克	56500	72	2546659	647
73063011	其他铁或非合金钢的圆形截面焊缝管,壁厚≤0.7mm,外径≤10mm	千克	975497	527	18763280	2859
73063019	其他铁或非合金钢的圆形截面焊缝管,壁厚>0.7mm,外径≤10mm	千克	110456	84	835483	198

2010年上海关区进出口商品量值表

单位:万美元

商品		计量单位	进口		出口	
			数量	金额	数量	金额
73063090	其他铁或非合金钢的圆形截面焊缝管,10mm<外径≤406.4mm	千克	34108089	6465	61239387	5308
73064000	其他不锈钢圆形截面焊缝管,外径≤406.4mm	千克	5046464	4874	9133636	3339
73065000	其他合金钢圆形截面焊缝管,外径≤406.4mm	千克	11427317	3302	5412688	629
73066100	矩形或正方形截面的其他焊缝管	千克	1984156	304	47564488	3793
73066900	其他非圆形截面的焊缝管	千克	259259	164	4666777	460
73069000	未列名钢铁管及空心异型材	千克	387296	447	9209967	1664
73071100	无可锻性铸铁管子附件	千克	648059	798	10143472	1970
73071900	可锻性铸铁及铸钢管子附件	千克	605163	1318	18085192	5192
73072100	不锈钢制法兰	千克	610102	1682	26911304	15733
73072200	不锈钢制螺纹肘管、弯管及管套	千克	475324	1636	3392201	2775
73072300	不锈钢制对焊件	千克	175911	371	6137123	6506
73072900	不锈钢制其他管子附件	千克	1266667	8571	4307345	4875
73079100	其他钢铁制法兰	千克	2335284	1658	25512452	5510
73079200	其他钢铁制螺纹肘管、弯管及管套	千克	2214516	2602	17595948	7693
73079300	其他钢铁制对焊件	千克	385591	687	4212391	1084
73079900	未列名钢铁制管子附件	千克	4234063	8273	30378731	14705
73081000	钢铁制桥梁及桥梁体段	千克	494244	397	45146787	12667
73082000	钢铁制塔楼及格构杆	千克	17840	3	70495804	13409
73083000	钢铁制门窗及其框架、门槛	千克	575687	537	36169836	7885
73084000	钢铁制脚手架、模板或坑道支撑用支柱等设备	千克	2421785	593	74991814	10904
73089000	其他钢铁结构体;钢铁结构体用部件及已加工钢材	千克	8223934	3406	1343828012	205625
73090000	盛装物料用的钢铁槽、罐、桶等容器(装压缩气体或液化气体的除外),容积>300l,不论是否衬里或隔热,但无机械或热力装置	千克	3997418	1430	22357059	4354
73101000	盛装物料的钢铁容器,50L≤容积≤300L	千克	3402281	1057	3715369	1216
73102100	焊边或卷边接合的钢铁罐,容积<50L	千克	594992	486	2105065	802
73102900	其他盛装物料用钢铁容器,容积<50L	千克	161779	273	23765970	6779
73110010	装压缩气体或液化气体的零售包装钢铁容器	千克	177297	68	732597	231

2010 年上海关区进出口商品量值表

单位:万美元

商品		计量单位	进口 数量	进口 金额	出口 数量	出口 金额
73110090	装压缩气体或液化气体的非零售包装钢铁容器	千克	4519393	1859	28319005	7399
73121000	非绝缘的钢铁绞股线、绳、缆	千克	27593604	10796	152084554	24574
73129000	非绝缘的钢铁编带、吊索及类似品	千克	3363567	1820	11580306	3485
73130000	带刺钢铁丝;围篱用的钢铁绞带或单股扁丝(不论是否带刺)及松绞的双股丝	千克	2333	8	638222	81
73141200	不锈钢制机器用环形带	千克	8206	77	53536	54
73141400	不锈钢制其他机织布	千克	245648	1597	442969	1186
73141900	其他钢铁丝机织布(包括环形带)	千克	105842	102	216570	1254
73142000	钢铁制交点焊接的网、篱及格栅,其丝的最大截面尺寸3毫米及以上,网眼尺寸在100平方厘米及以上	千克	54577	45	8297103	1145
73143100	其他钢铁丝制镀或涂锌交点焊接的网、篱及格栅	千克	7697	23	1197201	179
73143900	其他钢铁丝制交点焊接的网、篱及格栅	千克	15914	29	424376	83
73144100	镀或涂锌的钢铁丝制布、网、篱及格栅	千克	174757	104	6303497	1020
73144200	涂塑的钢铁丝制布、网、篱及格栅	千克	7388	13	917721	204
73144900	其他钢铁丝制布、网、篱及格栅	千克	183969	333	3223213	720
73145000	网眼钢铁板	千克	257035	177	3314525	517
73151110	自行车用滚子链	千克	98904	88	11333567	1738
73151120	摩托车用滚子链	千克	47482	72	25644718	4645
73151190	其他滚子链	千克	2460487	2869	76959882	16690
73151200	其他铰接链(滚子链除外)	千克	4322230	1881	2064062	540
73151900	铰接链的零件	千克	3003682	1224	3513568	924
73152000	防滑链	千克	128085	20	13359214	2719
73158100	日字环节链	千克	490115	445	71865899	10894
73158200	其他焊接链	千克	456282	232	59082363	8885
73158900	未列名钢铁链	千克	589374	430	21640734	5200
73159000	链(铰接链除外)的零件	千克	31701	45	3497027	1092
73160000	钢铁锚、多爪锚及其零件	千克	289947	204	27804447	4801
73170000	钢铁制钉、平头钉、图钉、波纹钉、U形钉(品目8305的货品除外)及类似品,不论钉头是否用其他材料制成,但不包括铜头钉	千克	221171	266	169807684	20664

2010年上海关区进出口商品量值表

单位:万美元

商品		计量单位	进口 数量	进口 金额	出口 数量	出口 金额
73181100	方头螺钉	千克	524941	374	5541221	620
73181200	其他木螺钉	千克	125025	53	60537116	7896
73181300	钩头螺钉及环头螺钉	千克	588918	588	4479901	796
73181400	自攻螺钉	千克	2139971	1566	100847148	15495
73181500	其他螺钉及螺栓,不论是否带有螺母或垫圈	千克	40097189	29847	537088579	78109
73181600	螺母	千克	11736735	12445	237334708	34953
73181900	其他钢铁制螺纹制品	千克	961149	1982	135075158	15602
73182100	弹簧垫圈及其他防松垫圈	千克	1189653	2057	16080547	2761
73182200	其他垫圈	千克	3136094	7360	70180777	12884
73182300	铆钉	千克	1687213	1920	17644228	5554
73182400	销及开尾销	千克	4636771	6798	13538084	4061
73182900	其他钢铁制无螺纹制品	千克	2073429	3919	10331950	2597
73192000	安全别针	千克	4485	23	1234421	420
73193000	其他别针	千克	14016	13	1440110	397
73199000	7319的其他类似制品	千克	30875	259	1504002	916
73201010	铁道车辆用钢铁片簧及簧片	千克	4548	17	125834	23
73201020	汽车用钢铁片簧及簧片	千克	1160463	1712	5185481	834
73201090	其他钢铁片簧及簧片	千克	522436	2335	568486	361
73202010	铁道车辆用钢铁螺旋弹簧	千克	75008	72	202852	37
73202090	其他钢铁螺旋弹簧	千克	7945519	9817	13081886	3630
73209010	铁道车辆用其他钢铁弹簧	千克	34006	152	37638	16
73209090	其他钢铁弹簧	千克	1296763	2528	7656016	1830
73211100	使用气体燃料或可使用气体燃料及其他燃料的钢铁制家用炊事器具及加热板	千克	78600	120	52041716	16856
73211210	钢铁制家用煤油炉	千克	594	1	4376924	894
73211290	其他用液体燃料钢铁制家用炊事器具及加热板	千克	208	1	956661	273
73211900	其他钢铁制家用炊事器具及加热板,包括使用固体燃料的	千克	17376	13	10753603	2380
73218100	其他使用气体燃料或可使用气体燃料及其他燃料的钢铁制家用器具	千克	5858	7	3645733	1861
73218200	其他使用液体燃料的钢铁制家用器具	千克	434	1	66329	24
73218900	其他钢铁制家用器具、包括使用固体燃料的	千克	13751	8	13236640	3239

2010年上海关区进出口商品量值表

单位:万美元

商品		计量单位	进口 数量	进口 金额	出口 数量	出口 金额
73219000	品目7321所列货品的零件	千克	88364	141	6660059	2285
73221100	非电热的铸铁制集中供暖用散热器及其零件	千克	525	4	85253	25
73221900	非电热的其他钢铁制集中供暖散热器及其零件	千克	1678034	473	171667	90
73229000	非电热钢铁制空气加热器、暖气分布器及零件	千克	25528	58	1234826	712
73231000	钢铁丝绒、钢铁制擦锅器及洗刷擦光块垫、手套等	千克	2897	5	7299273	1941
73239100	未搪瓷铸铁制餐桌、厨房或其他家用器具及其零件	千克	7935	21	3191374	846
73239200	已搪瓷铸铁制餐桌、厨房或其他家用器具及其零件	千克	297541	311	2100569	680
73239300	不锈钢制餐桌、厨房或其他家用器具及其零件	千克	1264922	2354	52893789	33643
73239410	其他已搪瓷钢铁制面盆	千克	163	1	517184	89
73239420	其他已搪瓷钢铁制烧锅	千克	24575	19	28072641	5167
73239490	未列名已搪瓷钢铁制餐桌、厨房或其他家用器具及零件	千克	77898	80	18563820	3501
73239900	其他未搪瓷钢铁餐桌、厨房或其他家用器具及零件	千克	482463	167	23233144	6951
73241000	不锈钢洗涤槽及脸盆	千克	102726	174	1404534	870
73242100	铸铁浴缸,不论是否搪瓷	千克	349309	73	6376165	1244
73242900	其他钢铁浴缸	千克	469984	292	43337	12
73249000	未列名钢铁制卫生器具,包括零件	千克	196799	195	10979328	4300
73251010	工业用无可锻性铸铁制品	千克	1385740	441	10635130	1588
73251090	非工业用无可锻性铸铁制品	千克	5708734	1753	6365484	1052
73259100	可锻性铸铁及铸钢制研磨机的研磨球及类似品	千克	90999	42	18696281	1985
73259910	工业用未列名可锻性铸铁及铸钢制品	千克	1935183	991	4393461	1102
73259990	非工业用未列名可锻性铸铁及铸钢制品	千克	764482	246	3084693	666
73261100	经锻造或冲压的研磨机的研磨球及类似品	千克	96871	62	150041304	13888
73261910	经锻造或冲压的工业用钢铁制品	千克	4389896	4138	17787679	4187
73261990	经锻造或冲压的非工业用钢铁制品	千克	284479	194	8760398	1958

2010 年上海关区进出口商品量值表

单位:万美元

商品		计量单位	进口数量	进口金额	出口数量	出口金额
73262010	工业用钢铁丝制品	千克	387926	374	9255352	1401
73262090	非工业用钢铁丝制品	千克	318518	128	38066593	6645
73269010	其他工业用钢铁制品	千克	23249488	27187	84493005	23793
73269090	其他非工业用钢铁制品	千克	13596628	15906	477334093	101317
74010000	铜锍;沉积铜(泥铜)	千克	10899109	1888	—	—
74020000	未精炼铜;电解精炼用的铜阳极	千克	46529942	34403	501304	349
74031111	铜含量>99.9935%的精炼铜阴极	千克	1547753386	1162639	28257534	22634
74031119	其他精炼铜阴极	千克	94622213	70412	2045571	1543
74031190	精炼铜阴极型材	千克	19338014	14941	—	—
74031200	未锻轧的精炼铜线锭	千克	60702	41	—	—
74031300	未锻轧的精炼铜坯段	千克	3328580	2499	106	0
74031900	其他未锻轧的精炼铜	千克	4257516	3158	—	—
74032100	未锻轧的铜锌合金(黄铜)	千克	2468342	1248	7353	8
74032200	未锻轧的铜锡合金(青铜)	千克	1125376	761	7	0
74032900	其他未锻轧的铜合金(品目 7405 的铜母合金除外)	千克	648433	880	88676	176
74040000	铜废碎料	千克	86826810	37095	728547	415
74050000	铜母合金	千克	175433	145	7671	8
74061010	精炼铜非片状粉末	千克	434433	468	2177436	2308
74061020	铜镍合金(白铜)或铜镍锌合金(德银)非片状粉末	千克	81	1	7454	11
74061030	铜锌合金(黄铜)非片状粉末	千克	209874	240	583329	525
74061040	铜锡合金(青铜)非片状粉末	千克	254254	302	111860	150
74061090	其他铜合金非片状粉末	千克	32466	74	20938	49
74062010	精炼铜片状粉末	千克	111527	171	40721	56
74062090	其他铜合金片状粉末	千克	185065	327	37205	49
74071000	精炼铜条、杆、型材及异型材	千克	3950154	3237	107930	175
74072100	铜锌合金条、杆、型材及异型材	千克	14598981	7397	959551	656
74072900	其他铜合金条、杆、型材及异型材	千克	362056	581	1505424	1426
74081100	最大截面尺寸>6mm的精炼铜丝	千克	16100195	12091	36599	39
74081900	其他精炼铜丝	千克	21767865	17978	485314	515
74082100	铜锌合金丝	千克	4596577	4397	3244002	2309
74082200	铜镍合金或铜镍锌合金丝	千克	82762	538	196526	209
74082900	其他铜合金丝	千克	417170	1405	1025409	1138
74091110	含氧≤10PPM 盘卷精炼铜板、片及带,厚>0.15mm	千克	3783206	3488	618527	722
74091190	其他盘卷的精炼铜板、片及带,厚度>0.15mm	千克	1888080	1843	874394	746

2010年上海关区进出口商品量值表

单位:万美元

商品		计量单位	进口数量	进口金额	出口数量	出口金额
74091900	其他精炼铜板、片及带,厚>0.15mm	千克	306912	478	249721	227
74092100	盘卷的铜锌合金板、片及带,厚>0.15mm	千克	13977167	11670	4164555	2832
74092900	其他铜锌合金板、片及带,厚>0.15mm	千克	133123	116	301944	206
74093100	盘卷的铜锡合金板、片及带,厚>0.15mm	千克	5427056	5970	4044024	4196
74093900	其他铜锡合金板、片及带,厚>0.15mm	千克	9643	76	22645	28
74094000	铜镍、铜镍锌合金板、片及带,厚>0.15mm	千克	1991154	2620	173586	223
74099000	其他铜合金板、片及带,厚>0.15mm	千克	6934576	7338	1881466	1953
74101100	无衬背精炼铜箔,厚≤0.15mm	千克	26684688	31718	4601422	4310
74101210	无衬背铜镍合金或铜镍锌合金箔,厚≤0.15mm	千克	1169222	1915	264845	390
74101290	其他无衬背铜合金箔,厚≤0.15mm	千克	3647867	4918	857698	1401
74102110	印制电路用覆铜板	千克	15240505	14061	56700205	29172
74102190	其他有衬背精炼铜箔,厚度(衬背除外)≤0.15mm	千克	7304211	2653	224041	205
74102210	衬背铜镍,铜镍锌合金箔,厚(除衬背)≤0.15mm	千克	5407	8	32	0
74102290	其他有衬背铜合金箔,厚(衬背除外)≤0.15mm	千克	11535	95	30822	131
74111011	带有螺纹或翅片的精炼铜管,外径≤25mm	千克	2195890	2149	8523729	6989
74111019	其他精炼铜管,外径≤25mm	千克	1608604	1666	34309418	27631
74111020	外径超过70毫米的精炼铜管	千克	34076	34	712184	591
74111090	其他精炼铜管,25mm<外径≤70mm	千克	2721812	2342	4780342	3982
74112110	盘卷的铜锌合金(黄铜)管	千克	20	0	872	1
74112190	其他铜锌合金(黄铜)管	千克	1132952	970	8737744	6325
74112200	铜镍合金(白铜)或铜镍锌合金(德银)管	千克	402802	705	2556371	2905
74112900	其他铜合金管	千克	158544	242	3746877	3163
74121000	精炼铜管子附件	千克	159454	730	2985666	3720
74122010	铜镍合金或铜镍锌合金管子附件	千克	180476	490	208998	531

2010 年上海关区进出口商品量值表

单位:万美元

商品		计量单位	进口数量	进口金额	出口数量	出口金额
74122090	其他铜合金管子附件	千克	1143772	3076	6409988	8062
74130000	非绝缘铜丝绞股线、缆、编带及类似品	千克	178438	433	959116	1076
74151000	铜制或钢铁制带铜头的钉、平头钉、图钉、U 形钉及类似品	千克	41541	561	75604	106
74152100	铜制垫圈(包括弹簧垫圈)	千克	144392	814	265947	314
74152900	其他铜制无螺纹制品	千克	84065	355	114258	188
74153310	铜制木螺钉	千克	111	0	353548	316
74153390	铜制其他螺钉;螺栓及螺母	千克	491902	1425	2620631	2832
74153900	其他铜制螺纹制品	千克	120625	713	187189	263
74181100	铜制刷锅器及洗刷擦光用块垫、手套及类似品	千克	20	0	134665	78
74181910	非电热的铜制家用烹饪器具及其零件	千克	531	1	21560	36
74181990	未列名餐桌、厨房或其他家用铜制器具及其零件	千克	9872	36	111750	141
74182000	铜制卫生器具及其零件	千克	93400	308	2358249	2707
74191000	铜制链条及其零件	千克	17229	42	71659	95
74199110	铸造、模压、冲压或锻造的工业用铜制品	千克	459393	846	191447	297
74199190	铸造、模压、冲压或锻造的非工业用铜制品	千克	34725	88	108712	150
74199920	铜弹簧	千克	47239	1287	12474	59
74199930	铜丝布(包括环型带)	千克	2359	7	716	2
74199940	铜丝制网、格栅、网眼铜板	千克	8986	32	18296	21
74199950	非电热的铜制家用供暖器具及其零件	千克	20	0	498898	131
74199991	未列名工业用铜制品	千克	12617979	12613	3351547	3912
74199999	未列名非工业用铜制品	千克	177239	1000	1031712	1634
75011000	镍锍	千克	—	—	500	1
75012010	镍湿法冶炼中间产品	千克	8250	1	—	—
75012090	其他氧化镍烧结物及镍冶炼的其他中间产品	千克	60000	121	—	—
75021010	按重量计镍、钴总量≥99.99%,钴≤0.005%的未锻轧非合金镍	千克	228240	552	14803	39
75021090	其他未锻轧非合金镍	千克	71136980	146193	23440061	50817
75022000	未锻轧的镍合金	千克	31441	106	2515	6

2010年上海关区进出口商品量值表

单位：万美元

商品		计量单位	进口数量	进口金额	出口数量	出口金额
75030000	镍废碎料	千克	—	—	16098	20
75040010	非合金镍粉及片状粉末	千克	932582	2256	23325	107
75040020	合金镍粉及片状粉末	千克	82843	451	177961	653
75051100	非合金镍条、杆、型材及异型材	千克	1090	19	11151	42
75051200	镍合金条、杆、型材及异型材	千克	613101	2586	209908	650
75052100	非合金镍丝	千克	2735	27	6137	16
75052200	镍合金丝	千克	446580	1410	513202	1087
75061000	非合金镍板、片、带、箔	千克	423407	1998	199685	875
75062000	镍合金板、片、带、箔	千克	2351742	6001	50230	215
75071100	非合金镍管	千克	14491	107	3347	13
75071200	镍合金管	千克	727776	3156	81317	152
75072000	镍管子附件	千克	16452	160	6970	11
75081010	镍丝布	千克	66881	340	18685	67
75081080	工业用镍格栅及网	千克	10381	222	315517	1020
75081090	非工业用镍格栅及网	千克	357	7	11987	28
75089010	电镀用镍阳极	千克	50118	186	500	2
75089080	其他工业用镍制品	千克	103069	1639	198254	784
75089090	其他非工业用镍制品	千克	22645	280	122415	538
76011010	含铝量≥99.95%的未锻轧非合金铝	千克	5609	7	9722	4
76011090	含铝量<99.95%的未锻轧非合金铝	千克	13062322	2932	17219078	3648
76012000	未锻轧的铝合金	千克	23158028	5407	218309551	46852
76020000	铝废碎料	千克	577967279	95732	827385	142
76031000	铝非片状粉末	千克	424971	321	1824486	1387
76032000	铝片状粉末	千克	366393	695	160	0
76041010	非合金铝制条、杆	千克	720778	327	113218	26
76041090	非合金铝制型材及异型材	千克	389442	220	92177	64
76042100	铝合金制空心异型材	千克	1958529	1249	16750702	5988
76042910	铝合金制条、杆	千克	2796463	1593	793876	298
76042990	其他铝合金制型材及异型材	千克	2855441	1921	12151622	4470
76051100	最大截面尺寸超过7毫米的非合金铝丝	千克	332	6	233002	98
76051900	其他非合金铝丝	千克	171942	348	638659	241
76052100	最大截面尺寸超过7毫米的铝合金丝	千克	462721	198	171298	61
76052900	其他铝合金丝	千克	615764	477	3726429	1686

2010 年上海关区进出口商品量值表

单位:万美元

商品		计量单位	进口数量	进口金额	出口数量	出口金额
76061120	非合金铝矩形板、片及带,0.30mm≤厚≤0.36mm	千克	3537623	1910	7575614	1958
76061190	其他非合金铝矩形板、片及带,厚度>0.2mm	千克	7888312	4214	65240360	16700
76061220	铝合金矩形板、片及带,0.2mm<厚<0.28mm	千克	17862500	6586	6892748	2374
76061230	铝合金矩形板、片及带,0.28mm≤厚≤0.35mm	千克	6467878	2327	17778303	5343
76061250	铝合金矩形板、片及带,0.35mm<厚≤4mm	千克	40922749	18431	108920330	31680
76061290	铝合金矩形板、片及带,厚度>4mm	千克	10950088	6818	6072296	1800
76069100	其他非合金铝板、片及带,厚度>0.2mm	千克	2370822	502	9711968	2695
76069200	其他铝合金板、片及带,厚度>0.2mm	千克	1220890	751	5734625	1905
76071110	轧后未加工无衬背铝箔,厚度≤0.007mm	千克	5051944	2156	30433019	11197
76071120	轧后未加工无衬背铝箔,0.007mm<厚≤0.01mm	千克	4992	6	9371188	3163
76071190	轧制后未经进一步加工的无衬背铝箔,0.01mm<厚≤0.2mm	千克	3725898	2727	48440634	14957
76071900	其他无衬背铝箔	千克	7010246	10266	77094384	41302
76072000	有衬背铝箔	千克	2588516	4370	48046269	15751
76081000	非合金铝管	千克	322590	361	5155462	2085
76082010	铝合金管,外径≤10cm	千克	620910	478	8535398	4197
76082091	铝合金管,壁厚≤25mm,外径>10cm	千克	215254	148	146257	99
76082099	铝合金管,壁厚>25mm,外径>10cm	千克	73668	70	1000084	263
76090000	铝制管子附件(例如,接头、肘管、管套)	千克	477615	1740	5807338	5408
76101000	铝制门窗及其框架、门槛	千克	382995	460	27393467	11193
76109000	其他铝制结构体;铝结构体用部件及加工铝材	千克	721738	927	67196131	31226
76110000	盛装物料用的铝制槽、罐、桶及类似容器(装压缩气体或液化气体的除外),容积超过300升,不论是否衬里或隔热,但无机械或热力装置	千克	227082	146	487139	261

2010年上海关区进出口商品量值表

单位:万美元

商品		计量单位	进口		出口	
			数量	金额	数量	金额
76121000	铝制软管容器	千克	870	1	353316	353
76129010	铝制易拉罐及罐体	千克	381	1	249535	183
76129090	其他容积≤300L的盛装物料用铝制容器	千克	173570	264	7184754	5232
76130010	装压缩气体或液化气体零售包装用铝制容器	千克	13465	32	941998	720
76130090	装压缩气体或液化气体非零售包装用铝制容器	千克	186539	442	183592	143
76141000	非绝缘的钢芯铝制绞股线、缆、编带及类似品	千克	262135	150	41775382	10159
76149000	其他非绝缘的铝制绞股线、缆、编带及类似品	千克	1156	23	15851184	5167
76151100	铝制擦锅器、洗刷擦光用块垫、手套及类似品	千克	188	1	6716	4
76151900	其他铝制餐桌、厨房或其他家用器具及其零件	千克	792521	813	19378081	10254
76152000	铝制卫生器具及其零件	千克	3328	17	1013006	720
76161000	铝制钉、平头钉、U形钉(品目8305的货品除外)、螺钉、螺栓、螺母、钩头螺钉、铆钉、销、开尾销、垫圈及类似品	千克	235762	1970	12498424	4298
76169100	铝丝制布、网、篱及格栅	千克	38025	130	352816	243
76169910	其他工业用铝制品	千克	2488479	5769	19659441	14419
76169990	其他非工业用铝制品	千克	1534350	5129	77682515	43153
78011000	未锻轧的精炼铅	千克	15523636	3309	13687513	3064
78019100	按重量计所含其他元素是以锑为主的未锻轧铅	千克	2579098	662	1227172	252
78019900	其他未锻轧铅	千克	12702951	2472	—	—
78041100	铅片、带及厚度(衬背除外)≤0.2mm的箔	千克	19332	16	12583	12
78041900	铅板	千克	3068	3	14801917	3233
78042000	铅粉及片状粉末	千克	35139	9	7170	4
78060010	铅条、杆、型材及异型材或丝	千克	34937	116	207353	93
78060090	其他铅制品	千克	70665	195	471001	147
79011110	含锌量≥99.995%的未锻轧非合金锌	千克	124924203	27682	28156612	6678
79011190	99.99%≤含锌量<99.995%的未锻轧非合金锌	千克	2300	2	—	—

2010年上海关区进出口商品量值表

单位:万美元

商品		计量单位	进口数量	进口金额	出口数量	出口金额
79011200	含锌量低于99.99%的未锻轧非合金锌	千克	1730477	375	—	—
79012000	未锻轧锌合金	千克	8120309	1915	252284	74
79020000	锌废碎料	千克	268219	47	100	0
79031000	锌末	千克	30598	28	9283	4
79039000	锌粉及片状粉末	千克	821179	382	697455	278
79040000	锌条、杆、型材及异型材或丝	千克	789696	278	1775707	687
79050000	锌板、片、带、箔	千克	2098872	687	242972	76
79070020	锌制管及管子附件(例如,接头、肘管、管套)	千克	82762	151	757381	362
79070030	电池壳体坯料(锌饼)	千克	—	—	44237	15
79070090	其他锌制品	千克	405836	604	1706956	1353
80011000	未锻轧的非合金锡	千克	1737127	3330	62124	67
80012010	未锻轧的锡基巴毕脱合金	千克	5000	11	—	—
80012021	按重量计含铅量<0.1%的未锻轧的焊锡	千克	7882	36	—	—
80012029	其他未锻轧的焊锡	千克	44217	218	—	—
80012090	其他未锻轧的锡	千克	112272	172	—	—
80030000	锡条、杆、型材及异型材或丝	千克	986699	2743	477632	858
80070020	锡板、片及带,厚度>0.2mm	千克	299	10	—	—
80070030	锡箔(不论是否印花或用纸、纸板、塑料或类似材料衬背),厚度(除衬背)≤0.2mm;锡粉及片状粉末	千克	69409	222	58035	110
80070040	锡制管及管子附件(例如,接头、肘管、管套)	千克	59	0	—	—
80070090	其他锡制品	千克	162790	810	353944	786
81011000	钨粉	千克	34216	223	131600	398
81019400	未锻轧钨,包括简单烧结成的条、杆	千克	4641	67	11000	37
81019600	钨丝	千克	10753	628	127139	990
81019700	钨废碎料	千克	—	—	7000	24
81019910	钨条、杆(但简单烧结而成的除外)、钨制型材及异型材、板、片、带、箔	千克	54591	729	77812	355
81019990	其他钨制品	千克	20824	494	77912	523
81021000	钼粉	千克	30009	337	19320	87
81029400	未锻轧钼,包括简单烧结成的条、杆	千克	—	—	2851	9
81029500	钼条、杆(但简单烧结而成的除外);型材及异型材,板、片、带、箔	千克	20540	606	1418309	6236

2010年上海关区进出口商品量值表

单位:万美元

商品		计量单位	进口		出口	
			数量	金额	数量	金额
81029600	钼丝	千克	16558	208	120921	751
81029900	其他钼制品	千克	17310	586	169963	969
81032011	松装密度 <2.2g/cu cm 的钽粉	千克	6	0	8115	181
81032019	其他钽粉	千克	751	45	2302	65
81032090	其他未锻轧钽,包括简单烧结成条、杆	千克	—	—	1000	20
81033000	钽废碎料	千克	300	4	—	—
81039011	直径 <0.5mm 的钽丝	千克	141	2	138	4
81039019	直径≥0.5mm 的钽丝	千克	4	0	69	6
81039090	未列名锻轧钽及钽制品	千克	6692	479	30662	747
81041100	含镁量≥99.8%的未锻轧镁	千克	85	0	203337	61
81041900	其他未锻轧镁	千克	1	0	4262217	1401
81042000	镁废碎料	千克	275843	39	10538	2
81043000	镁锉屑、车屑及颗粒,已按规格分级;镁粉	千克	423	1	1905099	614
81049010	锻轧镁	千克	26761	10	62771	36
81049020	镁制品	千克	13871	98	9315256	2669
81052010	钴湿法冶炼中间产品	千克	2055321	1379	40	0
81052090	其他钴锍及冶炼钴时中间产品;未锻轧钴;钴粉	千克	8628482	14512	1086586	5029
81059000	锻轧钴及钴制品	千克	24800	449	300	1
81060010	未锻轧铋;废碎料;粉末	千克	14288	30	338474	582
81060090	锻轧铋及铋制品	千克	344	5	11140	23
81072000	未锻轧镉;粉末	千克	698042	271	65480	28
81079000	锻轧镉及镉制品	千克	127	1	800	1
81082021	海绵钛	千克	192040	146	36000	26
81082029	其他未锻轧钛	千克	42193	61	—	—
81082030	钛粉末	千克	472	12	19129	29
81083000	钛废碎料	千克	—	—	15240	11
81089010	钛条、杆、型材及异型材	千克	34614	318	361917	859
81089020	钛丝	千克	37582	218	46416	245
81089031	厚度≤0.8mm 的钛板、片、带、箔	千克	792895	2453	43779	141
81089032	厚度 >0.8mm 的钛板、片、带	千克	142214	638	829785	1733
81089040	钛管	千克	1095793	4077	964290	2582
81089090	其他锻轧钛及钛制品	千克	89927	1991	219997	1365
81092000	未锻轧锆;粉末	千克	37614	201	—	—
81093000	锆废碎料	千克	—	—	1095	1

2010年上海关区进出口商品量值表

单位:万美元

商品		计量单位	进口		出口	
			数量	金额	数量	金额
81099000	锻轧锆及锆制品	千克	512189	5189	74208	64
81101020	锑粉末	千克	356	9	—	—
81109000	其他锑及锑制品	千克	19287	13	—	—
81110010	未锻轧锰;废碎料;粉末	千克	1001	0	6529700	1946
81110090	锻轧锰及锰制品	千克	108885	296	28884844	7292
81121200	未锻轧铍;粉末	千克	1500	76	—	—
81121900	锻轧铍及铍制品	千克	4	1	7	7
81122100	未锻轧铬;粉末	千克	13250	29	1250	5
81122900	锻轧铬及铬制品	千克	29493	778	10219	80
81125100	未锻轧铊;粉末	千克	0	0	—	—
81129210	未锻轧的锗;废碎料;粉末	千克	106	0	110	1
81129220	未锻轧的钒;废碎料;粉末	千克	6	2	3000	10
81129230	未锻轧的铟;废碎料;粉末	千克	48	6	—	—
81129240	未锻轧的铌;废碎料;粉末	千克	7076	59	2230	19
81129290	未锻轧的镓、铪、铼;废碎料;粉末	千克	612	45	613	28
81129910	锻轧的锗及其制品	千克	590	19	6246	669
81129920	锻轧的钒及其制品	千克	418629	714	62	5
81129930	锻轧的铟及其制品	千克	958	69	—	—
81129940	锻轧的铌及其制品	千克	5616	69	5138	118
81129990	锻轧的镓、铪、铼及其制品	千克	680	52	4687	197
81130010	金属陶瓷颗粒;粉末	千克	29223	208	11851	38
81130090	其他金属陶瓷及其制品,包括废碎料	千克	451660	5213	11795	133
82011000	锹及铲	千克	3550	5	4412514	1066
82012000	叉	千克	74	0	593731	155
82013000	镐、锄及耙	千克	1025	1	6643216	1493
82014000	斧子、钩刀及类似砍伐工具	千克	49527	19	7805352	1725
82015000	修枝剪及类似的单手操作剪刀(包括家禽剪)	千克	26698	14	1408737	794
82016000	树篱剪、双手修枝剪及类似双手操作剪刀	千克	2618	2	2015624	741
82019000	用于农业、园艺或林业的未列名手工工具	千克	761	1	6355135	1959
82021000	手工锯	千克	52677	77	13044638	4402
82022000	带锯片	千克	1906116	3271	2317812	1645
82023100	带有钢制工作部件的圆锯片	千克	283583	1568	4708157	4262
82023900	其他圆锯片,包括部件	千克	358436	899	17663143	13468

2010年上海关区进出口商品量值表

单位:万美元

商品		计量单位	进口数量	进口金额	出口数量	出口金额
82024000	链锯条	千克	487426	1242	342288	274
82029110	机械锯用锯金属的直锯片	千克	46748	163	397577	520
82029190	其他锯金属的直锯片	千克	4464	16	586784	194
82029910	其他机械锯用锯片	千克	1063937	1767	3579843	2970
82029990	未列名锯片	千克	13573	43	5546600	3944
82031000	钢锉、木锉及类似工具	千克	35988	89	4371334	2218
82032000	钳子(包括剪钳)、镊子及类似工具	千克	946362	1215	48674258	20600
82033000	白铁剪及类似工具	千克	89251	103	2662959	982
82034000	切管器、螺栓切头器、打孔冲子及类似工具	千克	46285	101	2085676	1510
82041100	固定的手动扳手及扳钳	千克	1760110	3653	32733932	13100
82041200	可调的手动扳手及扳钳	千克	646690	956	16308005	7175
82042000	可互换的扳手套筒,不论是否带手柄	千克	5049201	1845	15009689	5457
82051000	钻孔或攻丝工具	千克	12710	103	1074615	504
82052000	锤子	千克	476639	156	45919980	9854
82053000	木工刨子、凿子及类似切削工具	千克	19208	32	7770660	2713
82054000	螺丝刀	千克	679434	697	27139632	11108
82055100	其他家用手工工具	千克	994473	658	6771528	3249
82055900	其他手工工具	千克	614196	1693	57992240	18465
82056000	喷灯	千克	3451	11	370317	228
82057000	台钳、夹钳及类似品	千克	226682	300	19122051	4221
82058000	砧、轻便锻炉;带支架的手摇或脚踏砂轮	千克	460	3	138090	29
82059000	由上述两个或多个子目物品组成的成套货品	千克	245225	1663	4471303	1727
82060000	8202至8205中两个或两个以上品目的工具组成的零售包装成套货品	千克	231874	796	44739499	19767
82071300	带有金属陶瓷制工作部件的凿岩或钻探工具	千克	766	1	503060	702
82071910	带有天然或合成金刚石、立方氮化硼工作部件凿岩钻探工具	千克	26072	833	1383649	1977
82071990	其他材料制工作部件的凿岩或钻探工具	千克	59370	237	4141709	4367
82072010	带有天然或合成金刚石、立方氮化硼部件金属拉拔或挤压模	千克	8447	308	58679	776
82072090	其他材料制工作部件的金属拉拔或挤压用模	千克	7227619	2687	448847	1207

2010 年上海关区进出口商品量值表

单位:万美元

商品		计量单位	进口		出口	
			数量	金额	数量	金额
82073000	锻压或冲压工具	千克	4462977	11426	2048049	2186
82074000	攻丝工具	千克	163752	4652	4902048	4316
82075010	带有天然或合成金刚石、立方氮化硼制工作部件的钻孔工具	千克	16698	371	757238	1001
82075090	其他材料制工作部件的钻孔工具	千克	685730	6580	44035332	36346
82076010	带有天然或合成金刚石、立方氮化硼制工作部件的镗孔或铰孔工具	千克	1852	105	105615	198
82076090	其他材料制工作部件的镗孔或铰孔工具	千克	55109	1994	662322	741
82077010	带有天然或合成金刚石、立方氮化硼制工作部件的铣削工具	千克	4339	162	18952	51
82077090	其他铣削工具	千克	205697	5887	1050551	3331
82078010	带有天然或合成金刚石、立方氮化硼制工作部件的车削工具	千克	295	9	27991	46
82078090	其他车削工具	千克	124602	586	649288	685
82079010	带有天然或合成金刚石、立方氮化硼制工作部件的未列名可互换工具	千克	39927	310	4296518	3984
82079090	其他材料制工作部件的未列名可互换工具	千克	689396	6893	3664903	2263
82081011	经镀或涂层的硬质合金制的金工机械用刀及刀片	千克	220659	6470	340002	1014
82081019	其他硬质合金制的金工机械用刀及刀片	千克	570310	17546	2488412	5825
82081090	其他金工机械用刀及刀片	千克	327901	15256	104043	628
82082000	木工机械用刀及刀片	千克	165702	335	1031175	1007
82083000	厨房器具或食品工业机器用的刀及刀片	千克	15079	100	113561	124
82084000	农业、园艺或林业机器用的刀及刀片	千克	293682	393	822123	420
82089000	未列名机器或机械器具的刀及刀片	千克	864025	5278	984258	1462
82090010	未装配的工具用金属陶瓷板	千克	358	9	473	2
82090020	未装配的工具用金属陶瓷条、杆	千克	61578	736	77825	332
82090030	未装配的工具用金属陶瓷刀头	千克	80210	2943	194348	1165
82090090	其他未装配的工具用金属陶瓷板、杆、刀头的类似品	千克	54127	1110	110541	343
82100000	加工调制食品或饮料手动机械器具,重≤10kg	千克	28616	71	7394798	2149

2010年上海关区进出口商品量值表

单位:万美元

商品		计量单位	进口		出口	
			数量	金额	数量	金额
82111000	成套的刀	千克	6991	53	2494432	1578
82119100	刃面固定的餐刀	千克	5293	16	960311	1006
82119200	刃面固定的其他刀	千克	20898	135	4749662	4622
82119300	可换刃面的刀	千克	83758	710	4689779	3822
82119400	品目8211所列刀的刀片	千克	251417	276	1940712	1016
82119500	贱金属制刀柄	千克	8154	99	25789	31
82121000	剃刀	千克	455158	989	3420864	3736
82122000	安全刀片,包括未分开的刀片条	千克	575171	2080	1364324	1560
82129000	其他剃刀零件	千克	28177	400	102738	187
82130000	剪刀、裁缝剪刀及类似品、剪刀片	千克	157386	437	6348123	4482
82141000	裁纸刀、开信刀、改错刀、铅笔刀及其刀片	千克	83676	91	4230515	2407
82142000	修指甲及修脚用具(包括指甲锉)	千克	94385	308	1779021	975
82149000	未列名利口器	千克	63215	227	724670	985
82151000	成套的餐匙、餐叉、长柄勺、漏勺、糕点夹、鱼刀、黄油刀、糖块夹及类似的厨房或餐桌用具,至少其中一件物品是镀贵金属的	千克	4722	75	3543	2
82152000	未镀贵金属的成套餐匙、餐叉、长柄勺、漏勺、糕点夹、鱼刀、黄油刀、糖块夹及类似的厨房或餐桌用具	千克	38856	76	3914110	2485
82159100	非成套镀贵金属的的餐匙、餐叉、长柄勺、漏勺、糕点夹、鱼刀、黄油刀、糖块夹及类似的厨房或餐桌用具	千克	2324	8	7297	5
82159900	非成套未镀贵金属的的餐匙、餐叉、长柄勺、漏勺、糕点夹、鱼刀、黄油刀、糖块夹及类似的厨房或餐桌用具	千克	162852	368	2564398	1702
83011000	挂锁	千克	25354	73	28606865	12276
83012010	机动车用中央控制门锁	千克	1635262	3054	4303895	6270
83012090	机动车用其他锁	千克	744125	1433	3992441	2129
83013000	家具用锁	千克	69443	111	7564953	2885
83014000	未列名锁	千克	781848	2607	66805502	33838
83015000	带锁的扣环及扣环框架	千克	65885	167	1777462	800
83016000	锁的零件	千克	4242712	6299	25929647	17080
83017000	钥匙	千克	131575	456	1822968	1047
83021000	贱金属制铰链(折叶)	千克	4150910	3292	78953945	18272

2010年上海关区进出口商品量值表

单位:万美元

商品		计量单位	进口		出口	
			数量	金额	数量	金额
83022000	贱金属制小脚轮	千克	1160448	904	9344969	2668
83023000	机动车辆用的其他贱金属制附件及架座	千克	271435	406	6419041	2258
83024100	建筑用其他贱金属制附件及架座	千克	640706	1161	32618872	13259
83024200	家具用其他贱金属制附件及架座	千克	5751930	3164	136798621	30498
83024900	鞍具、衣箱、盒子等其他贱金属制附件及架座	千克	831158	1422	27693394	11131
83025000	贱金属制帽架、帽钩、托架及类似品	千克	547724	304	23580831	6370
83026000	贱金属制自动闭门器	千克	375517	307	7958830	4422
83030000	装甲或加强的贱金属保险箱、保险柜及保险库的门和带锁保险储存橱、钱箱、契约箱及类似品	千克	291609	126	57211641	11216
83040000	贱金属档案柜、卡片索引柜、文件篮、笔盘、公章架及类似的办公用具,但品目9403的办公室家具除外	千克	49212	44	3867216	1128
83051000	贱金属制活页夹或卷宗夹的附件	千克	23889	18	241796	56
83052000	贱金属制成条钉书钉	千克	78135	83	18664747	3369
83059000	贱金属信夹、信角、文件夹、索引标签及类似的办公用品,包括零件	千克	8363	48	2721376	857
83061000	非电动的贱金属铃、钟、锣及类似品	千克	21506	26	938555	725
83062100	镀贵金属的雕塑像及其他装饰品	千克	7019	48	34934	136
83062910	景泰蓝的雕塑像及其他装饰品	千克	142	1	10478	9
83062990	未列名贱金属雕塑像及其他装饰品	千克	148871	221	7910813	3857
83063000	贱金属的相框、画框及类似框架和镜子	千克	38279	63	4771546	815
83071000	钢铁制软管,不论是否有附件	千克	1637706	3299	5561702	2398
83079000	其他贱金属制软管,不论是否有附件	千克	136182	318	1203204	528
83081000	贱金属制钩、环、眼	千克	1002502	2444	25649740	10317
83082000	贱金属制的管形铆钉及开口铆钉	千克	427393	670	2884615	1303
83089000	贱金属制扣等;珠子及亮晶片,包括零件	千克	257704	285	268892	258
83091000	贱金属制冠形瓶塞	千克	23051	52	711172	319
83099000	贱金属制其他塞、盖、帽、封志等包装用附件	千克	1657847	1294	8070425	3791
83100000	贱金属标志牌、铭牌、地名牌及类似品、号码、字母及类似标志,但品目9405的货品除外	千克	1048670	2277	1262026	1806

2010年上海关区进出口商品量值表

单位:万美元

商品		计量单位	进口		出口	
			数量	金额	数量	金额
83111000	焊剂涂面的贱金属电极,电弧焊用	千克	3205875	2898	23708773	2345
83112000	焊剂为芯的贱金属制焊丝,电弧焊用	千克	6304840	3767	21194665	3678
83113000	焊剂涂面或做芯贱金属条或丝,钎焊或气焊用	千克	1577280	2161	6752789	1631
83119000	其他贱金属或硬质合金制的丝、条、管、板、电极及类似品,以焊剂涂面或以焊剂为芯,用于焊接或沉积金属、硬质合金;贱金属粉粘聚而成的丝或条,供金属喷镀用	千克	369652	476	1570906	825
84013090	未辐照燃料元件的零件	千克	176494	3958	—	—
84014010	未辐照相关组件	千克	109	54	—	—
84014090	其他核反应堆零件	千克	1658756	11346	196369	405
84021190	蒸发量>45吨/时的其他水管锅炉	台	1	59	38	8131
84021200	蒸发量≤45吨/时的水管锅炉	台	45	710	174	2230
84021900	未列名蒸汽锅炉,包括混合式锅炉	台	72	2456	792	3155
84022000	过热水锅炉	台	31	318	58	81
84029000	蒸汽及过热水锅炉零件	千克	447841	2420	363076691	112812
84031010	家用型集中供暖用的热水锅炉	台	12012	545	185	7
84031090	其他集中供暖用的热水锅炉	台	140	244	16	96
84039000	集中供暖用的热水锅炉零件	千克	18218	39	1542393	872
84041010	蒸汽锅炉和过热水锅炉的辅助设备	千克	160351	812	36159335	20014
84041020	集中供暖用锅炉的辅助设备	千克	39903	22	283446	111
84042000	水蒸汽或其他蒸汽动力装置的冷凝器	千克	9586	43	4361635	3262
84049010	84041020所列设备的零件	千克	11006	68	8164337	1767
84049090	84041010、84042000所列设备的零件	千克	21798	61	89623258	17954
84051000	煤气发生器;乙炔发生器等水解气体发生器	千克	70560	499	1012349	509
84059000	煤气发生器及乙炔发生器等的零件	千克	3186	16	430284	286
84061000	船舶动力用汽轮机	台	1	1099	—	—
84068110	40兆瓦<输出功率≤100兆瓦的汽轮机	台	3	3920	9	4550
84068120	100兆瓦<输出功率≤350兆瓦的汽轮机	台	—	—	6	5845
84068130	输出功率>350兆瓦的汽轮机	台	1	5	4	5354

2010年上海关区进出口商品量值表

单位:万美元

	商品	计量单位	进口数量	进口金额	出口数量	出口金额
84068200	输出功率≤40兆瓦的汽轮机	台	21	4401	95	11360
84069000	汽轮机零件	千克	4819199	11645	43746849	73215
84071010	功率≤298kw航空器用点燃往复式或旋转式活塞内燃发动机	台	11	46	7	2
84071020	功率>298kw航空器用点燃往复式或旋转式活塞内燃发动机	台	2	23	—	—
84072100	船舶用点燃往复式或旋转式活塞内燃发动机,舷外式	台	12825	2436	37423	2149
84072900	船舶用其他点燃往复式或旋转式活塞内燃发动机	台	—	—	10	1
84073100	车用往复式活塞发动机,排量≤50ml	台	1213	28	7332	183
84073200	车用往复式活塞发动机,50ml<排量≤250ml	台	5679	82	197746	3000
84073300	车用往复式活塞发动机,250ml<排量≤1000ml	台	5	1	956	44
84073410	排气量超过1000毫升,但不超过3000毫升的车辆用往复式活塞发动机	台	198674	35962	1137	352
84073420	排量>3000ml车辆用往复式活塞发动机	台	908	827	1039	206
84079010	沼气发动机	台	8	0	22	28
84079090	未列名点燃式活塞内燃发动机	台	303888	8182	1869667	15642
84081000	船舶用压燃式活塞内燃发动机	台	2472	109412	1278	2129
84082010	输出功率在132.39千瓦(180马力)及以上车辆用压燃式活塞内燃发动机	台	2801	4668	161	174
84082090	其他车辆用压燃式活塞内燃发动机	台	824	578	5325	211
84089010	机车用压燃式活塞内燃发动机	台	20	194	12	6
84089091	其他输出功率≤14kw的压燃式活塞内燃发动机	台	5996	1016	891965	14706
84089092	其他14kw<输出功率<132.39kw(180马力)的压燃式活塞内燃发动机	台	55236	25231	316973	12673
84089093	其他输出功率≥132.39kw(180马力)的压燃式活塞内燃发动机	台	24582	40448	2194	3888
84091000	航空器发动机零件	千克	1995	32	1720	7

2010 年上海关区进出口商品量值表

单位:万美元

商品		计量单位	进口数量	进口金额	出口数量	出口金额
84099110	船舶用点燃式活塞内燃发动机的零件	千克	255363	937	2485049	1443
84099191	电控燃油喷射装置	千克	20786	315	986995	3157
84099199	其他点燃式活塞内燃发动机的零件	千克	32351264	53087	58993121	46242
84099910	船舶用压燃式活塞内燃发动机的零件	千克	9340261	11981	13716001	10697
84099920	机车用压燃式活塞内燃发动机零件	千克	516987	1231	2570401	1878
84099991	输出功率在 132.39 千瓦(180 马力)及以上压燃式活塞内燃发动机的零件	千克	8451415	13881	32122315	19599
84099999	其他压燃式活塞内燃发动机的零件	千克	3110824	10857	74306655	29817
84101100	水轮机及水轮,P≤1000kw	台	1	0	167	328
84101200	1000kw < P≤10000kw 的水轮机及水轮	台	—	—	86	1720
84101310	P > 30000kw 的冲击式水轮机及水轮	台	—	—	4	814
84101390	P >10000kw 的其他水轮机及水轮	台	—	—	58	1582
84109010	水轮机及水轮的调节器	千克	—	—	624232	1138
84109090	其他水轮机及水轮的零件	千克	716703	1246	12624986	14522
84111110	涡轮风扇喷气发动机,推力≤25kN	台	6	1	—	—
84111190	其他涡轮喷气发动机,推力≤25kN	台	46	1185	6	211
84111210	涡轮风扇喷气发动机,推力 >25kN	台	33	16914	7	3285
84111290	其他涡轮喷气发动机,推力 >25kN	台	2	45	—	—
84112100	涡轮螺桨发动机,P≤1100kw	台	42	2968	—	—
84112210	2238≥功率 >1100kw 的涡轮螺旋桨发动机	台	8	419	—	—
84112230	功率 >3730kw 的涡轮螺旋桨发动机	台	1	178	—	—
84118100	其他燃气轮机,P≤5000kw	台	5	39	1	0
84118200	其他燃气轮机,P >5000kw	台	3	863	4	16113
84119100	涡轮喷气发动机或涡轮螺桨发动机的零件	千克	55243	13285	104270	925
84119910	涡轮轴发动机用零件	千克	1861	256	2712978	3401
84119990	未列名燃气轮机的零件	千克	1227248	18157	15548618	17577
84121010	航空、航天器喷气发动机,涡轮喷气机除外	台	1	8	—	—
84121090	其他喷气发动机,涡轮喷气发动机除外	台	4	1	—	—

2010年上海关区进出口商品量值表

单位:万美元

商品		计量单位	进口数量	进口金额	出口数量	出口金额
84122100	直线作用(液压缸)的液压动力装置	台	378820	15575	918843	8668
84122910	液压马达	台	218834	27128	369409	2947
84122990	其他液压动力装置	台	36750	12630	653795	4675
84123100	直线作用(气压缸)的气压动力装置	台	1448846	10608	1272141	2038
84123900	其他气压动力装置	台	51781	1984	322167	3381
84128000	未列名发动机及动力装置	台	1540	66	1796	12
84129010	航空器及航天器喷气发动机的零件	千克	30760	298	33873	1793
84129090	8412其他发动机及动力装置的零件	千克	6472452	9550	22365330	11567
84131100	分装燃料或润滑油的计量泵,加油站或车库用	台	7222	229	2432	279
84131900	其他装有或可装计量装置的液体泵	台	237704	6213	441922	1779
84132000	手泵,但装有或可装计量装置者除外	台	30299293	1266	21286498	2306
84133021	输出P≥132.39kw(180hp)活塞式内燃发动机用燃油泵	台	393512	11313	45102	2029
84133029	其他活塞式内燃发动机的燃油泵	台	1572102	13501	7024306	15161
84133030	活塞式内燃发动机的润滑油泵	台	415879	2342	1255210	2376
84133090	活塞式内燃发动机用冷却剂泵	台	382074	1179	6662268	5773
84134000	混凝土泵	台	63	67	404	2252
84135010	气动往复式排液泵	台	46487	2086	211040	1233
84135020	电动往复式排液泵	台	1165188	5036	528805	2124
84135031	液压往复式柱塞泵	台	25410	3397	18830	389
84135039	其他液压往复式排液泵	台	1243535	19448	71371	1603
84135090	未列名往复式排液泵	台	165260	1191	1069311	4876
84136021	电动回转式齿轮泵	台	38980	1833	39308	258
84136022	液压回转式齿轮泵	台	40914	1911	28753	410
84136029	其他回转式齿轮泵	台	144944	2683	83955	873
84136031	电动回转式叶片泵	台	582694	1205	480807	1082
84136032	液压回转式叶片泵	台	76744	1417	276965	1021
84136039	其他回转式叶片泵	台	46062	599	44502	388
84136040	回转式螺杆泵	台	5498	1660	760	248
84136050	回转式径向柱塞泵	台	941	105	385	9
84136060	回转式轴向柱塞泵	台	15072	2494	12157	256
84136090	未列名回转式排液泵	台	1147212	18348	5741280	10698

2010 年上海关区进出口商品量值表

单位:万美元

商品		计量单位	进口		出口	
			数量	金额	数量	金额
84137010	转速≥10000 转/分的其他离心泵	台	5892	1558	306201	906
84137091	转速 <10000 转/分的离心电动潜油泵及潜水泵	台	14233	1587	2478410	10103
84137099	转速 <10000 转/分的其他离心泵	台	361566	24853	2688098	18478
84138100	未列名液体泵	台	354150	11883	3991462	13908
84138200	液体提升机	台	927	230	2870	17
84139100	液体泵零件	千克	8681241	21373	46109195	29069
84139200	液体提升机零件	千克	40016	163	606096	401
84141000	真空泵	台	456743	15060	1217951	5755
84142000	手动或脚踏式空气泵	台	312932	294	39210953	5847
84143011	电动机额定功率不超过 0.4 千瓦的冷藏箱或冷冻箱用压缩机	台	1109468	4877	9286448	27312
84143012	电动机额定功率超过 0.4 千瓦,但不超过 5 千瓦的冷藏箱或冷冻箱用压缩机	台	169183	1509	1753	21
84143013	电动机额定功超过 0.4 千瓦,但不超过 5 千瓦的空气调节器用压缩机	台	479929	4943	5689681	29655
84143014	电动机额定功率超过 5 千瓦的空气调节器用压缩机	台	85381	5100	13419	1320
84143015	电动机额定功率超过 5 千瓦冷藏箱或冷冻箱用压缩机	台	10407	1655	58	8
84143019	电机驱动的其他制冷设备用压缩机	台	54329	4588	180440	5964
84143090	非电动机驱动的制冷设备用压缩机	台	588063	7400	1730619	12594
84144000	装在拖车底盘上的空气压缩机	台	1139	2087	2356	3884
84145110	输出功率≤125 瓦的吊扇	台	56	1	433024	828
84145120	输出功率≤125 瓦的换气扇	台	6133	16	650934	696
84145130	输出功率≤125 瓦的具有旋转导风轮的风扇	台	42381	60	28566	39
84145191	输出功率≤125 瓦的台扇	台	37	0	1337535	922
84145192	输出功率≤125 瓦的落地扇	台	—	—	125027	103
84145193	输出功率≤125 瓦的壁扇	台	150	1	3051	4
84145199	输出功率≤125 瓦的其他未列名风机、风扇	台	3997295	5658	3179837	3150
84145910	其他吊扇	台	98	37	2	1
84145920	其他换气扇	台	40166	107	6553	59
84145930	离心通风机	台	1129897	4432	5700300	8595
84145990	其他风机、风扇	台	25098307	14901	64564177	24147

2010 年上海关区进出口商品量值表

单位:万美元

商品		计量单位	进口 数量	进口 金额	出口 数量	出口 金额
84146010	抽油烟机,罩平面最大边长≤120cm	台	4328	86	368143	2553
84146090	其他罩平面最大边长≤120cm 通风、循环气罩	台	6155	90	147700	612
84148010	燃气轮机用的自由活塞式发生器	台	7	1	90	1
84148020	二氧化碳压缩机	台	31	159	121	101
84148030	发动机用增压器	台	106340	8470	519313	10318
84148090	其他空气泵,气体压缩机,其他装有风扇的通风罩、循环气罩	台	566819	42970	11422215	49527
84149011	压缩机进、排气阀片	千克	112210	221	114869	140
84149019	84143011 至 84143014 及 84143090 所列机器的其他零件	千克	2800996	7499	7135059	2802
84149020	84145110 至 84145199 及 84146000 所列机器的零件	千克	1004984	1186	5876256	2447
84149090	8414 所列其他机器的零件	千克	13990714	30691	54297743	31894
84151010	独立窗式或壁式空气调节器	台	377	155	297558	6172
84151021	制冷≤4000 大卡/时分体窗式或壁式空气调节器	台	238	34	2120868	53951
84151022	制冷 >4000 大卡/时分体窗式或壁式空气调节器	台	846	544	87426	3515
84152000	机动车辆上供人使用的空气调节器	台	1412	88	48220	3492
84158110	制冷量不超过 4000 大卡/时的装有制冷装置及一个冷热循环换向阀的(可逆式热泵)空气调节器	台	66	87	1110747	16659
84158120	制冷量超过 4000 大卡/时的装有制冷装置及一个冷热循环换向阀的(可逆式热泵)空气调节器	台	3390	2564	47868	4623
84158210	其他空气调节器,制冷量≤4000 大卡/时	台	51	28	219434	4302
84158220	其他空气调节器,制冷量 >4000 大卡/时	台	2210	1202	4879	1700
84158300	未装有制冷装置的空气调节器	台	4348	588	61939	2488
84159010	84151010、84151021、84158110、84158210 所列设备的零件	千克	1818920	3739	41240541	40757
84159090	84151022、84152000、84158120、84158220 及 84158300 设备的零件	千克	10932879	16522	47341543	33566
84161000	使用液体燃料的炉用燃烧器	千克	656286	2281	1890719	975

2010年上海关区进出口商品量值表

单位:万美元

商品		计量单位	进口		出口	
			数量	金额	数量	金额
84162011	使用天然气的炉用燃烧器,包括复式燃烧器	千克	811224	2567	1331998	720
84162019	使用其他气体燃料的炉用燃烧器,包括复式燃烧器	千克	92612	650	889273	544
84162090	使用粉状固体燃料的炉用燃烧器,包括复式燃烧器	千克	158570	668	812805	544
84163000	机械加煤机及其机械炉箅、机械出灰器等装置	千克	4781	10	1924709	1174
84169000	品目8416的零件	千克	391531	813	2812458	1914
84171000	矿砂或金属的焙烧、熔化等热处理用炉及烘箱	台	25	499	4074	1216
84172000	面包房用烤炉及烘箱,包括做饼干用的	台	140	330	3382	735
84178010	炼焦炉	台	2	0	4	162
84178020	放射性废物焚烧炉	台	—	—	104	10
84178030	水泥回转窑	台	1	327	44	1925
84178040	石灰石分解炉	台	—	—	11	1737
84178090	未列名非电热的工业或实验室用炉及烘箱	台	103	1984	7065	3612
84179010	海绵铁回转窑的零件	千克	1263600	996	115821	60
84179020	焦炉零件	千克	46493	98	2363898	766
84179090	品目84.17其他设备的零件	千克	793029	2441	26790718	10646
84181010	各自装门的冷藏-冷冻组合机,容积>500L	台	37946	2957	28632	1570
84181020	200L<容积≤500L的冷藏-冷冻组合机,各自装有单独外门	台	20540	1630	218668	6433
84181030	容积≤200L的冷藏-冷冻组合机,各自装有单独外门	台	816	77	227095	2889
84182110	容积>150L的压缩式家用型冷藏箱	台	235	22	164667	2344
84182120	50L<容积≤150L的压缩式家用型冷藏箱	台	242	19	560044	6215
84182130	容积≤50L的压缩式家用型冷藏箱	台	143	16	137769	1055
84182910	半导体制冷式家用型冷藏箱	台	18	1	267524	860
84182920	电气吸收式家用型冷藏箱	台	25	1	3935	34
84182990	其他家用型冷藏箱	台	10	1	31075	315
84183010	T≤-40℃的柜式冷冻箱,容积≤800L	台	220	132	33	5

2010年上海关区进出口商品量值表

单位:万美元

商品		计量单位	进口 数量	进口 金额	出口 数量	出口 金额
84183021	T > -40℃的柜式冷冻箱,500L < 容积≤800L	台	90	77	18496	707
84183029	T > -40℃的柜式冷冻箱,容积≤500L	台	193	31	763256	10532
84184010	T≤ -40℃的立式冷冻箱,容积≤900L	台	2733	1182	282	47
84184021	T > -40℃的立式冷冻箱,500L < 容积≤900L	台	207	65	282	34
84184029	T > -40℃的立式冷冻箱,容积≤500L	台	108	22	46843	490
84185000	用于存储和展示的其他冷藏或冷冻设备	台	2033	921	147782	3619
84186120	压缩式热泵	台	961	812	16023	1597
84186190	其他热泵	台	815	62	2332	222
84186920	其他制冷机组	千克	12454082	19469	30558092	24719
84186990	未列名制冷设备	千克	1665417	5094	8603712	8153
84189100	冷藏或冷冻设备专用的特制家具	千克	28817	70	1919404	708
84189910	制冷机组及热泵的零件	千克	581236	859	26635448	15608
84189991	T≤ -40℃的冷冻设备的零件	千克	8197	52	5133262	2682
84189992	T > -40℃,容积 > 500L的冷藏或冷冻设备零件	千克	64276	84	1222495	577
84189999	品目8418其他设备的零件	千克	1042863	2140	40300682	22411
84191100	燃气快速热水器	台	2053	97	699368	9173
84191910	太阳能热水器	台	8	0	396601	7684
84191990	其他非电热的快速热水器或贮备式热水器	台	545	28	14086	93
84192000	医用或实验室用消毒器具	台	2176	2162	30757	1287
84193100	农产品干燥器	台	207	208	478	475
84193200	木材、纸浆、纸或纸板干燥器	台	60	803	743	957
84193910	微空气流动陶瓷坯件干燥器	台	—	—	13	9
84193990	其他干燥器	台	13076	7241	328008	7442
84194010	提净塔	台	4	136	81	1409
84194020	精馏塔	台	14	427	36	1066
84194090	其他蒸馏或精馏设备	台	944	1589	12431	2067
84195000	热交换装置	台	735531	25228	272110	15039
84196011	制氧量≥15000立方米/小时的制氧机	台	—	—	22	4645

2010年上海关区进出口商品量值表

单位:万美元

商品		计量单位	进口数量	进口金额	出口数量	出口金额
84196019	其他制氧机	台	5	1	377	7562
84196090	未列名液化空气或其他气体的机器	台	59	517	347	8302
84198100	加工热饮料或烹调、加热食品的机器设备	台	11358	4557	55950	1586
84198910	加氢反应器	台	15	1179	38	171
84198990	未列名利用温度变化处理材料的机器、装置及类似的实验室设备	台	62750	19619	564974	18642
84199010	热水器零件	千克	913646	1342	25395020	12759
84199090	品目8419其他设备的零件	千克	2017987	5456	31839326	23126
84201000	研光机或其他滚压机器	台	276	2747	1906	1015
84209100	滚筒	个	5109	557	18095	190
84209900	研光机或其他滚压机器的未列名零件	千克	332199	651	312827	432
84211100	奶油分离器	台	1	0	9	7
84211210	干衣量≤10公斤的干衣机	台	108	19	2910	40
84211290	干衣量>10公斤的干衣机	台	43	23	51	19
84211910	脱水机	台	365	1463	1927	507
84211920	固液分离机	台	447	2526	3418	1633
84211990	未列名离心机,包括离心干燥机	台	13104	10082	81810	5524
84212110	家用型水的过滤、净化机器及装置	台	287949	996	983749	1576
84212190	非家用型水的过滤、净化机器及装置	台	405369	4872	45328	10036
84212200	过滤或净化饮料的机器及装置	台	9651	234	4381	23
84212300	内燃发动机的过滤器	个	19529054	10790	86700005	22381
84212910	压滤机	个	199	1236	391	884
84212990	未列名液体过滤、净化机器及装置	个	16463508	23736	17555042	15830
84213100	内燃发动机的进气过滤器	个	839446	1923	20414034	3122
84213910	家用型气体的过滤、净化机器及装置	个	216977	1170	1924532	13687
84213921	工业用静电除尘器	个	1625	311	346	3273
84213922	工业用袋式除尘器	个	461	502	1952	5640
84213923	工业用旋风式除尘器	个	2713	591	5729	556
84213929	其他工业用除尘器	个	4759	577	2526	912
84213930	内燃发动机排气过滤及净化装置	个	1008722	3837	66301	219
84213940	烟气脱硫装置	个	3	36	4	176
84213950	烟气脱硝装置	个	440	472	—	—
84213990	其他非家用型气体的过滤、净化机器及装置	个	3038706	11697	2214193	8910

2010年上海关区进出口商品量值表

单位:万美元

商品		计量单位	进口		出口	
			数量	金额	数量	金额
84219110	干衣量≤10公斤的干衣机零件	千克	3318	4	189428	95
84219190	其他离心机(包括离心干燥机)零件	千克	491165	2453	993578	2835
84219910	家用型过滤、净化装置零件	千克	369290	1415	14730908	9113
84219990	品目8421其他机器的零件	千克	12717504	34309	99659025	43111
84221100	家用型洗碟机	台	5229	136	20	1
84221900	非家用型洗碟机	台	1816	567	3878	411
84222000	瓶子或其他容器的洗涤或干燥机器	台	604	1185	102	86
84223010	饮料及液体食品罐装设备	台	71	5797	2310	7570
84223021	全自动水泥灌包机	台	1	2	22	99
84223029	其他水泥灌装机	台	9	1	80	274
84223030	其他灌装机、包装机	台	333	3527	33765	6527
84223090	未列名容器装封、贴标签及包封机;饮料充气机	台	1576	4770	85771	1157
84224000	其他包装或打包机器(包括热缩包装机器)	台	11723	15074	413583	9081
84229010	洗碟机零件	千克	11092	18	1328035	1678
84229020	饮料及液体食品罐装设备零件	千克	57964	1231	415888	1403
84229090	品目8422其他机器的零件	千克	290259	3171	2529697	3156
84231000	体重计,包括婴儿秤;家用秤	台	24317	34	6799942	3449
84232010	电了皮带秤	台	110	350	370	422
84232090	其他输送带上连续称货的秤	台	210	241	60	59
84233010	定量包装秤	台	518	98	646	425
84233020	定量分选秤	台	220	386	78	25
84233030	配料秤	台	308	102	4209	614
84233090	其他恒定秤、物料定量装袋或装容器用秤及库秤	台	321	42	8904	97
84238110	计价秤	台	355	16	367071	2471
84238120	弹簧秤	台	547	2	738143	127
84238190	未列名最大称量≤30kg的其他衡器	台	12165	225	1444163	8406
84238210	地中衡	台	90	3	20720	215
84238290	未列名最大称量超过30千克,但不超过5000千克的其他衡器	台	3455	188	254879	2671
84238910	地中衡	台	11	2	244	258
84238920	轨道衡	台	—	—	44	31
84238930	吊秤	台	3	0	7386	174
84238990	未列名最大称量>5000千克的其他衡器	台	272	159	2205	1012

2010年上海关区进出口商品量值表

单位:万美元

商品		计量单位	进口		出口	
			数量	金额	数量	金额
84239000	衡器用的各种砝码、秤砣;衡器零件	千克	194879	2226	6896904	9172
84241000	灭火器,不论是否装药	个	57465	2028	5501831	6074
84242000	喷枪及类似器具	个	683772	4732	120665550	11636
84243000	喷汽机、喷砂机及类似的喷射机器	台	15881	4437	1094666	7884
84248100	农业或园艺用液体或粉末的喷射、散布或喷雾机械器具	台	413115	449	14717618	2990
84248910	家用液体或粉末的喷射、散布或喷雾机械器具	台	14426447	148	11769990	8067
84248991	船用洗舱机	台	1178	426	1490	387
84248999	未列名液体或粉末的喷射、散布或喷雾机械器具	台	1438736	13367	8531227	9436
84249010	灭火器的零件	千克	868846	517	10958753	4284
84249020	家用液体或粉末喷射、散布或喷雾机械的零件	千克	147664	121	8775439	5767
84249090	品目8424其他机器或器具的零件	千克	1698371	7307	11599486	10848
84251100	电动的滑车及提升机	台	11933	2573	225646	4493
84251900	非电动的滑车及提升机	台	14780	715	1721077	6771
84253110	电动矿井口卷扬装置;专为井下使用电动卷扬机	台	—	—	33	145
84253190	其他电动的卷扬机及绞盘	台	5767	7749	728458	13510
84253910	非电动矿井口卷扬装置及专为井下使用的非电动卷扬机	台	—	—	1182	17
84253990	其他非电动卷扬机及绞盘	台	5566	8647	2762117	4258
84254100	车库中使用的固定千斤顶系统	台	49	7	13986	13
84254210	液压千斤顶	台	11171	820	14449377	24688
84254290	其他液压提升机	台	693	325	250907	10372
84254910	其他千斤顶	台	356900	2613	6346315	7502
84254990	其他提升机	台	354	30	704461	2682
84261120	通桥式起重机	台	166	1434	839	4760
84261190	其他固定支架的高架移动式起重机	台	25	866	145	696
84261200	胶轮移动式吊运架及跨运车	台	5	9	48	3136
84261910	装船机	台	8	111	384	1939
84261921	抓斗式卸船机	台	—	—	15	1878
84261929	其他卸船机	台	—	—	13	7961
84261930	龙门式起重机	台	4	179	267	19551
84261941	门式装卸桥	台	—	—	20	147
84261942	集装箱装卸桥	台	—	—	136	98840

2010 年上海关区进出口商品量值表

单位:万美元

商　　品		计量单位	进口 数量	进口 金额	出口 数量	出口 金额
84261943	其他动臂式装卸桥	台	1	3	7	1
84261949	未列名装卸桥	台	—	—	4	0
84261990	未列名桥架类起重机、桁架桥式起重机、桥式起重机、移动式吊运架及跨运车	台	14	75	279	505
84262000	塔式起重机	台	44	4647	798	11159
84263000	门座式起重机及座式旋臂起重机	台	168	12122	595	11447
84264110	轮胎式自推进起重机	台	2	91	10	151
84264190	带胶轮的其他自推进起重机械	台	—	—	177	6470
84264910	履带式起重机	台	15	4094	322	15079
84269100	供装于公路车辆的其他起重机	台	52	97	34	97
84269900	未列名起重机	台	140	1196	1160	1925
84271010	电动机推进的有轨巷道堆跺机	台	51	1160	—	—
84271020	电动机推进的无轨巷道堆跺机	台	294	272	111	57
84271090	其他电动叉车及装有升降或搬运装置工作车	台	5268	8107	6790	4781
84272010	集装箱叉车	台	3	53	65	1379
84272090	其他机动叉车其他装有升降或搬运装置工作车	台	819	4180	10730	15551
84279000	未列名叉车等装有升降或搬运装置的工作车	台	880	781	884425	14337
84281010	载客电梯	台	812	8033	17059	42009
84281090	其他升降机及倒卸式起重机	台	111	403	1060	2220
84282000	气压升降机及输送机	台	407	625	2081	857
84283100	地下专用的连续运送货物或材料的升降机及输送机	台	11	225	60	39
84283200	斗式连续运送货物或材料的升降机及输送机	台	244	656	984	2419
84283300	带式连续运送货物或材料的升降机及输送机	台	2675	4678	6175	14016
84283910	链式连续运送货物或材料的升降机及输送机	台	1251	3161	2540	3189
84283920	辊式连续运送货物或材料的升降机及输送机	台	552	2003	1525	2658
84283990	其他连续运送货物或材料的升降机及输送机	台	5812	6851	8656	9523
84284000	自动梯及自动人行道	台	—	—	10118	31316
84286010	货运架空索道	台	—	—	1	0

2010年上海关区进出口商品量值表

单位:万美元

商品		计量单位	进口 数量	进口 金额	出口 数量	出口 金额
84286021	单线循环式客运架空索道	台	6	995	—	—
84286090	其他缆车、座式升降机、滑雪拉索;索道牵引机	台	2	8	570	67
84289010	矿车推动机货车倾卸机及类似铁道货车搬运装置	台	3	2	28	770
84289020	机械式停车设备	台	3	5	1223	418
84289090	未列名升降、搬运、装卸机械	台	20365	8111	977999	22096
84291110	发动机输出功率超过235.36千瓦(320马力)的履带式推土机及侧铲推土机	台	3	150	53	691
84291190	其他履带式推土机及侧铲推土机	台	53	784	766	8610
84291910	其他发动机输出功率超过235.36千瓦(320马力)的推土机及侧铲推土机	台	—	—	46	167
84291990	其他推土机及侧铲推土机	台	—	—	18	114
84292010	筑路机及平地机,P > 235.36kw(320hp)	台	—	—	7	77
84292090	其他筑路机及平地机	台	12	325	1182	9830
84293090	其他铲运机	台	6	362	49	144
84294011	机重≥18吨的振动压路机	台	3	34	206	1219
84294019	其他机动压路机	台	115	304	5255	8456
84294090	未列名捣固机械及压路机	台	5	31	23069	2741
84295100	前铲装载机	台	250	2013	4670	16025
84295211	上部结构360度旋转的轮胎式挖掘机	台	16	165	67	442
84295212	上部结构360度旋转的履带式挖掘机	台	8370	63526	1622	14768
84295219	上部结构360度旋转的其他挖掘机	台	1	216	32	144
84295290	上部360度旋转的机械铲、装载机	台	—	—	11	144
84295900	其他机械铲、挖掘机及机铲装载机	台	104	657	1243	1956
84301000	打桩机及拔桩机	台	6	587	428	2543
84302000	扫雪机及吹雪机	台	87	34	81850	1036
84303100	自推进的截煤机、凿岩机及隧道掘进机	台	18	1455	63	2420
84303900	非自推进的截煤机、凿岩机及隧道掘进机	台	28	60	4744	280
84304111	自推进石油及天然气钻机,钻探深度≥6000m	台	—	—	12	4556

2010 年上海关区进出口商品量值表

单位:万美元

商品		计量单位	进口		出口	
			数量	金额	数量	金额
84304119	其他自推进的石油及天然气钻机	台	1	140	49	5075
84304122	履带式自推进的钻机,钻探深度<6000m	台	3	85	9	425
84304129	其他自推进的钻机,钻探深度<6000m	台	11	640	37	646
84304190	自推进的凿井机械	台	—	—	15	243
84304900	非自推进的钻探或凿井机械	台	6	85	601	20240
84305010	其他自推进采油机械	台	—	—	472	1157
84305039	其他采矿钻机	台	1	3	18	93
84305090	未列名自推进泥土、矿物等运送、平整等机械	台	82	3277	724	3198
84306100	非自推进的捣固或压实机械	台	890	111	72072	2395
84306911	钻筒直径>3m的非自推进工程钻机	台	—	—	10	36
84306919	其他非自推进工程钻机	台	15	338	7703	1019
84306920	非自推进的铲运机	台	—	—	36	7
84306990	其他未列名非自推进的泥土、矿物或矿石的运送、平整、挖掘和开采机械	台	19	9	32210	1715
84311000	品目8425所列机械的零件	千克	1101206	2187	23896930	5693
84312000	品目8427所列机械的零件	千克	2054179	2570	24836955	6923
84313100	升降机、倒卸式起重机或自动梯的零件	千克	2148298	2957	157940317	31389
84313900	其他8428所列机械的零件	千克	2148911	2474	47632458	16122
84314100	戽斗、铲斗、抓斗及夹斗	个	25712	2121	15171	1162
84314200	推土机或侧铲推土机用铲	个	6	5	4334	49
84314310	石油或天然气钻机的零件	千克	866291	4327	54365225	32680
84314320	其他钻探机械的零件	千克	640506	634	15703340	11514
84314390	凿井机械的零件	千克	3829	6	4093801	2104
84314910	矿用电铲用零件	千克	7024	23	1589599	329
84314990	品目8426、8429及8430所列机械的未列名零件	千克	58098609	54023	251844229	63433
84321000	犁	台	3364	92	21538	325
84322100	圆盘耙	台	61	8	1263	125
84322900	其他耙、松土机、中耕机、除草机及耕耘机	台	7581	1022	478923	3291
84323000	播种机、种植机及移植机	台	10204	6026	8524	1089

2010年上海关区进出口商品量值表

单位:万美元

商品		计量单位	进口数量	进口金额	出口数量	出口金额
84324000	施肥机	台	614	87	2160	79
84328010	草坪及运动场地滚压机	台	14	5	3921	30
84328090	未列名农业、园艺及林业用整地或耕作机械	台	20	17	57164	1029
84329000	品目8432所列机械的零件	千克	180358	284	28714829	6264
84331100	割刀水平旋转草坪、公园或运动场机动割草机	台	1268	333	1369863	10949
84331900	其他草坪、公园或运动场地割草机	台	1126	29	1085792	7853
84332000	其他割草机,包括牵引装置用的刀具杆	台	32	12	780245	3425
84333000	其他干草切割、翻晒机器	台	18	2	7242	114
84334000	草料打包机,包括收集打包机	台	42	57	470	200
84335100	联合收割机	台	584	837	8798	14559
84335200	其他脱粒机	台	8	13	1689	60
84335300	根茎或块茎收获机	台	2	27	293	11
84335910	甘蔗收获机	台	3	59	14	16
84335920	棉花采摘机	台	37	664	1	1
84335990	其他未列名收割机	台	7	116	1624	98
84336000	蛋类、水果等农产品的清洁、分选、分级机器	台	68	223	15021	36
84339010	联合收割机的零件	千克	210335	458	8041145	3315
84339090	其他品目8433所列机械的零件	千克	406566	516	17161141	7714
84341000	挤奶机	台	26	350	4829	244
84342000	乳品加工机器	台	84	603	708	757
84349000	挤奶机及乳品加工机器的零件	千克	276752	782	829908	944
84351000	制酒、果汁等饮料的压榨机、轧碎机等机器	台	2871	54	12661	337
84359000	84351000所列机器的零件	千克	3217	9	105733	114
84361000	动物饲料配制机	台	417	195	2599	4734
84362100	家禽孵卵器及育雏器	台	682	41	3160	106
84362900	家禽饲养机器	台	343	190	6370	276
84368000	农业、园艺、林业、养蜂业用的其他机器,包括装有机械或热力装置的催芽设备	台	724	407	1016812	3347
84369100	家禽饲养、孵卵及育雏机器的零件	千克	396247	169	704986	318
84369900	品目8436所列其他机械的零件	千克	154543	237	8150739	2748
84371010	光学色差颗粒选别机(色选机)	台	9	82	562	1813

2010年上海关区进出口商品量值表

单位:万美元

商品		计量单位	进口 数量	进口 金额	出口 数量	出口 金额
84371090	其他种子、谷物或干豆的清洁、分选或分级机器	台	424	49	6347	1739
84378000	谷物磨粉业加工机器或谷物、干豆加工机器	台	164	204	16316	3412
84379000	品目8437所列机械的零件	千克	240972	199	5357574	1696
84381000	糕点加工及生产通心粉、面条等产品的机器	台	992	2095	5913	860
84382000	生产糖果、可可粉、巧克力的机器	台	341	867	1631	1744
84383000	制糖机器	台	4	34	169	87
84384000	酿酒机器	台	1	2	292	1248
84385000	肉类或家禽加工机器	台	1181	1077	68580	1659
84386000	水果、坚果或蔬菜加工机器	台	1019	392	10654	486
84388000	其他食品、饮料工业用生产或加工机器	台	9761	2133	59141	5178
84389000	品目8438所列机械的零件	千克	126652	414	3166373	2755
84391000	制造纤维素纸浆的机器	台	9	31	35	353
84392000	纸或纸板的制造机器	台	15	1781	417	1713
84393000	纸或纸板的整理机器	台	111	1721	1172	1910
84399100	制造纤维素纸浆机器的零件	千克	231060	910	856609	987
84399900	制造或整理纸及纸板机器的零件	千克	1441470	4146	7518850	3333
84401010	锁线装订机	台	8	135	4963	76
84401020	胶订机	台	8	70	1357	260
84401090	其他书本装订机器	台	74	407	45429	572
84409000	书本装订机器的零件	千克	32964	138	124922	90
84411000	切纸机	台	400	1128	223437	2837
84412000	制造包、袋或信封的机器	台	19	501	363	780
84413010	纸塑铝复合罐生产设备	台	1	73	4	20
84413090	其他制造箱、盒、管、桶或类似容器的机器,但模制成型机器除外	台	64	380	913	1905
84414000	纸浆、纸或纸板制品模制成型机器	台	36	338	979	2034
84418010	纸塑铝复合软包装生产设备	台	4	2	111	437
84418090	未列名制造纸浆制品、纸制品或纸板制品的机器	台	88	1111	3605	7628
84419010	切纸机零件	千克	85591	368	1499691	924
84419090	其他制造(纸浆、纸或纸板)制品机器的零件	千克	633273	1891	2362879	1703
84423010	铸字机	台	8	28	120	5

2010年上海关区进出口商品量值表

单位:万美元

商品		计量单位	进口数量	进口金额	出口数量	出口金额
84423021	计算机直接制版设备	台	154	1567	1370	6842
84423029	其他制版机器、器具及设备	台	96	197	718	214
84423090	品目8442其他的机器、器具及设备	台	2411	113	430	63
84424000	制版用机器、器具及设备的零件	千克	334381	1799	71490	352
84425000	印版、滚筒等;制成供印刷用的板、筒等	千克	474277	949	2913758	1821
84431100	卷取进料式胶印机	台	8	1410	36	1250
84431200	办公室用片取进料式胶印机(片≤22×36cm)	台	14	9	10973	3
84431311	平张纸进料式单色胶印机	台	—	—	35	36
84431312	平张纸进料式双色胶印机	台	5	232	14	30
84431313	平张纸进料式四色胶印机	台	373	15720	11	414
84431319	其他平张纸进料式胶印机	台	118	13169	1	0
84431390	未列名胶印机	台	7	203	78	227
84431400	卷取进料式凸版印刷机,不包括苯胺印刷机	台	10	105	131	567
84431500	非卷取进料式的凸版印刷机,不包苯胺印刷机	台	20	249	68	474
84431600	苯胺印刷机	台	12	768	142	246
84431700	凹版印刷机	台	15	1045	135	912
84431921	圆网印刷机	台	34	667	50	135
84431922	平网印刷机	台	239	1638	1425	970
84431929	其他网式印刷机	台	68	1412	127	233
84431980	未列名印刷机	台	111	946	10480	935
84433110	具有打印、复印或传真中两种及以上功能的静电感光机器,可与自动数据处理设备或网络连接	台	1131385	22360	684236	92649
84433190	其他具有打印、复印或传真中两种及以上功能的机器,可与自动数据处理设备或网络连接,	台	1262694	7641	7144073	73858
84433211	专用于品目8471所列设备的针式打印机,不论是否可与网络连接	台	380602	7992	45991	1209
84433212	专用于品目8471所列设备的激光打印机,不论是否可与网络连接	台	1847733	26004	332329	24041
84433213	专用于品目8471所列设备的喷墨打印机,不论是否可与网络连接	台	1402365	6951	604163	7090
84433214	专用于品目84.71所列设备的热敏打印机,不论是否可与网络连接	台	128912	3525	48740	774

2010年上海关区进出口商品量值表

单位:万美元

商　　品		计量单位	进口 数量	进口 金额	出口 数量	出口 金额
84433219	其他专用于品目8471所列设备的打印机,不论是否可与网络连接	台	15864	1094	98320	3458
84433221	数字式喷墨印刷机,可与自动数据处理设备或网络连接	台	147069	12823	58588	14429
84433222	数字式静电照相印刷机(激光印刷机),可与自动数据处理设备或网络连接	台	2393	4834	13	139
84433229	其他数字式印刷设备,可与自动数据处理设备或网络连接	台	2607	528	264	62
84433290	其他单一功能的印刷(打印)机、复印机及传真机,可与自动数据处理设备或网络连接	台	78574	1100	1300	5
84433911	将原件直接复印的(直接法)静电感光复印设备	台	—	—	23	8
84433912	将原件通过中间体转印(间接法)的静电感光复印设备	台	381	87	16618	654
84433921	带有光学系统的其他感光复印设备	台	—	—	1	0
84433922	接触式的其他感光复印设备	台	—	—	1	0
84433923	热敏复印设备	台	6	1	948	10
84433924	热升华复印设备	台	1	1	841	30
84433931	数字式喷墨印刷机	台	272	502	1156	730
84433932	数字式静电照相印刷机(激光印刷机)	台	8	17	—	—
84433939	其他数字式印刷设备	台	9038	143	240	54
84433990	其他印刷(打印)机、复印机及传真机	台	19728	376	14231	291
84439111	卷筒料给料机	千克	—	—	9792	9
84439119	其他印刷用辅助机器	千克	75988	295	1058481	919
84439190	用品目8442的印刷用版(片)、滚筒及其他印刷部件进行印刷的机器用其他零件及附件	千克	487769	1442	1253598	1205
84439910	数字印刷设备用辅助机器	千克	46081	153	115394	260
84439921	数字印刷设备用热敏打印头	千克	32059	1105	878	33
84439929	数字印刷设备的其他零件及附件	千克	663610	10130	1408581	7300
84439990	品目8443所列设备用其他零件及附件	千克	16206948	83287	45839420	81303
84440010	合成纤维长丝纺丝机	台	13	552	20	506

2010年上海关区进出口商品量值表

单位：万美元

商品		计量单位	进口数量	进口金额	出口数量	出口金额
84440020	合成纤维短丝纺丝机	台	—	—	466	948
84440030	人造纤维纺丝机	台	—	—	15	94
84440040	化学纤维变形机	台	18	903	284	5779
84440050	化学纤维切断机	台	7	78	74	34
84440090	其他化学纺织纤维挤压、拉伸、变形或切割机器	台	51	5442	554	1024
84451111	清梳棉联合机	台	2	199	—	—
84451112	自动抓棉机	台	1	1	48	68
84451113	梳棉机	台	10	55	175	647
84451120	毛纤维型梳理机	台	20	202	4	4
84451190	其他梳理机	台	14	200	5	4
84451210	棉精梳机	台	13	133	48	188
84451220	毛精梳机	台	53	88	3	18
84451290	其他精梳机	台	1	7	—	—
84451310	拉伸机	台	5	5	8	11
84451321	棉纺粗纱机	台	—	—	41	228
84451322	毛纺粗纱机	台	2	92	—	—
84451329	其他粗纱机	台	20	99	—	—
84451900	纺织纤维的其他预处理机器	台	27	235	223	411
84452031	转杯纺纱机	台	5	121	58	1385
84452032	喷气纺纱机	台	37	427	—	—
84452039	其他自由端纺纱机	台	—	—	15	12
84452041	棉细纱机	台	7	40	225	790
84452042	毛细纱机	台	6	114	3	7
84452049	其他环锭细纱机	台	8	167	—	—
84452090	其他纺纱机	台	11	109	734	262
84453000	并线机或加捻机	台	49	365	356	1182
84454010	自动络筒机	台	293	5041	132	394
84454090	其他络纱机或摇纱机	台	101	2112	25	88
84459010	整经机	台	15	265	95	527
84459020	浆纱机	台	15	781	12	132
84459090	未列名纺织纱线的生产及预处理机器	台	38	562	368	85
84461000	织物宽度≤30cm的织机	台	152	292	995	406
84462110	织物宽度>30cm的动力地毯梭织机	台	1	3	3586	279
84462190	织物宽度>30cm的其他动力梭织机	台	2	39	722	810

2010年上海关区进出口商品量值表

单位:万美元

商品		计量单位	进口		出口	
			数量	金额	数量	金额
84462900	织物宽度>30cm的非动力梭织机	台	—	—	836	321
84463020	织物宽度>30cm的剑杆织机	台	240	1625	2615	1003
84463030	织物宽度>30cm的片梭织机	台	9	193	712	194
84463040	织物宽度>30cm的喷水织机	台	1890	5211	1365	937
84463050	织物宽度>30cm的喷气织机	台	2633	12231	21	32
84463090	织物宽度>30cm的其他无梭织机	台	—	—	51	29
84471100	圆筒直径≤165mm的圆型针织机	台	2969	4168	2732	1360
84471200	圆筒直径>165mm的圆型针织机	台	1212	5765	507	1215
84472011	特里科经编机	台	39	1106	2	15
84472012	拉舍尔经编机	台	38	988	328	653
84472019	其他经编机	台	7	68	201	246
84472020	平型纬编机	台	3431	15680	27016	1488
84472030	缝编机	台	221	240	10026	435
84479011	簇绒地毯织机	台	21	403	35	171
84479019	其他簇绒机	台	8	25	8	17
84479020	绣花机	台	256	269	7128	5283
84479090	其他织造花线、网眼薄纱、花边、刺绣品、装饰带、编带或网的机器	台	75	161	15884	1470
84481100	多臂机或提花机及其所用的卡片缩小、复制、穿孔或汇编机器	千克	859034	1952	350302	311
84481900	品目8444、8445、8446或8447机器的其他辅助机器	千克	110509	394	932389	623
84482020	喷丝头或喷丝板	个	16503	485	50022	301
84482090	品目8444机器及其辅助机器的其他零件、附件	千克	94651	581	3188361	3027
84483100	钢丝针布	千克	477308	1335	1231133	1209
84483200	纺织纤维预处理机器的零件、附件,但钢丝针布除外	千克	159674	420	2107804	1497
84483310	络筒锭	个	1037	4	6629	13
84483390	其他锭子、锭壳、纺丝环、钢丝圈	千克	27105	175	485982	333
84483910	气流杯	个	16979	44	615	1
84483920	电子清纱器	个	3799	411	414	6
84483930	空气捻接器	个	114	3	415	6
84483940	环锭细纱机紧密纺装置	个	19378	77	58430	264
84483990	品目8445的机器及辅助机器的其他零、附件	千克	1666866	6891	13974558	12684
84484200	织机用筘、综丝及综框	千克	286627	1056	853793	460

2010年上海关区进出口商品量值表

单位:万美元

商品		计量单位	进口 数量	进口 金额	出口 数量	出口 金额
84484910	接、投梭箱	个	7	3	24106	1
84484920	引纬、送经装置	个	1703	94	130082	384
84484930	梭子	个	122914	123	261539	44
84484990	织机及其辅助机器的未列名零件、附件	千克	939954	4354	6189018	4402
84485120	针织机用28号针以下的弹簧针、钩针及复合针	千克	73795	2833	82779	61
84485190	沉降片、其他织针及成圈机件	千克	373902	6857	191164	399
84485900	品目8447机器及其辅助机器的其他零件、附件	千克	644543	4321	5720646	5040
84490010	针刺机	台	16	213	10	58
84490020	水刺设备	台	—	—	6	14
84490090	其他成匹、成形的毡呢或无纺织物制造或整理机器,包括制毡呢帽机器;帽模	千克	191267	457	5317742	2186
84501110	干衣量不超过10千克的波轮式全自动洗衣机	台	478	23	2205353	38745
84501120	干衣量不超过10千克的滚筒式全自动洗衣机	台	44335	1524	1908513	35221
84501190	其他全自动洗衣机,干衣量≤10kg	台	79	23	8	0
84501200	干衣量不超过10千克的非全自动洗衣机,装有离心甩干机	台	15	1	19365	144
84501900	其他干衣量不超过10千克的非全自动洗衣机	台	31	7	1777	7
84502000	干衣量超过10千克的洗衣机	台	8888	789	1439	785
84509010	干衣量不超过10千克的洗衣机的零件	千克	4247267	2624	21821870	14757
84509090	干衣量超过10千克的洗衣机的零件	千克	10628	20	1204345	574
84511000	干洗机	台	18	32	197	258
84512100	干衣量不超过10千克的干燥机	台	6625	164	72940	759
84512900	干衣量超过10千克的的干燥机	台	371	160	649	426
84513000	熨烫机及挤压机(包括熔压机)	台	806	923	54984	1358
84514000	洗涤、漂白或染色机器	台	406	2094	1235	1962
84515000	纺织物卷绕、退绕、折叠、剪切或剪齿边机器	台	3260	2680	69438	2679

2010 年上海关区进出口商品量值表

单位:万美元

	商品	计量单位	进口 数量	进口 金额	出口 数量	出口 金额
84518000	纱线、织物及纺织制品的绞拧、上浆、整理、涂布或浸渍机器;列诺伦及类似铺地制品的布基或其他底布的浆料涂布机器	台	1501	6078	5351	2811
84519000	品目 8451 所列机器的零件	千克	341415	929	2132613	1816
84521010	多功能家用型缝纫机	台	3431	47	1974838	12200
84521091	手动式其他家用型缝纫机	台	11	0	436050	819
84521099	未列名家用型缝纫机	台	83	2	482215	1801
84522110	非家用型自动平缝机	台	519	197	223293	6483
84522120	非家用型自动包缝机	台	278	36	9877	154
84522130	非家用型自动绷缝机	台	89	21	134	33
84522190	其他非家用型自动缝纫机	台	38339	10992	224383	5765
84522900	其他非家用型缝纫机	台	3364	492	446825	14876
84523000	缝纫机针	千克	22108	226	532917	552
84524000	缝纫机专用的特制家具、底座和罩盖及其零件	千克	110655	126	15142074	1907
84529011	旋梭	千克	8288	63	7791	11
84529019	未列名家用型缝纫机的其他零件	千克	487972	1525	2286997	1517
84529091	旋梭	千克	30573	1148	162910	288
84529099	未列名其他缝纫机零件	千克	1755846	4078	8176144	5659
84531000	生皮、皮革的处理、鞣制或加工机器	台	93	341	756	854
84532000	鞋靴制作或修理机器	台	272	128	12849	2093
84538000	毛皮及其他皮革制品的制作或修理机器	台	59	55	3599	52
84539000	品目 8453 所列机器的零件	千克	113977	271	187693	160
84541000	转炉	台	3	29	70	176
84542010	炉外精炼设备	台	—	—	84	1397
84542090	其他锭模及浇包	台	6	154	1229	1624
84543010	冷室压铸机	台	41	3377	166	1200
84543021	方坯连铸机	台	1	48	7	177
84543022	板坯连铸机	台	—	—	1	9
84543029	其他钢坯连铸机	台	—	—	42	173
84543090	其他铸造机	台	88	869	265	1534
84549010	炉外精炼设备的零件	千克	24748	55	2701433	1608
84549021	钢坯连铸机用结晶器	千克	53300	185	673391	1063
84549022	钢坯连铸机用振动装置	千克	51891	118	109833	114
84549029	其他钢坯连铸机用零件	千克	59658	246	5910993	3325

2010年上海关区进出口商品量值表

单位:万美元

商品		计量单位	进口		出口	
			数量	金额	数量	金额
84549090	其他金属冶炼及铸造用的转炉、浇包、锭模及铸造机的零件	千克	541749	1068	37133194	13036
84551010	热轧管机	台	4	2711	13	1136
84551020	冷轧管机	台	2	43	152	337
84551030	定、减径轧管机	台	—	—	7	240
84551090	其他金属管轧机	台	—	—	50	109
84552110	板材热轧机	台	—	—	7	161
84552120	型钢轧机	台	—	—	36	427
84552130	线材轧机	台	—	—	255	1425
84552190	其他金属热轧机或冷热联合轧机	台	—	—	284	1019
84552210	板材冷轧机	台	2	12	690	2807
84552290	其他金属冷轧机	台	22	2399	1049	2435
84553000	金属轧机用轧辊	个	143843	8005	76474	9446
84559000	其他金属轧机零件	千克	1692281	5562	71941948	29151
84561000	用激光、其他光或光子束处理材料的加工机床	台	1787	18730	3754	3092
84562000	用超声波处理材料的加工机床	台	23	35	28	46
84563010	数控的用放电处理各种材料的加工机床	台	756	5871	558	617
84563090	其他用放电处理各种材料的加工机床	台	94	131	60	39
84569010	等离子切割机	台	2713	2381	35135	2153
84569090	其他用电化学法、电子束、离子束或等离子弧处理各种材料的加工机床	台	10	150	1852	743
84571010	立式加工中心	台	6447	44027	279	1422
84571020	卧式加工中心	台	616	25115	8	278
84571030	龙门式加工中心	台	127	8442	14	178
84571090	其他加工中心	台	381	5456	5	7
84572000	单工位组合机床	台	17	222	451	475
84573000	多工位组合机床	台	64	1823	122	47
84581100	数控卧式车床	台	1742	15177	2520	6741
84581900	其他卧式车床	台	483	392	12549	4178
84589100	其他数控车床	台	226	5326	31	601
84589900	其他车床	台	92	128	32683	2516
84591000	直线移动式动力头机床	台	36	25	51	7
84592100	数控钻床	台	97	2455	16	179
84592900	其他钻床	台	857	222	527114	5284

2010年上海关区进出口商品量值表

单位:万美元

商品		计量单位	进口数量	进口金额	出口数量	出口金额
84593100	数控镗铣床	台	22	3320	10	766
84593900	其他镗铣床	台	28	41	71	112
84594010	数控镗床	台	26	898	5	73
84594090	其他镗床	台	6	14	1374	391
84595100	升降台式数控铣床	台	13	186	122	268
84595900	其他升降台式铣床	台	107	78	9697	1157
84596110	龙门数控铣床	台	100	4696	6	63
84596190	未列名数控铣床	台	151	2758	19	41
84596910	龙门铣床	台	10	47	1	5
84596990	未列名铣床	台	107	126	6682	950
84597000	其他攻丝机床	台	218	438	10072	331
84601100	数控平面磨床	台	67	1123	4	17
84601900	其他平面磨床	台	551	568	789	577
84602110	数控外圆磨床	台	199	5224	4	64
84602120	数控内圆磨床	台	71	1438	2	4
84602190	其他数控磨床	台	144	4249	32	603
84602910	其他外圆磨床	台	125	444	198	483
84602920	其他内圆磨床	台	37	221	—	—
84602930	轧辊磨床	台	2	55	12	68
84602990	其他磨床	台	42	96	137	103
84603100	数控刃磨机床	台	202	4385	5	140
84603900	其他刃磨机床	台	120	189	163197	419
84604010	金属珩磨机床	台	58	1372	136	188
84604020	金属研磨机床	台	474	1694	207	240
84609010	砂轮机	台	811	104	1827991	3049
84609020	抛光机床	台	159	624	6691	803
84609090	其他用磨石、磨料或抛光材料对金属进行精加工的机床	台	113	248	73447	911
84612010	牛头刨床	台	—	—	217	111
84612020	插床	台	3	6	51	55
84613000	拉床	台	26	1290	6	24
84614010	数控切齿机、齿轮磨床或齿轮精加工机床	台	136	11452	42	217
84614090	其他切齿机、齿轮磨床或齿轮精加工机床	台	61	410	2505	832
84615000	锯床或切断机	台	888	2096	882442	6312
84619011	龙门刨床	台	—	—	3	21

2010年上海关区进出口商品量值表

单位:万美元

商品		计量单位	进口 数量	进口 金额	出口 数量	出口 金额
84619019	其他刨床	台	8	15	3	1
84619090	未列名的金属切削机床(不包括牛头刨床或插床)	台	310	602	2889	196
84621010	数控锻造或冲压机床及锻锤	台	364	10497	66	697
84621090	其他锻造或冲压机床及锻锤	台	346	1798	500	1266
84622110	数控矫直机床	台	55	2298	8	372
84622190	数控弯曲、折叠或矫平机床	台	341	4305	972	3357
84622910	其他矫直机床	台	421	240	172	340
84622990	其他弯曲、折叠或矫平机床	台	182	886	50218	4302
84623110	数控板带纵剪机床	台	22	1267	13	362
84623120	数控板带横剪机床	台	25	1722	229	808
84623190	其他数控剪切机床	台	19	349	224	461
84623910	其他板带纵剪机床	台	10	254	55	465
84623920	其他板带横剪机床	台	22	102	367	905
84623990	未列名剪切机床	台	73	162	12260	2626
84624111	自动模式数控步冲压力机	台	241	4798	5	212
84624119	其他数控冲床	台	185	3406	45	406
84624190	其他数控冲孔或开槽机床	台	797	1426	27	75
84624900	其他冲孔或开槽机床	台	574	1308	4086	417
84629110	金属型材液压挤压机	台	54	569	101	1224
84629190	未列名液压压力机	台	336	2103	65909	2334
84629910	机械压力机	台	189	4784	5604	2839
84629990	其他加工金属或硬质合金的压力机	台	373	749	2567	834
84631011	≤300吨的冷拔管机	台	5	4	21	289
84631019	其他冷拔管机	台	—	—	1	11
84631020	拔丝机	台	200	1676	705	1367
84631090	其他金属杆、管、型材、异型材及类似的拉拔机	台	212	624	207	687
84632000	金属螺纹滚轧机	台	262	668	3896	410
84633000	金属丝加工机	台	348	1231	1957	1895
84639000	未列名的金属非切削加工机床	台	376	2283	5109	1129
84641010	石料、陶瓷、混凝土、石棉水泥或类似矿物材料的加工及玻璃冷加工圆盘锯床	台	154	25	7999	150
84641020	石料、陶瓷、混凝土、石棉水泥或类似矿物材料的加工及玻璃冷加工钢丝锯床	台	29	1612	3832	19

2010 年上海关区进出口商品量值表

单位:万美元

商品		计量单位	进口 数量	进口 金额	出口 数量	出口 金额
84641090	其他石料、陶瓷、混凝土、石棉水泥或类似矿物材料的加工及玻璃冷加工锯床	台	166	381	379631	1788
84642010	玻璃冷加工研磨或抛光机床	台	1430	2422	7900	355
84642090	石料、陶瓷、混凝土、石棉水泥或类似矿物材料的加工研磨或抛光机床	台	171	373	1976	373
84649011	玻璃切割机	台	243	1780	17420	465
84649012	玻璃刻花机	台	68	28	7219	382
84649019	其他玻璃冷加工机床	台	106	871	1739	113
84649090	石料、陶瓷、混凝土、石棉水泥或类似矿物材料的其他加工机床	台	491	863	896253	2817
84651000	不需更换工具即可进行不同机械加工的机床,加工木材、软木、骨、硬质橡胶、硬质塑料或类似硬质材料	台	153	304	96930	1509
84659100	木材、软木、骨、硬质橡胶、硬质塑料或类似硬质材料加工锯床	台	1094	886	1353530	11875
84659200	木材、软木、骨、硬质橡胶、硬质塑料或类似硬质材料刨、铣或切削成形机器	台	639	2665	191846	2506
84659300	木材、软木、骨、硬质橡胶、硬质塑料或类似硬质材料研磨、砂磨或抛光机器	台	852	1904	128871	874
84659400	木材、软木、骨、硬质橡胶、硬质塑料或类似硬质材料弯曲或装配机器	台	73	136	20	19
84659500	木材、软木、骨、硬质橡胶、硬质塑料或类似硬质材料钻孔或凿榫机器	台	996	7391	1311	201
84659600	木材、软木、骨、硬质橡胶、硬质塑料或类似硬质材料剖开、切片或刮削机器	台	839	1860	38096	465
84659900	木材、软木、骨、硬质橡胶、硬质塑料或类似硬质材料的其他加工机床	台	1375	2941	29418	1160
84661000	工具夹具及自启板牙切头	千克	1375820	7855	8235177	4630
84662000	工件夹具	千克	1597457	8766	6677591	3240
84663000	分度头及其他专用于机床的附件	千克	3420284	6344	1791978	599
84669100	品目 8464 所列机器用的零件、附件	千克	231067	900	2911449	1342
84669200	品目 8465 所列机器用的零件、附件	千克	368231	954	12808535	4269
84669300	品目 8456 至 8461 所列机器用的零件、附件	千克	15619323	26026	35549558	10031

2010年上海关区进出口商品量值表

单位:万美元

商品		计量单位	进口数量	进口金额	出口数量	出口金额
84669400	品目8462或8463所列机器用的零件、附件	千克	16521858	15358	10810641	4480
84671100	旋转式(包括旋转冲击式的)手提风动工具	台	102323	3448	1931516	5387
84671900	其他手提式风动工具	台	194658	2065	3335195	5384
84672100	手提式各种电钻	台	371196	1788	18875794	47908
84672210	电动手提式链锯	台	234	3	1368802	5607
84672290	其他手提式电锯	台	11021	113	9002454	22647
84672910	手提电动砂磨工具(包括磨光机、砂轮机、砂光机等)	台	69208	534	19981586	31984
84672920	手提式电刨	台	2600	18	1303634	2966
84672990	其他手提式电动工具	台	118993	2134	18805057	38802
84678100	装有非电力动力装置的手提式链锯	台	17578	581	857901	5918
84678900	其他液压及非电力动力装置手提式工具	台	26736	2132	2655181	6491
84679110	电动手提式链锯用的零件	千克	87357	80	585640	350
84679190	其他手提式链锯用的零件	千克	79463	81	768137	619
84679200	手提式风动工具用的零件	千克	349138	2594	2458675	2266
84679910	品目8467所列其他电动手提式工具的零件	千克	1008383	2531	22033928	15187
84679990	品目8467所列其他手提式工具的零件	千克	243253	835	1969365	1922
84681000	手提喷焊器	台	3725	46	855672	577
84682000	其他气体焊接或表面回火机器及装置	台	982	730	84888	805
84688000	未列名焊接机器及装置	台	1406	1262	14696	2820
84689000	品目8468所列机器的零件	千克	259379	1603	5565072	4914
84690011	文字处理机	台	—	—	93970	520
84690012	自动打字机	台	3	0	28	8
84690020	其他电动打字机	台	2695	77	302	7
84690030	其他非电动打字机	台	80	3	62940	221
84701000	不需外接电源的电子计算器及具有计算功能的袖珍式数据记录、重现及显示机器	台	23672	30	9133335	7988
84702100	装有打印装置的电子计算器	台	1	0	234504	400
84702900	其他电子计算器	台	19963	99	383936	39
84703000	其他计算机器	台	117	55	124659	7

2010 年上海关区进出口商品量值表

单位:万美元

商品		计量单位	进口 数量	进口 金额	出口 数量	出口 金额
84705010	销售点终端出纳机	台	87557	2581	2416325	19556
84705090	其他现金出纳机	台	14008	164	47279	388
84709000	装有计算装置的会计计算机、邮资盖戳机、售票机及类似机器	台	13179	150	6969	207
84713000	重量≤10 公斤的便携自动数据处理设备,至少由一个中央处理部件、一个键盘及一个显示器组成	台	292432	9379	97987304	4605932
84714110	巨型机、大型机及中型机	台	18	3733	—	—
84714120	小型机	台	684	2707	—	—
84714140	微型机	台	20270	2075	760000	51262
84714190	未列名自动数据处理设备	台	3138	1332	29612	2319
84714910	系统形式的巨型机、大型机及中型机	台	15	489	—	—
84714920	系统形式的小型机	台	227	629	—	—
84714940	系统形式的微型机	台	10393	3225	3494785	331539
84714991	系统形式的分散型工业过程控制设备	台	895	4323	571	4531
84714999	其他系统形式的自动数据处理设备	台	2897	1192	1646	1520
84715010	巨型机、大型机及中型机的处理部件	台	143	57	—	—
84715020	小型机的处理部件	台	503	7473	1149	2537
84715040	微型机的处理部件	台	172518	12651	3640154	164148
84715090	子目 847141 或 847149 以外的其他处理部件	台	24682	2587	6634	169
84716040	巨型机、大型机、中型机及小型机用终端	台	561	82	737791	7964
84716050	扫描仪	台	237001	4731	901817	12676
84716060	数字化仪	台	319	45	7044	125
84716071	键盘	个	506516	1199	39687938	34721
84716072	鼠标器	个	1025263	1245	20899314	6237
84716090	其他输入或输出部件	台	51850670	19331	6055967	14447
84717010	硬盘驱动器	台	82169414	516212	11462807	86403
84717020	软盘驱动器	台	63505	112	17923	55
84717030	光盘驱动器	台	52050618	137324	6475732	17273
84717090	其他存储部件	台	91995	13860	148748	15569
84718000	自动数据处理设备的其他部件	台	2266587	21950	11809472	70322

2010 年上海关区进出口商品量值表

单位:万美元

商品		计量单位	进口数量	进口金额	出口数量	出口金额
84719000	未列名的磁性或光学阅读机、将数据以代码形式转录到数据记录媒体的机器及处理这些数据的机器	台	943538	7911	10332507	27944
84721000	胶版复印机、油印机	台	20	0	99	15
84723010	邮政信件分拣及封装设备	台	23	235	—	—
84723090	信件折叠机、信件开封机、粘贴或盖销邮票机	台	111	70	4082	242
84729010	自动柜员机	台	2261	2565	26209	13828
84729021	打洞机	台	4077	5	15149374	1814
84729022	订书机	台	167711	51	40636325	3698
84729029	其他装订用机器	台	1960	179	571323	618
84729030	碎纸机	台	801	45	3706711	9365
84729040	地址印写机及地址铭牌压印机	台	20	0	354	7
84729090	未列名办公室用机器	台	22325	1579	7507164	6904
84731000	品目 8469 所列机器的零件、附件	千克	2020	18	118979	193
84732100	子目号 847010、847021 或 847029 所列电子计算器的零件、附件	千克	41017	826	84643	257
84732900	品目 8470 所列机器的其他零件、附件	千克	595739	5239	2307802	5789
84733010	编号 84714110、84714120、84714910、84714920、84715010、84715020、84716090、84717010、84717020、84717030 及 84717090 所列机器及装置的零件、附件	千克	4052901	12529	17887727	33460
84733090	品目 8471 所列机器的其他零件、附件	千克	20633384	398873	74100755	478536
84734010	自动柜员机用出钞器	千克	465933	2391	57008	163
84734090	品目 8472 所列机器的其他零件、附件	千克	1537347	4912	9358608	7250
84735000	同样适于品目 8469 至 8472 中两个或两个以上品目所列机器的零件、附件	千克	111813	985	5357890	2377
84741000	固体矿物质的分类、筛选、分离或洗涤机器	台	414	1464	3435	6923
84742010	齿辊式固体矿物质的破碎或磨粉机器	台	77	1429	873	4219
84742020	球磨式固体矿物质的破碎或磨粉机器	台	27	159	322	5950

2010年上海关区进出口商品量值表

单位:万美元

商品		计量单位	进口数量	进口金额	出口数量	出口金额
84742090	其他固体矿物质的破碎或磨粉机器	台	239	2804	4983	17342
84743100	混凝土或砂浆混合机器	台	147	397	143858	4143
84743200	矿物与沥青的混合机器	台	31	278	118	2295
84743900	固体矿物质的其他混合或搅拌机器	台	855	1798	21448	3657
84748010	固体矿物质辊压成型机	台	2	33	455	1335
84748020	固体矿物质模压成型机	台	80	1539	567	575
84748090	其他固体矿物燃料、陶瓷坯泥、未硬化水泥、石膏材料或其他粉状、浆状矿产品的粘聚或成型机器;铸造用砂模的成型机器	台	103	2176	11703	6316
84749000	品目8474所列机器的零件	千克	2601998	3460	90946579	25394
84751000	白炽灯泡、灯管、放电灯管、电子管、闪光灯泡及类似品的封装机器	台	80	687	272	500
84752100	制造光导纤维及其预制件的机器	台	4	310	18	90
84752911	连续式玻璃热弯炉	台	23	102	—	—
84752912	玻璃纤维拉丝机(光纤拉丝机除外)	台	18	119	46	188
84752919	其他玻璃热加工机器	台	71	647	178	1609
84752990	其他玻璃或玻璃制品的制造机器	台	36	259	891	1107
84759000	品目8475所列机器的零件	千克	48954	867	489696	1168
84762100	装有加热或制冷装置的饮料自动销售机	台	350	43	3282	198
84762900	其他饮料自动销售机	台	40	7	3336	18
84768100	装有加热或制冷装置的其他机器	台	34	3	2090	319
84768900	无加热或制冷装置的其他机器	台	227	34	12986	330
84769000	自动售货机及钱币兑换机的零件	千克	24589	237	2816441	4078
84771010	注塑机	台	1954	21955	3134	15326
84771090	其他注射机	台	229	1717	56	371
84772010	塑料造粒机	台	31	1565	593	1719
84772090	其他挤出机	台	175	5240	1747	8501
84773000	吹塑机	台	86	7128	1237	3295
84774010	塑料中空成型机	台	62	228	2581	1274
84774020	塑料压延成型机	台	43	1200	901	399
84774090	其他真空模塑机及其他热成型机器	台	306	1979	684	1065
84775100	用于充气轮胎模塑或翻新的机器及内胎模塑或用其他方法成型机器	台	25	841	893	363
84775900	其他模塑或成型机器	台	228	3134	591	1974

2010年上海关区进出口商品量值表

单位：万美元

商品		计量单位	进口 数量	进口 金额	出口 数量	出口 金额
84778000	其他橡胶或塑料及其产品的加工机器	台	2225	9915	50157	26182
84779000	品目8477所列机器的零件	千克	4082170	12054	26915785	10209
84781000	烟草加工及制作机器	台	55	7142	510	141
84789000	烟草加工及制作机器的零件	千克	51969	885	10843	44
84791021	沥青混凝土摊铺机	台	23	533	101	1156
84791022	稳定土摊铺机	台	—	—	4	3
84791029	其他摊铺机	台	7	4	76	212
84791090	其他公共工程用机器	台	775	3632	37214	2011
84792000	提取、加工动物油脂或固定植物油脂的机器	台	21	123	1815	3721
84793000	木碎料板或木纤维板挤压机及其他木材或软木处理机	台	1	865	2440	1578
84794000	绳或缆的制造机器	台	36	858	6987	8484
84795010	多功能工业机器人	台	5212	13986	1359	4229
84795090	其他未列名工业机器人	台	2822	2430	182	296
84796000	蒸发式空气冷却器	台	708	293	30778	230
84798110	线圈绕线机	台	1192	4743	13211	2443
84798190	未列名处理金属的机械	台	2103	8471	4858	1291
84798200	混和、搅拌、轧碎、研磨、筛选、均化或乳化机器	台	14540	10939	99734	11667
84798910	船舶用舵机及陀螺稳定器	台	2092	5495	1664	705
84798920	空气增湿器及减湿器	台	14028	721	38707	1095
84798940	邮政用包裹、印刷品分拣设备	台	6	49	—	—
84798950	放射性废物压实机	台	—	—	3	3
84798961	自动插件机	台	139	1559	4	10
84798962	自动贴片机	台	1649	31698	181	2331
84798969	其他在印刷电路电路板上装配元器件的机器	台	346	3692	16	37
84798991	机场用旅客登机桥	台	3	65	17	465
84798992	自动化立体仓储设备	台	48	230	1	5
84798999	本章未列名具有独立功能的机器及机械器具	台	2951646	79152	29626650	19492
84799010	船舶用舵机及陀螺稳定器用零件	千克	817768	526	266542	173
84799020	空气增湿器及减湿器用零件	千克	55214	183	1064902	1132
84799090	品目8479所列其他机器的零件	千克	5279829	23718	45116141	27130
84801000	金属铸造用型箱	千克	10823	22	1337092	438

2010年上海关区进出口商品量值表

单位:万美元

商品		计量单位	进口数量	进口金额	出口数量	出口金额
84802000	型模底板	千克	223414	253	9266218	2149
84803000	阳模	千克	123618	312	95309	119
84804100	金属、硬质合金用注模或压模	千克	971737	3098	11150671	11155
84804900	金属、硬质合金用其他型模	千克	109611	727	1136577	2289
84805000	玻璃用型模	套	9774	95	327216	3892
84806000	矿物材料用型模	套	3608	488	37585	1031
84807100	塑料或橡胶用注模或压模	套	52762	23927	133241	27577
84807900	塑料或橡胶用其他型模	套	137241	2506	1002896	7531
84811000	减压阀	套	12675369	13148	3414541	3781
84812010	油压传动阀	套	5220689	33706	930835	2422
84812020	气压传动阀	套	3936704	12984	2785843	2936
84813000	止回阀	套	43680108	17318	938842559	12826
84814000	安全阀或溢流阀	套	8153888	15402	949130	2872
84818021	电磁式换向阀	套	12620417	10448	3410529	1286
84818029	其他换向阀	套	6293190	7683	2915916	1930
84818031	电子膨胀阀	套	1003721	1516	632220	281
84818039	其他流量阀	套	7567417	21692	2772953	2794
84818040	其他阀门	套	32148658	60824	120985432	124533
84818090	龙头、旋塞及类似装置	套	1199761	6375	51748965	24165
84819010	阀门零件	千克	9458903	28739	102311214	61025
84819090	龙头、旋塞及类似装置的零件	千克	1485459	4281	9010086	10121
84821010	调心球滚珠轴承	套	3673413	1759	8190827	1260
84821020	深沟球滚珠轴承	套	176655293	24617	1517869951	56900
84821030	角接触滚珠轴承	套	11163729	11575	11850865	4334
84821040	推力球滚珠轴承	套	1559758	1777	9167791	738
84821090	其他滚珠轴承	套	73255741	20683	151470862	11703
84822000	锥形滚子轴承,包括锥形滚子组件	套	6568704	17559	89687737	19906
84823000	鼓形滚子轴承	套	1056802	19581	3003493	8562
84824000	滚针轴承	套	72870050	7607	290127411	10503
84825000	其他圆柱形滚子轴承	套	13875815	28785	11346092	6612
84828000	其他滚动轴承,包括球、柱混合轴承	套	45728268	5109	23996627	3552
84829100	滚珠、滚针及滚柱	千克	6257204	6620	35685035	10496
84829900	滚动轴承的其他零件	千克	22002951	20589	65602461	34915
84831011	船舶用柴油机曲轴	个	734	12423	238	186
84831019	其他船舶用传动轴	个	5078	1918	16379	380
84831090	其他传动轴及曲柄	个	234099501	29136	433446082	32704
84832000	装有滚珠或滚子轴承的轴承座	个	2377614	3327	11519989	2381

2010年上海关区进出口商品量值表

单位:万美元

	商品	计量单位	进口		出口	
			数量	金额	数量	金额
84833000	未装有滚珠或滚子轴承的轴承座;滑动轴承	个	244111393	9740	754299338	19475
84834010	滚子螺杆传动装置	个	504382	5625	1430314	538
84834020	行星齿轮减速器	个	224247	22667	440948	6050
84834090	其他齿轮及齿轮传动装置;链轮及其他单独进口或出口的传动元件;滚珠螺杆传动轴;齿轮箱及其他变速装置	个	59035283	51104	195870381	42254
84835000	飞轮及滑轮,包括滑轮组	个	22710303	7315	156744262	17020
84836000	离合器及联轴器(包括万向节)	个	10735629	8356	34906941	12028
84839000	单独报验的带齿的轮,链轮及其他传动元件;品目8483所列货品的其他零件	千克	28506271	46399	141194768	59276
84841000	密封垫或类似接合衬垫,用金属片与其他材料制成或用双层或多层金属片制成	千克	1609337	6623	7583368	13716
84842000	机械密封件	千克	1138236	6934	3779502	6675
84849000	成套或不同材料密封垫或类似接合衬垫,装于袋、套或类似包装内	千克	195550	2102	1743768	1629
84861010	利用温度变化处理单晶硅的机器及装置	台	130	5570	51	595
84861020	制造单晶柱或晶圆用的研磨设备	台	56	1371	2	24
84861030	制造单晶柱或晶圆用的切割设备	台	977	43105	23	526
84861040	制造单晶柱或晶圆用的化学机械抛光设备(CMP)	台	48	1685	—	—
84861090	其他制造单晶柱或晶圆用的机器及装置	台	265	2118	150	315
84862010	制造半导体器件或集成电路用的氧化、扩散、退火及其他热处理设备	台	408	12078	20	45
84862021	制造半导体器件或集成电路用的化学气相沉积装置(CVD)	台	350	48166	1	19
84862022	制造半导体器件或集成电路用的物理气相沉积装置(PVD)	台	44	2341	2	160
84862029	其他制造半导体器件或集成电路用的薄膜沉积设备	台	51	6456	117	33
84862031	制造半导体器件或集成电路用的分步重复光刻机(步进光刻机)	台	137	12514	2	9

2010 年上海关区进出口商品量值表

单位:万美元

商品		计量单位	进口 数量	进口 金额	出口 数量	出口 金额
84862039	其他将电路图投影或绘制到感光半导体件材料上的制造半导体器件或集成电路用装置	台	1097	5200	8	24
84862041	制造半导体器件或集成电路用的等离子体干法刻蚀机	台	6326	9868	27	2270
84862049	制造半导体器件或集成电路用的其他刻蚀及剥离设备	台	119	8276	11	193
84862050	制造半导体器件或集成电路用的离子注入机	台	53	3816	32440	3
84862090	其他制半导体器件或集成电路用的机器及装置	台	934	26876	619	3261
84863010	制造平板显示器用的的扩散、氧化、退火及其他热处理设备	台	7	57	1	2
84863021	制造平板显示器用的化学气相沉积设备(CVD)	台	1	125	1	2
84863029	制造平板显示器用的其他薄膜沉积设备	台	57	7	59	0
84863031	制造平板显示器用的分布重复光刻机	台	—	—	1	7
84863039	其他将电路图投影或绘制到感光半导体材料上的的制造平板显示器用装置	台	4	398	176	25
84863041	制造平板显示器用的超声波清洗装置	台	7	40	1127	79
84863049	制平板显示器用的其他湿法蚀刻、显影、剥离、清洗装置	台	63	474	11	62
84863090	其他制造平板显示器用的机器及装置	台	1257	3084	38	63
84864010	主要用于或专用于制作和修复掩膜版(mask)或投影掩膜版(reticle)的装置	台	8	40	28	130
84864021	主要用于或专用于装配与封装半导体器件或集成电路的塑封机	台	242	4779	513	82
84864022	主要用于或专用于装配与封装半导体器件或集成电路引线键合装置	台	2020	13361	2	11
84864029	主要用于或专用于装配与封装半导体器件或集成电路的本章注释 9(3)规定的其他机器及装置	台	1239	17431	932	802

2010年上海关区进出口商品量值表

单位:万美元

商品		计量单位	进口		出口	
			数量	金额	数量	金额
84864031	集成电路工厂专用的自动搬运机器人	台	109	1067	12	77
84864039	其他主要用于或专用于升降、装卸、搬运单晶柱、晶圆、半导体器件、集成电路或平板显示器的装置	台	1606	7372	5141	11297
84869010	本章注释9(3)规定升降、装卸、搬运机器用零件及附件(自动搬运设备用除外)	千克	198381	1221	2378137	932
84869020	引线键合装置用零件及附件	千克	33771	1448	869124	7272
84869090	品目8486所列设备用其他零件及附件	千克	702752	16814	5469885	18283
84871000	船用推进器及桨叶	千克	11219678	28811	5932635	6145
84879000	未列名的机器零件,不具有电气接插件、绝缘体、线圈、接触点或其他电气器材特征	千克	5428071	16019	8140812	6361
85011010	玩具电动机,输出功率≤37.5W	台	53160	4	139006	14
85011091	微电机,输出功率≤37.5W,20mm≤机座尺寸≤30mm	台	111892204	11056	15367847	4703
85011099	其他输出功率不超过37.5瓦的电动机	台	96774531	23001	227968075	42284
85012000	交直流两用电动机,输出功率>37.5W	台	351534	530	2614873	2906
85013100	直流电动机及直流发电机,输出功率≤750W	台	9400695	13084	33577300	44585
85013200	直流电动机及直流发电机,750W<输出功率≤75kW	台	30663	1289	3165939	10839
85013300	直流电动机及直流发电机,75kW<输出功率≤375kW	台	519	230	251	162
85013400	直流电动机及直流发电机,输出功率>375kW	台	36	111	181	654
85014000	其他单相交流电动机	台	1783027	3628	60538878	64425
85015100	多相交流电动机,输出功率≤750W	台	804185	12345	3751373	7993
85015200	多相交流电动机,750W<输出功率≤75kW	台	413403	27340	1535092	27679
85015300	多相交流电动机,输出功率>75kW	台	5798	13643	27145	14628
85016100	交流发电机,输出功率≤75kVA	台	4902	256	94875	3600
85016200	交流发电机,75kVA<输出功率≤375kVA	台	97	237	21675	4510

2010年上海关区进出口商品量值表

单位：万美元

商　　品		计量单位	进口		出口	
			数　量	金　额	数　量	金　额
85016300	交流发电机，375kVA＜输出功率≤750kVA	台	69	274	4815	2429
85016410	交流发电机，750kVA＜输出功率≤350MVA	台	322	3462	5504	15020
85016430	交流发电机，输出功率＞665MVA	台	—	—	3	2360
85021100	压燃式活塞内燃机发电机组，输出功率≤75kVA	台	2899	1481	244975	24815
85021200	压燃式活塞内燃机发电机组，75kVA＜输出功率≤375kVA	台	405	1800	5644	8124
85021310	压燃式活塞内燃机发电机组，375kVA＜输出功率≤2MVA	台	663	16236	1338	10664
85021320	压燃式活塞内燃机发电机组，输出功率＞2MVA	台	297	11974	22	1550
85022000	装有点燃式活塞内燃发动机的发电机组	台	1661	300	2980622	43259
85023100	风力发电机组	台	43	475	6471	1690
85023900	未列名发电机组	台	64141	706	2090	5014
85024000	旋转式变流机	台	1	1	54	2
85030010	玩具电动机和微电机的零件	千克	1089191	4378	1127105	4144
85030020	输出功率＞350MVA交流发电机的零件	千克	5888957	10148	9167570	22810
85030030	子目号850231所列发电机组零件	千克	3163139	2429	51657757	13769
85030090	其他专用于或主要用于8501或8502机器的零件	千克	18995068	16339	133453010	71683
85041010	放电灯或放电管用电子镇流器	个	2645338	2628	84828115	19443
85041090	其他放电灯或放电管用镇流器	个	2161774	2265	12911332	2712
85042100	液体介质变压器，额定容量≤650kVA	个	7066	58	27388	2779
85042200	液体介质变压器，650kVA＜额定容量≤10MVA	个	7	22	699	4030
85042311	液体介质变压器，10MVA＜额定容量＜220MVA	个	10	297	430	33180
85042312	液体介质变压器，220MVA≤额定容量＜330MVA	个	15	14319	23	5104
85042313	液体介质变压器，330MVA≤额定容量＜400MVA	个	—	—	17	4277
85042321	液体介质变压器，400MVA≤额定容量＜500MVA	个	6	7	6	2110

2010年上海关区进出口商品量值表

单位:万美元

商品		计量单位	进口数量	进口金额	出口数量	出口金额
85042329	液体介质变压器,额定容量≥500MVA	个	—	—	92	3043
85043110	额定容量≤1kVA的互感器	个	2056519	1503	8689108	2960
85043190	未列名额定容量≤1kVA的其他变压器	个	167375667	8889	263520555	18950
85043210	1kVA<额定容量≤16kVA的互感器	个	113209	372	935	36
85043290	1kVA<未列名额定容量≤16kVA的其他变压器	个	744152	585	128243	1035
85043300	其他变压器,16kVA<额定容量≤500kVA	个	4956	1526	3870	2277
85043400	其他变压器,额定容量>500kVA	个	181	1665	1352	14621
85044013	品目8471所列机器用的稳压电源	个	11329694	16937	16745096	15785
85044014	功率<1kW其他直流稳压电源,精度<1/10000	个	14886908	30691	40773487	31567
85044015	功率<10kW其他交流稳压电源,精度<1/1000	个	219835	2595	3979775	5411
85044019	其他稳压电源	个	2115168	7256	24258115	20395
85044020	不间断供电电源	台	149931	5700	1138283	10873
85044030	逆变器	个	527908	2230	3725607	16440
85044091	具有变流功能的半导体模块	个	13844179	22101	229750288	14358
85044099	其他静止式变流器	个	36410530	62642	84108872	69002
85045000	其他电感器	个	17293116502	39478	4922455751	28875
85049011	额定容量≥400MVA的液体介质变压器的零件	千克	5572	6	575516	351
85049019	其他变压器的零件	千克	1467471	2634	28752938	14578
85049020	稳压电源及不间断供电电源的零件	千克	905954	4218	6911382	7476
85049090	品目8504所列其他货品的零件	千克	4123974	18301	9936311	16193
85051110	稀土永磁体	千克	437991	4790	3830572	14308
85051190	其他金属永磁铁及磁化后准备制永磁铁的物品	千克	3658543	6199	37929128	15359
85051900	其他永磁铁及磁化后准备制永磁铁的物品	千克	1491689	1169	60836244	16467
85052000	电磁联轴节、离合器及制动器	千克	1137229	2910	2052416	1990
85059010	电磁起重吸盘	个	3188	122	19239	447
85059090	电磁铁;电磁铁或永磁铁卡盘、夹具及类似的工作夹具,包括零件	个	53343275	7193	148153304	5678

2010年上海关区进出口商品量值表

单位:万美元

商品		计量单位	进口 数量	进口 金额	出口 数量	出口 金额
85061011	扣式碱性锌锰原电池(组)	个	4413340	17	206358634	533
85061012	圆柱型碱性锌锰原电池(组)	个	25599618	542	724282406	7680
85061019	其他碱性锌锰原电池(组)	个	499515	4	60485904	677
85061090	其他二氧化锰原电池(组)	个	5491769	73	2717140761	16720
85064000	氧化银原电池(组)	个	312671	14	13686451	302
85065000	锂的原电池及原电池组	个	87481055	2842	108723158	1171
85066000	锌空气的原电池及原电池组	个	2340476	80	444661	7
85068000	其他原电池及原电池组	个	9994813	180	304239	40
85069010	编号85061000所列原电池及原电池组的零件	千克	4909	7	683589	120
85069090	其他原电池及原电池组的零件	千克	20385	19	52713	31
85071000	用于启动活塞式发动机的铅酸蓄电池	个	2312056	9274	3973526	7152
85072000	其他铅酸蓄电池	个	686404	3711	4282562	10572
85073000	镍镉蓄电池	个	2520898	639	97570956	8680
85074000	镍铁蓄电池	个	12857	12	1389	24
85078010	镍氢电池	个	27197547	2712	40922604	7027
85078020	锂离子电池	个	560353660	116597	193341329	96691
85078090	未列名蓄电池	个	288299	26	111257	421
85079010	铅酸蓄电池的零件	千克	905993	503	523342	200
85079090	其他蓄电池的零件	千克	1623433	9572	9490852	4852
85081100	电动真空吸尘器功率≤1500W,且带有容积≤20L的集尘袋或其他集尘容器	台	76153	702	26068118	67028
85081900	其他电动真空吸尘器	台	17609	466	12623392	38793
85086000	非电动真空吸尘器	台	71	3	3351	5
85087010	编号85081100所列吸尘器用零件	千克	848382	1252	9497802	6047
85087090	其他真空吸尘器用零件	千克	115406	138	8750512	4617
85094010	水果或蔬菜的榨汁器	台	50931	248	907387	1704
85094090	食品研磨机及搅拌器	台	105673	669	5377139	3675
85098010	地板打蜡机	台	1097	11	663394	823
85098020	厨房废物处理器	台	16514	215	150427	525
85098090	未列名家用电动器具	台	522445	707	8992219	7598
85099000	家用电动器具的零件,品目8508的真空吸尘器用零件除外	千克	117359	340	1489681	2256
85101000	电动剃须刀	个	296371	2955	9323233	10960
85102000	电动毛发推剪	个	59341	42	2322407	995

2010年上海关区进出口商品量值表

单位:万美元

商品		计量单位	进口数量	进口金额	出口数量	出口金额
85103000	电动脱毛器	个	92979	214	1996846	1042
85109000	电动剃须刀、电动毛发推剪及电动脱毛器的零件	千克	132032	2355	674054	5469
85111000	火花塞	个	22341302	3869	65551040	1650
85112010	机车、航空器船舶用点火磁电机、永磁直流发电机及磁飞轮	个	68	3	2111	2
85112090	其他点火磁电机、永磁直流发电机及磁飞轮	个	6570	29	1091179	432
85113010	机车、航空器及船舶用分电器、点火线圈	个	2404	21	25073	33
85113090	其他分电器、点火线圈	个	4003568	3340	35487323	10121
85114010	机车、航空器及船舶用启动电机及两用启动发电机	个	2368	336	301	48
85114091	输出功率≥132.39kW(180马力)发动机用启动电机	个	31489	510	12623	76
85114099	其他启动电机及两用启动发电机	个	300220	1141	8761746	19660
85115010	其他机车、航空器及船舶用发电机	个	64	461	169	81
85115090	其他发电机	个	322446	2475	2104300	9218
85118000	内燃发动机用其他电点火及电启动装置及断流器	个	2093310	841	22559912	1874
85119010	品目8511供机车、航空器及船舶用各种装置的零件	千克	3114	39	48061	39
85119090	品目8511所列其他装置的零件	千克	5996992	6671	31882126	17985
85121000	自行车电气照明或视觉信号装置	个	2441911	352	24525459	2658
85122010	机动车辆用电气照明装置	个	4820086	8174	24400100	26472
85122090	其他车辆电气照明或视觉信号装置	个	2717368	1647	7659028	3062
85123011	机动车辆用喇叭、蜂鸣器	个	662033	311	17951570	2663
85123012	机动车辆用防盗报警器	个	10382	84	471142	419
85123019	机动车辆用其他电气音响信号装置	个	24067	36	7282820	615
85123090	其他车辆用电气音响信号装置	个	2429	8	2694438	208
85124000	车辆电动风挡刮水器、除霜器及去雾器	个	346115	969	7335557	2284
85129000	品目8512所列装置的零件	千克	2700508	5400	13723867	12546
85131010	手电筒	个	105261	63	111533153	10355
85131090	其他自供能源的手提式电灯	个	28196	43	37797635	6691
85139010	手电筒零件	千克	153	1	80246	232
85139090	其他自供能源手提式电灯的零件	千克	220	0	506684	254

2010年上海关区进出口商品量值表

单位:万美元

商品		计量单位	进口数量	进口金额	出口数量	出口金额
85141010	可控气氛热处理炉	台	142	4353	88	639
85141090	其他工业或实验室用电阻加热炉及烘箱	台	8104	12078	16588	5833
85142000	工业或实验用感应或介质损耗工作的炉及烘箱	台	829	2215	3215	1283
85143000	其他工业或实验室用炉及烘箱	台	4364	5325	21963	2037
85144000	其他工业或实验用感应或介质损耗对材料进行热处理设备	台	3794	2281	9358	1427
85149010	炼钢电炉的零件	千克	9545	137	2701663	1159
85149090	品目8514所列其他设备的零件	千克	232538	1620	3657205	3011
85151100	钎焊烙铁及焊枪	个	18582	378	8950544	1772
85151900	其他钎焊机器及装置	台	13988	1290	62261	677
85152110	全自动或半自动电阻直缝焊管机	台	271	458	167	1486
85152190	其他全自动或半自动电阻焊接机器及装置	台	383	1896	47910	1127
85152900	其他电阻焊接机器及装置	台	817	393	83656	1552
85153110	全自动或半自动的螺旋焊管机	台	17	25	5	91
85153190	其他全自动或半自动电弧焊接机器及装置	台	1728	3807	22414	810
85153900	其他电弧焊接机器及装置	台	543	446	622415	6518
85158000	其他焊接机器及装置;用于热喷金属或硬质合金的电气机器及装置	台	11113	14018	310235	5545
85159000	品目8515所列机器的零件	千克	683409	5685	6389327	7468
85161010	电热的储存式热水器	个	504	32	937651	5692
85161020	电热的快速热水器	个	3410	51	39208	70
85161090	其他电热水器	个	1010	58	200371	192
85162100	电气储存式散热器	个	135	1	657	6
85162910	电气土壤加热器	个	—	—	47544	110
85162920	辐射式电气空间加热器	个	1695	14	80711	51
85162931	风扇式电气空间加热器	个	2269	41	171113	383
85162932	充液式电气空间加热器	个	94	233	27285	75
85162939	其他对流式电气空间加热器	个	577	37	8677	35
85162990	其他电气空间加热器	个	81607	991	2916628	9344
85163100	电吹风机	个	4453	10	1902045	1140
85163200	其他电热理发器具	个	50	0	4788426	4625
85163300	电热干手器	个	4402	61	129896	913
85164000	电熨斗	个	104003	295	2463167	3172

2010年上海关区进出口商品量值表

单位:万美元

商品		计量单位	进口 数量	进口 金额	出口 数量	出口 金额
85165000	微波炉	个	1735	57	3121554	25807
85166010	电磁炉	个	6938	135	123747	752
85166030	电饭锅	个	58421	681	760903	2532
85166040	电炒锅	个	662	43	46959	101
85166050	电烤箱	个	14008	327	90960	242
85166090	其他电炉;电锅、电热板、加热环、烧烤炉及烘烤器	个	15817	1193	9660506	12618
85167110	滴液式咖啡机	个	19721	215	1660222	1042
85167120	蒸馏渗滤式咖啡机	个	3224	22	71889	113
85167130	泵压式咖啡机	个	16355	651	28279	160
85167190	其他电咖啡机或茶壶	个	6450	58	1183021	2381
85167210	家用自动面包机	个	429	2	10	0
85167220	片式烤面包机(多士炉)	个	2394	23	286235	221
85167290	其他电热烤面包器	个	6657	19	818020	834
85167910	电热饮水机	台	11168	97	239850	1682
85167990	未列名电热器具	个	155860	756	31170512	21157
85168000	加热电阻器	个	49069286	8589	112464137	13039
85169010	土壤加热器及加热电阻器用零件	千克	218524	668	282219	309
85169090	品目8516所列其他货品的零件	千克	1914230	2386	33856696	27192
85171100	无绳电话机	台	382962	1069	83148	379
85171210	手持(包括车载)式无线电话机	台	188974	1466	12292144	133272
85171220	对讲机	台	24459	329	960216	5222
85171290	其他用于蜂窝网络或其他无线网络的电话机	台	2139	63	362775	1290
85171800	其他电话机	台	72984	542	5371344	11430
85176110	移动通信基站	台	3391	598	177333	38882
85176190	其他基站	台	249	185	56486	3164
85176211	局用电话交换机;长途电话交换机;电报交换机	台	73	25	265009	1311
85176212	移动通信交换机	台	12	59	387	82
85176219	其他电话交换机	台	360	188	50919	2657
85176221	光端机及脉冲编号调制设备(PCM)	台	3559	447	28584	1451
85176222	波分复用光传输设备	台	540	334	306104	3854
85176229	其他光通讯设备	台	15109	2407	1662580	38757
85176231	通信网络时钟同步设备	台	279	130	141	8
85176232	以太网络交换机	台	134567	14465	4361321	59856
85176233	IP电话信号转换设备	台	23070	505	2544182	7988

2010年上海关区进出口商品量值表

单位:万美元

商品		计量单位	进口数量	进口金额	出口数量	出口金额
85176234	调制解调器	台	240970	387	19677277	66144
85176235	集线器	台	37235	627	29456	27
85176236	路由器	台	226233	8779	36990963	110893
85176237	有线网络接口卡	台	166685	11638	395597	1113
85176239	未列名有线数字通讯设备	台	137589	7491	6755715	33381
85176292	无线网络接口卡	台	16890921	16895	62054795	53816
85176293	无限接入固定台	台	4579	219	75903	631
85176299	其他接收转换且发送或再生声音图像或其他数据用的设备	台	3978419	7947	42693001	77316
85176910	其他发送接收声音、图像或其他数据无线设备	台	113725	900	4383	145
85176990	其他发送接收声音、图像或其他数据有线设备	台	49885	1921	499045	1450
85177010	数字式程控电话或电报交换机的零件	千克	292221	7823	2531891	4754
85177020	光端机及脉冲编号调制设备(PCM)的零件	千克	4646	235	374149	905
85177030	手持式无线电话机的零件(天线除外)	千克	1313542	62471	7712124	314030
85177040	对讲机的零件(天线除外)	千克	35308	174	68083	328
85177060	光通信设备的激光收发模块	千克	88038	9281	236335	21132
85177070	品目8517所列设备用天线及其零件	千克	263366	3125	6091692	23122
85177090	品目8517所列设备用其他零件	千克	4833469	93731	49568942	272544
85181000	传声器(麦克风)及其座架	个	74762116	3385	701801116	16549
85182100	单喇叭音箱	个	200330	985	3945266	5158
85182200	多喇叭音箱	个	439842	5908	15434544	15895
85182900	其他扬声器	个	140515522	7439	271261827	42478
85183010	蓝牙耳机	个	103083	153	46137	109
85183090	其他耳机耳塞,不论是否装有传声器,由传声器及一个或多个扬声器组成的组合机	个	35396427	8764	189335985	13445
85184000	音频扩大器	台	95357	1470	7473355	18831
85185000	电气扩音机组	套	1814	395	362419	2862
85189000	品目8518所列货品的零件	千克	3054773	4503	20311489	13452
85192000	用硬币、钞票、银行卡、代币或其他支付方式使其工作的声音录制或重放设备	台	—	—	9	1

2010年上海关区进出口商品量值表

单位:万美元

商品		计量单位	进口 数量	进口 金额	出口 数量	出口 金额
85193000	转盘(唱机唱盘)	台	6	2	1	0
85195000	电话应答机	台	2	0	1741	0
85198112	装有声音重放装置的盒式磁带型录音机	台	7	1	451	1
85198119	其他使用磁性媒体的声音录制或重放设备	台	355	2	—	—
85198121	激光唱机,未装有声音录制装置	台	27862	601	345646	1077
85198129	其他使用光学媒体的声音录制或重放设备	台	29	2	224	6
85198131	有声音重放装置的闪速存储器型声音录制设备	台	88680	450	351948	801
85198139	其他使用半导体媒体的声音录制或重放设备	台	88	8	31646	74
85198910	不带录制装置的其他唱机,不论是否带扬声器	台	4	0	22596	144
85198990	其他声音录制或重放设备	台	8968	75	4882839	18759
85211011	广播级磁带型录像机	台	5	16	2153	574
85211019	其他磁带型录像机	台	70	8	—	—
85211020	磁带型放像机	台	—	—	53	5
85219011	视频高密光盘(VCD)播放机	台	—	—	9308	32
85219012	数字化视频光盘(DVD)播放机	台	75710	606	1236462	10403
85219019	其他激光视盘机	台	131589	1673	222691	900
85219090	未列名视频信号录制或重放设备	台	423921	3688	8046314	99675
85221000	拾音头	个	42967	41	171404	22
85229010	转盘或唱机的零件、附件	千克	53090	219	12500	81
85229021	走带机构(机芯),不论是否装有磁头	千克	10638	44	316271	159
85229022	磁头	个	236572	96	172345	11
85229023	磁头零件	千克	8099	15	6262	21
85229029	盒式磁带录音机或放声机的其他零件、附件	千克	68	4	23787	23
85229031	激光视盘机的机芯	千克	136016	952	455839	7779
85229039	其他视频信号录制或重放设备的零件、附件	千克	151447	7893	246123	8260
85229091	车载音频转播器或发射器	台	281	2	168887	115
85229099	品目8519至8521所列设备的其他零件、附件	千克	119482	2279	2900355	8462

2010年上海关区进出口商品量值表

单位:万美元

商　　品	计量单位	进口 数量	进口 金额	出口 数量	出口 金额
85232110 未录制磁条卡	个	2358775	104	22607747	164
85232120 已录制磁条卡	个	683420	5	1373955	35
85232911 未录制磁盘	个	1793766	16	922918	126
85232919 已录制磁盘	个	15014	444	1096859	72
85232921 未录制的宽度≤4mm磁带	盘	1050019	100	418548	25
85232922 未录制4mm<宽度≤6.5mm的磁带	盘	6725213	1384	1166	0
85232923 未录制的宽度>6.5mm的磁带	盘	1748828	2586	12446108	1123
85232928 重放声音或图像信息的磁带	盘	192	38	—	—
85232929 已录制的其他磁带	盘	258	1	325	343
85232990 其他磁性媒体	盘	—	—	46001	2
85234010 仅用于重放声音信息的已录制光盘	张	22030	83	2492171	119
85234020 品目8471机器用重放声音、图像以外信息光学媒体	张	9408014	77578	29753208	3583
85234091 未录制其他光学媒体	张	56944853	903	127563864	1232
85234099 已录制其他光学媒体	张	95839	506	13389442	892
85235110 未录制固态非易失性存储器件(闪速存储器)	个	116292806	72671	518050763	277924
85235120 已录制固态非易失性存储器件(闪速存储器)	个	363538	1007	84155	82
85235210 未录制"智能卡"	个	110635560	5665	760870933	19118
85235290 已录制"智能卡"	个	15249394	2729	295163127	7576
85235910 其他未录制半导体媒体	个	391686	34	3050522	122
85235920 其他已录制半导体媒体	个	1584530	109	1692110	47
85238011 已录制唱片	张	—	—	17876	2
85238019 未录制唱片	张	85	0	2162	0
85238021 其他品目8471所列机器用录制声音或信息用媒体,未录制	张	769822	12	—	—
85238029 其他品目8471所列机器用录制声音或信息用媒体,已录制	张	968	409	10644	3
85238091 未列名录制声音或其他信息用的媒体,未录制	张	112	2	477	0
85238099 未列名录制声音或其他信息用的媒体,已录制	张	2	0	18587	1
85255000 无线电广播、电视发送设备	台	19	67	433	115
85256010 卫星地面站设备	台	153	189	—	—
85256090 其他装有接收装置的发送设备	台	3523	647	667	26

2010年上海关区进出口商品量值表

单位:万美元

商品		计量单位	进口		出口	
			数量	金额	数量	金额
85258011	特种用途的电视摄像机	台	4137	777	304	98
85258012	非特种用途的广播级电视摄像机	台	44	135	—	—
85258013	非特种用途的其他类型电视摄像机	台	21185593	20160	23044415	37105
85258021	特种用途的数字照相机	台	482	910	8672	44
85258022	非特种用途的单镜头反光型数字照相机	台	833711	58607	6761	575
85258029	非特种用途的其他类型数字照相机	台	4629094	78796	13877229	119904
85258031	特种用途的视频摄录一体机	台	416	302	55	26
85258032	非特种用途的广播级视频摄录一体机	台	13	35	—	—
85258033	非特种用途的家用型视频摄录一体机	台	414786	18701	4342693	55603
85258039	非特种用途的其他视频摄录一体机	台	5967	490	7087	112
85261010	导航用雷达设备	台	1254	4517	24	42
85261090	其他雷达设备	台	583	909	7	12
85269110	机动车辆用无线电导航设备	台	53847	3988	15191745	110682
85269190	其他无线电导航设备	台	24407	6731	58681	490
85269200	无线电遥控设备	台	2001830	4912	1971979	2740
85271300	其他不需外接电源的收录(放)音组合机	台	203546	484	191055	320
85271900	其他不需外接电源的无线电收音机	台	247587	530	232646	179
85272100	需外接电源的汽车用无线电收录(放)音组合机	台	49354	485	3503589	29943
85272900	其他需外接电源的汽车用无线电收音机	台	110808	308	310433	2028
85279100	其他收录(放)音组合机	台	17822	328	32	0
85279200	其他带时钟的收音机	台	34759	134	50388	410
85279900	未列名无线电广播接收设备	台	90189	2968	4067	80
85284100	专用于或主要用于品目84.71自动数据处理系统的阴极射线管监视器	台	126	60	7432	52
85284910	彩色阴极射线管监视器	台	148	18	3889	57
85284990	黑白或其他单色的阴极射线管监视器	台	16	2	4384	36
85285110	专用于或主要用于品目84.71自动数据处理系统的液晶监视器	台	247249	3915	12743567	159672
85285190	其他专用于或主要用于品目84.71自动数据处理系统的监视器	台	96	31	252	97

2010年上海关区进出口商品量值表

单位:万美元

商品		计量单位	进口 数量	进口 金额	出口 数量	出口 金额
85285910	其他彩色监视器	台	24480	1637	2013133	38181
85285990	未列名黑白或其他单色的监视器	台	356	40	203	1
85286100	专用于或主要用于品目8471自动数据处理系统用投影机	台	1537	123	73817	2583
85286910	其他彩色投影机	台	2197	892	1111842	38107
85286990	未列名黑白或其他单色的投影机	台	6	6	33	8
85287110	彩色卫星电视接收机	台	1	0	3400881	11578
85287180	其他彩色的在设计上不带有视频显示器或屏幕的电视接收装置	台	40727	181	1802455	10322
85287190	黑白的或其他单色的在设计上不带有视频显示器或屏幕的电视接收装置	台	—	—	10088	24
85287211	阴极射线显像管的彩色模拟电视接收机	台	—	—	144651	825
85287212	阴极射线显像管的彩色数字电视接收机	台	—	—	20254	106
85287219	其他阴极射线显像管的彩色电视接收机	台	5	0	8952	54
85287221	液晶显示器彩色模拟电视接收机	台	588	30	680997	12696
85287222	液晶显示器彩色数字电视接收机	台	1356	417	10685916	380897
85287229	其他液晶显示器彩色电视接收机	台	1967	65	286795	5363
85287231	等离子显示器彩色模拟电视接收机	台	—	—	471	16
85287232	等离子显示器彩色数字电视接收机	台	59	28	208717	14230
85287239	其他等离子显示器彩色电视接收机	台	—	—	1993	81
85287291	其他彩色模拟电视接收机	台	—	—	2475	16
85287292	其他彩色数字电视接收机	台	5	0	5700	39
85287299	其他彩色电视接收机	台	8394	28	15866	41
85287300	其他黑白或单色的电视接收机	台	4	0	279747	545
85291010	雷达及无线电导航设备用各种天线或天线反射器及其零件	千克	39079	616	300108	689
85291020	无线电收音机及其组合机、电视接收机用各种天线或天线反射器及零件	千克	99501	484	4658041	5198
85291090	品目85.25至85.28所列其他装置或设备用各种天线或天线反射器及其零件	千克	184678	2670	32745734	29442
85299010	电视发送、差转设备及卫星电视地面接收转播设备零件	千克	25398	106	14743752	54614

2010年上海关区进出口商品量值表

单位:万美元

商品		计量单位	进口		出口	
			数量	金额	数量	金额
85299041	特种用途电视摄像机、其他视频摄录一体机、数字照相机的零件	千克	876	58	255532	207
85299042	非特种用途的取像模块	千克	40903	3742	28528	10385
85299049	其他电视摄像机、其他视频摄录一体机、数字照相机的零件	千克	672157	22115	1105917	28361
85299050	雷达设备及无线电导航设备零件	千克	967035	10680	349250	4091
85299060	无线电收音机及其组合机零件	千克	513238	8367	3239594	13846
85299081	彩色电视机零件(除等离子显像组件及零件)	千克	2123500	3014	97737267	68150
85299082	电视接收机用等离子显像组件及其零件	千克	10946992	25848	7686591	14197
85299089	其他电视接收机零件	千克	30820	47	3409174	19522
85299090	品目8525至8528所列装置或设备未列名零件	千克	1032650	14504	38474443	72032
85301000	铁道或电车道电气信号、安全或交通管理设备	个	55	317	5233	301
85308000	其他电气信号、安全或交通管理设备(品目8608的货品除外)	个	5388	704	976955	2344
85309000	品目8530所列设备的零件	千克	27580	922	1479760	992
85311000	防盗或防火报警器及类似装置	个	217532	4123	30923941	11008
85312000	装有液晶装置或发光二极管的显示板	个	7358788	3177	63117779	9415
85318010	蜂鸣器	个	34084182	930	36665242	655
85318090	未列名电气音响或视觉信号装置	个	1240432	2375	67206339	3881
85319010	防盗或防火报警器及类似装置的零件	千克	746836	3883	13097361	17251
85319090	品目8531所列其他装置的零件	千克	219349	1123	787215	2663
85321000	50/60Hz电路用的固定电容器,额定无功功率≥0.5千乏(电力电容器)	千克	726859	1875	640036	734
85322110	片式钽电容器	千克	341845	21926	178601	8319
85322190	其他钽电容器	千克	43114	946	2947	47
85322210	片式铝电解电容器	千克	954320	10669	349413	1911
85322290	其他铝电解电容器	千克	6808703	25123	10746253	23430
85322300	单层瓷介电容器	千克	462562	2247	298219	711
85322410	片式多层瓷介电容器	千克	2408247	65181	2355501	20931
85322490	其他多层瓷介电容器	千克	150080	1035	12991	125

2010年上海关区进出口商品量值表

单位:万美元

商品		计量单位	进口数量	进口金额	出口数量	出口金额
85322510	片式纸介质或塑料介质电容器	千克	625362	1937	98941	353
85322590	其他纸介质或塑料介质电容器	千克	1054655	4000	8324258	10464
85322900	未列名固定电容器	千克	601459	6022	478074	2373
85323000	可变或可调(微调)电容器	千克	23548	375	109191	234
85329010	品目85321000所列电容器的零件	千克	12900	53	267985	250
85329090	其他电容器的零件	千克	275518	1084	3770091	3532
85331000	固定碳质电阻器,合成或薄膜式	千克	145854	1995	1170290	1322
85332110	额定功率≤20瓦的片式固定电阻器	千克	824222	13971	5058378	16290
85332190	额定功率≤20瓦的其他固定电阻器	千克	259571	1685	1457698	2615
85332900	额定功率>20瓦的其他固定电阻器	千克	234046	1420	459056	1426
85333100	额定功率≤20瓦的线绕可变电阻器	千克	23769	444	80800	166
85333900	额定功率>20瓦的线绕可变电阻器	千克	31288	252	47091	93
85334000	其他可变电阻器	千克	1079886	13161	2096483	14624
85339000	电阻器(包括变阻器及电位器)的零件	千克	781858	4271	1793875	2529
85340010	四层以上的印刷电路	块	186993439	69460	451151243	88284
85340090	四层及以下的印刷电路	块	5879690987	95217	9527632241	169525
85351000	熔断器,线路电压>1000V	个	64854	343	1045877	2890
85352100	自动断路器,1000V<线路电压<72.5kV	个	5257	2208	3774	870
85352900	自动断路器,线路电压≥72.5kV	个	27	360	488	4385
85353000	隔离开关及断续开关,线路电压>1000V	个	18475	235	87466	1877
85354000	避雷器、电压限幅器及电涌抑制器,电压>1000V	个	2795250	946	863056	2895
85359000	其他开关、保护或连接用电气装置,电压>1000V	千克	614994	4350	2847360	4306
85361000	熔断器,线路电压≤1000V	个	1376260020	7933	1392589577	5390
85362000	自动断路器,线路电压≤1000V	个	9795791	13930	117321254	27121
85363000	其他电路保护装置,线路电压≤1000V	个	100644791	6341	29150682	7184
85364100	继电器,电压≤60V	个	219938123	15729	273268935	10132

2010 年上海关区进出口商品量值表

单位:万美元

商品		计量单位	进口数量	进口金额	出口数量	出口金额
85364900	继电器,60V＜线路电压≤1000V	个	12872635	15017	27350277	9311
85365000	开关,线路电压≤1000V	个	1109419364	35182	1659222463	40548
85366100	灯座,线路电压≤1000V	个	33696313	923	212150329	3383
85366900	插头及插座,线路电压≤1000V	个	1019174545	17708	863199472	19968
85367000	光导纤维、光导纤维束或光缆用连接器	千克	83043	2556	1260749	8722
85369000	其他连接用电气装置,线路电压≤1000V	千克	22394370	152508	36449778	100936
85371011	用于电压≤1000V 线路的可编程序控制器	个	1694051	41055	1971693	9736
85371019	用于电压≤1000V 线路的其他数控装置	个	214544	30236	1813624	7333
85371090	其他用于电压≤1000V 伏线路的电气控制或电力分配的盘、板、台、柜及其他基座	个	13679216	62656	54901394	100061
85372010	全封闭组合式高压开关装置,线路电压≥500kV	台	17	2	41	79
85372090	其他用于电压＞1000V 线路的电气控制或电力分配的盘、板(包括数控装置)、柜及其他基座	千克	1781296	11551	15322686	27629
85381010	品目 85372010 所列货品的零配件	千克	368	2	701067	564
85381090	品目 8537 所列其他货品的盘、板、台、柜及其他基座,未装有关装置	千克	1005741	3722	4849603	4183
85389000	品目 8535、8536 或 8537 所列装置的其他零件	千克	26446514	156877	50235132	81156
85391000	封闭式聚光灯	只	40499	216	10859226	1747
85392110	科研、医疗专用卤钨灯	只	257769	142	2705958	173
85392120	火车、航空器及船舶用卤钨灯	只	102901	163	790661	65
85392130	机动车辆用卤钨灯	只	68559278	6369	388376992	6308
85392190	其他卤钨灯	只	5721509	998	380501359	14594
85392210	其他科研医疗专用白炽灯泡,功率≤200W,额定电压＞100V	只	1083	6	93000	2
85392290	其他白炽灯泡,功率≤200W,额定电压＞100V	只	21182476	551	615555945	6735
85392910	科研、医疗专用未列名白炽灯泡	只	5524	5	5330	2
85392920	火车、航空器及船舶用未列名白炽灯泡	只	50276	51	5303978	248

2010年上海关区进出口商品量值表

单位:万美元

商品		计量单位	进口数量	进口金额	出口数量	出口金额
85392930	机动车辆用未列名白炽灯泡	只	183649754	3063	760273406	14723
85392991	≤12V的未列名白炽灯泡	只	7882699	170	19566271	138
85392999	其他未列名白炽灯泡	只	2091713	205	627986834	9877
85393110	科研、医疗专用热阴极荧光灯	只	11587	8	257663	25
85393120	火车、航空器及船舶用热阴极荧光灯	只	38978	40	5419	10
85393191	紧凑型热阴极荧光灯	只	1163826	200	1028676277	105299
85393199	其他热阴极荧光灯	只	6129439	1068	322665749	20609
85393230	钠蒸气灯	只	128141	146	4113661	1150
85393240	汞蒸气灯	只	229517	2159	13325317	9499
85393290	其他金属卤化物灯	只	4684208	5016	51818960	13779
85393910	其他科研、医疗专用放电灯管	只	8557	102	138365	86
85393920	其他火车、航空器及船舶用放电灯管	只	14784	57	142472	214
85393990	其他放电灯管	只	51944460	7455	546942446	10047
85394100	弧光灯	只	35740	201	41181	22
85394900	紫外线灯管或红外线灯泡	只	1574593	3205	10239310	2039
85399000	品目8539所列货品的零件	千克	680164	12784	14325637	9678
85401100	彩色阴极射线电视显像管	只	6040	23	1105089	2462
85401200	黑白或其他单色的阴极射线电视显像管	只	160	3	5217	3
85402010	电视摄像管	只	1	0	—	—
85402090	变像管及图像增强管;其他光阴极管	只	2020	38	101	2
85404000	彩色数据/图形显示管,屏幕荧光点间距<0.4mm	只	—	—	1243290	12
85405000	黑白或其他单色的数据/图形显示管	只	44471	13	101560	56
85406090	其他阴极射线管	只	15631	13	30472	2
85407100	磁控管	只	419566	189	2909398	1980
85407200	速调管	只	15	293	2	0
85407900	其他微波管	只	10	1	2	0
85408100	接收管或放大管	只	109124	180	1258	34
85408900	未列名热电子管、冷阴极管	只	1316427	1594	46322998	4316
85409110	电视显像管零件	千克	527	4	1201397	1251
85409120	雷达显示管零件	千克	5	0	—	—
85409190	其他阴极射线管零件	千克	7760	205	10616	129

2010年上海关区进出口商品量值表

单位:万美元

商品		计量单位	进口数量	进口金额	出口数量	出口金额
85409910	电视摄像管零件	千克	119	20	—	—
85409990	未列名热电子管、冷阴极管或光阴极管零件	千克	391505	1691	186420	770
85411000	二极管,但光敏二极管或发光二极管除外	个	19316855359	36497	50128605818	104689
85412100	耗散功率<1瓦的晶体管	个	13446062113	49765	35752669668	52462
85412900	耗散功率≥1瓦的晶体管	个	2335810069	30053	5057212108	32637
85413000	半导体开关元件、两端交流开关元件及三端双向可控硅开关元件,但光敏器件除外	个	972595935	4619	454913741	4457
85414010	发光二极管	个	7480780879	78706	9018947355	25478
85414020	太阳能电池	个	219325224	117447	102112365	1185463
85414090	其他光敏半导体器件,包括不论是否装在组件内或组装成块的光电池(太阳能电池除外)	个	1918639065	17742	2817070323	28058
85415000	其他半导体器件	个	1629196284	4631	2874297807	13110
85416000	已装配的压电晶体	个	2024994629	33501	1243086444	19758
85419000	品目8541所列货品的零件	千克	3017015	43642	37374603	31178
85423100	处理器及控制器,不论是否带有存储器、转换器、逻辑电路、放大器、时钟及时序电路或其他电路	个	23703511086	2044290	19447023121	834284
85423200	存储器	个	8093781633	1375854	3249865094	234941
85423300	放大器	个	2895821282	41074	1421272176	8070
85423900	其他集成电路	个	23347176061	565412	26439733208	344965
85429000	集成电路的零件	千克	4116906	32844	1482659	10281
85431000	粒子加速器	台	41	207	—	—
85432010	通用信号发生器,输出信号频率<1500MHz	台	98269	1584	69163	919
85432090	其他信号发生器	台	3587	1834	4373	97
85433000	电镀、电解或电泳设备及装置	台	1585	9682	21091	3964
85437091	金属、矿藏探测器	台	5252	1395	365860	1589
85437092	高、中频放大器	台	155182	1569	2747477	8323
85437093	电篱网激发器	台	4168	82	2571	12
85437099	未列名具有独立功能的电气设备及装置	台	33311057	45987	306043116	81345
85439010	粒子加速器零件	千克	547	14	86057	99
85439021	<1500MHz的通用信号发生器的零件	千克	2068	149	39459	653

2010年上海关区进出口商品量值表

单位:万美元

商品		计量单位	进口 数量	进口 金额	出口 数量	出口 金额
85439029	其他信号发生器零件	千克	2577	115	112904	385
85439030	金属、矿藏探测器零件	千克	37693	307	211545	426
85439040	高、中频放大器零件	千克	24383	239	92967	982
85439090	品目8543所列其他设备及装置的零件	千克	1063223	11992	7771729	9082
85441100	铜制绕组电线	千克	5444879	8351	18441707	14997
85441900	其他绕组电线	千克	192442	281	4522181	1918
85442000	同轴电缆及其他同轴电导体	千克	1472807	4864	133761979	48981
85443020	机动车辆用点火布线组及其他布线组	千克	796650	2798	9844531	22355
85443090	其他车,航空器,船用点火布线组及其他布线组	千克	74463	526	845241	1286
85444211	有接头电缆,额定电压≤80V	千克	2226119	11623	58484696	46206
85444219	其他有接头电导体,额定电压≤80V	千克	2028135	10727	5196440	13631
85444221	有接头电缆,80V<额定电压≤1000V	千克	2966812	8544	37072705	29495
85444229	其他有接头电导体,80V<额定电压≤1000V	千克	3430021	8052	22746672	33072
85444911	其他电缆,额定电压≤80V	千克	5707456	5387	69180188	36693
85444919	其他电导体,额定电压≤80V	千克	5308443	8539	2572056	6053
85444921	其他电缆,80V<额定电压≤1000V	千克	5607314	8442	76293053	42634
85444929	其他电导体,80V<额定电压≤1000V	千克	7395058	8703	7289695	6482
85446012	电缆,1kV<额定电压≤35kV	千克	1454759	2152	16349966	9098
85446013	电缆,35kV<额定电压≤110kV	千克	6408	18	1977979	1480
85446014	电缆,110kV<额定电压≤220kV	千克	34720	62	922990	782
85446019	电缆,额定电压>220kV	千克	111721	168	808948	357
85446090	其他电导体,额定电压>1000V	千克	1242032	1711	1580182	1605
85447000	光缆	千克	1205684	3636	27623731	20783
85451100	炉用碳电极	千克	702038	372	13269593	3010
85451900	其他碳电极	千克	356359	639	394210	95
85452000	碳刷	千克	252008	1480	1187483	2322
85459000	其他电气设备用石墨或碳精制品	千克	292737	1132	5536811	1510
85461000	玻璃制的绝缘子	千克	3040	33	8536611	1387
85462010	输变电线路绝缘瓷套管	千克	256634	724	2237789	812
85462090	其他陶瓷制的绝缘子	千克	219078	156	26236464	4092

2010年上海关区进出口商品量值表

单位:万美元

商品		计量单位	进口		出口	
			数量	金额	数量	金额
85469000	其他绝缘子	千克	214352	796	3575665	2274
85471000	陶瓷制绝缘零件	千克	1102823	1984	5902629	2640
85472000	塑料制绝缘零件	千克	1309639	5290	2715774	3418
85479010	内衬绝缘材料的贱金属制线路导管及其接头	千克	86113	368	4716623	2260
85479090	未列名的电气机器、器具或设备用绝缘配件	千克	300846	2779	4411607	2421
85481000	原电池、原电池组和蓄电池的废碎料;废原电池、废原电池组及废蓄电池	千克	—	—	297711	68
85489000	机器或设备的本章其他品目未列名的电气零件	千克	1178482	16861	2763745	3682
86011011	微机控制的直流电机驱动铁道电力机车	辆	—	—	18	5342
86011019	其他直流电机驱动铁道电力机车	辆	—	—	26	3200
86011020	交流电机驱动的铁道电力机车	辆	—	—	2	276
86012000	由蓄电池驱动的铁道电力机车	辆	—	—	17	21
86021010	微机控制的柴油电力铁道机车	辆	—	—	6	815
86021090	其他柴油电力铁道机车	辆	—	—	5	683
86029000	其他铁道机车;机车煤水车	辆	—	—	6	120
86031000	由外部电力驱动的铁道及电车道机动客车、货车、敞车	辆	—	—	10	72
86039000	其他铁道及电车道机动客车、货车、敞车	辆	—	—	1	2
86040012	钢轨在线打磨列车	辆	—	—	1	0
86040019	其他铁道及电车道检验车及查道车	辆	—	—	1	1
86040091	电气化接触网架线机(轨行式)	辆	2	150	—	—
86040099	铁道及电车道未列名维修或服务车	辆	6	16	124	1810
86050010	铁道非机动客车	辆	—	—	25	1179
86050090	电车道非机动客车;行李车、邮政车和其他铁道及电车道非机动特殊用途车辆	辆	—	—	11	570
86061000	铁道及电车道非机动油罐货车及类似车	辆	—	—	37	477
86063000	铁道及电车道非机动自卸货车,但编号86061000的货品除外	辆	—	—	135	1709
86069100	铁道及电车道非机动带篷及封闭的货车	辆	—	—	4	66

2010年上海关区进出口商品量值表

单位:万美元

商品		计量单位	进口数量	进口金额	出口数量	出口金额
86069200	铁道及电车道非机动敞篷车,厢壁固定且高度>60cm	辆	—	—	119	885
86069900	未列名铁道及电车道非机动有篷及无篷货车	辆	5	1	792	1719
86071100	铁道及电车道机车或车辆的驾驶转向架	套	—	—	145	353
86071200	铁道及电车道机车或车辆的其他转向架	套	255	140	2557	428
86071910	铁道及电车道机车或车辆的轴	根	999	103	1623	51
86071990	铁道及电车道机车或车辆的轮及上述货品零件	千克	10735793	5000	13059606	2455
86072100	铁道及电车道机车或车辆空气制动器及其零件	千克	747088	3422	2264327	854
86072900	铁道及电车道机车或车辆其他制动器及其零件	千克	229857	756	1313105	723
86073000	铁道及电车道机车或车辆的钩、其他联结器、缓冲器及其零件	千克	2480413	9495	3038600	1509
86079100	其他铁道及电车道机车零件	千克	770432	4913	7147633	4580
86079900	其他铁道及电车道车辆零件	千克	502536	795	3271211	1270
86080010	轨道自动计轴设备	千克	383	3	17082	503
86080090	其他铁道及电车道轨道固定装置及附件;供铁道、电车道、道路、内河航道、停车场、港口或机场用的机械(包括电动机械)信号、安全或交通管理设备;上述货品的零件	千克	262819	1018	8960614	2117
86090011	20英尺保温式集装箱	个	—	—	3044	4097
86090012	20英尺罐式集装箱	个	152	72	2336	4457
86090019	其他20英尺集装箱	个	3	1	116022	28077
86090021	40英尺保温式集装箱	个	—	—	31390	51546
86090022	40英尺罐式集装箱	个	1	15	177	317
86090029	其他40英尺集装箱	个	—	—	119213	48457
86090030	45、48、53英尺集装箱	个	—	—	2026	1536
86090090	其他集装箱(包括运输液体的集装箱)	个	63	267	12735	7383
87011000	手扶拖拉机	辆	2	0	78004	7849
87012000	半挂车用的公路牵引车	辆	679	5543	3874	13354
87013000	履带式牵引车、拖拉机	辆	2	9	2	5

2010年上海关区进出口商品量值表

单位：万美元

商品		计量单位	进口数量	进口金额	出口数量	出口金额
87019011	轮式拖拉机	辆	25	116	9464	5981
87019019	其他拖拉机	辆	—	—	11	5
87019090	未列名牵引车(品目87.09的牵引车除外)	辆	15	554	133	862
87021020	装有柴油发动机的机坪客车	辆	8	326	7	115
87021091	柴油机客车,座位≥30座	辆	—	—	4214	29311
87021092	柴油机客车,20座≤座位≤29座	辆	2	11	2938	5760
87021093	柴油机客车,10座≤座位≤19座	辆	5	25	1347	1876
87029010	其他机动客车,座位≥30座	辆	—	—	491	2809
87029020	其他机动客车,20座≤座位≤29座	辆	14	72	63	402
87029030	其他10座≤座位≤19座的机动客车	辆	1427	6124	1966	2428
87031011	全地形高尔夫球机动车	辆	126	114	34219	3699
87031019	其他高尔夫球机动车及类似机动车辆	辆	1103	429	5606	1007
87031090	雪地行走专用机动车	辆	227	43	233	29
87032130	排气量不超过1000毫升的小轿车	辆	2221	2328	5641	2314
87032150	排气量不超过1000毫升的小客车(9座及以下)	辆	5	9	313	124
87032190	排气量不超过1000毫升的主要用于载人的其他机动车	辆	10	4	180	66
87032230	排气量超过1000毫升,但不超过1500毫升的小轿车	辆	611	1281	43070	23876
87032240	排气量超过1000毫升,但不超过1500毫升的越野车(4轮驱动)	辆	8	113	—	—
87032250	排气量超过1000毫升,但不超过1500毫升的小客车(9座及以下)	辆	3	7	12550	6360
87032341	排气量超过1500毫升,但不超过2000毫升的小轿车	辆	28267	76731	14995	13165
87032342	排气量超过1500毫升,但不超过2000毫升的越野车(4轮驱动)	辆	6917	16588	7173	7042
87032343	排气量超过1500毫升,但不超过2000毫升的小客车(9座及以下)	辆	1390	2457	2239	1671
87032349	排气量超过1500毫升,但不超过2000毫升的其他主要用于载人的机动车	辆	—	—	1	1
87032351	排气量超过2000毫升,但不超过2500毫升的小轿车	辆	19922	54872	232	516

2010年上海关区进出口商品量值表

单位:万美元

商品		计量单位	进口数量	进口金额	出口数量	出口金额
87032352	排气量超过2000毫升,但不超过2500毫升的越野车(4轮驱动)	辆	23319	53297	33	38
87032353	排气量超过2000毫升,但不超过2500毫升的小客车(9座及以下)	辆	7407	17787	177	247
87032359	排气量超过2000毫升,但不超过2500毫升的其他主要用于载人的机动车	辆	1	2	1	1
87032361	排气量超过2500毫升,但不超过3000毫升的小轿车	辆	42707	214084	9	42
87032362	排气量超过2500毫升,但不超过3000毫升的越野车(4轮驱动)	辆	34392	149039	—	—
87032363	排气量超过2500毫升,但不超过3000毫升的小客车(9座及以下)	辆	303	1104	4	16
87032369	排气量超过2500毫升,但不超过3000毫升的其他主要用于载人的机动车	辆	1154	4283	—	—
87032411	排气量超过3000毫升,但不超过4000毫升的小轿车	辆	16879	114772	1	10
87032412	排气量超过3000毫升,但不超过4000毫升的越野车(4轮驱动)	辆	24111	91734	2	19
87032413	排气量超过3000毫升,但不超过4000毫升的小客车(9座及以下)	辆	1178	4877	—	—
87032419	排气量超过3000毫升,但不超过4000毫升的其他主要用于载人的机动车	辆	1	5	—	—
87032421	排气量超过4000毫升的小轿车	辆	6630	79622	—	—
87032422	排气量超过4000毫升的越野车(4轮驱动)	辆	7447	58860	—	—
87032423	排气量超过4000毫升的小客车(9座及以下)	辆	2	9	—	—
87033111	装有柴油发动机的小轿车,排气量不超过1000毫升	辆	5	9	—	—
87033121	装有柴油发动机的小轿车,排气量超过1000毫升,但不超过1500毫升	辆	2	4	240	141
87033211	装有柴油发动机的小轿车,排气量超过1500毫升,但不超过2000毫升	辆	—	—	3	4

2010年上海关区进出口商品量值表

单位:万美元

商品		计量单位	进口 数量	进口 金额	出口 数量	出口 金额
87033212	装有柴油发动机的越野车(4轮驱动),排气量超过1500毫升,但不超过2000毫升	辆	773	1287	—	—
87033213	装有柴油发动机的小客车(9座及以下),排气量超过1500毫升,但不超过2000毫升	辆	1001	1389	3	2
87033219	装有柴油发动机的其他主要用于载人的机动车,排气量超过1500毫升,但不超过2000毫升	辆	—	—	1	2
87033221	装有柴油发动机的小轿车,排气量超过2000毫升,但不超过2500毫升	辆	—	—	1245	1227
87033222	装有柴油发动机的越野车(4轮驱动),排气量超过2000毫升,但不超过2500毫升	辆	1305	4590	7	11
87033223	装有柴油发动机的小客车(9座及以下),排气量超过2000毫升,但不超过2500毫升	辆	3	8	3	6
87033311	装有柴油发动机的小轿车,排气量超过2500毫升,但不超过3000毫升	辆	1	2	—	—
87033312	装有柴油发动机的越野车(4轮驱动),排气量超过2500毫升,但不超过3000毫升	辆	2220	12043	84	111
87033313	装有柴油发动机的小客车(9座及以下),排气量超过2500毫升,但不超过3000毫升	辆	1	2	212	179
87033322	装有柴油发动机的越野车(4轮驱动),排气量超过3000毫升,但不超过4000毫升	辆	335	2718	131	220
87033323	装有柴油发动机的小客车(9座及以下)排气量超过3000毫升,但不超过4000毫升	辆	—	—	116	167
87033361	装有柴油发动机的小轿车,排气量超过4000毫升	辆	3	48	—	—
87033362	装有柴油发动机的越野车(4轮驱动),排气量超过4000毫升	辆	1	5	—	—

2010年上海关区进出口商品量值表

单位:万美元

商品		计量单位	进口数量	进口金额	出口数量	出口金额
87033363	装有柴油发动机的小客车(9座及以下),排气量超过4000毫升	辆	1	2	—	—
87033369	装有柴油发动机的其他主要用于载人的机动车,排气量超过4000毫升	辆	1	61	—	—
87039000	未列名主要用于载人的机动车辆	辆	20	82	29362	6008
87041030	电动轮非公路用货运自卸车	辆	5	1371	1	0
87041090	其他非公路用货运机动自卸车	辆	28	958	966	3064
87042100	装有柴油发动机,车辆总重量不超过5吨的其他货车	辆	14	69	13782	12488
87042230	装有柴油发动机,车辆总重量超过5吨,但小于14吨的其他货车	辆	71	472	7889	8791
87042240	装有柴油发动机,车辆总重量在14吨及以上,但不超过20吨的其他货车	辆	21	139	565	1465
87042300	装有柴油发动机,车辆总重量超过20吨的其他货车	辆	2229	17204	4150	17201
87043100	装有点燃式活塞内燃发动机,车辆总重量不超过5吨的其他货车	辆	52	209	25576	10161
87049000	未列名货运机动车辆	辆	—	—	32	57
87051021	最大起重重量不超过50吨的全路面起重车	辆	—	—	102	1171
87051022	最大起重重量超过50吨,但不超过100吨的全路面起重车	辆	2	81	35	575
87051023	最大起重重量超过100吨的全路面起重车	辆	8	2312	3	287
87051091	最大起重重量不超过50吨的其他起重车	辆	1	27	840	9963
87051092	最大起重重量超过50吨,但不超过100吨的其他起重车	辆	1	53	237	5195
87051093	最大起重重量超过100吨的其他起重车	辆	—	—	9	503
87052000	机动钻探车	辆	—	—	25	292
87053010	装有云梯的救火车	辆	1	106	—	—
87053090	其他机动救火车	辆	17	947	41	433
87054000	机动混凝土搅拌车	辆	—	—	663	3978
87059010	无线电通信车	辆	1	22	1	2
87059020	机动放射线检查车	辆	—	—	9	474

2010年上海关区进出口商品量值表

单位:万美元

商品		计量单位	进口数量	进口金额	出口数量	出口金额
87059030	机动环境监测车	辆	—	—	1	6
87059040	机动医疗车	辆	3	67	87	1884
87059051	航空电源车(频率为400Hz)	辆	—	—	78	272
87059059	其他机动电源车	辆	—	—	14	517
87059060	飞机加油车、调温车、除冰车	辆	3	94	—	—
87059080	石油测井车、压裂车、混沙车	辆	—	—	3	532
87059090	未列名特殊用途的机动车辆	辆	52	1377	1399	9595
87060021	装有发动机货车底盘,车总重≥14吨	台	415	1308	18	50
87060022	装有发动机货车底盘,车总重<14吨	台	—	—	3	12
87060030	装有发动机的座位≥30座的机动客车底盘	台	193	1515	209	545
87060090	品目8701至8705所列其他车辆装有发动机的底盘	台	399	1157	310	427
87071000	品目87.03所列车辆的车身(包括驾驶室)	台	57	40	1602	324
87079010	10座≤座位<29座的客车车身(驾室)	台	—	—	7	18
87079090	品目8701、8702、8704、8705所列其他车辆的车身(含驾驶室)	台	43	100	15922	1513
87081000	缓冲器(保险杠)及其零件	千克	5971899	5828	10833278	5409
87082100	坐椅安全带	千克	221778	322	2283106	1961
87082930	车窗玻璃升降器	千克	138936	272	2792710	2997
87082941	电动天窗	套	46799	1248	57506	1059
87082942	手动天窗	套	47	2	21672	113
87082951	侧围	千克	398811	710	342852	138
87082952	车门	个	55075	915	67315	512
87082953	发动机罩盖	千克	719647	886	3795963	1054
87082954	前围	千克	184875	209	344225	165
87082955	行李箱盖(或背门)	千克	404039	567	588752	402
87082956	后围	千克	17486	33	62882	30
87082957	翼子板(或叶子板)	千克	275475	497	1179448	470
87082959	其他车身覆盖件	千克	495066	682	2648432	1810
87082990	车身(包括驾驶室)的未列名零件、附件	千克	50019395	45165	74745888	67689
87083010	装在蹄片上的制动摩擦片	千克	9923763	5989	39199578	10580

2010年上海关区进出口商品量值表

单位:万美元

	商品	计量单位	进口 数量	进口 金额	出口 数量	出口 金额
87083021	品目 8701 及编号 87041030、87041090 所列车辆用防抱死制动系统	千克	—	—	56433	18
87083029	其他车辆用防抱死制动系统	千克	934265	5097	513160	1688
87083091	品目8701所列车辆用其他制动器、助力制动器及零件	千克	118616	114	4784406	1357
87083092	编号87021091及87029010所列车辆用其他制动器、助力制动器及其零件	千克	1876845	1024	2661681	1763
87083093	编号87041030及87041090所列车辆用其他制动器、助力制动器及其零件	千克	103766	225	460788	274
87083094	编号87042100、87042230、87043100、87043230所列车辆用其他制动器、助力制动器及其零件	千克	19926	47	5656464	1563
87083095	编号87042240、87042300、87043240所列车辆用其他制动器、助力制动器及其零件	千克	149374	102	20949686	5768
87083096	品目87.05所列车辆用其他制动器、助力制动器及其零件	千克	19131	20	242788	126
87083099	未列名机动车辆用其他制动器、助力制动器及其零件	千克	23387937	18401	82540699	38484
87084010	品目8710所列车辆用变速箱及其零件	个	1740	621	29925	1576
87084020	编号87041091及87029010所列车辆用变速箱及其零件	个	5498	4965	881	813
87084030	编号87041030及87041090所列车辆用变速箱及其零件	个	104	641	49	271
87084040	编号87042100、87042230、87043100及87043230所列车辆用变速箱及其零件	个	40	35	1166	727
87084050	编号 87042240、87042300 及87043240所列车辆用变速箱及其零件	个	887	1106	1442	2387
87084060	品目87.05所列车辆用变速箱及其零件	个	1272	1235	2327	648

2010年上海关区进出口商品量值表

单位:万美元

商品		计量单位	进口数量	进口金额	出口数量	出口金额
87084091	小轿车用自动换挡变速箱及其零件	个	558501	98699	38163	10603
87084099	未列名机动车辆用变速箱及其零件	个	142144	25346	86421	13791
87085071	品目8701所列车辆用装有差速器的驱动桥及零件	个	352	215	30267	4682
87085072	编号87021091及87029010所列车辆用装差速器驱动桥及零件	个	2473	1978	146	160
87085073	编号87041030及87041090所列车辆用装有差速器的驱动桥及零件	个	38	96	548	165
87085074	编号87042100、87042230、87043100及87043230所列车辆用装差速器驱动桥及零件	个	1	0	99	129
87085075	编号 87042240、 87042300 及87043240所列车辆用装有差速器的驱动桥及零件	个	515	236	1110	637
87085076	87.05所列车辆用装有差速器的驱动桥及零件	个	42	71	630	217
87085079	未列名机动车辆用装有差速器的驱动桥及零件	个	1789	7125	71059	7352
87085081	品目8701所列车辆用非驱动桥及其零件	千克	21217	21	3144071	730
87085082	编号87021091、87029010所列车辆用非驱动桥及其零件	千克	637205	616	112993	54
87085083	编号87041030及87041090所列车辆用非驱动桥及其零件	千克	3928	5	213671	44
87085084	编号87042100、87042230、87043100及87043230所列车辆用非驱动桥及其零件	千克	28	0	299584	50
87085085	编号 87042240、 87042300 及87043240所列车辆用非驱动桥及其零件	千克	1448	2	3886415	925
87085086	品目8705所列车辆用非驱动桥及其零件	千克	12907	18	1051853	386
87085089	未列名机动车辆用非驱动桥及其零件	千克	7421204	2795	5955465	1504
87087010	品目8701所列车辆用车轮及其零件、附件	千克	219223	297	64271168	8577

2010年上海关区进出口商品量值表

单位:万美元

商品		计量单位	进口		出口	
			数量	金额	数量	金额
87087020	编号87021091及87029010所列车辆用车轮及其零件、附件	千克	132814	85	495127	102
87087030	编号87041030及87041090所列车辆用车轮及其零件、附件	千克	119919	145	11908947	2805
87087040	编号87042100、87042230、87043100及87043230所列车辆用车轮及其零件、附件	千克	4139	1	2926397	661
87087050	编号87042240、87042300及87043240所列车辆用车轮及其零件、附件	千克	66091	53	5142793	997
87087060	品目87.05所列车辆用车轮及其零件、附件	千克	6601	13	2068089	419
87087090	未列名车辆用车轮及其零件、附件	千克	3234479	2906	184276171	84603
87088010	品目8703所列车辆用悬挂系统及零件(含减震器)	千克	13534950	11772	55198995	25908
87088090	其他机动车辆的悬挂系统及零件(含减震器)	千克	1376910	1692	44787046	16212
87089110	水箱散热器	个	109060	1257	1601704	5870
87089120	机油冷却器	个	548543	1534	4751848	6648
87089190	其他散热器;散热器的零件	个	25827	811	2080175	15944
87089200	机动车辆的消声器(消音器)、排气管及其零件	千克	1705972	2430	19368893	15817
87089310	品目8701所列车辆用离合器及其零件	千克	42750	77	1284963	348
87089320	编号87021091及87029010所列车辆用离合器及其零件	千克	1025371	1129	273759	147
87089330	编号87041030及87041090所列车辆用离合器及其零件	千克	4327	15	121234	50
87089340	编号87042100、87042230、87043100及87043230所列车辆用离合器及其零件	千克	6302	17	625925	376
87089350	编号87042240、87042300及87043240所列车辆用离合器及其零件	千克	2620098	1281	1399326	762
87089360	品目8705所列车辆用离合器及其零件	千克	17562	23	23934	15
87089390	未列名机动车辆用离合器及其零件	千克	11310835	10313	41445996	25577
87089410	品目87.01所列车辆用转向盘、转向柱、转向器及零件	千克	4365	9	1003397	684

2010年上海关区进出口商品量值表

单位:万美元

商品		计量单位	进口		出口	
			数量	金额	数量	金额
87089420	编号8702.1091及8702.9010所列车辆用转向盘、转向柱、转向器及零件	千克	301610	352	289253	390
87089430	编号8704.1030及87041090所列车辆用转向盘、转向柱、转向器及零件	千克	8975	47	74101	31
87089440	编号8704.2100、8704.2230、8704.3100及87043230所列车辆用转向盘、转向柱、转向器及零件	千克	181	0	1819367	1180
87089450	编号8704.2240、87042300及8704.3240所列车辆用转向盘、转向柱、转向器及零件	千克	397224	379	2544219	1033
87089460	品目87.05所列车辆用转向盘、转向柱、转向器及零件	千克	18207	117	56998	40
87089490	未列名机动车辆用转向盘、转向柱、转向器及零件	千克	35441603	35342	45178681	37675
87089500	带充气系统的安全气囊及其零件	千克	13550502	26861	11527942	23604
87089910	品目8701所列车辆用未列名零件、附件	千克	413177	395	35092885	7871
87089921	编号8702.1091及8702.9010所列车辆用车架	千克	4723	1	285457	46
87089929	编号8702.1091及8702.9010所列车辆用其他未列名零件、附件	千克	355248	246	511861	361
87089931	编号87041030及87041090所列车辆用车架	千克	48038	32	358414	78
87089939	编号87041030及87041090所列车辆用其他未列名零件、附件	千克	77544	254	3594904	860
87089941	编号87042100、87042230、87043100及87043230所列车辆用车架	千克	393	0	1321528	305
87089949	编号87042100、87042230、87403100及87043230所列车辆用其他未列名零件、附件	千克	91655	99	10319941	3821
87089951	编号87042240、87042300及87403240所列车辆用车架	千克	—	—	1900	1
87089959	编号87042240、87042300及87403240所列车辆用其他未列名零件、附件	千克	338778	581	873456	356

2010年上海关区进出口商品量值表

单位:万美元

商品		计量单位	进口		出口	
			数量	金额	数量	金额
87089960	品目87.05所列车辆用未列名零件、附件	千克	120747	282	10589710	4233
87089991	品目8701至8704所列其他车辆用车架	千克	419532	342	4295823	1129
87089992	品目8701至8704所列其他车辆用传动轴	千克	2551646	4147	10657307	3802
87089999	品目8701至8704所列其他车辆用未列名零、附件	千克	36815024	39429	68608517	42823
87091110	电动牵引车	辆	451	328	233	45
87091190	其他电动的短距离运输货物的机动车辆,未装有提升或搬运设备	辆	185	143	1345	488
87091910	其他机动牵引车	辆	303	361	139	284
87091990	其他短距离运输货物的机动车辆,未装有提升或搬运设备	辆	22	13	4397	597
87099000	短距离运货的机动车辆及站台牵引车的零件	千克	314109	543	957332	583
87111000	装有往复式活塞内燃发动机,排气量不超过50毫升的摩托车及装有辅助发动机的脚踏车	辆	8	1	207129	12749
87112010	装有往复式活塞内燃发动机,排气量超过50毫升,但不超过100毫升的摩托车及装有辅助发动机的脚踏车	辆	5	1	43427	1459
87112020	装有往复式活塞内燃发动机,排气量超过100毫升,但不超过125毫升的摩托车及装有辅助发动机的脚踏车	辆	27	4	219636	11956
87112030	装有往复式活塞内燃发动机,排气量超过125毫升,但不超过150毫升的摩托车及装有辅助发动机的脚踏车	辆	15	3	151753	8388
87112040	装有往复式活塞内燃发动机,排气量超过150毫升,但不超过200毫升的摩托车及装有辅助发动机的脚踏车	辆	214	9	41830	2688
87112050	装有往复式活塞内燃发动机,排气量超过200毫升,但不超过250毫升的摩托车及装有辅助发动机的脚踏车	辆	73	16	6793	536

2010年上海关区进出口商品量值表

单位:万美元

商品		计量单位	进口数量	进口金额	出口数量	出口金额
87113010	装有往复式活塞内燃发动机,排气量超过250毫升,但不超过400毫升的摩托车及装有辅助发动机的脚踏车	辆	1	1	210	33
87114000	装有往复式活塞内燃发动机,排气量超过500毫升,但不超过800毫升的摩托车及装有辅助发动机的脚踏车	辆	10	9	151	36
87115000	装有往复式活塞内燃发动机,排气量超过800毫升的摩托车及装有辅助发动机的脚踏车	辆	328	313	13	8
87119010	电动摩托车及电动助力的脚踏车	辆	421	104	351372	12602
87119090	未列名摩托车及装有辅助动力的脚踏车;边车	辆	1	0	71	7
87120020	竞赛型自行车	辆	253	21	845	7
87120030	山地自行车	辆	4676	147	2696139	28721
87120041	16、18、20英寸越野自行车	辆	435	25	2904732	8627
87120049	其他越野自行车	辆	8	0	24877	153
87120081	16英寸及以下的未列名自行车	辆	490	10	3835422	9217
87120089	其他未列名自行车	辆	1387	91	4240497	33013
87120090	其他非机动脚踏车	辆	383	7	401217	1376
87131000	非机械驱动残疾人用车	辆	5085	68	1633800	12341
87139000	其他残疾人用车	辆	918	113	96950	4212
87141100	摩托车鞍座	个	28	0	176394	132
87141900	其他摩托车零件、附件	千克	883848	1006	133668047	54139
87142000	残疾人车辆零件、附件	千克	464046	573	7921499	5579
87149100	品目8711至8713其他车辆车架、轮叉及其零件	千克	214786	505	23003599	12033
87149200	品目8711至8713其他车辆轮圈及辐条	千克	69740	135	29313750	5861
87149310	8711至8713所列其他车辆用轮毂(倒轮制动毂及毂闸除外)	千克	283727	592	799936	234
87149320	品目8711至8713其他车辆飞轮	千克	140644	305	4380013	1184
87149390	品目8711至8713其他车辆链轮	千克	18640	53	107547	86
87149400	8711至8713所列其他车辆制动器(包括倒轮制动毂及毂闸)及其零件	千克	304180	511	9291631	3367

2010 年上海关区进出口商品量值表

单位:万美元

商品		计量单位	进口数量	进口金额	出口数量	出口金额
87149500	品目 8711 至 8713 其他车辆鞍座	个	157383	80	10741989	1707
87149610	品目 8711 至 8713 其他车辆脚蹬及其零件	千克	57032	69	6741229	1417
87149620	品目 8711 至 8713 其他车辆曲柄链轮及其零件	千克	466815	317	18524316	4275
87149900	品目 8711 至 8713 其他车辆未列名零件、附件	千克	2016447	4039	51029029	16525
87150000	婴孩车及其零件	千克	217250	216	49988607	23106
87161000	供居住或野营用厢式挂车及半挂车	辆	—	—	3057	250
87162000	农用自装或自卸式挂车及半挂车	辆	1	0	5310	363
87163110	油罐挂车及半挂车	辆	—	—	668	3520
87163190	其他罐式挂车及半挂车	辆	1	21	411	1343
87163910	货柜挂车及半挂车	辆	—	—	1239	1423
87163990	其他货运挂车及半挂车	辆	14	196	2946	1980
87164000	未列名挂车及半挂车	辆	3	0	131047	2939
87168000	未列名非机械驱动车辆	辆	26704	520	10489404	26200
87169000	挂车及半挂车或其他非机械驱动车辆的零件	千克	1110224	589	57263540	12658
88010010	滑翔机及悬挂滑翔机	架	5	29	—	—
88010090	气球、飞艇及其他无动力航空器	架	—	—	92946	42
88021100	直升机,空载重量≤2000kg	架	21	1782	—	—
88021210	2000kg＜空载重量≤7000kg 的直升机	架	2	3240	4	1459
88022000	飞机及其他航空器,空载重量≤2000kg	架	4	29	3	7
88024010	15000kg＜空载重量≤45000kg 的飞机及其他航空器	架	31	140670	—	—
88024020	空载重量＞45000kg 的飞机及其他航空器	架	8	99262	9	6500
88031000	推进器、水平旋翼及其零件	千克	2950	512	727	10
88032000	起落架及其零件	千克	142708	8486	29556	870
88033000	飞机及直升机的其他零件	千克	57495	5057	688835	13516
88039000	航空器、航天器及其运载工具的未列名零件	千克	464	52	106945	1597
88040000	降落伞(包括可操纵降落伞及滑翔降落伞)、旋翼降落伞及其零件、附件	千克	174	4	67787	86

2010年上海关区进出口商品量值表

单位:万美元

商品		计量单位	进口 数量	进口 金额	出口 数量	出口 金额
88051000	航空器发射装置及其零件;甲板停机装置或类似装置及零件	千克	5	0	—	—
88052900	其他地面飞行训练器及其零件	千克	149056	2557	492	6
89011010	机动巡航船、游览船及主要用于客运的类似船、各式渡船	艘	—	—	120	1755
89011090	非机动巡航船、游览船及主要用于客运的类似船、各式渡船	艘	—	—	283	884
89012011	载重量≤10万吨的成品油船	艘	—	—	7	10555
89012012	10万吨<载重量≤30万吨的成品油船	艘	—	—	6	37328
89012021	载重量≤15万吨的原油船	艘	—	—	4	24663
89012022	15万吨<载重量≤30万吨的原油船	艘	—	—	7	74377
89012023	载重量>30万吨的原油船	艘	—	—	2	23062
89012090	其他液货船	艘	—	—	3	3888
89019021	可载标准集装箱≤6000箱的机动集装箱船	艘	3	1691	22	73318
89019022	可载标准集装箱>6000箱的机动集装箱船	艘	—	—	1	11579
89019031	载重量≤2万吨及以下的机动滚装船	艘	1	392	—	—
89019041	载重量≤15万吨的机动散货船	艘	—	—	45	165172
89019042	15万吨<载重量≤30万吨的机动散货船	艘	—	—	22	154463
89019050	机动多用途船	艘	—	—	6	22492
89019080	其他机动货运船舶及客货兼运船舶	艘	—	—	16	2040
89019090	非机动货运船舶及客货兼运船舶	艘	—	—	202	31169
89020010	机动捕鱼船、加工船及其他加工保藏鱼类产品的船舶	艘	—	—	6	3048
89020090	非机动捕鱼船、加工船及其他加工保藏鱼类产品的船舶	艘	—	—	369	56
89031000	娱乐或运动用充气快艇等船;充气划艇及轻舟	艘	42	16	233995	1822
89039100	帆船,不论是否装有辅助发动机	艘	82	200	194	55
89039200	汽艇,装有舷外发动机的除外	艘	16	922	247	204
89039900	未列名娱乐或运动用船舶、划艇及轻舟	艘	776	1666	21561	2782

2010年上海关区进出口商品量值表

单位:万美元

商品		计量单位	进口 数量	进口 金额	出口 数量	出口 金额
89040000	拖轮及顶推船	艘	1	151	23	5588
89051000	挖泥船	艘	4	9483	4	9879
89059090	灯船、消防船、起重船及其他不以航行为主要功能的船舶	个	—	—	11	52389
89069010	未列名机动船舶,包括救生船,但划艇除外	艘	29	148	1319	6151
89069020	未列名非机动船舶,包括救生船,但划艇除外	艘	—	—	3	0
89069030	未制成或不完整的船舶,包括船舶分段	艘	3	20	48	242
89071000	充气筏	艘	1170	387	38761	2562
89079000	未列名浮动结构体	个	3749	367	49340	406
89080000	供拆卸的船舶及其他浮动结构体	艘	2	1366	—	—
90011000	光导纤维、光导纤维束及光缆,但品目8544的货品除外	千克	531006	8873	110029	1511
90012000	偏振材料制的片及板	千克	5245879	56385	5077679	33869
90013000	隐形眼镜片	片	77608225	2929	17427126	357
90014010	玻璃制变色镜片	片	161	0	39848816	532
90014091	玻璃制太阳镜片	片	2174	0	501821	14
90014099	其他玻璃制眼镜片	片	99436	34	149190694	1729
90015010	其他材料制变色镜片	片	252490	149	3241465	295
90015091	其他材料制太阳镜片	片	2122663	135	27195165	185
90015099	其他材料制眼镜片	片	11482026	2185	435420908	25084
90019010	彩色滤光片	千克	2817789	20341	3351	8
90019090	未列名未装配的光学元件	千克	0065109	30314	11523466	34439
90021110	制版、缩微及特种照相机用物镜	千克	38	2	1	0
90021120	缩微阅读机用物镜	千克	7	1	—	—
90021131	单反相机镜头	千克	293013	16657	104459	1872
90021139	其他照相机用物镜	千克	29887	2412	413808	13174
90021190	其他投影仪、照片放大机及缩片机用物镜	千克	77975	3188	106479	8036
90021910	摄影机或放映机用物镜	千克	13698	322	4396	70
90021990	其他物镜	千克	98714	4500	355036	14378
90022010	照相机用滤色镜	千克	29045	320	14237	88
90022090	其他滤色镜	千克	1425	199	95506	240
90029010	照相机用其他已装配的光学元件	千克	1367	82	16999	412
90029090	其他已装配的光学元件	千克	88094	5901	1455270	6813

2010年上海关区进出口商品量值表

单位:万美元

商品		计量单位	进口		出口	
			数量	金额	数量	金额
90031100	塑料制眼镜架	副	737299	517	15449032	4011
90031900	其他材料制眼镜架	副	507650	1831	75177261	20413
90039000	眼镜零件	千克	6433	77	174151	1156
90041000	太阳镜	副	433333	2413	299109743	25090
90049010	变色镜	副	1777	2	171666	20
90049090	其他矫正视力、保护眼睛或其他用途的眼镜、挡风镜及类似品	副	6070695	2062	341269109	22797
90051000	双筒望远镜	个	25788	88	6846882	4476
90058010	天文望远镜及其他天文仪器	台	1853	8	271567	2651
90058090	单筒望远镜、其他光学望远镜	台	8322	50	1340869	989
90059010	天文望远镜及其他天文仪器的零件、附件	千克	3895	12	115258	364
90059090	其他光学望远镜的零件、附件	千克	934	2	64038	120
90063000	水下、航空测量或体内器官检查用的特种照相机;法庭或犯罪学用的比较照相机	台	31	105	—	—
90064000	一次成相照相机	台	1831	1099	811515	5443
90065100	通过镜头取景[单镜头反光式(SLR)],使用胶片宽度不超过35毫米的照相机	架	26	7	6338	59
90065210	使用缩微胶卷、胶片或其他缩微品的缩微照相机	架	27	1	—	—
90065290	其他使用胶片宽度小于35毫米的照相机	架	4	0	1	2
90065300	其他使用胶片宽度为35毫米的照相机机	架	817	13	118518	8
90065910	激光照相排版设备	台	41	58	—	—
90065990	未列名照相机	架	74	70	30241	17
90066100	放电式(电子式)闪光灯装置	个	4363256	1542	1245765	404
90066910	闪光灯泡	个	359	8	286603	16
90066990	其他照相闪光灯装置	个	503072	173	421743	416
90069110	制版、缩微及特种照相机的零件、附件	千克	56	0	8241	24
90069120	一次成像照像机用零件、附件	千克	36657	276	18399	109
90069191	其他照像机自动调焦组件	千克	630	42	8	0
90069192	其他照像机用快门组件	千克	6856	421	7837	325
90069199	其他照像机未列名零件	千克	43897	574	1159978	1637

2010年上海关区进出口商品量值表

单位:万美元

商品		计量单位	进口 数量	进口 金额	出口 数量	出口 金额
90069900	照相闪光灯装置的零件、附件	千克	7152	171	92943	124
90071990	其他电影摄影机	台	1	1	—	—
90072010	数字式放映机	台	742	2074	2	6
90072090	其他放映机	台	—	—	34	16
90079100	摄影机的零件、附件	千克	246	2	112217	287
90079200	放映机的零件、附件	千克	9386	642	22433	559
90081000	幻灯机	台	88	5	155	2
90082000	缩微胶卷、缩微胶片或其他缩微品的阅读机,不论是否可以进行复制	台	2513	2	—	—
90083010	正射投影仪	台	25	4	15189	167
90083090	其他影像投影仪	台	207	215	13119	342
90084000	照片(电影片除外)放大机及缩片机	台	1	0	36	0
90089010	缩微阅读机的零件、附件	千克	113	3	—	—
90089090	其他影像投影仪的零件、附件	千克	110208	91	338430	1151
90101020	特种照相用胶卷或成卷感光纸的自动洗印设备	台	6	29	18	22
90101091	彩色胶卷洗印设备	台	1	4	61	36
90101099	未列名照相胶卷或成卷感光纸的自动洗印设备	台	55	804	343	121
90105010	负片显示器	台	11	1	10015	37
90105022	特种照相洗印用其他装置和设备	台	441	1638	157	23
90105029	其他照相洗印用未列名装置和设备	台	49	268	1172	581
90106000	银幕及其他投影屏幕	个	4879	370	897972	2731
90109010	电影洗印用装置和设备的零件、附件	千克	—	—	65403	24
90109020	特种照相洗印用装置和设备的零件、附件	千克	543	12	3591	3
90109090	其他照相洗印用装置和设备的零件、附件	千克	61374	367	71610	73
90111000	立体显微镜	台	2601	1753	48799	687
90112000	显微照相、显微电影摄影及显微投影用的其他复式光学显微镜	台	2006	887	8677	84
90118000	未列名复式光学显微镜	台	6101	3831	268799	2082
90119000	复式光学显微镜的零件、附件	千克	36550	555	715488	3400
90121000	显微镜(光学显微镜除外);衍射设备	台	182	4427	1284	47

2010年上海关区进出口商品量值表

单位:万美元

商品		计量单位	进口		出口	
			数量	金额	数量	金额
90129000	显微镜(光学显微镜除外)及衍射设备的零件、附件	千克	8761	502	21640	275
90131000	武器用望远镜瞄准具;潜望镜式望远镜;作为本章或第十六类的机器、设备、仪器或器具部件的望远镜	个	604	22	3093634	4110
90132000	激光器,激光二极管除外	个	949036	10882	3080239	2962
90138010	放大镜	个	20802	48	16529342	885
90138020	光学门眼	个	7109	6	4048297	262
90138030	液晶显示板	个	200671158	529341	122799647	667978
90138090	未列名液晶装置和其他光学仪器及器具	个	1237469	2044	1096533	1671
90139010	品目90131000及90132000所列货品的零件、附件	千克	15254	1381	205100	739
90139090	子目901380所列货品的零件、附件	千克	2028682	70638	15415249	30282
90141000	定向罗盘	个	122038	1339	6470591	329
90142010	自动驾驶仪	个	16	28	—	—
90142090	其他航空或航天导航仪器及装置(罗盘除外)	个	206	609	75	165
90148000	其他导航仪器及装置	个	5884	4125	64502	736
90149010	自动驾驶仪用零件、附件	千克	132	5	—	—
90149090	其他导航仪器及装置的零件、附件	千克	13068	606	144719	341
90151000	测距仪	台	41945	514	293144	472
90152000	经纬仪及视距仪	台	44	68	7384	289
90153000	水平仪	台	3421	177	170979	619
90154000	摄影测量用仪器及装置	千克	593	11	473	4
90158000	其他大地测量、水道测量、海洋、水文、气象或地球物理用仪器及装置	台	6562	3883	1003111	5713
90159000	品目9015所列仪器及装置的零件、附件	千克	337343	3504	2348950	3078
90160010	感量为0.1毫克或更精密的天平	台	7414	868	9721	405
90160090	50毫克≥感量>0.1毫克的天平	台	2975	404	77229	1006
90171000	绘图台及绘图机	台	2637	480	14998	568
90172000	其他绘图、画线或数学计算器具	个	1018782	67	68314378	2734
90173000	千分尺、卡尺及量规	个	363293	1456	24705098	6796
90178000	其他手用测量长度的器具	个	633334	876	325444562	11238
90179000	品目9017所列仪器及器具的零件、附件	千克	532985	1073	1057534	888

2010年上海关区进出口商品量值表

单位:万美元

商品		计量单位	进口 数量	进口 金额	出口 数量	出口 金额
90181100	心电图记录仪	台	3996	898	7700	2145
90181210	B型超声波诊断仪	台	198	1324	7187	5095
90181291	彩色超声波诊断仪	台	2584	11026	4867	10184
90181299	未列名超声波扫描装置	台	331	301	1321	460
90181300	核磁共振成像装置	台	44	6110	19	3891
90181400	闪烁摄影装置	台	11	930	2	19
90181930	病员监护仪	台	8651	4253	24284	8886
90181941	听力计	台	541	135	0	0
90181949	其他听力诊断装置	台	2441	940	13127	12
90181990	其他电气诊断装置	台	1224	616	14660	305
90182000	紫外线及红外线装置	台	278	33	69750	291
90183100	注射器,不论是否装有针头	个	28809178	3974	5662386203	16050
90183210	管状金属针头	千克	656913	3602	6857002	6774
90183220	缝合用针	千克	2766	163	549737	1603
90183900	其他针、导管、插管及类似品	个	158488511	23491	3123211878	31134
90184100	牙钻机,不论是否与其他牙科设备组装在同一底座上	台	68571	741	11063	53
90184910	装有牙科设备的牙科用椅	台	477	406	3236	719
90184990	牙科用其他仪器及器具	台	86002	1451	30415611	3211
90185000	眼科用其他仪器及器具	千克	182035	7127	1317586	3614
90189010	听诊器	个	2147	19	7435858	981
90189020	血压测量仪器及器具	个	164628	831	13761898	10409
90189030	内窥镜	台	3974	13539	10015	1867
90189040	肾脏透析设备(人工肾)	台	11560	12146	36	55
90189050	透热疗法设备	台	1015	735	28737	132
90189060	输血设备	台	57	76	4268430	118
90189070	麻醉设备	台	922	1964	10335	3270
90189080	宫内节育器	个	—	—	1698968	266
90189090	其他医疗、外科或兽医用仪器及器具	台	7702837	30970	1243509541	30996
90191010	按摩器具	台	76485	2143	6231788	28314
90191090	其他机械疗法器具及心理功能测验装置	台	2153	341	1965359	4437
90192000	臭氧治疗器、氧气治疗器、喷雾治疗器、人工呼吸器或其他治疗器用于呼吸器具	台	286103	7889	1826754	4902

2010年上海关区进出口商品量值表

单位:万美元

商品		计量单位	进口数量	进口金额	出口数量	出口金额
90200000	其他呼吸器具及防毒面具,但不包括既无机械零件又无可互换过滤器的防护面具	千克	420323	1348	1500198	1837
90211000	矫形或骨折用器具	千克	145235	13070	1065942	3776
90212100	假牙	千克	8925	135	177390	2237
90212900	牙齿固定件	千克	2257	866	104077	563
90213100	人造关节	千克	86989	6637	29339	3596
90213900	其他人造的人体部分	千克	71958	7831	2777	23
90214000	助听器,不包括零件、附件	个	56962	859	167276	177
90215000	心脏起搏器,不包括零件、附件	个	52329	6430	1	0
90219000	其他为弥补生理缺陷或残疾而穿戴、携带或植入人体内的其他器具	千克	213324	36318	1481837	4444
90221200	X射线断层检查仪	台	55	4171	687	9405
90221300	其他,牙科用X射线应用设备	台	410	945	518	74
90221400	其他医疗、外科或兽医用X射线应用设备	台	293	6574	2341	3255
90221910	低剂量X射线安全检查设备	台	41	161	103	183
90221990	未列名X射线的应用设备	台	1853	7771	3220	4806
90222100	医疗、外科、牙科或兽医用α、β、γ射线的应用设备	台	10	932	71	35
90222900	其他α、β、γ射线的应用设备	台	172	547	2	1
90223000	X射线管	个	6138	4672	35848	608
90229010	X射线影像增强器	个	1063	790	820	12
90229090	其他X射线发生器、高压发生器、控制板及控制台、荧光屏、检查或治疗用的桌、椅及类似品;品目90.22所列设备的零件、附件	千克	743309	12624	2628814	10650
90230000	专供示范而无其他用途的仪器、装置及模型	千克	525078	3416	5277457	14394
90241010	电子万能试验机	台	73	297	1354	268
90241020	硬度计	台	777	423	10124	408
90241090	其他金属材料的试验用机器及器具	台	5334	2105	3125	478
90248000	其他材料的试验用机器及器具	台	18129	3209	7208	661
90249000	材料试验用机器及器具的零件、附件	千克	101205	622	239451	487
90251100	液体温度计,可直接读数	个	448189	172	101792274	2967
90251910	工业用温度计及高温计,未与其他仪器组合	个	234524	2069	4883301	2108

2010年上海关区进出口商品量值表

单位

商品		计量单位	进口		出口	
			数量	金额	数量	金
90251990	其他温度计及高温计,未与其他仪器组合	个	11636620	610	36598715	70[illegible]
90258000	其他记录或非记录式的液体比重计及类似的浮子式仪器气压计、湿度计、干湿球湿度计及品目9025所列货物的组合装置	个	243905	2054	5348788	13[illegible]
90259000	9025所列货品的零件、附件	千克	288974	4648	1697095	2404
90261000	测量、检验液体流量或液位的仪器及装置	个	656378	15818	5563164	10382
90262010	压力/差压变送器	个	1044629	6447	15426922	6112
90262090	其他测量、检验压力的仪器及装置	个	1648787	6436	50123411	9796
90268000	其他测量或检验液体或气体变化量的仪器及装置	个	277568	4978	5118686	3613
90269000	测量或检验液体或气体变化量仪器及装置的零、附件	千克	621319	10968	3733831	12205
90271000	气体或烟雾分析仪	台	60859	7927	129544	4180
90272011	气相色谱仪	台	1853	3794	11311	10461
90272012	液相色谱仪	台	1909	7081	94	75
90272019	其他色谱仪	台	390	1455	180	139
90272020	电泳仪	台	2297	575	1808	43
90273000	使用光学射线(紫外线、可见光、红外线)的分光仪、分光光度计及摄谱仪	台	9610	10541	117112	5642
90275000	使用光学射线(紫外线、可见光、红外线)的其他仪器及装置	台	28319	19185	34875	1211
90278011	集成电路生产用氦质谱检漏台	台	96	157	2	2
90278019	其他质谱仪	台	1282	8738	426	1482
90278091	曝光表	个	314	1	224	0
90278099	品目90.27所列的其他仪器及装置,检镜切片机除外	台	909931	53213	1413182	7077
90279000	检镜切片机;9027所列仪器及装置的零附件	千克	1044749	23872	6463005	13347
90281010	煤气表	个	2552	4	273103	836
90281090	其他气量计	个	55505	356	234781	122
90282010	水表	个	2247	17	1824948	2467
90282090	其他液量计	个	14410	702	8258	61
90283011	单相感应式电度表	个	2711	1	637049	614

2010年上海关区进出口商品量值表

单位:万美元

商品		计量单位	进口		出口	
			数量	金额	数量	金额
90283012	三相感应式电度表	个	2142	5	239806	729
90283013	单相电子式(静止式)电度表	个	2081	3	3077828	3348
90283014	三相电子式(静止式)电度表	个	5044	150	720547	2097
90283019	其他电度表	个	1013	47	565213	810
90283090	其他电量计	个	8226	199	316124	67
90289010	工业用生产或供应气体、液体及电力计量仪表的零件及附件	千克	60824	177	1881774	3012
90289090	其他生产或供应气体、液体及电力计量仪表的零件及附件	千克	29822	227	7002924	7343
90291010	转数计	个	26897	171	895648	68
90291020	车费计、里程计	个	12313	118	1126835	421
90291090	产量计数器、步数计及类似仪表	个	597361	562	9202610	4619
90292010	车辆用速度计	个	93241	584	2294129	5685
90292090	其他速度计及转速表,频闪观测仪	个	77333	1049	3002240	456
90299000	品目9029所列仪表的零件及附件	千克	369537	5455	1842062	4236
90301000	离子射线的测量或检验仪器及装置	台	1938	1227	1540	141
90302010	测试频率<300MHz的通用示波器	台	3945	766	31839	640
90302090	其他示波器	台	1014	1752	80886	5658
90303110	量程在五位半及以下数字万用表,无记录装置	台	32272	522	3893458	1943
90303190	其他万用表,无记录装置	台	3278	184	2116096	610
90303200	万用表,带记录装置	台	10799	311	593965	4274
90303310	量程在五位半及以下的数字电流表、电压表,不带记录装置	台	77539	399	387717	783
90303320	电阻测试仪,不带记录装置	台	6222	586	223053	238
90303390	其他检测电压、电流或功率的仪器及装置,不带记录装置	台	241971	2720	2733341	1277
90303900	其他检测电压、电流、电阻或功率的仪器及装置,带记录装置	台	51251	4072	26416	436
90304010	测试频率在12.4千兆赫兹以下的数字式频率计	台	552	256	2325	25
90304090	其他通信专用的仪器及装置	台	5715	13947	73292	354
90308200	测试或检验半导体晶片或元器件用仪器及装置	台	7844	28751	824	8431
90308410	装有记录装置的电感及电容测试仪	台	545	470	33092	352
90308490	其他装有记录装置用于电量检测或检验的仪器和装置	台	23498	4131	568939	2833

2010年上海关区进出口商品量值表

单位:万美元

商品		计量单位	进口 数量	进口 金额	出口 数量	出口 金额
90308910	未装有记录装置电感及电容测试仪	台	801	47	654417	320
90308990	未列名用于电量测量或检验的仪器和装置	台	61972	5211	6889197	2693
90309000	品目9030所列仪器和装置的零件及附件	千克	298788	14351	714049	9349
90311000	机械零件平衡试验机	台	1321	2163	19000	1621
90312000	试验台	台	511	4065	2333	698
90314100	制造半导体器件时检验半导体晶片、元器件或检测光掩模及光栅用的光学仪器及器具	台	870	16401	2011	536
90314910	轮廓投影仪	台	322	655	883	200
90314990	其他测量或检验用光学仪器及器具	台	272681	20455	67109	2093
90318010	光纤通讯及光纤性能测试仪	台	8519	1980	20264	281
90318020	坐标测量仪	台	788	2299	1086	2579
90318031	超声波探伤检测仪	台	585	1908	1299	229
90318032	磁粉探伤检测仪	台	502	139	45	35
90318033	涡流探伤检测仪	台	96	232	372	77
90318039	其他无损探伤检测仪器(射线探伤仪除外)	台	127	339	25579	27
90318090	未列名测量或检验仪器、器具及机器	台	506799	46839	66681097	24555
90319000	品目9031所列仪器、器具及机器的零件及附件	千克	644203	14775	2633331	5531
90321000	恒温器	台	21653341	5498	93781692	8989
90322000	恒压器	台	543358	797	2140798	1548
90328100	液压或气压自动调节或控制仪器及装置	台	1188559	8637	1828081	2395
90328900	其他自动调节或控制仪器及装置	台	13584299	87252	42233191	38045
90329000	自动调节或控制仪器及装置的零件及附件	千克	5563432	41080	3963294	17046
90330000	第九十章所列机器、器具、仪器或装置用的本章其他品目未列名的零件、附件	千克	1175060	24499	7016325	29765
91011100	仅有机械指示器的电动手表,不论是否附有秒表装置、表壳用贵金属或包贵金属制成	只	18295	6648	218	23

2010年上海关区进出口商品量值表

单位:万美元

商品		计量单位	进口数量	进口金额	出口数量	出口金额
91011910	仅有光电显示器的电动手表,不论是否附有秒表装置,表壳用贵金属或包贵金属制成	只	49	0	—	—
91011990	其他电动手表,不论是否附有秒表装置,表壳用贵金属或包贵金属制成	只	99	4	120	0
91012100	自动上弦手表,表壳用贵金属或包贵金属制成	只	30202	18843	143	31
91012900	表壳用贵金属或包贵金属制成的其他手表	只	5673	5014	22	33
91019100	电动的怀表及其他表,包括秒表,贵金属或包贵金属表壳	只	70	1	—	—
91019900	未列名怀表及其他表,包括秒表,贵金属或包贵金属表壳	只	51	86	508	5
91021100	仅有机械指示器的电动手表,不论是否附有秒表装置	只	1441695	26492	1733513	318
91021200	仅有光电显示器的电动手表,不论是否附有秒表装置	只	51473	199	8645400	1584
91021900	其他电动的手表,不论是否附有秒表装置	只	11025	55	1352366	140
91022100	其他自动上弦的手表	只	934479	53656	35600	45
91022900	未列名手表	只	3034	464	136689	28
91029100	电动的怀表及表,包括秒表	只	5238	4	947616	24
91029900	其他怀表及表,包括秒表	只	609	3	165658	105
91031000	电动以表芯装组成的钟	只	112	1	103442	15
91039000	其他以表芯装成的钟	只	82	25	42904	6
91040000	仪表板钟及车、航空器、航天器或船用类似钟	只	29668	264	198593	327
91051100	电动的闹钟	只	34335	61	4244101	549
91051900	其他闹钟	只	856	1	476369	119
91052100	电动的挂钟	只	38776	116	3277210	603
91052900	其他挂钟	只	761	19	71779	14
91059110	电动的天文钟	只	9	3	10	0
91059190	电动的其他钟	只	18945	71	665932	367
91059900	未列名其他钟	只	1782	217	55357	14
91061000	考勤钟、时刻记录器	只	1578	9	9883100	1327

2010 年上海关区进出口商品量值表

单位:万美元

商品		计量单位	进口数量	进口金额	出口数量	出口金额
91069000	其他装有钟、表机芯或同步电动机的时间记录器以及测量、记录时间间隔的装置	只	247176	308	2508553	367
91070000	装有钟、表机芯或同步电动机的定时开关	个	266909	169	10039863	1383
91081100	已组装的完整电动表芯,仅有机械指示器或可装机械指示器装置	只	26348	199	6910	1
91081200	已组装的完整电动表芯,仅有光电显示器	只	62	0	56000	1
91081900	其他已组装电动的完整表芯	只	21	0	—	—
91082000	已组装的自动上弦的完整表芯	只	6981	141	319542	275
91089010	已组装的完整表芯,表面尺寸≤33.8mm	只	45	2	—	—
91089090	未列名已组装的完整表芯	只	2	0	20	0
91091100	已组装的电动的完整闹钟芯	只	14	0	537900	5
91091900	其他已组装的电动的完整钟芯	只	43124	39	1223786	22
91099000	未列名已组装的完整钟芯	只	2002	32	19268	1
91101100	未组装或部分组装的完整表芯	只	598	1	10600	1
91101200	已组装的不完整表芯	千克	48	4	273	10
91101900	未组装的不完整表芯	千克	0	0	460	3
91109010	未组装或部分组装的完整钟芯	千克	1243	7	2489	2
91109090	已组装或未组装不完整钟芯	千克	2423	18	52	0
91111000	贵金属或包贵金属表壳	只	15	4	—	—
91112000	贱金属表壳,不论是否镀金或镀银	只	4346	39	68697	11
91118000	其他表壳	只	452	0	15620	0
91119000	表壳零件	千克	139	39	141	0
91122000	钟壳及本章所列其他货品的类似外壳	只	1562	0	378060	97
91129000	钟壳和本章所列其他货品类似外壳的零件	千克	63	0	42470	30
91131000	贵金属或包贵金属制表带及其零件	千克	23	87	—	—
91132000	贱金属表带及其零件,不论是否镀金或镀银	千克	1091	151	836	1
91139000	其他材料表带及其零件	千克	7806	1048	12091	545
91141000	钟表发条,包括游丝	千克	10	1	15465	18
91142000	钟表宝石轴承	千克	1	0	310	300
91143000	钟面或表面	千克	482	53	5371	45

2010年上海关区进出口商品量值表

单位:万美元

商品		计量单位	进口 数量	进口 金额	出口 数量	出口 金额
91144000	钟表夹板及横担(过桥)	千克	15	4	—	—
91149000	其他钟表零件	千克	6488	744	63215	588
92011000	竖式钢琴,包括自动钢琴	台	32477	2578	7674	1097
92012000	大钢琴,包括自动钢琴	台	2550	2368	747	273
92019000	拨弦古钢琴及其他键盘弦乐器	台	32	3	128	12
92021000	弓弦乐器	只	50	4	514127	1846
92029000	其他弦乐器	只	20221	130	1429245	3657
92051000	铜管乐器	只	1004	95	168262	1927
92059010	键盘管风琴;簧风琴及类似的游离金属簧片键盘乐器	只	5	10	1170641	431
92059020	手风琴及类似乐器	只	79	1	166975	829
92059030	口琴	只	2572	5	4590787	651
92059090	其他管乐器	只	56856	168	2758838	810
92060000	打击乐器	只	141214	141	2665867	1090
92071000	通过电产生或扩大声音的键盘乐器,手风琴除外	只	50254	1256	640458	5974
92079000	其他通过电产生或扩大声音的乐器	个	31425	422	685560	4249
92081000	百音盒	个	2273	7	884830	126
92089000	游艺场风琴、手摇风琴、机械鸣禽、乐锯及本章其他品目未列名的其他乐器;各种媒诱音响器、哨子、号角、口吹音响信号器	个	162980	8	9734335	185
92093000	乐器用弦	千克	5037	41	12227	25
92099100	钢琴的零件、附件	千克	225693	311	349249	263
92099200	品目9202所列乐器的零件、附件	千克	48872	96	495930	585
92099400	品目9207所列乐器的零件、附件	千克	266982	311	752099	951
92099910	节拍器、音叉及定音管	千克	8281	21	17374	30
92099920	百音盒的机械装置	千克	551	1	25689	36
92099990	未列名的乐器零件、附件	千克	208594	186	1748080	1437
93032000	其他运动、狩猎或打靶用猎枪,包括组合滑膛/来复枪	枝	—	—	5712	35
93033000	其他运动、狩猎或打靶用步枪	枝	—	—	3340	27
93039000	其他靠爆炸药发射的火器及类似装置	枝	10	8	—	—
93040000	其他武器(例如,弹簧枪、气枪、气手枪、警棍)但不包括品目9307的货物	枝	20	1	1423609	3001

2010年上海关区进出口商品量值表

单位:万美元

商品		计量单位	进口 数量	进口 金额	出口 数量	出口 金额
93052900	猎枪或步枪的其他零件、附件	千克	—	—	138201	53
93059900	其他品目9301至9304所列物品的零件、附件	千克	35	0	167018	106
93062100	猎枪子弹	千克	3238	8	—	—
93062900	猎枪子弹零件,气枪弹丸	千克	990	1	416218	205
93070000	剑、短弯刀、刺刀、长矛和类似的武器及其零件;刀鞘、剑鞘	千克	4	0	250872	104
94011000	飞机用坐具	个	168	123	318	77
94012010	皮革或再生皮革面的机动车辆用坐具	个	9482	189	36446	213
94012090	机动车辆用其他坐具	个	16982	271	940939	3711
94013000	可调高度的转动坐具	个	64787	734	24965075	66668
94014010	皮革或再生皮革面的能作床用的两用椅,但庭院坐具或野营设备除外	个	61	3	41039	762
94014090	其他能作床的两用椅,但庭园坐具野营设备除外	个	2652	52	428333	2498
94015100	竹制或藤制的坐具	个	18592	33	108659	76
94015900	柳条及类似材料制的坐具	个	8494	23	10368	49
94016110	皮革或再生皮革面的带软垫的木框架坐具	个	20654	1607	9327232	120007
94016190	其他带软垫的木框架坐具	个	69289	1746	10871231	78007
94016900	其他木框架坐具	个	283478	781	4436892	13836
94017110	皮革或再生皮革面的带软垫的金属框架坐具	个	10734	358	1719401	7022
94017190	其他带软垫的金属框架坐具	个	31761	432	9036195	27646
94017900	其他金属框架坐具	个	288491	401	37605174	53134
94018010	石制的其他坐具	个	76	3	162	1
94018090	未列名坐具	个	196832	544	9920677	10466
94019011	坐椅调角器	套	3785482	2009	8613253	4395
94019019	其他机动车辆用坐具零件	千克	20148810	14833	55992497	35387
94019090	其他坐具零件	千克	7561229	2456	185827803	59318
94021010	理发用椅及其零件	个	217	6	8697	168
94021090	牙科用椅及其零件;理发用椅的类似椅及其零件	个	4904	130	41793	734
94029000	其他医用家具及其零件	件	19492	3741	1230305	13869
94031000	办公室用金属家具	件	18981	498	2238513	7176
94032000	其他金属家具	件	259158	1366	46742450	82674

2010年上海关区进出口商品量值表

单位:万美元

商品		计量单位	进口数量	进口金额	出口数量	出口金额
94033000	办公室用木家具	件	40689	523	3666372	11531
94034000	厨房用木家具	件	110130	3231	5890240	15049
94035010	卧室用红木家具	件	209	8	436	13
94035091	卧室用漆木家具	件	70275	1242	384615	3491
94035099	其他卧室用木家具	件	167688	1341	6323386	31399
94036010	其他红木家具	件	3079	46	4916	86
94036091	其他漆木家具	件	918798	3996	1281811	8564
94036099	其他木家具	件	1541773	6067	16999587	59035
94037000	塑料家具	件	91131	359	3122221	4287
94038100	竹制或藤制家具	件	4688	12	217550	515
94038910	柳条及类似材料制家具	件	903	7	19431	34
94038920	石制家具	件	48	14	37821	394
94038990	其他材料制家具	件	227964	495	2600436	5903
94039000	家具的零件	千克	26529633	6128	124210191	30062
94041000	弹簧床垫	个	12716	410	766488	3183
94042100	海绵橡胶或泡沫塑料制褥垫,不论是否包面	个	27178	238	6376271	6011
94042900	其他材料制褥垫	个	36786	128	55985827	7398
94043010	羽毛或羽绒填充的睡袋	个	1012	6	202053	740
94043090	其他睡袋	个	83170	27	22715928	15220
94049010	羽绒或羽毛填充的其他寝具及类似用品	千克	81619	134	54404911	38128
94049020	兽毛填充的其他寝具及类似用品	千克	12401	25	4447260	2537
94049030	丝绵填充的其他寝具及类似用品	千克	4519	12	3842054	3291
94049040	化纤棉填充的其他寝具及类似用品	千克	489438	553	400795245	207998
94049090	其他寝具及类似用品	千克	469012	882	72185982	42926
94051000	枝形吊灯及天花板或墙壁上的其他电气照明装置,但不包括公共露天场所或街道上的电气照明装置	个	1144771	1209	39817409	21481
94052000	电气的台灯、床头灯或落地灯	台	371275	468	23260154	12832
94053000	圣诞树用的成套灯具	套	4597	6	18148782	7709
94054010	探照灯	台	3805	126	3556	21
94054020	聚光灯	台	66743	851	3876834	3795
94054090	其他电灯及照明装置	千克	1014098	7028	57748767	60592
94055000	非电气的灯具及照明装置	千克	135574	174	33200805	9722
94056000	发光标志、发光铭牌及类似品	千克	37293	185	3663068	4511
94059100	品目9405所列货品的玻璃制零件	千克	305152	379	7812128	3232

2010年上海关区进出口商品量值表

单位:万美元

商　　品		计量单位	进口 数量	进口 金额	出口 数量	出口 金额
94059200	品目9405所列货品的塑料制零件	千克	229034	500	2433722	1992
94059900	品目9405所列货品的其他材料制零件	千克	686578	9121	19898887	15576
94060000	活动房屋	千克	410445	496	164538063	32434
95030010	三轮车、踏板车、踏板汽车和类似的带轮玩具;玩偶车	千克	257244	150	78751546	25508
95030021	动物玩具	个	2087232	646	569054461	74143
95030029	玩偶(不论是否着装)	个	752689	318	13406945	2120
95030031	电动火车	千克	700	3	499	11
95030039	其他缩小(按比例缩小)的全套模型组件,不论是否活动	个	704700	407	179562	340
95030040	其他建筑套件及建筑玩具	个	14868	11	2174214	34
95030050	玩具乐器	千克	32761	25	2695645	1415
95030060	智力玩具	套	451859	754	58549938	11394
95030081	其他玩具,组装成套或全套的	套	635026	459	101515302	1142
95030082	其他带动力装置的玩具及模型	套	774221	582	3416743	4589
95030089	其他玩具	套	18107719	983	1002484230	13947
95030090	品目9503所列货品的零件、附件	千克	130772	143	1991106	3429
95041000	与电视接收机配套使用的电子游戏机	台	1701	1	248467	299
95042000	各种台球的用品及附件	千克	31074	14	2149098	669
95043010	用硬币、钞票、银行卡、代币或其他支付方式使其工作的电子游戏机	台	6018	527	15563	4451
95043090	其他用硬币、钞票、银行卡、代币或其他支付方式使其工作的游戏用品,但保龄球道设备除外	台	0	414	950	16142
95044000	扑克牌	副	3161287	215	128403566	1809
95049010	其他电子游戏机	台	393	2	755718	2542
95049021	保龄球自动分瓶机	台	8	4	0	0
95049022	保龄球	个	2630	7	233720	430
95049023	保龄球瓶	个	23936	20	39894	24
95049029	其他保龄球自动球道设备及器具	台	—	—	598	607
95049030	中国象棋、国际象棋、跳棋等棋类用品	副	2212	4	3455205	642
95049040	麻将及类似桌上游戏用品	副	17346	13	13336981	1229
95049090	其他游艺场所、桌上或室内游戏用品	台	2523130	145	25583244	5289

2010年上海关区进出口商品量值表

单位:万美元

商品		计量单位	进口		出口	
			数量	金额	数量	金额
95051000	圣诞节用品	千克	26071	45	9648968	6733
95059000	其他节日用品或娱乐用品,包括魔术道具及嬉戏品	千克	26792	25	8711892	5862
95061100	滑雪屐	双	395	5	27018	60
95061200	滑雪屐扣件(滑雪屐带)	千克	2840	5	11589	22
95061900	其他滑雪器械	千克	7972	19	2770376	1761
95062100	帆板	个	177	23	1	0
95062900	滑水板、冲浪板及其他水上运动器械	个	1523315	188	44945499	5522
95063100	完整的高尔夫球棍	根	333350	2072	4423779	3196
95063200	高尔夫球	个	1857381	176	12025388	265
95063900	其他高尔夫球器械	千克	306943	957	1120627	3086
95064010	乒乓球	百个	60	0	1362825	994
95064090	其他乒乓球用品及器械	千克	116124	675	2113803	797
95065100	草地网球拍	副	3325	7	212165	71
95065900	羽毛球拍或类似球拍	副	17573	34	18985742	2468
95066100	草地网球	个	89360	6	92584546	2858
95066210	足球、篮球、排球	个	999112	412	70016353	12419
95066290	其他可充气的运动用球	个	390254	28	133651241	7613
95066900	其他运动用球	个	275820	24	160764789	5541
95067010	溜冰鞋	双	4	0	378357	169
95067020	旱冰鞋	双	971	4	127991	207
95069110	健身及康复器械	千克	2536770	2459	221040519	53535
95069120	滑板	个	3653	11	1143117	949
95069190	未列名一般体育活动、体操或竞技用品及设备	千克	295826	731	69535888	20663
95069900	其他运动或户外游戏用品及设备;游泳池或戏水池	个	190038	462	54978321	30799
95071000	钓鱼竿	副	5774	108	4516668	3901
95072000	钓鱼钩,不论有无系钩丝	千克	38246	226	1344288	2215
95073000	钓线轮	个	5037	38	5985090	1870
95079000	其他钓鱼用品;捞鱼网、捕蝶网及类似网;囮子“鸟”及类似狩猎用品	个	4576889	199	139763158	5708
95089000	其他旋转木马、秋千、射击用靶及其他游乐场的娱乐设备;流动剧团	千克	152993	880	645195	406
96011000	已加工兽牙及其制品	千克	44	1	5	0

2010年上海关区进出口商品量值表

单位:万美元

商品		计量单位	进口数量	进口金额	出口数量	出口金额
96019000	已加工的兽骨、玳瑁壳、角、鹿角、珊瑚、珍珠母及其他动物质雕刻材料及其制品	千克	4506	14	212572	56
96020010	明胶制装药用胶囊	千克	389	3	360354	769
96020090	已加工的植物质或矿物质雕刻材料及其制品;蜡、硬脂、天然树胶、天然树脂或塑型膏制成的模塑或雕刻制品;未列名的模塑或雕刻制品;已加工的未硬化明胶及其他未硬化明胶制品	千克	62304	11	117646	50
96031000	用枝条或其他植物材料捆扎的帚及刷,无论是否有把	把	135	0	16829116	1047
96032100	牙刷,包括齿板刷	把	13201286	604	2342019947	20728
96032900	剃须刷、发刷、指甲刷、睫毛刷及其他梳妆刷,包括作为器具零件者	支	81953107	697	502505979	5049
96033010	画笔	支	72300	6	460158603	3929
96033020	毛笔	支	982856	32	22219143	663
96033090	施敷化妆品用刷	支	1239090	97	10283349	216
96034011	猪鬃制漆刷及类似刷	把	22693	3	418864994	11188
96034019	其他漆刷及类似刷	把	76551	12	332150207	9758
96034020	油漆块垫及滚筒	个	29898	21	142146839	4450
96035011	作为机器、器具零件的金属丝刷	个	1819579	160	45866758	2231
96035019	作为车辆零件的金属丝刷	个	68930	13	4566204	182
96035091	其他作为机器、器具零件的刷	个	13433551	1069	57278955	2018
96035099	其他作为车辆零件的刷	个	12772	4	3525920	127
96039010	羽毛掸	个	13	0	742645	61
96039090	其他帚、刷、非机动的手工操作地板清扫器、拖把及毛掸;供制帚、刷用的成束或成簇的材料;橡皮扫帚	个	4798717	508	411154195	17243
96040000	手用粗筛、细筛	个	1187	9	87359	17
96050000	个人梳妆、缝纫或清洁鞋靴、衣服用的成套旅行用具	套	133717	14	103449872	2547
96061000	揿扣及其零件	千克	507381	1937	1373562	2001
96062100	塑料制钮扣,未用纺织材料包裹	千克	523915	3901	1477230	2057
96062200	金属制钮扣,未用纺织材料包裹	千克	407286	1967	1667342	2738
96062900	其他钮扣	千克	107375	916	677592	1118
96063000	纽扣芯及纽扣的其他零件;纽扣坯	千克	61164	155	44394	48
96071100	装有贱金属齿的拉链	米	10929930	1936	48371843	3104

2010年上海关区进出口商品量值表

单位:万美元

商品		计量单位	进口		出口	
			数量	金额	数量	金额
96071900	其他拉链	米	66747972	6713	389267669	5863
96072000	拉链零件	千克	1464401	4626	2140342	1787
96081000	圆珠笔	支	18224991	1753	2007519568	20125
96082000	毡尖及其他渗水式笔尖笔及唛头笔	支	19509661	712	704589672	5761
96083100	墨汁画笔	支	27786	2	1102366	10
96083910	其他自来水笔	支	735596	1761	77470358	1136
96083990	铁笔型自来水笔及其他钢笔	支	220743	50	6501449	278
96084000	活动铅笔	支	1771966	69	214431588	2361
96085000	由上述两个或多个子目所列物品组成的成套货品	套	195826	26	13405667	1211
96086000	圆珠笔芯,由圆珠笔头和墨芯构成	支	96036649	571	158383527	425
96089100	钢笔头及笔尖粒	支	10811220	72	24617102	68
96089910	机器、仪器用笔	支	72974	50	1441310	15
96089920	蜡纸铁笔;钢笔杆、铅笔杆及类似笔杆	支	5379080	58	8967601	133
96089990	其他笔零件	千克	495700	3175	1362080	3175
96091010	铅笔	千克	80838	39	17281570	7238
96091020	颜色铅笔	千克	29247	29	9648043	5094
96092000	铅笔芯,黑的或其他颜色的	千克	71398	243	783537	423
96099000	蜡笔、图画碳笔、书写或绘画用的粉笔及裁缝划粉	千克	176444	93	10069650	2697
96100000	具有书写或绘画面的石板、黑板及类似板,不论是否可镶框	千克	95868	44	18070043	4652
96110000	手用日期戳、封缄戳、品目戳及类似印戳;(包括标签印器);手工操作排字盘及有排字盘手印器	千克	19150	100	1015174	1119
96121000	打字机色带或类似色带,已上油或经其他方法处理能着色的,不论是否装轴或装盒	个	5705244	3564	12521209	2484
96122000	印台,不论是否已加印油或带盒子	个	159250	25	10310675	377
96131000	袖珍气体打火机,一次性的	个	250397	4	1139413876	5956
96132000	袖珍气体打火机,可充气的	个	7740	185	751371599	7517
96138000	其他打火器	个	449065	185	27068459	1176
96139000	打火机和其他打火器零件,但打火石及打火机芯除外	千克	102492	263	1366134	2203
96140010	烟斗及烟斗头	个	48346	10	1602466	276
96140090	烟嘴;烟斗及烟嘴的零件	千克	6103	39	197676	3742

2010年上海关区进出口商品量值表

单位:万美元

商品		计量单位	进口 数量	进口 金额	出口 数量	出口 金额
96151100	硬质橡胶或塑料制梳子、发夹及类似品	千克	230928	165	8693990	4556
96151900	其他梳子、发夹及类似品	千克	5309	77	3277999	1970
96159000	发卡、卷发夹、卷发器或类似品及零件	千克	7198	54	3369778	1477
96161000	香水喷雾器或类似的化妆喷雾器及其座架、喷头	千克	261814	582	7606903	7406
96162000	粉扑及粉拍,施敷脂粉或化妆品用	千克	51323	223	420447	1244
96170010	带壳的保温瓶	个	755235	684	72744020	22848
96170090	其他真空容器及其零件,但玻璃瓶胆除外	千克	46025	195	9606806	9742
96180000	裁缝用人体模型及其他人体活动模型;橱窗装饰用自动模型及其他活动陈列品	千克	116284	468	8651162	3972
97011010	手绘油画、粉画及其他画原件	幅	1298	81	18852	246
97011020	手绘油画、粉画及其他画复制件	幅	1446	31	133988	50
97019000	拼贴画及类似装饰板	千克	3573	8	20027	8
97020000	雕版画、印制画、石印画的原本	幅	1511	10	7682	3
97030000	各种材料制的雕塑品原件	幅	3390	304	1508	47
97040010	使用过或未使用过的邮票	千克	3016	23	—	—
97040090	使用过或未使用过印花税票、邮戳印记、首日封、邮政信笺(印有邮票的纸品)及类似品	千克	83	3	—	—
97050000	具有动植物学,植物学、矿物学、解剖学、历史学、考古学、古生物学、人种学或钱币学意义的收集品及珍藏品	千克	13639	102	1126	2
97060000	超过一百年的古物	千克	14531	627	96	14
98010010	单项记录商品价值在人民币2000元及以下的非税、非证进口商品	千克	0	15895	0	1837
98030010	系统软件(指构成计算机系统或其他数字计算装置运行环境,平台的操作系统软件,支持应用软件运行)	套	—	—	2375	145
98030020	支撑软件(指在操作系统软件和应用软件之间,提供应用软件设计,系统测试运行等辅助功能的软件)	套	—	—	40	259
98030030	应用软件	套	—	—	487322	23687
98030090	其他软件	套	—	—	15482	1828

2010年上海市进口主要商品总值表

单位:万美元

商　　品	总值
冻鱼	2116
鲜、干水果及坚果	23541
*香蕉(包括芭蕉)	7158
*鲜龙眼	872
粮食	233824
*谷物及谷物粉	3638
**玉米	461
**小麦	37
***小麦粉	37
**大麦	2990
**稻谷和大米	65
*大豆	227386
食用植物油	52149
*豆油	8046
*花生油	1569
*橄榄油	3603
*棕榈油	9980
*菜子油和芥子油	24218
食糖	167
酒类	78350
*啤酒	1984
*葡萄酒	63851
饲料用鱼粉	16516
豆饼、豆粕	938
纸烟	27
天然橡胶(包括胶乳)	35459
合成橡胶(包括胶乳)	75777
原木	96910
锯材	80636
胶合板及类似多层板	1422
*木质薄板制胶合板	1274
纸浆	39798
羊毛	11741
毛条	374
棉花	34423
二醋酸纤维丝束	1160
纺织用合成纤维	16906
*聚酯纤维	4195
*聚丙烯腈纤维	5184

2010年上海市进口主要商品总值表

单位:万美元

商　　品	总值
人造纤维短纤	14851
铁矿砂及其精矿	690055
锰矿砂及其精矿	35515
铜矿砂及其精矿	32340
铬矿砂及其精矿	20936
氧化铝	2763
煤	70772
原油	0
成品油	257562
*汽油	9
*煤油	167844
*柴油	4317
*其他燃料油	36155
液化石油气及其他烃类气	82060
*液化天然气	52494
甲苯	7454
二甲苯	36223
苯乙烯	17899
乙二醇	38801
异氰酸酯	17889
对苯二甲酸	56715
己内酰胺	20043
医药品	270389
*抗菌素(制剂除外)	13068
*抗菌素制剂	17069
美容化妆品及护肤品	59333
肥料	59
*矿物肥料及化肥	44
**尿素	13
**磷酸氢二铵	1
**氯化钾	19
**硫酸钾	0
合成有机染料	13982
钛白粉	21450
聚合物油漆及清漆	21653
感光材料	21841
初级形状的塑料	767071
*初级形状的聚乙烯	126117
*初级形状的线型低密度聚乙烯	63269

2010年上海市进口主要商品总值表

单位:万美元

商　　品	总值
＊初级形状的聚丙烯	41256
＊初级形状的苯乙烯聚合物	62736
＊＊ABS树脂	33633
＊初级形状的聚氯乙烯	14642
＊初级形状的聚酯	111507
＊＊聚酯切片(PET)	4473
＊聚酰胺切片	52461
非泡沫塑料的板、片、膜、箔	96562
废塑料	11941
农药	19693
牛皮革及马皮革	28038
废纸	15752
纸及纸板(未切成形的)	65862
＊新闻纸	214
＊牛皮纸	10860
＊瓦楞原纸	60
＊涂布纸	31159
纺织纱线、织物及制品	225061
＊毛纱线	1198
＊棉纱线	27599
＊合成纤维纱线	23458
＊＊聚酰胺纤维长丝(缝纫线除外)	12329
＊＊聚酯纤维长丝(缝纫线除外)	3494
＊丝织物	1109
＊棉机织物	18127
＊合成纤维长丝机织物	30771
＊合成短纤与棉混纺机织物	2881
＊化纤起绒、绳绒及毛圈机织物	2382
＊涂覆浸渍塑料的织物	10807
＊针织或钩编织物	23028
服装及衣着附件	121093
玻璃纤维及其制品	12997
钻石	168130
废金属	50340
＊废钢	4462
＊废铜	12141
＊废铝	33737
钢坯及粗锻件	16910
钢材	237141

2010 年上海市进口主要商品总值表

单位:万美元

商　　品	总值
*钢铁棒材	22346
*角钢及型钢	6682
*钢铁板材	152068
*钢铁管材及空心异形材	21697
钢铁制标准紧固件	50749
未锻造的铜及铜材	923827
*未锻造的铜(包括铜合金)	847734
*铜材	76093
未锻造的铝及铝材	41707
*未锻造的铝(包括铝合金)	5222
*铝材	36485
钢铁或铝制结构体及其部件	4027
蒸汽锅炉及过热水锅炉	2207
活塞式内燃机的零件	62615
涡轮喷气发动机	18072
液泵及液体提升机	82368
制冷设备用压缩机	17537
空气调节器	2548
冷冻机和制冷设备	24533
非家用型水的过滤、净化机器	3024
饮料及液体食品灌装设备	1575
机械提升搬运装卸设备及零件	62614
*载客电梯	7898
建筑及采矿用机械及零件	94791
食品、饮料工业用加工机械及零件	5080
制造纸及纸制品用机械及零件	6933
印刷、装订机械及零件	174098
纺织机械及零件	36798
*纺织纱线生产及预处理机	575
*织机	460
*针织机及缝编机	11594
*纱线织物等后整理机器	3216
工业用缝纫机	10154
金属加工机床	98971
*加工中心	34730
*数控机床	34560
金属轧机及零件	14599
橡胶或塑料加工机械及零件	32143
型模及金属铸造用型箱	20419

2010年上海市进口主要商品总值表

单位:万美元

商　　品	总值
阀门	140551
自动数据处理设备及其部件	818938
*自动数据处理设备	18629
*中央处理部件	26407
*存储部件	659919
自动数据处理设备的零件	406882
制造单晶柱或晶圆用的机器及装置	12898
制造半导体器件或集成电路用的机器及装置	62339
制造平板显示器用的机器及装置	1976
电动机及发电机	77481
发电机组及旋转式变流机	17680
*风力发电机组	435
变压、整流、电感器及零件	169014
蓄电池	72143
电话机	3229
数字式程控电话或电报交换机	267
无线电导航雷达及遥控设备	11529
激光视盘放像机	538
电视摄像机、数字照相机及视频摄录一体机	85055
声音录制或重放设备	706
收音设备(包括收录音组合机及整套散件)	3521
电视机(包括整套散件)	459
*彩色电视机(包括整套散件)	459
电视、收音机及无线电讯设备的零附件	72290
电容器	124078
电阻器	25103
印刷电路	112892
通断保护电路装置及零件	419388
电视显像管	0
*彩色显像管	0
二极管及类似半导体器件	157540
集成电路	3037800
电线和电缆	75360
汽车(包括整套散件)	337017
*小轿车(包括整套散件)	82133
*四轮驱动轻型越野车(包括整套散件)	225909
*小客车(九座及以下的)(包括整套散件)	12980
*货车(包括整套散件)	4353
*专用汽车	3008

2010年上海市进口主要商品总值表

单位:万美元

商品	总值
*10座至29座的客车	4388
汽车零件	338894
飞机	230114
航空器零件	9968
船舶	29470
液晶显示板	236278
医疗仪器及器械	140659
计量检测分析自控仪器及器具	467012
手表	111961
*机械手表	77750
*电动手表	34212
已组装的完整表芯	342
印刷品	27726
塑料制品	75565
农产品	775779
机电产品	10920428
*金属制品	298128
*机械设备	3248725
*电器及电子产品	5186701
*运输工具	961179
*仪器仪表	1069797
*其他	155898
高新技术产品	6837330
*生物技术	17702
*生命科学技术	364556
*光电技术	331926
*计算机与通信技术	1732482
*电子技术	3542312
*计算机集成制造技术	444513
*材料技术	62445
*航空航天技术	332817
*其他技术	8578

2010年上海市出口主要商品总值表

单位:万美元

商　　　品	总值
活猪(种猪除外)	698
肉及杂碎	14895
＊冻鸡	65
水海产品	7938
＊活鱼	972
＊冻鱼、冻鱼片	326
＊鲜、冻对虾	290
＊冻虾仁	3542
粮食	5931
＊谷物及谷物粉	478
＊＊稻谷和大米	6
＊薯类及含有淀粉的块茎	192
＊豆类	5261
蔬菜	18126
＊鲜或冷藏蔬菜	5960
＊干的食用菌类	3188
鲜、干水果及坚果	2052
＊橘、橙	218
＊苹果	533
＊梨	184
乳品	59
果蔬汁	337
＊橙汁	19
＊苹果汁	68
食用油籽	495
＊大豆	10
＊花生、花生仁	15
食用植物油(包括棕榈油)	152
＊豆油	1
＊菜子油和芥子油	3
＊花生油	1
烘焙花生	117
食糖	26
天然蜂蜜	379
茶叶	6147
辣椒干	14
猪肉罐头	2562
番茄酱	854

2010年上海市出口主要商品总值表

单位：万美元

商　　　品	总值
蘑菇罐头	722
啤酒	521
肠衣	14677
填充用羽毛；羽绒	1048
药材	792
纸烟	11679
肥料	8399
＊矿物肥料及化肥	8294
＊＊尿素	4044
锯材	1568
胶合板及类似多层板	33436
印刷品	18513
生丝	1994
山羊绒	6
棉花	227
粘土及其他耐火矿物	752
＊天然石墨	231
＊天然碳酸镁；氧化镁	13
萤石（氟石）	1624
天然硫酸钡（重晶石）	2
滑石	0
钼矿砂及其精矿	5561
煤	5
焦炭及半焦炭	18613
成品油	166611
＊煤油	117859
＊柴油	3676
＊其他燃料油	40058
液化石油气及其他烃类气	0
石蜡	1037
稀土	6480
氧化铝	428
钨品	375
＊钨矿砂	41
＊钨及其制品	334
氧化锌及过氧化锌	232
碳酸钠（纯碱）	206
柠檬酸	200

2010年上海市出口主要商品总值表

单位:万美元

商　　品	总值
合成有机染料	12079
锌钡白(立德粉)	55
医药品	113147
*维生素C	742
*抗菌素(制剂除外)	7837
*中式成药	1144
*医用敷料	12411
美容化妆品及护肤品	32956
口腔及牙齿清洁剂	3090
洗衣粉	1389
松香及树脂酸	460
农药	23982
初级形状的聚氯乙烯	1827
新的充气橡胶轮胎	32517
家用或装饰用木制品	6871
纸及纸板(未切成形的)	16811
*新闻纸	3
*牛皮纸	130
纺织纱线、织物及制品	505094
*棉纱线	5429
*丝织物	10116
*毛纺机织物	6872
*棉机织物	52736
*亚麻及苎麻机织物	3398
*合成短纤与棉混纺机织物	19455
*地毯	11465
塑料编织袋(周转袋除外)	2924
水泥及水泥熟料	27654
花岗岩石材及制品	2729
平板玻璃	720
玻璃制品	18541
家用陶瓷器皿	2160
珍珠、钻石、宝石及半宝石	41530
铁合金	10633
钢坯及粗锻件	255
钢材	335207
*钢铁棒材	23349
*角钢及型钢	4092

2010年上海市出口主要商品总值表

单位:万美元

商品	总值
＊钢铁板材	206939
＊钢铁线材	6720
＊钢铁管配件	19419
废钢	0
未锻造的铜及铜材	66459
＊未锻造的铜(包括铜合金)	24695
＊铜材	41764
未锻造的铝及铝材	92933
＊未锻造的铝(包括铝合金)	32889
＊铝材	60044
未锻造的锌及锌合金	6700
未锻造的锡及锡合金	67
镁及其制品(包括废碎料)	2113
未锻造的锰	675
钢铁或铜制标准紧固件	57109
不锈钢厨具、餐具等家用器具	15967
餐桌、厨房及其他家用搪瓷器	3277
手用或机用工具	75708
电扇	25202
空气调节器	78116
冰箱	6435
洗衣机	28581
微波炉	25805
纺织机械及零件	25180
家用型缝纫机	6566
工业用缝纫机	16272
金属加工机床	18219
＊车床	2599
＊铣床	696
电子计算器(包括具有计算功能的袖珍数据记录重现机)	8005
自动数据处理设备及其部件	4734026
＊自动数据处理设备	4310478
＊＊便携式电脑	3925727
＊＊微型电脑	382146
＊中央处理部件	165291
＊显示器	4944
＊＊液晶显示器	4742
＊＊阴极射线管显示器	105

2010年上海市出口主要商品总值表

单位:万美元

商　　品	总值
* 存储部件	88391
* 键盘、鼠标器	15796
自动数据处理设备的零件	412735
打印机(包括多功能一体机)	68139
液晶显示板	275342
轴承	42619
电动机及发电机	64047
变压器	26032
静止式变流器	77581
原电池	9675
蓄电池	38416
电话机	120584
* 手持或车载无线电话机	111456
扬声器	16889
激光唱机	7
录、放像机	41478
* DVD 播放机	806
声音录制或重放设备	19611
收音设备(包括收录音组合机及整套散件)	23987
电视机(包括整套散件)	21662
* 彩色电视机(包括整套散件)	21582
* 黑白电视机(包括整套散件)	80
录放音、像机及唱机的零附件	14833
电视、收音机及无线电讯设备的零附件	79928
电容器	17672
印刷电路	83198
通断保护电路装置及零件	235470
节能灯	28915
二极管及类似半导体器件	288806
集成电路	1089638
* 处理器及控制器	644138
* 存储器	187167
* 放大器	1527
电线和电缆	87987
集装箱	129758
汽车(包括整套散件)	24975
* 小轿车(包括整套散件)	16085
* 小客车(九座及以下的)(包括整套散件)	16

2010年上海市出口主要商品总值表

单位:万美元

商　　品	总值
＊货车(包括整套散件)	1322
装有引擎的汽车底盘	127
汽车零件	251926
摩托车	28495
自行车	21412
摩托车及自行车的零件	30545
船舶	620458
＊液货船(包括成品油船、原油船和液化石油及天然气船)	180965
＊集装箱船	69951
＊散货船	275425
照相机	5473
＊数字式相机	2178
医疗仪器及器械	91755
手表	327
＊机械手表	114
＊电动手表	213
日用钟	681
家具及其零件	244908
床垫、寝具及类似品	69060
灯具、照明装置及类似品	57873
箱包及类似容器	123509
体育用品及设备	74359
服装及衣着附件	1280277
＊织物制服装	1082983
＊＊非针织钩编织物服装	563468
＊＊针织或钩编的服装	519515
＊皮革服装	2899
＊裘皮服装	2325
＊皮革手套	6894
＊织物制手套	30815
＊织物制袜子	43406
＊帽类	37189
鞋类	94157
＊鞋	89947
＊＊外底及鞋面均以橡胶或塑料制的鞋	38032
＊＊皮面鞋	22859
＊＊橡胶或塑料底纺织材料为面的鞋	22739
＊鞋靴零件;护腿及类似品	4210

2010年上海市出口主要商品总值表

单位:万美元

商品	总值
塑料制品	183224
玩具	40650
游戏机	4017
圣诞用品	2545
足球、篮球、排球	3524
打火机	1628
艺术品、收藏品及古董	48
贵金属或包贵金属的首饰	2272
伞	4194
竹编结品	337
藤编结品	81
草编结品	195
柳编结品	373
农产品	149123
机电产品	13111364
* 金属制品	581883
* 机械设备	6755537
* 电器及电子产品	3820500
* 运输工具	1115520
* 仪器仪表	632516
* 其他	205409
高新技术产品	8411145
* 生物技术	5002
* 生命科学技术	180708
* 光电技术	323877
* 计算机与通信技术	6134577
* 电子技术	1583588
* 计算机集成制造技术	122412
* 材料技术	31517
* 航空航天技术	26159
* 其他技术	3305

2010年上海市进出口商品贸易方式分类总值表

单位:万美元

贸易方式	进口	出口
总计	18808523	18078421
一般贸易	8486914	6327405
国家间、国际组织无偿援助和赠送的物资	235	3238
其他境外捐赠物资	89	0
来料加工贸易	387380	670557
进料加工贸易	3431196	9366830
加工贸易进口设备	10042	—
对外承包工程出口货物	—	80326
租赁贸易	166114	—
外商投资企业作为投资进口的设备、物品	234675	—
出料加工贸易	763	546
保税监管场所进出境货物	760410	276917
海关特殊监管区域物流货物	5254500	1350984
海关特殊监管区域进口设备	40965	—
其他贸易	35240	1620

附：

中华人民共和国海关统计条例

第一条　为了科学、有效地开展海关统计工作，保障海关统计的准确性、及时性、完整性，根据《中华人民共和国海关法》和《中华人民共和国统计法》的有关规定，制定本条例。

第二条　海关统计是海关依法对进出口货物贸易的统计，是国民经济统计的组成部分。

海关统计的任务是对进出口货物贸易进行统计调查、统计分析和统计监督，进行进出口监测预警，编制、管理和公布海关统计资料，提供统计服务。

第三条　海关总署负责组织、管理全国海关统计工作。

海关统计机构、统计人员应当依照《中华人民共和国统计法》、《中华人民共和国统计法实施细则》及本条例的规定履行职责。

第四条　实际进出境并引起境内物质存量增加或者减少的货物，列入海关统计。

进出境物品超过自用、合理数量的，列入海关统计。

第五条　下列进出口货物不列入海关统计：

（一）过境、转运和通运货物；

（二）暂时进出口货物；

（三）货币及货币用黄金；

（四）租赁期1年以下的租赁进出口货物；

（五）因残损、短少、品质不良或者规格不符而免费补偿或者更换的进出口货物；

（六）海关总署规定的不列入海关统计的其他货物。

第六条　进出口货物的统计项目包括：

（一）品名及编码；

（二）数量、价格；

（三）经营单位；

（四）贸易方式；

（五）运输方式；

（六）进口货物的原产国（地区）、启运国（地区）、境内目的地；

（七）出口货物的最终目的国（地区）、运抵国（地区）、境内货源地；

（八）进出口日期；

（九）关别；

（十）海关总署规定的其他统计项目。

根据国民经济发展和海关监管需要，海关总署可以对统计项目进行调整。

第七条　进出口货物的品名及编码，按照《中华人民共和国海关统计商品目录》归类统计。

进出口货物的数量，按照《中华人民共和国海关统计商品目录》规定的计量单位统计。

《中华人民共和国海关统计商品目录》由海关总署公布。

第八条 进口货物的价格，按照货价、货物运抵中华人民共和国境内输入地点起卸前的运输及其相关费用、保险费之和统计。

出口货物的价格，按照货价、货物运抵中华人民共和国境内输出地点装卸前的运输及其相关费用、保险费之和统计，其中包含的出口关税税额，应当予以扣除。

第九条 进口货物，应当分别统计其原产国（地区）、启运国（地区）和境内目的地。

出口货物，应当分别统计其最终目的国（地区）、运抵国（地区）和境内货源地。

第十条 进出口货物的经营单位，按照在海关注册登记、从事进出口经营活动的法人、其他组织或者个人统计。

第十一条 进出口货物的贸易方式，按照海关监管要求分类统计。

第十二条 进出口货物的运输方式，按照货物进出境时的运输方式统计，包括水路运输、铁路运输、公路运输、航空运输及其他运输方式。

第十三条 进口货物的日期，按照海关放行的日期统计；出口货物的日期，按照办结海关手续的日期统计。

第十四条 进出口货物由接受申报的海关负责统计。

第十五条 海关统计资料包括海关统计原始资料以及以原始资料为基础采集、整理的相关统计信息。

前款所称海关统计原始资料，是指经海关确认的进出口货物报关单及其他有关单证。

第十六条 海关总署应当定期、无偿地向国务院有关部门提供有关综合统计资料。

直属海关应当定期、无偿地向所在地省、自治区、直辖市人民政府有关部门提供有关综合统计资料。

第十七条 海关应当建立统计资料定期公布制度，向社会公布海关统计信息。

海关可以根据社会公众的需要，提供统计服务。

第十八条 海关统计人员对在统计过程中知悉的国家秘密、商业秘密负有保密义务。

第十九条 当事人有权在保存期限内查询自己申报的海关统计原始资料及相关信息，对查询结果有疑问的，可以向海关申请核实，海关应当予以核实，并解答有关问题。

第二十条 海关对当事人依法应当申报的项目有疑问的，可以向当事人提出查询，当事人应当及时作出答复。

第二十一条 依法应当申报的项目未申报或者申报不实影响海关统计准确性的，海关应当责令当事人予以更正，需要予以行政处罚的，依照《中华人民共和国海关行政处罚实施条例》的规定予以处罚。

第二十二条 本条例自2006年3月1日起施行。

中华人民共和国海关行政处罚实施条例

第一章 总　　则

第一条　为了规范海关行政处罚，保障海关依法行使职权，保护公民、法人或者其他组织的合法权益，根据《中华人民共和国海关法》（以下简称海关法）及其他有关法律的规定，制定本实施条例。

第二条　依法不追究刑事责任的走私行为和违反海关监管规定的行为，以及法律、行政法规规定由海关实施行政处罚的行为的处理，适用本实施条例。

第三条　海关行政处罚由发现违法行为的海关管辖，也可以由违法行为发生地海关管辖。

两个以上海关都有管辖权的案件，由最先发现违法行为的海关管辖。

管辖不明确的案件，由有关海关协商确定管辖，协商不成的，报请共同的上级海关指定管辖。

重大、复杂的案件，可以由海关总署指定管辖。

第四条　海关发现的依法应当由其他行政机关处理的违法行为，应当移送有关行政机关处理；违法行为涉嫌犯罪的，应当移送海关侦查走私犯罪公安机构、地方公安机关依法办理。

第五条　依照本实施条例处以警告、罚款等行政处罚，但不没收进出境货物、物品、运输工具的，不免除有关当事人依法缴纳税款、提交进出口许可证件、办理有关海关手续的义务。

第六条　抗拒、阻碍海关侦查走私犯罪公安机构依法执行职务的，由设在直属海关、隶属海关的海关侦查走私犯罪公安机构依照治安管理处罚的有关规定给予处罚。

抗拒、阻碍其他海关工作人员依法执行职务的，应当报告地方公安机关依法处理。

第二章 走私行为及其处罚

第七条　违反海关法及其他有关法律、行政法规，逃避海关监管，偷逃应纳税款、逃避国家有关进出境的禁止性或者限制性管理，有下列情形之一的，是走私行为：

（一）未经国务院或者国务院授权的机关批准，从未设立海关的地点运输、携带国家禁止或者限制进出境的货物、物品或者依法应当缴纳税款的货物、物品进出境的；

（二）经过设立海关的地点，以藏匿、伪装、瞒报、伪报或者其他方式逃避海关监管，运输、携带、邮寄国家禁止或者限制进出境的货物、物品或者依法应当缴纳税款的货物、物品进出境的；

（三）使用伪造、变造的手册、单证、印章、账册、电子数据或者以其他方式逃避海关监管，擅自将海关监管货物、物品、进境的境外运输工具，在境内销售的；

（四）使用伪造、变造的手册、单证、印章、账册、电子数据或者以伪报加工贸易制成品单位耗料量等方式，致使海关监管货物、物品脱离监管的；

（五）以藏匿、伪装、瞒报、伪报或者其他方式逃避海关监管，擅自将保税区、出口加工区等海关特殊监管区域内的海关监管货物、物品，运出区外的；

（六）有逃避海关监管，构成走私的其他行为的。

第八条 有下列行为之一的，按走私行为论处：

（一）明知是走私进口的货物、物品，直接向走私人非法收购的；

（二）在内海、领海、界河、界湖，船舶及所载人员运输、收购、贩卖国家禁止或者限制进出境的货物、物品，或者运输、收购、贩卖依法应当缴纳税款的货物，没有合法证明的。

第九条 有本实施条例第七条、第八条所列行为之一的，依照下列规定处罚：

（一）走私国家禁止进出口的货物的，没收走私货物及违法所得，可以并处100万元以下罚款；走私国家禁止进出境的物品的，没收走私物品及违法所得，可以并处10万元以下罚款；

（二）应当提交许可证件而未提交但未偷逃税款，走私国家限制进出境的货物、物品的，没收走私货物、物品及违法所得，可以并处走私货物、物品等值以下罚款；

（三）偷逃应纳税款但未逃避许可证件管理，走私依法应当缴纳税款的货物、物品的，没收走私货物、物品及违法所得，可以并处偷逃应纳税款3倍以下罚款。

专门用于走私的运输工具或者用于掩护走私的货物、物品，2年内3次以上用于走私的运输工具或者用于掩护走私的货物、物品，应当予以没收。藏匿走私货物、物品的特制设备、夹层、暗格，应当予以没收或者责令拆毁。使用特制设备、夹层、暗格实施走私的，应当从重处罚。

第十条 与走私人通谋为走私人提供贷款、资金、账号、发票、证明、海关单证的，与走私人通谋为走私人提供走私货物、物品的提取、发运、运输、保管、邮寄或者其他方便的，以走私的共同当事人论处，没收违法所得，并依照本实施条例第九条的规定予以处罚。

第十一条 报关企业、报关人员和海关准予从事海关监管货物的运输、储存、加工、装配、寄售、展示等业务的企业，构成走私犯罪或者1年内有2次以上走私行为的，海关可以撤销其注册登记、取消其报关从业资格。

第三章 违反海关监管规定的行为及其处罚

第十二条 违反海关法及其他有关法律、行政法规和规章但不构成走私行为的，是违反海关监管规定的行为。

第十三条 违反国家进出口管理规定，进出口国家禁止进出口的货物的，责令退运，处100万元以下罚款。

第十四条 违反国家进出口管理规定，进出口国家限制进出口的货物，进出口货物的收发货人向海关申报时不能提交许可证件的，进出口货物不予放行，处货物价值30%以下罚款。

违反国家进出口管理规定，进出口属于自动进出口许可管理的货物，进出口货物的收发货人向海关申报时不能提交自动许可证明的，进出口货物不予放行。

第十五条 进出口货物的品名、税则号列、数量、规格、价格、贸易方式、原产地、启运地、运抵地、最终目的地或者其他应当申报的项目未申报或者申报不实的，分别依照下列规定予以处罚，有违法所得的，没收违法所得：

（一）影响海关统计准确性的，予以警告或者处1000元以上1万元以下罚款；

（二）影响海关监管秩序的，予以警告或者处1000元以上3万元以下罚款；

（三）影响国家许可证件管理的，处货物价值5%以上30%以下罚款；

（四）影响国家税款征收的，处漏缴税款30%以上2倍以下罚款；

（五）影响国家外汇、出口退税管理的，处申报价格10%以上50%以下罚款。

第十六条 进出口货物收发货人未按照规定向报关企业提供所委托报关事项的真实情况，致使发生本实施条例第十五条规定情形的，对委托人依照本实施条例第十五条的规定予以处罚。

第十七条 报关企业、报关人员对委托人所提供情况的真实性未进行合理审查，或者因工作疏忽致使发生本实施条例第十五条规定情形的，可以对报关企业处货物价值10%以下罚款，暂停其6个月以内从事报关业务或者执业；情节严重的，撤销其报关注册登记、取消其报关从业资格。

第十八条 有下列行为之一的，处货物价值5%以上30%以下罚款，有违法所得的，没收违法所得：

（一）未经海关许可，擅自将海关监管货物开拆、提取、交付、发运、调换、改装、抵押、质押、留置、转让、更换标记、移作他用或者进行其他处置的；

（二）未经海关许可，在海关监管区以外存放海关监管货物的；

（三）经营海关监管货物的运输、储存、加工、装配、寄售、展示等业务，有关货物灭失、数量短少或者记录不真实，不能提供正当理由的；

（四）经营保税货物的运输、储存、加工、装配、寄售、展示等业务，不依照规定办理收存、交付、结转、核销等手续，或者中止、延长、变更、转让有关合同不依照规定向海关办理手续的；

（五）未如实向海关申报加工贸易制成品单位耗料量的；

（六）未按照规定期限将过境、转运、通运货物运输出境，擅自留在境内的；

（七）未按照规定期限将暂时进出口货物复运出境或者复运进境，擅自留在境内或者境外的；

（八）有违反海关监管规定的其他行为，致使海关不能或者中断对进出口货物实施监管的。

前款规定所涉货物属于国家限制进出口需要提交许可证件，当事人在规定期限内不能提交许可证件的，另处货物价值30%以下罚款；漏缴税款的，可以另处漏缴税款1倍以下罚款。

第十九条 有下列行为之一的，予以警告，可以处物品价值20%以下罚款，有违法所得的，没收违法所得：

（一）未经海关许可，擅自将海关尚未放行的进出境物品开拆、交付、投递、转移或者进行其他处置的；

（二）个人运输、携带、邮寄超过合理数量的自用物品进出境未向海关申报的；

（三）个人运输、携带、邮寄超过规定数量但仍属自用的国家限制进出境物品进出境，未向海关申报但没有以藏匿、伪装等方式逃避海关监管的；

（四）个人运输、携带、邮寄物品进出境，申报不实的；

（五）经海关登记准予暂时免税进境或者暂时免税出境的物品，未按照规定复带出境或者复带进境的；

（六）未经海关批准，过境人员将其所带物品留在境内的。

第二十条 运输、携带、邮寄国家禁止进出境的物品进出境，未向海关申报但没有以藏匿、伪装等方式逃避海关监管的，予以没收，或者责令退回，或者在海关监管下予以销毁或者进行技术处理。

第二十一条 有下列行为之一的，予以警告，可以处10万元以下罚款，有违法所得的，没收违法所得：

（一）运输工具不经设立海关的地点进出境的；

（二）在海关监管区停留的进出境运输工具，未经海关同意擅自驶离的；

（三）进出境运输工具从一个设立海关的地点驶往另一个设立海关的地点，尚未办结海关手续又未经海关批准，中途改驶境外或者境内未设立海关的地点的；

（四）进出境运输工具到达或者驶离设立海关的地点，未按照规定向海关申报、交验有关单证或者交验的单证不真实的。

第二十二条 有下列行为之一的，予以警告，可以处5万元以下罚款，有违法所得的，没收违法所得：

（一）未经海关同意，进出境运输工具擅自装卸进出境货物、物品或者上下进出境旅客的；

（二）未经海关同意，进出境运输工具擅自兼营境内客货运输或者用于进出境运输以外的其他用途的；

（三）未按照规定办理海关手续，进出境运输工具擅自改营境内运输的；

（四）未按照规定期限向海关传输舱单等电子数据、传输的电子数据不准确或者未按照规定期限保存相关电子数据，影响海关监管的；

（五）进境运输工具在进境以后向海关申报以前，出境运输工具在办结海关手续以后出境以前，不按照交通主管部门或者海关指定的路线行进的；

（六）载运海关监管货物的船舶、汽车不按照海关指定的路线行进的；

（七）进出境船舶和航空器，由于不可抗力被迫在未设立海关的地点停泊、降落或者在境内抛掷、起卸货物、物品，无正当理由不向附近海关报告的；

（八）无特殊原因，未将进出境船舶、火车、航空器到达的时间、停留的地点或者更换的时间、地点事先通知海关的；

（九）不按照规定接受海关对进出境运输工具、货物、物品进行检查、查验的。

第二十三条 有下列行为之一的，予以警告，可以处3万元以下罚款：

（一）擅自开启或者损毁海关封志的；

（二）遗失海关制发的监管单证、手册等凭证，妨碍海关监管的；

（三）有违反海关监管规定的其他行为，致使海关不能或者中断对进出境运输工具、物品实施监管的。

第二十四条 伪造、变造、买卖海关单证的，处5万元以上50万元以下罚款，有违法所得的，没收违法所得；构成犯罪的，依法追究刑事责任。

第二十五条 进出口侵犯中华人民共和国法律、行政法规保护的知识产权的货物的，没收侵权货物，并处货物价值30%以下罚款；构成犯罪的，依法追究刑事责任。

需要向海关申报知识产权状况，进出口货物收发货人及其代理人未按照规定向海关如实申报有关知识产权状况，或者未提交合法使用有关知识产权的证明文件的，可以处5万元以下罚款。

第二十六条 报关企业、报关人员和海关准予从事海关监管货物的运输、储存、加工、装配、寄售、展示等业务的企业，有下列情形之一的，责令改正，给予警告，可以暂停其6个月以内从事有关业务或者执业：

（一）拖欠税款或者不履行纳税义务的；

（二）报关企业出让其名义供他人办理进出口货物报关纳税事宜的；

（三）损坏或者丢失海关监管货物，不能提供正当理由的；

（四）有需要暂停其从事有关业务或者执业的其他违法行为的。

第二十七条 报关企业、报关人员和海关准予从事海关监管货物的运输、储存、加工、装配、寄售、展示等业务的企业，有下列情形之一的，海关可以撤销其注册登记、取消其报关从业资格：

（一）1年内3人次以上被海关暂停执业的；

（二）被海关暂停从事有关业务或者执业，恢复从事有关业务或者执业后1年内再次发生本实施条例第二十六条规定情形的；

（三）有需要撤销其注册登记或者取消其报关从业资格的其他违法行为的。

第二十八条 报关企业、报关人员非法代理他人报关或者超出海关准予的从业范围进行报关活动的，责令改正，处5万元以下罚款，暂停其6个月以内从事报关业务或者执业；情节严重的，撤销其报关注册登记，取消其报关从业资格。

第二十九条 进出口货物收发货人、报关企业、报关人员向海关工作人员行贿的，撤销其报关注册登记，取消其报关从业资格，并处10万元以下罚款；构成犯罪的，依法追究刑事责任，并不得重新注册登记为报关企业和取得报关从业资格。

第三十条 未经海关注册登记和未取得报关从业资格从事报关业务的，予以取缔，没收违法所得，可以并处10万元以下罚款。

第三十一条 提供虚假资料骗取海关注册登记、报关从业资格的，撤销其注册登记、取消其报关从业资格，并处30万元以下罚款。

第三十二条 法人或者其他组织有违反海关法的行为，除处罚该法人或者组织外，对其主管人员和直接责任人员予以警告，可以处5万元以下罚款，有违法所得的，没收违法所得。

第四章　对违反海关法行为的调查

第三十三条 海关发现公民、法人或者其他组织有依法应当由海关给予行政处罚的行为的，应当立案调查。

第三十四条 海关立案后，应当全面、客观、公正、及时地进行调查、收集证据。

海关调查、收集证据，应当按照法律、行政法规及其他有关规定的要求办理。

海关调查、收集证据时，海关工作人员不得少于2人，并应当向被调查人出示证件。

调查、收集的证据涉及国家秘密、商业秘密或者个人隐私的，海关应当保守秘密。

第三十五条 海关依法检查走私嫌疑人的身体，应当在隐蔽的场所或者非检查人员的视线之外，由2名以上与被检查人同性别的海关工作人员执行。

走私嫌疑人应当接受检查，不得阻挠。

第三十六条 海关依法检查运输工具和场所，查验货物、物品，应当制作检查、查验记录。

第三十七条 海关依法扣留走私犯罪嫌疑人，应当制发扣留走私犯罪嫌疑人决定书。对走私犯罪嫌疑人，扣留时间不超过24小时，在特殊情况下可以延长至48小时。

海关应当在法定扣留期限内对被扣留人进行审查。排除犯罪嫌疑或者法定扣留期限届满的，应当立即解除扣留，并制发解除扣留决定书。

第三十八条 下列货物、物品、运输工具及有关账册、单据等资料，海关可以依法扣留：

(一)有走私嫌疑的货物、物品、运输工具；

(二)违反海关法或者其他有关法律、行政法规的货物、物品、运输工具；

(三)与违反海关法或者其他有关法律、行政法规的货物、物品、运输工具有牵连的账册、单据等资料；

(四)法律、行政法规规定可以扣留的其他货物、物品、运输工具及有关账册、单据等资料。

第三十九条 有违法嫌疑的货物、物品、运输工具无法或者不便扣留的，当事人或者运输工具负责人应当向海关提供等值的担保，未提供等值担保的，海关可以扣留当事人等值的其他财产。

第四十条 海关扣留货物、物品、运输工具以及账册、单据等资料的期限不得超过1年。因案件调查需要，经直属海关关长或者其授权的隶属海关关长批准，可以延长，延长期限不得超过1年。但复议、诉讼期间不计算在内。

第四十一条 有下列情形之一的，海关应当及时解除扣留：

(一)排除违法嫌疑的；

(二)扣留期限、延长期限届满的；

(三)已经履行海关行政处罚决定的；

(四)法律、行政法规规定应当解除扣留的其他情形。

第四十二条 海关依法扣留货物、物品、运输工具、其他财产以及账册、单据等资料，应当制发海关扣留凭单，由海关工作人员、当事人或者其代理人、保管人、见证人签字或者盖章，并可以加施海关封志。加施海关封志的，当事人或者其代理人、保管人应当妥善保管。

海关解除对货物、物品、运输工具、其他财产以及账册、单据等资料的扣留，或者发还等值的担保,应当制发海关解除扣留通知书、海关解除担保通知书,并由海关工作人员、当事人或者其代理人、保管人、见证人签字或者盖章。

第四十三条 海关查问违法嫌疑人或者询问证人,应当个别进行,并告知其权利和作伪证应当承担的法律责任。违法嫌疑人、证人必须如实陈述、提供证据。

海关查问违法嫌疑人或者询问证人应当制作笔录,并当场交其辨认,没有异议的,立即签字确认;有异议的,予以更正后签字确认。

严禁刑讯逼供或者以威胁、引诱、欺骗等非法手段收集证据。

海关查问违法嫌疑人,可以到违法嫌疑人的所在单位或者住处进行,也可以要求其到海关或者海关指定的地点进行。

第四十四条 海关收集的物证、书证应当是原物、原件。收集原物、原件确有困难的,可以拍摄、复制,并可以指定或者委托有关单位或者个人对原物、原件予以妥善保管。

海关收集物证、书证,应当开列清单,注明收集的日期,由有关单位或者个人确认后签字或者盖章。

海关收集电子数据或者录音、录像等视听资料,应当收集原始载体。收集原始载体确有困难的,可以收集复制件,注明制作方法、制作时间、制作人等,并由有关单位或者个人确认后签字或者盖章。

第四十五条 根据案件调查需要,海关可以对有关货物、物品进行取样化验、鉴定。

海关提取样品时,当事人或者其代理人应当到场;当事人或者其代理人未到场的,海关应当邀请见证人到场。提取的样品,海关应当予以加封,并由海关工作人员及当事人或者其代理人、见证人确认后签字或者盖章。

化验、鉴定应当交由海关化验鉴定机构或者委托国家认可的其他机构进行。

化验人、鉴定人进行化验、鉴定后,应当出具化验报告、鉴定结论,并签字或者盖章。

第四十六条 根据海关法有关规定,海关可以查询案件涉嫌单位和涉嫌人员在金融机构、邮政企业的存款、汇款。

海关查询案件涉嫌单位和涉嫌人员在金融机构、邮政企业的存款、汇款,应当出示海关协助查询通知书。

第四十七条 海关依法扣留的货物、物品、运输工具,在人民法院判决或者海关行政处罚决定作出之前,不得处理。但是,危险品或者鲜活、易腐、易烂、易失效、易变质等不宜长期保存的货物、物品以及所有人申请先行变卖的货物、物品、运输工具,经直属海关关长或者其授权的隶属海关关长批准,可以先行依法变卖,变卖所得价款由海关保存,并通知其所有人。

第四十八条 当事人有权根据海关法的规定要求海关工作人员回避。

第五章 海关行政处罚的决定和执行

第四十九条 海关作出暂停从事有关业务、暂停报关执业、撤销海关注册登记、取消报关从业资格、对公民处 1 万元以上罚款、对法人或者其他组织处 10 万元以上罚款、没收有关货物、物品、走私运输工具等行政处罚决定之前,应当告知当事人有要求举行听证的权利;当事人要求听证的,海关应当组织听证。

海关行政处罚听证办法由海关总署制定。

第五十条 案件调查终结，海关关长应当对调查结果进行审查，根据不同情况，依法作出决定。

对情节复杂或者重大违法行为给予较重的行政处罚，应当由海关案件审理委员会集体讨论决定。

第五十一条 同一当事人实施了走私和违反海关监管规定的行为且二者之间有因果关系的，依照本实施条例对走私行为的规定从重处罚，对其违反海关监管规定的行为不再另行处罚。

同一当事人就同一批货物、物品分别实施了2个以上违反海关监管规定的行为且二者之间有因果关系的，依照本实施条例分别规定的处罚幅度，择其重者处罚。

第五十二条 对2个以上当事人共同实施的违法行为，应当区别情节及责任，分别给予处罚。

第五十三条 有下列情形之一的，应当从重处罚：

（一）因走私被判处刑罚或者被海关行政处罚后在2年内又实施走私行为的；

（二）因违反海关监管规定被海关行政处罚后在1年内又实施同一违反海关监管规定的行为的；

（三）有其他依法应当从重处罚的情形的。

第五十四条 海关对当事人违反海关法的行为依法给予行政处罚的，应当制作行政处罚决定书。

对同一当事人实施的2个以上违反海关法的行为，可以制发1份行政处罚决定书。

对2个以上当事人分别实施的违反海关法的行为，应当分别制发行政处罚决定书。

对2个以上当事人共同实施的违反海关法的行为，应当制发1份行政处罚决定书，区别情况对各当事人分别予以处罚，但须另案处理的除外。

第五十五条 行政处罚决定书应当依照有关法律规定送达当事人。

依法予以公告送达的，海关应当将行政处罚决定书的正本张贴在海关公告栏内，并在报纸上刊登公告。

第五十六条 海关作出没收货物、物品、走私运输工具的行政处罚决定，有关货物、物品、走私运输工具无法或者不便没收的，海关应当追缴上述货物、物品、走私运输工具的等值价款。

第五十七条 法人或者其他组织实施违反海关法的行为后，有合并、分立或者其他资产重组情形的，海关应当以原法人、组织作为当事人。

对原法人、组织处以罚款、没收违法所得或者依法追缴货物、物品、走私运输工具的等值价款的，应当以承受其权利义务的法人、组织作为被执行人。

第五十八条 罚款、违法所得和依法追缴的货物、物品、走私运输工具的等值价款，应当在海关行政处罚决定规定的期限内缴清。

当事人按期履行行政处罚决定、办结海关手续的，海关应当及时解除其担保。

第五十九条 受海关处罚的当事人或者其法定代表人、主要负责人应当在出境前缴清罚款、违法所得和依法追缴的货物、物品、走私运输工具的等值价款。在出境前未缴清上述款项的，应当向海关提供相当于上述款项的担保。未提供担保，当事人是自然人的，海关可以通知出境管理机关阻止其出境；当事人是法人或者其他组织的，海关可以通知出境管理机关阻止其法定代表人或者主要负责人出境。

第六十条 当事人逾期不履行行政处罚决定的，海关可以采取下列措施：

（一）到期不缴纳罚款的，每日按罚款数额的3%加处罚款；

（二）根据海关法规定，将扣留的货物、物品、运输工具变价抵缴，或者以当事人提供的担保抵缴；

（三）申请人民法院强制执行。

第六十一条 当事人确有经济困难，申请延期或者分期缴纳罚款的，经海关批准，可以暂缓或者分期缴纳罚款。

当事人申请延期或者分期缴纳罚款的，应当以书面形式提出，海关收到申请后，应当在10个工作日内作出决定，并通知申请人。海关同意当事人暂缓或者分期缴纳的，应当及时通知收缴罚款的机构。

第六十二条 有下列情形之一的，有关货物、物品、违法所得、运输工具、特制设备由海关予以收缴：

（一）依照《中华人民共和国行政处罚法》第二十五条、第二十六条规定不予行政处罚的当事人携带、邮寄国家禁止进出境的货物、物品进出境的；

（二）散发性邮寄国家禁止、限制进出境的物品进出境或者携带数量零星的国家禁止进出境的物品进出境，依法可以不予行政处罚的；

（三）依法应当没收的货物、物品、违法所得、走私运输工具、特制设备，在海关作出行政处罚决定前，作为当事人的自然人死亡或者作为当事人的法人、其他组织终止，且无权利义务承受人的；

（四）走私违法事实基本清楚，但当事人无法查清，自海关公告之日起满3个月的；

（五）有违反法律、行政法规，应当予以收缴的其他情形的。

海关收缴前款规定的货物、物品、违法所得、运输工具、特制设备，应当制发清单，由被收缴人或者其代理人、见证人签字或者盖章。被收缴人无法查清且无见证人的，应当予以公告。

第六十三条 人民法院判决没收的走私货物、物品、违法所得、走私运输工具、特制设备，或者海关决定没收、收缴的货物、物品、违法所得、走私运输工具、特制设备，由海关依法统一处理，所得价款和海关收缴的罚款，全部上缴中央国库。

第六章 附 则

第六十四条 本实施条例下列用语的含义是：

“设立海关的地点”，指海关在港口、车站、机场、国界孔道、国际邮件互换局（交换站）等海关监管区设立的卡口，海关在保税区、出口加工区等海关特殊监管区域设立的卡口，以及海关在海上设立的中途监管站。

“许可证件”，指依照国家有关规定，当事人应当事先申领，并由国家有关主管部门颁发的准予进口或者出口的证明、文件。

“合法证明”，指船舶及所载人员依照国家有关规定或者依照国际运输惯例所必须持有的证明其运输、携带、收购、贩卖所载货物、物品真实、合法、有效的商业单证、运输单证及其他有关证明、文件。

“物品”，指个人以运输、携带等方式进出境的行李物品、邮寄进出境的物品，包括货币、金银等。超出自用、合理数量的，视为货物。

“自用”，指旅客或者收件人本人自用、馈赠亲友而非为出售或者出租。

“合理数量”，指海关根据旅客或者收件人的情况、旅行目的和居留时间所确定的正常数量。

“货物价值”，指进出口货物的完税价格、关税、进口环节海关代征税之和。

“物品价值”，指进出境物品的完税价格、进口税之和。

“应纳税款”，指进出口货物、物品应当缴纳的进出口关税、进口环节海关代征税之和。

“专门用于走私的运输工具”，指专为走私而制造、改造、购买的运输工具。

“以上”、“以下”、“以内”、“届满”，均包括本数在内。

第六十五条 海关对外国人、无国籍人、外国企业或者其他组织给予行政处罚的，适用本实施条例。

第六十六条 国家禁止或者限制进出口的货物目录，由国务院对外贸易主管部门依照《中华人民共和国对外贸易法》的规定办理；国家禁止或者限制进出境的物品目录，由海关总署公布。

第六十七条 依照海关规章给予行政处罚的，应当遵守本实施条例规定的程序。

第六十八条 本实施条例自2004年11月1日起施行。1993年2月17日国务院批准修订、1993年4月1日海关总署发布的《中华人民共和国海关法行政处罚实施细则》同时废止。

中华人民共和国海关进出口货物报关单填制规范

（中华人民共和国海关总署公告2008年第52号）

为规范进出口货物收发货人的申报行为，统一进出口货物报关单填制要求，保证报关单数据质量，根据《中华人民共和国海关法》及有关法规，制定本规范。

《中华人民共和国海关进（出）口货物报关单》在本规范中采用"报关单"、"进口报关单"、"出口报关单"的提法。

报关单各栏目的填制规范如下：

一、预录入编号

本栏目填报预录入报关单的编号，预录入编号规则由接受申报的海关决定。

二、海关编号

本栏目填报海关接受申报时给予报关单的编号，一份报关单对应一个海关编号。

报关单海关编号为18位，其中第1－4位为接受申报海关的编号（海关规定的《关区代码表》中相应海关代码），第5－8位为海关接受申报的公历年份，第9位为进出口标志（"1"为进口，"0"为出口；集中申报清单"I"为进口，"E"为出口），后9位为顺序编号。在海关H883/EDI通关系统向H2000通关系统过渡期间，后9位的编号规则同H883/EDI通关系统的要求，即1－2位为接受申报海关的编号（海关规定的《关区代码表》中相应海关代码的后2位），第3位为海关接受申报公历年份4位数字的最后1位，后6位为顺序编号。

三、进口口岸/出口口岸

本栏目应根据货物实际进出境的口岸海关，填报海关规定的《关区代码表》中相应口岸海关的名称及代码。特殊情况填报要求如下：

进口转关运输货物应填报货物进境地海关名称及代码，出口转关运输货物应填报货物出境地海关名称及代码。按转关运输方式监管的跨关区深加工结转货物，出口报关单填报转出地海关名称及代码，进口报关单填报转入地海关名称及代码。

在不同海关特殊监管区域或保税监管场所之间调拨、转让的货物，填报对方特殊监管区域或保税监管场所所在的海关名称及代码。

其他无实际进出境的货物，填报接受申报的海关名称及代码。

四、备案号

本栏目填报进出口货物收发货人在海关办理加工贸易合同备案或征、减、免税备案审批等手续时，海关核发的《中华人民共和国海关加工贸易手册》、电子账册及其分册（以下统称《加工贸易手册》)、《进出口货物征免税证明》(以下简称《征免税证明》)或其他备案审批文件的编号。

一份报关单只允许填报一个备案号。具体填报要求如下：

(一)加工贸易项下货物,除少量低值辅料按规定不使用《加工贸易手册》及以后续补税监管方式办理内销征税的外,填报《加工贸易手册》编号。

使用异地直接报关分册和异地深加工结转出口分册在异地口岸报关的,本栏目应填报分册号;本地直接报关分册和本地深加工结转分册限制在本地报关,本栏目应填报总册号。

加工贸易成品凭《征免税证明》转为减免税进口货物的,进口报关单填报《征免税证明》编号,出口报关单填报《加工贸易手册》编号。

对加工贸易设备之间的结转,转入和转出企业分别填制进、出口报关单,在报关单"备案号"栏目填报《加工贸易手册》编号。

(二)涉及征、减、免税备案审批的报关单,填报《征免税证明》编号。

(三)涉及优惠贸易协定项下实行原产地证书联网管理(香港 CEPA、澳门 CEPA,下同)的报关单,填报原产地证书代码"Y"和原产地证书编号。

(四)减免税货物退运出口,填报《减免税进口货物同意退运证明》的编号;减免税货物补税进口,填报《减免税货物补税通知书》的编号;减免税货物结转进口(转入),填报《征免税证明》的编号;相应的结转出口(转出),填报《减免税进口货物结转联系函》的编号。

(五)涉及构成整车特征的汽车零部件的报关单,填报备案的 Q 账册编号。

五、合同协议号

本栏目填报进出口货物合同(包括协议或订单)编号。

六、进口日期/出口日期

进口日期填报运载进口货物的运输工具申报进境的日期。

出口日期指运载出口货物的运输工具办结出境手续的日期,本栏目供海关签发打印报关单证明联用,在申报时免予填报。

无实际进出境的报关单填报海关接受申报的日期。

本栏目为 8 位数字,顺序为年(4 位)、月(2 位)、日(2 位)。

七、申报日期

申报日期指海关接受进出口货物收发货人、受委托的报关企业申报数据的日期。以电子数据报关单方式申报的,申报日期为海关计算机系统接受申报数据时记录的日期。以纸质报关单方式申报的,申报日期为海关接受纸质报关单并对报关单进行登记处理的日期。

申报日期为 8 位数字,顺序为年(4 位)、月(2 位)、日(2 位)。本栏目在申报时免予填报。

八、经营单位

本栏目填报在海关注册登记的对外签订并执行进出口贸易合同的中国境内法人、其他组织或个人的名称及海关注册编码。

特殊情况下填制要求如下：

（一）进出口货物合同的签订者和执行者非同一企业的，填报执行合同的企业。

（二）外商投资企业委托进出口企业进口投资设备、物品的，填报外商投资企业，并在标记唛码及备注栏注明“委托某进出口企业进口”。

（三）有代理报关资格的报关企业代理其他进出口企业办理进出口报关手续时，填报委托的进出口企业的名称及海关注册编码。

九、收货单位/发货单位

（一）收货单位填报已知的进口货物在境内的最终消费、使用单位的名称，包括：

1. 自行从境外进口货物的单位。

2. 委托进出口企业进口货物的单位。

（二）发货单位填报出口货物在境内的生产或销售单位的名称，包括：

1. 自行出口货物的单位。

2. 委托进出口企业出口货物的单位。

（三）有海关注册编码或加工企业编码的收、发货单位，本栏目应填报其中文名称及编码；没有编码的应填报其中文名称。使用《加工贸易手册》管理的货物，报关单的收、发货单位应与《加工贸易手册》的“经营企业”或“加工企业”一致；减免税货物报关单的收、发货单位应与《征免税证明》的“申请单位”一致。

十、申报单位

自理报关的，本栏目填报进出口企业的名称及海关注册编码；委托代理报关的，本栏目填报经海关批准的报关企业名称及海关注册编码。

本栏目还包括报关单左下方用于填报申报单位有关情况的相关栏目，包括报关员、报关单位地址、邮政编码和电话号码等栏目。

十一、运输方式

运输方式包括实际运输方式和海关规定的特殊运输方式，前者指货物实际进出境的运输方式，按进出境所使用的运输工具分类；后者指货物无实际进出境的运输方式，按货物在境内的流向分类。

本栏目应根据货物实际进出境的运输方式或货物在境内流向的类别，按照海关规定的《运输方式代码表》选择填报相应的运输方式。

（一）特殊情况填报要求如下：

1. 非邮件方式进出境的快递货物，按实际运输方式填报；

2. 进出境旅客随身携带的货物，按旅客所乘运输工具填报；

3. 进口转关运输货物，按载运货物抵达进境地的运输工具填报；出口转关运输货物，按载运货物驶离出境地的运输工具填报；

4. 不复运出（入）境而留在境内（外）销售的进出境展览品、留赠转卖物品等，填报“其他运输”（代码9）；

（二）无实际进出境货物在境内流转时填报要求如下：

1. 境内非保税区运入保税区货物和保税区退区货物，填报“非保税区”（代码0）；

2. 保税区运往境内非保税区货物，填报“保税区”（代码7）；

3. 境内存入出口监管仓库和出口监管仓库退仓货物，填报“监管仓库”（代码1）；

4. 保税仓库转内销货物,填报“保税仓库”(代码8);

5. 从境内保税物流中心外运入中心或从中心运往境内中心外的货物,填报“物流中心”(代码W);

6. 从境内保税物流园区外运入园区或从园区运往境内园区外的货物,填报“物流园区”(代码X);

7. 从境内保税港区外运入港区(不含直通)或从港区运往境内港区外(不含直通)的货物,填报“保税港区”(代码Y),综合保税区比照保税港区填报;

8. 从境内出口加工区、珠澳跨境工业区珠海园区(以下简称珠海园区)外运入加工区、珠海园区或从加工区、珠海园区运往境内区外的货物,区外企业填报“出口加工区”(代码Z),区内企业填报“其他运输”(代码9);

9. 境内运入深港西部通道港方口岸区的货物,填报“边境特殊海关作业区”(代码H);

10. 其他境内流转货物,填报“其他运输”(代码9),包括特殊监管区域内货物之间的流转、调拨货物,特殊监管区域、保税监管场所之间相互流转货物,特殊监管区域外的加工贸易余料结转、深加工结转、内销等货物。

十二、运输工具名称

本栏目填报载运货物进出境的运输工具名称或编号。填报内容应与运输部门向海关申报的舱单(载货清单)所列相应内容一致。具体填报要求如下:

(一)直接在进出境地或采用“属地申报,口岸验放”通关模式办理报关手续的报关单填报要求如下:

1. 水路运输:填报船舶编号(来往港澳小型船舶为监管簿编号)或者船舶英文名称。

2. 公路运输:填报该跨境运输车辆的国内行驶车牌号,深圳提前报关模式的报关单填报国内行驶车牌号+“/”+“提前报关”。

3. 铁路运输:填报车厢编号或交接单号。

4. 航空运输:填报航班号。

5. 邮件运输:填报邮政包裹单号。

6. 其他运输:填报具体运输方式名称,例如:管道、驮畜等。

(二)转关运输货物的报关单填报要求如下:

1. 进口

(1) 水路运输:直转、提前报关填报“@”+16位转关申报单预录入号(或13位载货清单号);中转填报进境英文船名。

(2) 铁路运输:直转、提前报关填报“@”+16位转关申报单预录入号;中转填报车厢编号。

(3) 航空运输:直转、提前报关填报“@”+16位转关申报单预录入号(或13位载货清单号);中转填报“@”。

(4) 公路及其他运输:填报“@”+16位转关申报单预录入号(或13位载货清单号)。

(5) 以上各种运输方式使用广东地区载货清单转关的提前报关货物填报“@”+13位载货清单号。

2. 出口

(1) 水路运输:非中转填报“@” +16 位转关申报单预录入号(或 13 位载货清单号)。如多张报关单需要通过一张转关单转关的,运输工具名称字段填报“@”。

中转货物,境内水路运输填报驳船船名;境内铁路运输填报车名(主管海关 4 位关别代码 +“TRAIN”);境内公路运输填报车名(主管海关 4 位关别代码 +“TRUCK”)。

(2) 铁路运输:填报“@” +16 位转关申报单预录入号(或 13 位载货清单号),如多张报关单需要通过一张转关单转关的,填报“@”。

(3) 航空运输:填报“@” +16 位转关申报单预录入号(或 13 位载货清单号),如多张报关单需要通过一张转关单转关的,填报“@”。

(4) 其他运输方式:填报“@” +16 位转关申报单预录入号(或 13 位载货清单号)。

(三)采用“集中申报”通关方式办理报关手续的,报关单本栏目填报“集中申报”。

(四)无实际进出境的报关单,本栏目免予填报。

十三、航次号

本栏目填报载运货物进出境的运输工具的航次编号。

具体填报要求如下:

(一)直接在进出境地或采用“属地申报,口岸验放”通关模式办理报关手续的报关单

1. 水路运输:填报船舶的航次号。

2. 公路运输:填报运输车辆的 8 位进出境日期〔顺序为年(4 位)、月(2 位)、日(2 位),下同〕。

3. 铁路运输:填报列车的进出境日期。

4. 航空运输:免予填报。

5. 邮件运输:填报运输工具的进出境日期。

6. 其他运输方式:免予填报。

(二)转关运输货物的报关单

1. 进口

(1) 水路运输:中转转关方式填报“@” + 进境干线船舶航次。直转、提前报关免予填报。

(2) 公路运输:免予填报。

(3) 铁路运输:“@” +8 位进境日期。

(4) 航空运输:免予填报。

(5) 其他运输方式:免予填报。

2. 出口

(1) 水路运输:非中转货物免予填报。中转货物:境内水路运输填报驳船航次号;境内铁路、公路运输填报 6 位启运日期〔顺序为年(2 位)、月(2 位)、日(2 位)〕。

(2) 铁路拼车拼箱捆绑出口:免予填报。

(3) 航空运输:免予填报。

(4) 其他运输方式:免予填报。

(三)无实际进出境的报关单,本栏目免予填报。

十四、提运单号

本栏目填报进出口货物提单或运单的编号。

一份报关单只允许填报一个提单或运单号，一票货物对应多个提单或运单时，应分单填报。

具体填报要求如下：

（一）直接在进出境地或采用“属地申报，口岸验放”通关模式办理报关手续的

1. 水路运输：填报进出口提单号。如有分提单的，填报进出口提单号+“*”+分提单号。

2. 公路运输：免予填报。

3. 铁路运输：填报运单号。

4. 航空运输：填报总运单号+“_”+分运单号，无分运单的填报总运单号。

5. 邮件运输：填报邮运包裹单号。

（二）转关运输货物的报关单

1. 进口

（1）水路运输：直转、中转填报提单号。提前报关免予填报。

（2）铁路运输：直转、中转填报铁路运单号。提前报关免予填报。

（3）航空运输：直转、中转货物填报总运单号+“_”+分运单号。提前报关免予填报。

（4）其他运输方式：免予填报。

（5）以上运输方式进境货物，在广东省内用公路运输转关的，填报车牌号。

2. 出口

（1）水路运输：中转货物填报提单号；非中转货物免予填报；广东省内汽车运输提前报关的转关货物，填报承运车辆的车牌号。

（2）其他运输方式：免予填报。广东省内汽车运输提前报关的转关货物，填报承运车辆的车牌号。

（三）采用“集中申报”通关方式办理报关手续的，报关单填报归并的集中申报清单的进出口起止日期〔按年（4位）月（2位）日（2位）年（4位）月（2位）日（2位）〕。

（四）无实际进出境的，本栏目免予填报。

十五、贸易方式（监管方式）

本栏目应根据实际对外贸易情况按海关规定的《监管方式代码表》选择填报相应的监管方式简称及代码。一份报关单只允许填报一种监管方式。

特殊情况下加工贸易货物监管方式填报要求如下：

（一）进口少量低值辅料（即5000美元以下，78种以内的低值辅料）按规定不使用《加工贸易手册》的，填报“低值辅料”。使用《加工贸易手册》的，按《加工贸易手册》上的监管方式填报。

（二）外商投资企业为加工内销产品而进口的料件，属非保税加工的，填报“一般贸易”。

外商投资企业全部使用国内料件加工的出口成品，填报“一般贸易”。

（三）加工贸易料件结转或深加工结转货物，按批准的监管方式填报。

（四）加工贸易料件转内销货物以及按料件办理进口手续的转内销制成品、残次品、半成品，应填制进口报关单，填报“来料料件内销”或“进料料件内销”；加工贸易成品凭《征免税证明》转为减免税进口货物的，应分别填制进、出口报关单，出口报关单本栏目填报“来料成品减免”或“进料成品减免”，进口报关单本栏目按照实际监管方式填报。

（五）加工贸易出口成品因故退运进口及复运出口的，填报“来料成品退换”或“进料成品退换”；加工贸易进口料件因换料退运出口及复运进口的，填报“来料料件退换”或“进料料件退换”；加工贸易过程中产生的剩余料件、边角料退运出口，以及进口料件因品质、规格等原因退运出口且不再更换同类货物进口的，分别填报“来料料件复出”、“来料边角料复出”、“进料料件复出”、“进料边角料复出”。

（六）备料《加工贸易手册》中的料件结转转入加工出口《加工贸易手册》的，填报“来料加工”或“进料加工”。

（七）保税工厂加工贸易进出口货物，根据《加工贸易手册》填报“来料加工”或“进料加工”。

（八）加工贸易边角料内销和副产品内销，应填制进口报关单，填报“来料边角料内销”或“进料边角料内销”。

（九）加工贸易进口料件不再用于加工成品出口，或生产的半成品（折料）、成品因故不再出口，主动放弃交由海关处理时，应填制进口报关单，填报“料件放弃”或“成品放弃”。

十六、征免性质

本栏目应根据实际情况按海关规定的《征免性质代码表》选择填报相应的征免性质简称及代码，持有海关核发的《征免税证明》的，应按照《征免税证明》中批注的征免性质填报。一份报关单只允许填报一种征免性质。

加工贸易货物报关单应按照海关核发的《加工贸易手册》中批注的征免性质简称及代码填报。特殊情况填报要求如下：

（一）保税工厂经营的加工贸易，根据《加工贸易手册》填报“进料加工”或“来料加工”。

（二）外商投资企业为加工内销产品而进口的料件，属非保税加工的，填报“一般征税”或其他相应征免性质。

（三）加工贸易转内销货物，按实际情况填报（如一般征税、科教用品、其他法定等）。

（四）料件退运出口、成品退运进口货物填报“其他法定”（代码0299）。

（五）加工贸易结转货物，本栏目免予填报。

十七、征税比例/结汇方式

进口报关单本栏目免予填报。

出口报关单填报结汇方式，按海关规定的《结汇方式代码表》选择填报相应的结汇方式名称或代码。

十八、许可证号

本栏目填报以下许可证的编号：进（出）口许可证、两用物项和技术进（出）口许可证、两用物项和技术出口许可证（定向）、纺织品临时出口许可证、出口许可证（加工贸易）、出口许可证（边境小额贸易）。

一份报关单只允许填报一个许可证号。

十九、启运国(地区)/运抵国(地区)

启运国(地区)填报进口货物启始发出直接运抵我国或者在运输中转国(地)未发生任何商业性交易的情况下运抵我国的国家(地区)。

运抵国(地区)填报出口货物离开我国关境直接运抵或者在运输中转国(地区)未发生任何商业性交易的情况下最后运抵的国家(地区)。

不经过第三国(地区)转运的直接运输进出口货物,以进口货物的装货港所在国(地区)为启运国(地区),以出口货物的指运港所在国(地区)为运抵国(地区)。

经过第三国(地区)转运的进出口货物,如在中转国(地区)发生商业性交易,则以中转国(地区)作为启运/运抵国(地区)。

本栏目应按海关规定的《国别(地区)代码表》选择填报相应的启运国(地区)或运抵国(地区)中文名称及代码。

无实际进出境的,填报"中国"(代码142)。

二十、装货港/指运港

装货港填报进口货物在运抵我国关境前的最后一个境外装运港。

指运港填报出口货物运往境外的最终目的港;最终目的港不可预知的,按尽可能预知的目的港填报。

本栏目应根据实际情况按海关规定的《港口航线代码表》选择填报相应的港口中文名称及代码。装货港/指运港在《港口航线代码表》中无港口中文名称及代码的,可选择填报相应的国家中文名称或代码。

无实际进出境的,本栏目填报"中国境内"(代码142)。

二十一、境内目的地/境内货源地

境内目的地填报已知的进口货物在国内的消费、使用地或最终运抵地,其中最终运抵地为最终使用单位所在的地区。最终使用单位难以确定的,填报货物进口时预知的最终收货单位所在地。

境内货源地填报出口货物在国内的产地或原始发货地。出口货物产地难以确定的,填报最早发运该出口货物的单位所在地。

本栏目按海关规定的《国内地区代码表》选择填报相应的国内地区名称及代码。

二十二、批准文号

进口报关单中本栏目免予填报。

出口报关单中本栏目填报出口收汇核销单编号。

二十三、成交方式

本栏目应根据进出口货物实际成交价格条款,按海关规定的《成交方式代码表》选择填报相应的成交方式代码。

无实际进出境的报关单,进口填报CIF,出口填报FOB。

二十四、运费

本栏目填报进口货物运抵我国境内输入地点起卸前的运输费用,出口货物运至我国境内输出地点装载后的运输费用。进口货物成交价格包含前述运输费用或者出口货物成交价格不包含前述运输费用的,本栏目免于填报。

运费可按运费单价、总价或运费率三种方式之一填报,注明运费标记(运费标记"1"表示运费率,"2"表示每吨货物的运费单价,"3"表示运费总价),并按海关规定的《货币代码表》选择填报相应的币种代码。

运保费合并计算的,填报在本栏目。

二十五、保费

本栏目填报进口货物运抵我国境内输入地点起卸前的保险费用,出口货物运至我国境内输出地点装载后的保险费用。进口货物成交价格包含前述保险费用或者出口货物成交价格不包含前述保险费用的,本栏目免于填报。

保费可按保险费总价或保险费率两种方式之一填报,注明保险费标记(保险费标记"1"表示保险费率,"3"表示保险费总价),并按海关规定的《货币代码表》选择填报相应的币种代码。

运保费合并计算的,本栏目免予填报。

二十六、杂费

本栏目填报成交价格以外的、按照《中华人民共和国进出口关税条例》相关规定应计入完税价格或应从完税价格中扣除的费用。可按杂费总价或杂费率两种方式之一填报,注明杂费标记(杂费标记"1"表示杂费率,"3"表示杂费总价),并按海关规定的《货币代码表》选择填报相应的币种代码。

应计入完税价格的杂费填报为正值或正率,应从完税价格中扣除的杂费填报为负值或负率。

二十七、件数

本栏目填报有外包装的进出口货物的实际件数。特殊情况填报要求如下:

(一)舱单件数为集装箱的,填报集装箱个数。

(二)舱单件数为托盘的,填报托盘数。

本栏目不得填报为零,裸装货物填报为"1"。

二十八、包装种类

本栏目应根据进出口货物的实际外包装种类,按海关规定的《包装种类代码表》选择填报相应的包装种类代码。

二十九、毛重(千克)

本栏目填报进出口货物及其包装材料的重量之和,计量单位为千克,不足一千克的填报为"1"。

三十、净重(千克)

本栏目填报进出口货物的毛重减去外包装材料后的重量,即货物本身的实际重量,计量单位为千克,不足一千克的填报为"1"。

三十一、集装箱号

本栏目填报装载进出口货物(包括拼箱货物)集装箱的箱体信息。一个集装箱填一条记录,分别填报集装箱号(在集装箱箱体上标示的全球唯一编号)、集装箱的规格和集装箱的自重。非集装箱货物填报为"0"。

三十二、随附单证

本栏目根据海关规定的《监管证件代码表》选择填报除本规范第十八条规定的许可证件以外的其他进出口许可证件或监管证件代码及编号。

本栏目分为随附单证代码和随附单证编号两栏，其中代码栏应按海关规定的《监管证件代码表》选择填报相应证件代码；编号栏应填报证件编号。

（一）加工贸易内销征税报关单，随附单证代码栏填写“c”，随附单证编号栏填写海关审核通过的内销征税联系单号。

（二）含预归类商品报关单，随附单证代码项下填写“r”，随附单证编号项下填写 XX 关预归类书 XX 号。

（三）优惠贸易协定项下进出口货物

“Y”为原产地证书代码。优惠贸易协定代码选择“01”、“02”、“03”、“04”、“05”、“06”、“07”、“08”、“09”填报：

“01”为“亚太贸易协定”项下的进口货物；

“02”为“中国－东盟自贸区”项下的进口货物；

“03”为“内地与香港紧密经贸关系安排”（香港 CEPA）项下的进口货物；

“04”为“内地与澳门紧密经贸关系安排”（澳门 CEPA）项下的进口货物；

“05”为“对非洲特惠待遇”项下的进口货物；

“06”为“台湾农产品零关税措施”项下的进口货物；

“07”为“中巴自贸区”项下的进口货物；

“08”为“中智自贸区”项下的进口货物；

“09”为“对也门等国特惠待遇”项下的进口货物。

具体填报要求如下：

1. 实行原产地证书联网管理的，随附单证代码栏填写“Y”，随附单证编号栏的“< >”内填写优惠贸易协定代码。例如香港 CEPA 项下进口商品，应填报为：“Y”和“<03>”。一票进口货物中如涉及多份原产地证书或含有非原产地证书商品，应分单填报。

2. 未实行原产地证书联网管理的，随附单证代码栏填写“Y”，随附单证编号栏“< >”内填写优惠贸易协定代码＋“:”＋需证商品序号。例如《亚太贸易协定》项下进口报关单中第 1 到第 3 项和第 5 项为优惠贸易协定项下商品，应填报为：“<01:1－3,5>”。

优惠贸易协定项下出口货物，本栏目填报原产地证书代码和编号。

三十三、用途/生产厂家

进口货物本栏目填报用途，应根据进口货物的实际用途按海关规定的《用途代码表》选择填报相应的用途代码。

出口货物本栏目填报其境内生产企业。

三十四、标记唛码及备注

本栏目填报要求如下：

（一）标记唛码中除图形以外的文字、数字。

（二）受外商投资企业委托代理其进口投资设备、物品的进出口企业名称。

（三）与本报关单有关联关系的，同时在业务管理规范方面又要求填报的备案号，填报在电子数据报关单中“关联备案”栏。

加工贸易结转货物及凭《征免税证明》转内销货物，其对应的备案号应填报在“关联备案”栏。

减免税货物结转进口（转入），报关单“关联备案”栏应填写本次减免税货物结转所申请的《减免税进口货物结转联系函》的编号。

减免税货物结转出口（转出），报关单“关联备案”栏应填写与其相对应的进口（转入）报关单“备案号”栏中《征免税证明》的编号。

（四）与本报关单有关联关系的，同时在业务管理规范方面又要求填报的报关单号，填报在电子数据报关单中“关联报关单”栏。

加工贸易结转类的报关单，应先办理进口报关，并将进口报关单号填入出口报关单的“关联报关单”栏。

办理进口货物直接退运手续的，除另有规定外，应当先填写出口报关单，再填写进口报关单，并将出口报关单号填入进口报关单的“关联报关单”栏。

减免税货物结转出口（转出），应先办理进口报关，并将进口（转入）报关单号填入出口（转出）报关单的“关联报关单”栏。

（五）办理进口货物直接退运手续的，本栏目填报《准予直接退运决定书》或者《责令直接退运通知书》编号。

（六）申报时其他必须说明的事项填报在本栏目。

三十五、项号

本栏目分两行填报及打印。第一行填报报关单中的商品顺序编号；第二行专用于加工贸易、减免税等已备案、审批的货物，填报和打印该项货物在《加工贸易手册》或《征免税证明》等备案、审批单证中的顺序编号。

优惠贸易协定项下实行原产地证书联网管理的报关单，第一行填报报关单中的商品顺序编号，第二行填报该项商品对应的原产地证书上的商品项号。

加工贸易项下进出口货物的报关单，第一行填报报关单中的商品顺序编号，第二行填报该项商品在《加工贸易手册》中的商品项号，用于核销对应项号下的料件或成品数量。其中第二行特殊情况填报要求如下：

（一）深加工结转货物，分别按照《加工贸易手册》中的进口料件项号和出口成品项号填报。

（二）料件结转货物（包括料件、制成品和半成品折料），出口报关单按照转出《加工贸易手册》中进口料件的项号填报；进口报关单按照转进《加工贸易手册》中进口料件的项号填报。

（三）料件复出货物（包括料件、边角料、来料加工半成品折料），出口报关单按照《加工贸易手册》中进口料件的项号填报；如边角料对应一个以上料件项号时，填报主要料件项号。料件退换货物（包括料件、不包括半成品），进出口报关单按照《加工贸易手册》中进口料件的项号填报。

（四）成品退换货物，退运进境报关单和复运出境报关单按照《加工贸易手册》原出口成品的项号填报。

（五）加工贸易料件转内销货物（以及按料件办理进口手续的转内销制成品、半成品、残次品）应填制进口报关单，填报《加工贸易手册》进口料件的项号；加工贸易边角料、副产品内销，填报《加工贸易手册》中对应的进口料件项号。如边角料或副产品对应一个以上料件项号时，填报主要料件项号。

（六）加工贸易成品凭《征免税证明》转为减免税货物进口的，应先办理进口报关手续。进口报关单填报《征免税证明》中的项号，出口报关单填报《加工贸易手册》原出口成品项号，进、出口报关单货物数量应一致。

（七）加工贸易料件放弃或成品放弃，本栏目应填报《加工贸易手册》中的进口料件或出口成品项号。半成品放弃的应按单耗折回料件，以料件放弃申报，本栏目填报《加工贸易手册》中对应的进口料件项号。

（八）加工贸易副产品退运出口、结转出口或放弃，本栏目应填报《加工贸易手册》中新增的变更副产品的出口项号。

（九）经海关批准实行加工贸易联网监管的企业，按海关联网监管要求，企业需申报报关清单的，应在向海关申报进出口（包括形式进出口）报关单前，向海关申报"清单"。一份报关清单对应一份报关单，报关单上的商品由报关清单归并而得。加工贸易电子账册报关单中项号、品名、规格等栏目的填制规范比照《加工贸易手册》。

三十六、商品编号

本栏目应填报由《中华人民共和国进出口税则》确定的进出口货物的税则号列和《中华人民共和国海关统计商品目录》确定的商品编码，以及符合海关监管要求的附加编号组成的10位商品编号。

三十七、商品名称、规格型号

本栏目分两行填报及打印。第一行填报进出口货物规范的中文商品名称，第二行填报规格型号。

具体填报要求如下：

（一）商品名称及规格型号应据实填报，并与进出口货物收发货人或受委托的报关企业所提交的合同、发票等相关单证相符。

（二）商品名称应当规范，规格型号应当足够详细，以能满足海关归类、审价及许可证件管理要求为准，可参照《中华人民共和国海关进出口商品规范申报目录》中对商品名称、规格型号的要求进行填报。

（三）加工贸易等已备案的货物，填报的内容必须与备案登记中同项号下货物的商品名称一致。

（四）对需要海关签发《货物进口证明书》的车辆，商品名称栏应填报"车辆品牌+排气量（注明cc）+车型（如越野车、小轿车等）"。进口汽车底盘不填报排气量。车辆品牌应按照《进口机动车辆制造厂名称和车辆品牌中英文对照表》中"签注名称"一栏的要求填报。规格型号栏可填报"汽油型"等。

（五）由同一运输工具同时运抵同一口岸并且属于同一收货人、使用同一提单的多种进口货物，按照商品归类规则应当归入同一商品编号的，应当将有关商品一并归入该商品编号。商品名称填报一并归类后的商品名称；规格型号填报一并归类后商品的规格型号。

（六）加工贸易边角料和副产品内销，边角料复出口，本栏目填报其报验状态的名称和规格型号。

（七）进口货物收货人以一般贸易方式申报进口属于《需要详细列名申报的汽车零部件清单》（海关总署2006年第64号公告）范围内的汽车生产件的，应按以下要求填报：

1. 商品名称填报进口汽车零部件的详细中文商品名称和品牌，中文商品名称与品牌之间用“/”相隔，必要时加注英文商业名称；进口的成套散件或者毛坯件应在品牌后加注“成套散件”、“毛坯”等字样，并与品牌之间用“/”相隔。

2. 规格型号填报汽车零部件的完整编号。在零部件编号前应当加注“S”字样，并与零部件编号之间用“/”相隔，零部件编号之后应当依次加注该零部件适用的汽车品牌和车型。

汽车零部件属于可以适用于多种汽车车型的通用零部件的，零部件编号后应当加注“TY”字样，并用“/”与零部件编号相隔。

与进口汽车零部件规格型号相关的其他需要申报的要素，或者海关规定的其他需要申报的要素，如“功率”、“排气量”等，应当在车型或“TY”之后填报，并用“/”与之相隔。

汽车零部件报验状态是成套散件的，应当在“标记唛码及备注”栏内填报该成套散件装配后的最终完整品的零部件编号。

（八）进口货物收货人以一般贸易方式申报进口属于《需要详细列名申报的汽车零部件清单》（海关总署2006年第64号公告）范围内的汽车维修件的，填报规格型号时，应当在零部件编号前加注“W”，并与零部件编号之间用“/”相隔；进口维修件的品牌与该零部件适用的整车厂牌不一致的，应当在零部件编号前加注“WF”，并与零部件编号之间用“/”相隔。其余申报要求同上条执行。

三十八、数量及单位

本栏目分三行填报及打印。

（一）第一行应按进出口货物的法定第一计量单位填报数量及单位，法定计量单位以《中华人民共和国海关统计商品目录》中的计量单位为准。

（二）凡列明有法定第二计量单位的，应在第二行按照法定第二计量单位填报数量及单位。无法定第二计量单位的，本栏目第二行为空。

（三）成交计量单位及数量应填报并打印在第三行。

（四）法定计量单位为“千克”的数量填报，特殊情况下填报要求如下：

1. 装入可重复使用的包装容器的货物，应按货物扣除包装容器后的重量填报，如罐装同位素、罐装氧气及类似品等。

2. 使用不可分割包装材料和包装容器的货物，按货物的净重填报（即包括内层直接包装的净重重量），如采用供零售包装的罐头、化妆品、药品及类似品等。

3. 按照商业惯例以公量重计价的商品，应按公量重填报，如未脱脂羊毛、羊毛条等。

4. 采用以毛重作为净重计价的货物，可按毛重填报，如粮食、饲料等大宗散装货物。

5. 采用零售包装的酒类、饮料，按照液体部分的重量填报。

（五）成套设备、减免税货物如需分批进口，货物实际进口时，应按照实际报验状态确定数量。

（六）根据《商品名称及编码协调制度》归类规则，零部件按整机或成品归类的，法定计量单位是非重量的，其对应的法定数量填报“0.1”。

（七）具有完整品或制成品基本特征的不完整品、未制成品，根据《商品名称及编码协调制度》归类规则应按完整品归类的，按照构成完整品的实际数量填报。

（八）加工贸易等已备案的货物，成交计量单位必须与《加工贸易手册》中同项号下货物的计量单位一致，加工贸易边角料和副产品内销、边角料复出口，本栏目填报其报验状态的计量单位。

（九）优惠贸易协定项下进出口商品的成交计量单位必须与原产地证书上对应商品的计量单位一致。

（十）法定计量单位为立方米的气体货物，应折算成标准状况（即摄氏零度及1个标准大气压）下的体积进行填报。

三十九、原产国（地区）/最终目的国（地区）

原产国（地区）应依据《中华人民共和国进出口货物原产地条例》、《中华人民共和国海关关于执行〈非优惠原产地规则中实质性改变标准〉的规定》以及海关总署关于各项优惠贸易协定原产地管理规章规定的原产地确定标准填报。同一批进口货物的原产地不同的，应分别填报原产国（地区）。进口货物原产国（地区）无法确定的，填报“国别不详”（代码701）。

最终目的国（地区）填报已知的出口货物的最终实际消费、使用或进一步加工制造国家（地区）。不经过第三国（地区）转运的直接运输货物，以运抵国（地区）为最终目的国（地区）；经过第三国（地区）转运的货物，以最后运往国（地区）为最终目的国（地区）。同一批出口货物的最终目的国（地区）不同的，应分别填报最终目的国（地区）。出口货物不能确定最终目的国（地区）时，以尽可能预知的最后运往国（地区）为最终目的国（地区）。

本栏目应按海关规定的《国别（地区）代码表》选择填报相应的国家（地区）名称及代码。

四十、单价

本栏目填报同一项号下进出口货物实际成交的商品单位价格。无实际成交价格的，本栏目填报单位货值。

四十一、总价

本栏目填报同一项号下进出口货物实际成交的商品总价格。无实际成交价格的，本栏目填报货值。

四十二、币制

本栏目应按海关规定的《货币代码表》选择相应的货币名称及代码填报，如《货币代码表》中无实际成交币种，须将实际成交货币按申报日外汇折算率折算成《货币代码表》列明的货币填报。

四十三、征免

本栏目应按照海关核发的《征免税证明》或有关政策规定，对报关单所列每项商品选择海关规定的《征减免税方式代码表》中相应的征减免税方式填报。

加工贸易货物报关单应根据《加工贸易手册》中备案的征免规定填报；《加工贸易手

册》中备案的征免规定为“保金”或“保函”的,应填报“全免”。

四十四、税费征收情况

本栏目供海关批注进(出)口货物税费征收及减免情况。

四十五、录入员

本栏目用于记录预录入操作人员的姓名。

四十六、录入单位

本栏目用于记录预录入单位名称。

四十七、填制日期

本栏目填报申报单位填制报关单的日期。本栏目为8位数字,顺序为年(4位)、月(2位)、日(2位)。

四十八、海关审单批注及放行日期(签章)

本栏目供海关作业时签注。

本规范所述尖括号(< >)、逗号(,)、连接符(-)、冒号(:)等标点符号及数字,填报时都必须使用非中文状态下的半角字符。

相关用语的含义:

报关单录入凭单:指申报单位按报关单的格式填写的凭单,用作报关单预录入的依据。该凭单的编号规则由申报单位自行决定。

预录入报关单:指预录入单位按照申报单位填写的报关单凭单录入、打印由申报单位向海关申报,海关尚未接受申报的报关单。

报关单证明联:指海关在核实货物实际进出境后按报关单格式提供的,用作进出口货物收发货人向国税、外汇管理部门办理退税和外汇核销手续的证明文件。

海关统计贸易方式分类说明及代码

凡列入海关统计的进出口货物，其贸易方式以海关的监管方式为基础进行分组，分为以下几种：

1. 一般贸易货物；
2. 国家间、国际组织无偿援助和赠送的货物；
3. 其他捐赠物资；
4. 补偿贸易货物；
5. 来料加工装配贸易货物；
6. 进料加工贸易货物；
7. 寄售、代销贸易货物；
8. 边境小额贸易货物；
9. 加工贸易进口设备；
10. 对外承包工程出口货物；
11. 租赁贸易货物；
12. 外商投资企业作为投资进口的设备或物品；
13. 出料加工贸易货物；
14. 易货贸易货物；
15. 免税外汇商品；
16. 保税仓库进出境货物；
17. 保税区进出境仓储转口货物；
18. 出口加工区进口设备；
19. 其他；

对上述海关统计贸易方式说明如下：

1. 一般贸易(统计代码"10")

一般贸易是指我境内有进出口经营权的企业单边进口或单边出口的货物，但上述第2—19项列名贸易方式进出口的货物除外。

贷款援助的进出口货物，外商投资企业进口供加工内销产品的料件，外商投资企业用国产材料加工成品出口或自行收购产品出口，宾馆饭店进口的餐饮食品，供应外籍船舶或飞机的国产燃料、物料及零配件，境外劳务合作项目中以对方实物产品抵偿我劳务人员工资所进口的货物(如钢材、木材、化肥、海产品)，我境内企业在境外投资以实物投资部分带出的设备、物资，承包工程期间在境外获取的机器、设备、物资等货品(包括在境外购买的以及对方以实物产品抵偿我工程费或劳务人员工资的)运回境内等，均按一般贸易统计。

一般贸易中外商免费提供直接用于生产出口商品所进口的辅料，凡海关监管部门按

"一般贸易"管理的,按"一般贸易"统计。

2. 国家间、国际组织无偿援助和赠送的物资(统计代码"11")

国家间、国际组织无偿援助和赠送的物资是指我国根据两国政府间的协议或临时决定,对外提供无偿援助物资、捐赠品或我国政府、组织基于友好关系向对方国家政府、组织赠送的物资,以及我国政府、组织接受国际组织、外国政府或组织无偿援助、捐赠或赠送的物资。这类物资的赠予和接受一般是通过我国政府、组织(包括地方政府、组织)或红十字会等机构实现的。

3. 进出口捐赠物资(统计代码"12")

境外捐赠人(外国政府和国际组织除外)以扶贫、慈善、救灾为目的向我国境内捐赠的直接用于扶贫、救灾、兴办公益福利事业的物资。

境外捐赠人包括华侨、港澳台同胞、外籍人(含法人)。

我国境内捐赠人(含法人)以扶贫、慈善、救灾为目的向境外捐赠的直接用于扶贫、救灾、兴办公益福利事业的物资。

4. 补偿贸易(统计代码"13")

补偿贸易是指由境外厂商提供或者利用境外出口信贷进口生产技术或设备,由我方进行生产,以返销其产品方式分期偿还对方技术、设备价款或贷款本息的交易形式。如经批准,也可以使用该企业(包括企业联合体)生产的其他产品返销对方,进行间接补偿。

补偿贸易中外商有价或免费提供的机械设备、机械零件和工作模具,以及外商免费提供直接用于生产出口商品所进口的辅料,均按"补偿贸易"统计。

在补偿贸易中定有来料加工合同的,应按"补偿贸易"、"来料加工贸易"分别统计。

5. 来料加工装配贸易(统计代码"14")

来料加工装配贸易是指由外商提供全部或部分原材料、辅料、零部件、元器件、配套件和包装物料,必要时提供设备,由我方按对方的要求进行加工装配,成品交对方销售,我方收取工缴费,对方提供的作价设备价款,我方用工缴费偿还的交易形式。

来料加工装配贸易也可采取各作各价对口合同的交易形式,即我方与外商同一客户同时签定进口和出口合同,由客户提供全部或部分原辅料(或由我方添配一部分国产原辅料),我方按对方要求加工,进口料件和出口成品各作各价。在成品返销原客户后,我方收取成品出口值与客户来料进口值之间的差价。

加工贸易保税工厂进口的料、件和出口的成品,凡使用来料加工登记手册管理的,按"来料加工装配贸易"统计。

国营贸易企业代理来料件加工企业进口柴油,按"来料加工装配贸易"统计。

来料加工进口的料件或已加工的成品、半成品经批准转为内销时,按"来料加工转内销货物"作单项统计。特定企业加工的特定产品不返销出境而供应国内市场的,按"来料加工以产顶进货物"作单项统计。

来料加工的半成品或成品在海关办理结转手续不直接出口,而是转让给境内其他承接进口料件加工复出口业务的单位进行再加工装配的,按"来料深加工结转货物"作单项统计。

来料加工一个合同履行完毕或因故中止后剩余的料件在海关办理结转手续,转入同一企业另一个加工贸易合同手册继续加工的，按“来料加工结转余料”作单项统计。

来料加工剩余的进口料件和加工过程中产生的边角、废料复运出境时，按“来料加工复出口料件”作单项统计。

来料加工的退换料件或退换成品不统计。

6. 进料加工贸易（统计代码“15”）

进料加工贸易是指我方用外汇购买进口的原料、材料、辅料、元器件、零部件、配套件和包装物料，加工成品或半成品后再外销出口的交易形式。

进料加工装配贸易也可采取对口合同的交易形式，即买卖双方分别签定进口和出口对口合同。料件进口时我方先付料件款，加工成品出口时再向对方收取成品款。

对开信用证的对口合同贸易，及进料加工贸易中外商免费提供直接用于生产出口商品所进口的辅料，按“进料加工贸易”统计。

加工贸易保税工厂进口的料、件和出口的成品，凡使用进料加工登记手册管理的，按“进料加工贸易”统计。

对从境外存入加工贸易备料保税仓库的货物，如果入境时已知该货物将用作进料加工的料件，海关监管部门对其按进料加工贸易货物管理（即使用进料加工登记手册管理），应按“进料加工贸易”统计。如果该货物入境时用途未定，海关监管部门对其按保税仓库货物管理，而未使用加工贸易登记手册管理的，则按“保税仓库进出境货物”统计。

进料加工进口的料件或已加工的成品、半成品经批准转为内销时，按“进料加工转内销货物”作单项统计。特定企业以加工贸易方式进口原油炼制的成品油，不返销出境而供应国内市场的，按“加工贸易成品油形式出口复进口货物”作单项统计。

进料加工的半成品或成品在海关办理结转手续不直接出口，而是转让给境内其他承接进口料件加工复出口业务的单位进行再加工装配的，按“进料深加工结转货物”作单项统计。

进料加工一个合同履行完毕或因故中止后剩余的料件在海关办理结转手续，转入同一企业另一个加工贸易合同手册继续加工的，按“进料加工结转余料”作单项统计。

进料加工剩余的进口料件和加工过程中产生的边角、废料复运出境时，按“进料加工复出口料件”作单项统计。

进料加工的退换料件或退换成品不统计。

7. 寄售、代销贸易（统计代码“16”）

寄售代销贸易是指寄售人把货物运交事先约定的代销人，由代销人按照事先约定或根据寄售代销的协议规定的条件，在当地市场代为销售，所得货款扣除代销人的佣金和其他费用后，按照协议规定方式将余款付给寄售人的交易形式。寄售人与代销人之间不是买卖关系，而是委托关系，代销人对货物没有所有权。

进口寄售货物的增发部分按“寄售、代销贸易”统计。

8. 边境小额贸易（统计代码“19”）

边境小额贸易是指我国沿陆地边境线经国家批准对外开放的边境县（旗）、边境城市辖区内（以下简称边境地区）经批准有边境小额贸易经营权的企业，通过国家指定的陆地口岸，与毗邻国家边境地区的企业或其他贸易机构之间进行的贸易活动，包括易货贸易、现汇贸易等各类贸易形式。

同我国陆地边界接壤的毗邻国家是：阿富汗、不丹、缅甸、朝鲜、印度、老挝、蒙古、尼泊尔、巴基斯坦、越南、哈萨克斯坦、吉尔吉斯斯坦、俄罗斯、塔吉克斯坦。

以易货贸易形式开展的边境小额贸易，其进出口货物按“边境小额贸易”统计。边境地区经外经贸部批准有对外经济技术合作经营权的企业与我国毗邻国家边境地区开展承包工程和劳务合作项下出口的工程设备、物资，按“边境小额贸易”作出口统计。承包工程期间在境外获取的设备、物资（包括在境外购买的及换回的）运回境内时，按“边境小额贸易”作进口统计。

边境地区开展承包工程和劳务合作项下带出的劳务人员自用生活物品和生活物资不作统计。

承包工程结束运回的原从境内运出的设备等货品，自1999年起按“退运货物”作单项统计。

边境地区的“边境游”中，出境旅客委托报关企业填具出口货物报关单、以货运方式报运出境的物品，按“其他贸易”列入出口统计。

边民互市贸易不统计。边民超出自产、自销、自用原则进行商品交换而进出境的商品应按“其他贸易”列入出口统计。

根据国家有关规定，海南省东方县对外贸易公司和儋州市边境贸易公司现享有通过东方县八所和儋州市洋浦（含白马井）两个口岸对越南小额贸易经营权。其对越小额贸易项下的进出口商品，按“边境小额贸易”统计。（在边境贸易政策调整前，现行的边境贸易各项税收优惠政策暂继续执行。署税[2000]846号）

9. 加工贸易进口设备（统计代码“20”）

加工贸易进口设备是指来料加工和进料加工贸易项下对方作价或不作价提供进口的机械设备，包括以工缴费（或差价）偿还的设备和加工贸易项下外商投资企业进口不扣减投资额度的设备。

加工贸易项下外商投资企业进口的设备凡是扣减投资额的，按“外商投资企业进口设备”统计。是否扣减投资额度，以企业主管海关减免税审批部门审定的结果为准。

1999年以前，贸易方式代码“20”的名称为“来料加工装配进口的设备”，仅指来料加工装配贸易项下对方提供的设备，而进料加工项下对方有价或免费提供的机械设备进口按“一般贸易”统计。自1999年起，来料加工和进料加工项下对方提供进口的设备，凡不扣减外商投资企业投资额度的，均按“加工贸易进口设备”统计。

10. 对外承包工程出口货物（统计代码“22”）

对外承包工程出口货物是指经外经贸部批准有对外承包工程经营权的公司为承包国外建设工程项目和开展劳务合作等对外合作项目而出口的设备、物资，但不包括边境地区经外经贸部批准有对外经济技术合作经营权的企业与我国毗邻国家开展承包工程和劳务合作项下出口的工程设备、物资。

承包工程期间在境外获取的机器、设备、物资等货品（包括在境外购买的以及对方以实物产品抵偿我工程费或劳务人员工资的）运回境内时，按“一般贸易”统计。

我方为承包工程或劳务合作而带出的劳务人员自用物品和生活物资不统计。

承包工程结束运回的原从境内运出的机器、设备等货品，自1999年起，按“退运货物”作单项统计。

边境地区经外经贸部批准有对外经济技术合作经营权的企业与我国毗邻国家边境地区开展承包工程和劳务合作项下出口的工程设备、物资，按“边境小额贸易”作出口统计。承包工程期间在境外获取的设备、物资（包括在境外购买的及换回的）运回境内时，按“边境小额贸易”作进口统计。

贷款援助的成套项目出口货物（包括无息贷款和不定息贷款）应按“一般贸易”统计。无偿援助的成套项目出口货物应按“国家间、国际组织无偿援助和赠送物资”统计。

11. 租赁贸易（统计代码“23”）

租赁贸易是指承办租赁业务的企业与外商签定国际租赁贸易合同，租赁期为一年及以上的租赁进出口货物。

租赁期满复运出进口的货物按“退运货物”作单项统计，而不按租赁贸易统计。

租赁期一年以下的进出口货物不统计。

12. 外商投资企业作为投资进口的设备物品（统计代码“25”）

外商投资企业作为投资进口的设备、物品是指外商投资企业以投资总额内的资金（包括中方投资）所进口的机器设备、零部件和其他物料（其他物料指建厂〈场〉以及安装、加固机器所需材料），以及根据国家规定进口本企业自用合理数量的交通工具、生产用车辆和办公用品（设备）。

外商投资企业按合同规定比例进口供加工内销部分的料件及经批准进口的全部用于内销产品的料件，按“一般贸易”统计。

外商投资企业以“一般贸易”、“补偿贸易”、“来料加工装配贸易”、“进料加工贸易”、“加工贸易进口设备”或“租赁贸易”等已列名贸易方式进出口的货物，应按相应的贸易方式进行统计。

外商投资企业从保税区或保税仓库提取的进口设备、物品并扣减其投资额度的，应分别按“保税区运往非保税区货物”或“保税仓库转内销货物”作单项统计，其贸易方式代码为“25”，运输方式代码为“7”或“8”。

外商投资企业作为投资进口的设备，进口后又复运出境时，按“退运货物”作单项统计。

13. 出料加工贸易（统计代码“27”）

出料加工贸易是指将我境内原辅料、零部件、元器件或半成品交由境外厂商按我方要求进行加工或装配，成品复运进口，我方支付工缴费的交易形式，不包括“带料加工出口”。

“带料加工出口”指我方在境外投资开办企业，将我境内的原辅料、零部件、元器件或半成品运至境外加工或装配，成品在境外销售。带料加工出口项下运出境的货物，应按实际贸易方式统计，如：机械设备、原材料等出口按“一般贸易”统计；来、进料加工成品出口按“来、进料加工贸易”统计；租赁出口按“租赁贸易”统计。对完全改变原出口货物物理形态的出料加工，如出口废钢进口钢材、出口废铝进口铝合金板材等，按“一般贸易”统计。

14. 易货贸易（统计代码“30”）

易货贸易是指不通过货币媒介而直接用出口货物交换进口货物的贸易。

以易货贸易形式开展的边境小额贸易，其进出口货物按“边境小额贸易”统计。

15. 免税外汇商品（统计代码“31”）

免税外汇商品是指由经批准的经营单位进口，销售专供入境的我国特定出国人员和驻华外交人员的免税外汇商品。

属免税外汇商品供应对象的我国特定出国人员包括：我驻外外交机构人员、留学人员、访问学者、赴外劳务人员、援外人员和远洋船员。

属于免税外汇商品统计范围的有以下情况：

（1）专供出国人员用结存外汇在国内购买限定物品的特定公司进口的免税外汇商品；

（2）专供驻华外交人员免税商品的特定公司进口的免税外汇商品。

免税外汇商品业务经营单位进口供维修使用的零部件、工具等应按“一般贸易”列入海关统计。

免税外汇商品业务由经批准的单位专营。免税外汇商品进口后存放在海关监管的专用仓库内，按“免税外汇商品”作进口统计，而不按“保税仓库进出境货物”统计。

16. 保税监管场所进出境货物（统计代码“33”）

保税监管场所进出境货物是指从境外直接存入海关保税监管场所以及从海关保税监管场所运往境外的货物，不包括海关特殊监管区域物流货物。

保税监管场所进出境货物仅指设置在非海关特殊监管区域内的保税仓库。

列入本项统计的保税监管场所进出境货物包括设立在非海关特殊监管区域内的加工贸易备料保税仓库所存货物，保税生产资料市场货物，经经贸部门批准的寄售、维修零备件，外商寄存、暂存货物，转口货物，供应外籍船舶或飞机进口的燃料、物料及零配件等，但不包括进口“免税品”和“免税外汇商品”，也不包括从境外存入海关特殊监管区域的上述货物。

进口免税品按“免税品”作单项统计。进口免税外汇商品按“免税外汇商品”作进口统计。

从境外存入海关特殊监管区域的仓储、转口货物按“海关特殊监管区域”做进出口统计。

从境外存入设立非海关特殊监管区域内加工贸易备料保税仓库的货物，如果入境时已知该货物将用作进料加工的料件，海关监管部门对其按进料加工贸易货物管理（即使用进料加工登记手册管理），应按“进料加工贸易”统计。如果该货物入境时用途未定，海关监管部门对其按保税监管场所进出境货物管理，而未使用加工贸易登记手册管理，则按“保税监管场所进出境货物”统计。

从境外存入设立在非海关特殊监管区域内保税油库的成品油，按“保税监管场所进出境货物”作进口统计。保税油库储存的进镜成品油，如申报转口复运出境或供应给国际航行的外籍船舶、飞机，应按“保税监管场所进出境货物”作出口统计；如提离出仓供应给我国籍船舶、飞机，则应按“保税仓库转内销货物”作单项统计。

保税监管场所进口供自己使用的货架、办公用品、管理用具、运输车辆、搬动、起重和包装设备以及改装用的机器等，按“一般贸易”统计。

从境外存入保税监管场所的货物经海关核准为供国内使用时，按“保税仓库内销货物”作单项统计（分各种贸易方式，运输方式代码“8”）。已向海关办结出口报关手续的货物存入出口监管仓库时，按“境内存入出口监管仓库货物”作单项统计（分各种贸易方式，运输方式代码为“1”）。

保税监管场所与保税监管场所，保税监管场所与海关特殊监管区域之间，保税仓库与出口加工区之间的货物转移，不列入海关统计（贸易方式“1200”、“5000”或“5100”，运输方式“9”）。

出口监管仓库货物及其统计办法

根据《中华人民共和国海关对出口监管仓库的暂行管理办法》（1992 年 3 月 18 日海关总署令第 22 号发布）和《海关总署关于修订对出口监管仓库所存货物出口退税管理规定的通知》（署监[1995] 440 号文）的规定，出口监管仓库指存放已按规定领取了出口货物许可证或批件，已对外卖断结汇并向海关办完全部出口海关手续的货物的专用仓库。存放在该仓库内的货物为“出口监管仓库货物”。

（1） 出口货物出入出口监管仓库时，发货人或代理人应向海关如实申报，并交验加盖“出口监管仓库货物”印章并注明拟存出口监管仓库名称的《出口货物报关单》；

按“境内存入出口监管仓库货物”作单项统计：其“贸易方式”按实际贸易方式的代码统计，“运抵国”按 142 统计，“运输方式”按 1 统计。

（2） 货物从出口监管仓库出境时，应根据发货人或代理人在货物进仓时经海关签印的《出口货物报关单》和《出仓货物清单》，按“保税仓库出境货物”作出口统计（贸易方式统计代码“33”）。出口的数量、金额、国别等根据《出仓货物清单》及有关单证的实际情况统计，其他项目根据原《出仓货物清单》统计。

（3） 以转关运输方式存入出口监管仓库的货物，由货物发货人或代理人在启运地海关填制《出口货物报关单》，其中运抵国填报“142”，监管方式按海关实际监管方式填报，运输方式填报“1”。启运地海关作货物结关处理后按“境内存入出口监管仓库货物”作单项统计。货物从出口监管仓库出境时，由出境地海关作出口统计（统计函[2001] 36 号）。

（4） 对存入出口监管仓库后经批准未实际出境而转为供国内使用的货物，按“出口监管仓库退仓货物”作单项统计（分各种贸易方式，运输方式代码“1”）。

17. 海关特殊监管区域物流货物（统计代码“34”）

海关特殊监管区域物流货物是指从境外直接运入海关特殊监管区域以及从海关特殊监管区域运往境外的仓储、分拨、配送、转口货物，不包括从境外存入非保税区运出境的仓储、转口货物，包括流通领域的物流货物及供区内加工生产用的仓储货物。

从境外运入海关特殊监管区域的其他货物（即除仓储转口以外的货物）和从海关特殊监管区域运出境的其他货物，应根据货物在境内的用途，分别按实际贸易方式列入进出口统计，但不得出现贸易方式代码“33”（即不得按“保税监管场所进出境货物”统计）。

从境外存入设在非海关特殊监管区域内的保税监管场所的货物，和从设在非海关特殊监管区域内的保税监管场所运出境的货物，按“保税监管场所进出境货物”统计。

从保税区运往非保税区的货物，按“保税区运往非保税区货物”作单项统计（分各种贸易方式）。从非保税区运入保税区的货物，按“非保税区运入保税区货物”作单项统计（分各种贸易方式）。

境内以转关运输方式存入保税区的出口货物，由货物发货人或其代理人在启运地海关填制《出口货物报关单》，其中运抵国填报“142”，监管方式按海关实际监管方式填报，运输方式填报“0”。启运地海关作货物结关处理后按“非保税区运入保税区货物”列入单项统计。货物从保税区出境时，由出境地海关作出口统计。

海关特殊监管区域与出口加工区之间，海关特殊监管区域与保税监管场所之间，海关特殊监管区域内保税监管场所之间，海关特殊监管区域内企业之间的货物转移，不列入海关统计（贸易方式“1200”、“5000 或 5100”，运输方式“9”）。

18. 海关特殊监管区域进口设备（统计代码“35”）

海关特殊监管区域进口设备是指从境外直接运入海关特殊监管区域（保税区、保税物流园区除外）用于区内业务所需的设备、物资，以及区内企业和行政管理机构从境外进口自用合理数量的办公用品等。

19. 其他贸易（统计代码“39”）

其他贸易是指除有进出口经营权的我国各类企业以外的单位进出口的货物。包括个人自用进口汽车；溢卸货物；无进出口经营权的我国机关、团体、学校或企事业单位经批准临时进出口的货物和办公用品；外国驻华企事业机构进出口的办公用品；出境旅客在我境内购买以货运方式运出境的货物；外国驻华使领馆在我境内购运出口的货物等；对台小额贸易货物（即指经省经贸委批准，台湾渔民和中小商人同我企业成交，数额不大，使用 100 吨以下的台湾船只运进的直接来自台湾的产品和运到台湾的大陆产品）。

自 1999 年起，外国驻华外交机构转售给我境内非外交机构或个人的公务用品和机动车辆；我国驻国外和香港特别行政区等单独关税地区的各类机构在境外获取后运回境内的公务用品和机动车辆；边境地区开展的“边境游”中，出境旅客委托报关企业填具出口货物报关单、以货运方式报运出境的物品（3000 元人民币至 5 万美元按“其他贸易”统计、5 万美元以上的按一般贸易统计）；边境地区边民超出自产、自销、自用原则进行商品交换而进出境的商品；拍卖的走私货物等，凡填具进出口货物报关单的，均应按“其他贸易”作进出口统计（原不作统计）。

经营单位(前4位数)统计代码表

北　京　市　　1100

东城区	1101	西城区	1102
崇文区	1103	宣武区	1104
朝阳区	1105	丰台区	1106
石景山	1107	海淀区	1108
门头沟	1109	房　山	1110
顺　义	1111	昌　平	1112
大　兴	1113	通　州	1114
怀　柔	1115	平　谷	1116
延　庆	1117	密　云	1118
其　他	1190		

天　津　市　　1200

和　平	1201	河　东	1202
河　西	1203	南　开	1204
河　北	1205	红　桥	1206
塘　沽	1207	汉　沽	1208
大　港	1209	东　丽	1210
西　青	1211	津　南	1212
北　辰	1213	宁　和	1214
武　清	1215	静　海	1216
宝　坻	1217	蓟　县	1218
其　他	1290		

河　北　省　　1300

石家庄	1301	唐　山	1302
秦皇岛	1303	邯　郸	1304
邢　台	1305	保　定	1306
张家口	1307	承　德	1308
沧　州	1309	廊　坊	1310
衡　水	1311	武　安	1312
其　他	1390		

山　西　省　　　1400

太　原	1401	大　同	1402
阳　泉	1403	长　治	1404
晋　城	1405	朔　州	1406
雁　北	1407	忻　州	1408
吕　梁	1409	晋　中	1410
临　汾	1411	运　城	1412
古　交	1413	其　他	1490

内蒙古自治区　　　1500

呼和浩特	1501	包　头	1502
乌　海	1503	赤　峰	1504
二　连	1505	满洲里	1506
呼伦贝尔盟	1507	哲里木盟	1508
兴安盟	1509	乌兰察布盟	1510
巴彦淖尔市	1511	伊克昭盟	1512
阿拉善盟	1513	锡林郭勒盟	1514
其　他	1590		

辽　宁　省　　　2100

沈　阳	2101	大　连	2102
鞍　山	2103	抚　顺	2104
本　溪	2105	丹　东	2106
锦　州	2107	营　口	2108
阜　新	2109	辽　阳	2110
盘　锦	2111	铁　岭	2112
朝　阳	2113	葫芦岛	2114
瓦房店	2115	海　城	2116
兴　城	2117	铁　法	2118
北　票	2119	开　原	2120
其　他	2190		

吉 林 省　　2200

长 春	2201	吉 林	2202
四 平	2203	辽 源	2204
通 化	2205	白 山	2206
珲 春	2207	图 们	2208
白 城	2209	延 边	2210
公主岭	2211	梅河口	2212
集 安	2213	桦 甸	2214
九 台	2215	蛟 河	2216
松 原	2217	延 吉	2218
其 他	2290		

黑 龙 江 省　　2300

哈尔滨	2301	齐齐哈尔	2302
鸡 西	2303	鹤 岗	2304
双鸭山	2305	大 庆	2306
伊 春	2307	佳木斯	2308
七台河	2309	牡丹江	2310
黑 河	2311	绥芬河	2312
松花江	2313	绥 化	2314
大兴安岭	2315	阿 城	2316
同 江	2317	富 锦	2318
铁 力	2319	密 山	2320
其 他	2390		

上 海 市　　3100

黄 浦	3101	卢 湾	3103
徐 汇	3104	长 宁	3105
静 安	3106	普 陀	3107
闸 北	3108	虹 口	3109
杨 浦	3110	闵 行	3111
宝 山	3112	嘉 定	3114
川 沙	3115	南 汇	3116
奉 贤	3117	松 江	3118
金 山	3119	青 浦	3120
崇 明	3121	浦 东	3122
其 他	3190		

江　苏　省　　　　3200

南　京	3201	无　锡	3202
徐　州	3203	常　州	3204
苏　州	3205	南　通	3206
连云港	3207	淮　安	3208
盐　城	3209	扬　州	3210
镇　江	3211	泰　州	3212
仪　征	3213	常　熟	3214
张家港	3215	江　阴	3216
宿　迁	3217	丹　阳	3218
东　台	3219	兴　化	3220
宜　兴	3222	昆　山	3223
启　东	3224	吴　江	3225
太　仓	3226	其　他	3290

浙　江　省　　　　3300

杭　州	3301	宁　波	3302
温　州	3303	嘉　兴	3304
湖　州	3305	绍　兴	3306
金　华	3307	衢　州	3308
舟　山	3309	丽　水	3310
台　州	3311	余　姚	3312
海　宁	3313	兰　溪	3314
瑞　安	3315	萧　山	3316
江　山	3317	义　乌	3318
东　阳	3319	慈　溪	3320
奉　化	3321	诸　暨	3322
黄　岩	3323	其　他	3390

安徽省 3400

合肥	3401	芜湖	3402
蚌埠	3403	淮南	3404
马鞍山	3405	淮北	3406
铜陵	3407	安庆	3408
黄山	3409	阜阳	3410
宿州	3411	滁州	3412
六安	3413	宣城	3414
巢湖	3415	池州	3416
亳州	3417	其他	3490

福建省 3500

福州	3501	厦门	3502
莆田	3503	三明	3504
泉州	3505	漳州	3506
南平	3507	宁德	3508
龙岩	3509	永安	3510
石狮	3511	其他	3590

江西省 3600

南昌	3601	景德镇	3602
萍乡	3603	九江	3604
新余	3605	鹰潭	3606
赣州	3607	宜春	3608
上饶	3609	吉安	3610
抚州	3611	瑞昌	3612
其他	3690		

山东省 3700

济南	3701	青岛	3702
淄博	3703	枣庄	3704
东营	3705	烟台	3706
潍坊	3707	济宁	3708
泰安	3709	威海	3710
日照	3711	惠民	3712
德州	3713	聊城	3714
临沂	3715	菏泽	3716
青州	3717	龙口	3718
同阜	3719	莱芜	3720
新泰	3721	胶州	3722
诸城	3723	莱阳	3724
滕州	3725	文登	3726
荣城	3727	即墨	3728
平度	3729	其他	3790

河南省 4100

郑州	4101	开封	4102
洛阳	4103	平顶山	4104
安阳	4105	鹤壁	4106
新乡	4107	焦作	4108
濮阳	4109	许昌	4110
漯河	4111	三门峡	4112
商丘	4113	周口	4114
驻马店	4115	南阳	4116
信阳	4117	义马	4118
汝州	4119	济源	4120
禹州	4121	卫辉	4122
辉县	4123	沁阳	4124
其他	4190		

湖 北 省　　4200

武　汉	4201	黄　石	4202
十　堰	4203	沙　市	4204
宜　昌	4205	襄　樊	4206
鄂　州	4207	荆　门	4208
黄　冈	4209	孝　感	4210
咸　宁	4211	荆　州	4212
郧　阳	4213	鄂　西	4214
随　州	4215	老河口	4216
枣　阳	4217	神农架	4218
其　他	4290		

湖 南 省　　4300

长　沙	4301	株　州	4302
湘　潭	4303	衡　阳	4304
邵　阳	4305	岳　阳	4306
常　德	4307	张家界	4308
益　阳	4309	娄　底	4310
郴　州	4311	永　州	4312
怀　化	4313	湘　西	4314
醴　陵	4315	湘　乡	4316
耒　阳	4317	汨　罗	4318
津　市	4319	其　他	4390

广 东 省　　4400

广　州	4401	韶　关	4402
深　圳	4403	珠　海	4404
汕　头	4405	佛　山	4406
江　门	4407	湛　江	4408
茂　名	4409	肇　庆	4412
惠　州	4413	梅　州	4414
汕　尾	4415	河　源	4416
阳　江	4417	清　远	4418
东　莞	4419	中　山	4420
潮　州	4421	顺　德	4422
番　禺	4423	揭　阳	4424
南　海	4428	云　浮	4429
其　他	4490		

广西壮族自治区　　4500

南　宁	4501	柳　州	4502
桂　林	4503	梧　州	4504
北　海	4505	玉　林	4506
百　色	4507	河　池	4508
钦　州	4509	凭　祥	4510
东　兴	4511	防　城	4512
贵　港	4513	崇　左	4514
来　宾	4515	贺　州	4516
其　他	4590		

海　南　省　　4600

海　口	4601	三　亚	4602
其　他	4690		

重　庆　市　　5000

万州区	5001	涪陵区	5002
渝中区	5003	大渡口区	5004
江北区	5005	沙坪坝区	5006
九龙坡区	5007	南岸区	5008
北碚区	5009	万盛区	5010
双桥区	5011	渝北区	5012
巴南区	5013	长寿县	5021
綦江县	5022	潼南县	5023
铜梁县	5024	大足县	5025
荣昌县	5026	璧山县	5027
梁平县	5028	城口县	5029
丰都县	5030	垫江县	5031
武隆县	5032	忠　县	5033
开　县	5034	云阳县	5035
奉节县	5036	巫山县	5037
巫溪县	5038	黔　江	5039
石柱土家族自治县	5040	秀山土家族苗族自治县	5041
酉阳土家苗族自治县	5042	彭水苗族土家族自治县	5043
江津市	5081	合川市	5082
永川市	5083	南川市	5084
其　他	5090		

四川省 5100

成都	5101	自贡	5103
攀枝花	5104	泸州	5105
德阳	5106	绵阳	5107
广元	5108	遂宁	5109
内江	5110	乐山	5111
宜宾	5114	南充	5115
达县	5116	雅安	5117
阿坝	5118	甘孜	5119
凉山	5120	广汉	5122
江油	5123	都江堰	5124
峨眉山	5125	资阳市	5126
眉山	5127	广安	5128
巴中	5129	其他	5190

贵州省 5200

贵阳	5201	六盘水	5202
遵义	5203	铜仁	5204
黔西南	5205	毕节	5206
安顺	5207	黔东南	5208
黔南	5209	其他	5290

云南省 5300

昆明	5301	东川	5302
昭通	5303	曲靖	5304
楚雄	5305	玉溪	5306
红河	5307	文山	5308
普洱	5309	西双版纳	5310
大理	5311	保山	5312
德宏	5313	丽江	5314
怒江	5315	迪庆	5316
临沧	5317	畹町	5318
瑞丽	5319	河口	5320
其他	5390		

西藏自治区 5400

拉　萨	5401	昌　都	5402
山　南	5403	日喀则	5404
那　曲	5405	阿　里	5406
林　芝	5407	其　他	5490

陕　西　省 6100

西　安	6101	铜　州	6102
宝　鸡	6103	威　阳	6104
渭　南	6105	汉　中	6106
安　康	6107	商　洛	6108
延　安	6109	榆　林	6110
其　他	6190		

甘　肃　省 6200

兰　州	6201	嘉峪关	6202
金　昌	6203	白　银	6204
天　水	6205	酒　泉	6206
张　掖	6207	武　威	6208
定　西	6209	陇　南	6210
平　凉	6211	庆　阳	6212
临　夏	6213	甘　南	6214
其　他	6290		

青　海　省 6300

西　宁	6301	海　东	6302
海　北	6303	黄　南	6304
海　南	6305	果　洛	6306
玉　树	6307	海　西	6308
其　他	6390		

宁夏回族自治区　　6400

银　川	6401	石嘴山	6402
吴　中	6403	固　原	6404
中　卫	6405	其　他	6490

新疆维吾尔自治区　　6500

乌鲁木齐	6501	克拉玛依	6502
博　乐	6503	巴　音	6504
阿克苏	6505	克　孜	6506
喀　什	6507	和　田	6508
伊　宁	6509	塔　城	6510
阿勒泰	6511	石河子	6512
吐鲁番	6521	哈　密	6522
昌吉回族自治州	6523	其　他	6590

计量单位换算表

长度换算(1)

公　制	中国市制	英美制	国际海里制
公里(千米)	里	英里	海里
1	2	0.6214	0.53996
0.5	1	0.3107	0.26998
1.6093	3.2187	1	0.86898
1.852	3.704	1.1508	1

长度换算(2)

公　制		中国市制		英美制	
米	厘米	尺	码	英尺	英寸
1	100	3	1.094	3.2808	39.37
0.01	1	0.03	0.01094	0.03281	0.3937
0.3333	33.33	1	0.3646	1.094	13.123
0.9144	91.44	2.743	1	3	36
0.3048	30.48	0.9144	0.3334	1	12
0.0254	2.54	0.0762	0.0278	0.0833	1

1 米 = 100 厘米 = 1000 毫米

重量换算(1)

公制(公吨)	英制(长吨)	英制(短吨)	港制(司马担)	公制(公斤)	中国市制(斤)	英美制(磅)
1	0.9842	1.1023	16.535	1000	2000	2204.6
1.016	1	1.12	16.8	1016	2032	2240
0.9072	0.8929	1	15	907	1814	2000
0.05	0.04921	0.0551	0.8267	50	100	110.23
0.0508	0.05	0.056	0.8402	50.8	101.6	112
0.0605	0.05954	0.0667	1	60.48	120.96	133.33
				1	2	2.2046
				0.5	1	1.1023
				0.4536	0.9072	1

港制 1 司马担 = 100 司马斤

公制 1 公吨 = 10 公担

美制 1 吨 = 20 英担(CWT)

美制 1 短吨 = 20 短担(CWT)

1 短担 = 100 磅 = 45.36 公斤

1 英担 = 50.8024 公斤

重量换算(2)

公制		英美制常衡		英美制金衡或药衡		中国市制
公斤	克	磅	两	磅	两	两
1	1000	2.2046	35.2736	2.679	32.1507	20
0.001	1	0.0022	0.03527	0.00268	0.0321	0.02
0.4536	453.591	1	16	1.2153	14.5833	9.072
0.02835	28.35	0.0625	1	0.07595	0.9114	0.567
0.3732	373.24	0.82286	13.1657	1	12	7.465
0.0311	31.10	0.06857	1.0971	0.08333	1	0.622
0.05	50	0.1102	1.76368	0.13396	1.6075	1

宝石:1 克拉 =0.2 克　　　　1 金衡两 =155.5 克拉

容(体)积换算(1)

公制(升)	中国市制(升)	英制(英加仑)	美制(美加仑)
1	1	0.22	0.264
4.546	4.546	1	1.201
3.785	3.785	0.833	

1000 升 =1 立方米　　　　1 升 =1000 毫升 =1000 立方厘米(C.C)

英制 1 加仑 =227.42 立方英寸　　　　美制 1 加仑 =231 立方英寸

容(体)积换算(2)

公制		英美制			中国市制
立方米	立方厘米	立方码	立方英尺	立方英寸	立方尺
1	1000000	1.303	35.3147	61024	27
0.000001	1	0.0000013	0.00004	0.06102	0.000027
0.7636	764555	1	27	46656	20.643
0.02832	28317	0.037	1	1728	0.7646
0.000016	16.387	0.00002	0.00058	1	0.00044
0.037	37037	0.0484	1.308	2260	1

木材体积单位换算

板材的换算:1000 板英尺 =2.36 立方米

原木的换算:1000 板英尺 =5 立方米(近似值)

板尺(Board Foot Measure,BFM),指厚 1 寸,面积 1 平方英尺的木材。

面(地)积换算(1)

公制		英美制			中国市制
平方米	平方厘米	平方码	平方英尺	平方英寸	平方尺
1	10000	1.1960	10.7639	1550	9
0.0001	1	0.00012	0.00108	0.155	0.0009
0.8361	8361	1	9	1296	7.525
0.0929	929	0.1111	1	144	0.836
0.00065	6.45	0.00077	0.00694	1	0.0058
0.111	1111	0.133	1.196	172.2	1

面(地)积换算(2)

公制	中国市制	英美制	公制		中国市制	英美制
平方公里	平方里	平方英里	公顷	公亩	亩	英亩
1	4	0.3861	100	10000	1500	247.105
0.25	1	0.0965	25	2500	375	61.78
2.59	10.36	1	259	25900	3885	640
0.01	0.04	0.0039	1	100	15	2.471
0.0001	0.0004	0.00004	0.01	1	0.15	0.0247
0.00067	0.002667	0.00026	0.0667	6.667	1	0.165
0.00405	0.01618	0.00156	0.4047	40.47	6.07	1

1 公顷 = 100 米的平方 = 10000 平方米

1 公亩 = 10 米的平方 = 100 平方米

功率换算表

1 千瓦(KW) = 1.34(英制)马力(HP) = 1.36 公制马力(HP)

1 英制马力 = 0.746 千瓦(KW)

1 公制马力 = 0.735 千瓦(KW)

1 千伏安(KVA) = $\frac{\text{千瓦(KW)}}{0.80}$

粮谷重量容积换算

品名	1 公吨折合蒲式耳	1 蒲式耳折合	
		磅	公斤
小麦、大豆	36.743	60	27.216
玉米	39.368	56	25.402
大麦(英制)	44.092	50	22.68
大麦(美制)	45.931	48	21.773

1 英制蒲式耳(= 1.0321 美制蒲式耳)合 36.3677 升。

石(原)油重量、容积换算

国　　别	1 公吨折合			
	千升	美制桶	英制加仑	美制加仑
美国、印度尼西亚	1.18	7.4	259.1	310.6
伊朗、沙特阿拉伯	1.19	7.49	261.8	314.5
日本	1.11	6.99	244.5	293.3
英国、科威特	1.16	7.31	255.8	306.7
委内瑞拉	1.09	6.84	239.2	287.4

注:世界平均比重的原油通常以 1 公吨 =7.35 桶(每桶为 42 美制加仑)或以 1174 升计。

磁带长度计算表

1. 盒式录音磁带(标准带速 4.76 毫米/秒)

种　　类	长　　度
60 分钟盒式磁带	85.7 米
90 分钟盒式磁带	128.5 米
120 分钟盒式磁带	171.4 米

2. VHS 盒式录像磁带(标准带速 23.39 毫米/秒)

种　　类	长　　度
120 分钟盒式磁带	168.41 米
180 分钟盒式磁带	252.61 米
240 分钟盒式磁带	336.82 米

3. 未裁剪宽带(宽片,宽度有 520 毫米、330 毫米等)

录音磁带	折算成宽 3.81 毫米,每盘长 85.7 米磁带计其盘数
录像磁带及其他磁带	折算成宽 12.7 毫米,每盘长 252.61 米磁带计其盘数

图书在版编目(CIP)数据

2010年上海海关统计年鉴/上海海关编. —上海:
上海文化出版社,2011.6
ISBN 978-7-80740-660-0
Ⅰ.①2… Ⅱ.①上… Ⅲ.①海关—统计资料—上海
市—2010—年鉴 Ⅳ.①F752.851-66
中国版本图书馆 CIP 数据核字(2011)第058041号

责任编辑
赵光敏 王 珺

封面设计
汤 靖

书名
2010年上海海关统计年鉴
出版、发行
上海文化出版社
地址:上海市绍兴路74号
网址:www.shwenyi.com
印刷
上海文艺大一印刷有限公司
开本
890×1240 1/16
印张
26.75
版次
2011年5月第1版 2011年5月第1次印刷
国际书号
ISBN 978-7-80740-660-0/I·24
定价
200.00元

告读者 本书如有质量问题请联系印刷厂质量科
T:021-64511411